云南省普通高等学校"十二五"规划教材

高职高专财经类专业系列教材

CAIJING

市场营销实务 （第2版）

Shichang Yingxiao Shiwu

李亚斌　周霞霞　辛志成 / 主　编

梁　盈　李泽华　赵丽琦 / 副主编

王庆春 / 主　审

重庆大学出版社

内容提要

根据教育部《关于全面提高高等职业教育教学质量的若干意见》(教高〔2006〕16)中"大力推行工学结合,突出实践能力培养,改革人才培养模式"的精神,以及《国家职业教育改革实施方案》明确指出的"建立健全学校设置、师资队伍、教学教材、信息化建设、安全设施等办学标准,引领职业教育服务发展、促进就业创业",该教材的修订在保留原教材"以增强职业院校学生实际应用能力为宗旨"的基础上,打破"以知识传授为主要特征"的传统教材模式,以"职业岗位能力要求的工作任务组织教材内容",即以"企业真实的市场营销管理活动流程为主线精心提炼、整合和序化教材内容",重新构建了"走进市场营销—学会市场分析—营销战略选择—完成市场营销组合策略—能力提升"5大模块10个项目34个具体工作任务的市场营销理实一体教材内容体系。

本书适合作为职业院校市场营销专业核心课程教材,又可作为其他财经商贸类专业学习市场营销的教材,还可以作为职业培训和企业经营管理人员、政府有关工作人员的学习参考书。

图书在版编目(CIP)数据

市场营销实务 / 李亚斌,周霞霞,辛志成主编. --
2版. -- 重庆:重庆大学出版社,2021.9
高职高专财经类专业系列教材
ISBN 978-7-5689-2960-8

Ⅰ.①市… Ⅱ.①李…②周…③辛… Ⅲ.①市场营
销—高等职业教育—教材 Ⅳ.①F713.50

中国版本图书馆 CIP 数据核字(2021)第 179303 号

市场营销实务
SHICHANG YINGXIAO SHIWU
(第 2 版)

主 编 李亚斌 周霞霞 辛志成
副主编 梁 盈 李泽华 赵丽琦
主 审 王庆春
特约编辑 龙沛瑶
责任编辑:尚东亮 版式设计:龙沛瑶
责任校对:夏 宇 责任印制:张 策

*

重庆大学出版社出版发行
出版人:饶帮华
社址:重庆市沙坪坝区大学城西路 21 号
邮编:401331
电话:(023)88617190 88617185(中小学)
传真:(023)88617186 88617166
网址:http://www.cqup.com.cn
邮箱:fxk@ cqup.com.cn(营销中心)
全国新华书店经销
重庆荟文印务有限公司印刷

*

开本:787mm×1092mm 1/16 印张:22.5 字数:521 千
2014 年 9 月第 1 版 2021 年 9 月第 2 版 2021 年 9 月第 2 次印刷
印数:3 001—5 000
ISBN 978-7-5689-2960-8 定价:59.00 元

第2版前言

《市场营销实务(第2版)》在保留原教材"以增强职业院校学生实际应用能力为宗旨,转变以职业岗位能力要求为工作任务"的理念进行结构体系设计的基础上,从整体框架上优化调整了"模块—项目—任务"的模块化项目任务驱动形式。在教材内容方面,为了适应新时代对职业院校课程思政建设的需要,增加了课程思政案例和营销沙盘实训系统。教材的结构体系以增强学生实际应用能力为宗旨,为转变"以职业岗位能力要求为工作任务"的理念而设计。为了更好地满足与该课程对应的职业岗位要求,提高职业人员的相关能力,本书打破了传统教材中以理论为线索的章节模式,改用了根据营销管理工作任务序化的模式,将内容分为5大模块、10个具体项目,每个项目又细化为若干个工作任务(共计34个具体任务)。全书根据企业进行市场营销活动的基本程序和思路对5大模块进行编排,在每个模块中又包括了项目目标、案例引导、情景创建、任务分解、知识导入、知识链接、营销工具、重要概念、同步训练、案例分析、营销实训共11个部分,在注重培养学生市场营销基础知识的同时,更加注重培养学生的实际运用能力,做到学以致用。

教材针对职业院校及成人学习的特点,突出探究性、自主性学习,强调基本理论与实际运用相结合,展现了营销的最新动态。教材既融入了课程思政的案例元素,同时也结合了"学校和企业两个学习地点相互关联"的新时代职业教育的办学特点。教材形式新颖、信息丰富、视角独特、思维创新、实用性强。

本书共有5大模块10个具体项目34个具体任务,编写分工如下:李亚斌(昆明冶金高等专科学校)编写项目1;刘段艾君(云南省农业职业技术学院)编写项目2;周霞霞(昆明冶金高等专科学校)编写项目3;李泽华(昆明幼儿师范高等专科学校)编写项目4;聂华(昆明幼儿师范高等专科学校)编写项目5;程玛(昆明冶金高等专科学校)编写项目6;梁盈(云南省农业职业技术学院)编写项目7;赵丽琦(昆明冶金高等专科学校)编写项目8;王彦敏(昆明冶金高等专科学校)、蹇龙(昆明冶金高等专科学校)编写项目9;辛志成(昆明冶金高等专科学校)编写模块五;全书由李亚斌统稿,王庆春教授主审。该教材在修订过程中得到了中教畅享(北京)科技有限公司的支持和帮助,在此表示深深的感谢。

由于编者水平有限,书中疏漏在所难免,敬请广大读者不吝赐教,以便于修订,使之日臻完善。

编　者

2021年4月

MULU

目　录

模块一

走进市场营销

项目 1
认识市场营销

【案例引导】

"绿水青山就是金山银山"

"稻花香里说丰年,听取蛙声一片。"寥寥几句诗,一片自然和谐共生的景象浮现脑海。在人类历史发展进程中,人们越来越清晰认识到,经济社会快速发展决不能以环境的破坏、资源的浪费为代价。

2005 年的 8 月 15 日,时任浙江省委书记的习近平同志来到了浙江余村进行调研,当听到村里下决心关掉了石矿,停掉了水泥厂,习近平同志给予了高度的肯定,称他们这是高明之举。并说,"一定不要再去想走老路,还是要迷恋过去那种发展模式。所以刚才你们讲到下决心停掉一些矿山,这个都是高明之举,绿水青山就是金山银山。我们过去讲既要绿水青山,也要金山银山,实际上绿水青山就是金山银山,本身,它有含金量。"

思考与分析:

1. "绿水青山就是金山银山"体现什么营销思想?

2.在该营销思想前提下,企业如何开展经营活动?

(资料改编自:姚茜,景玥.习近平擘画"绿水青山就是金山银山":划定生态红线 推动绿色发展[EB/OL].(2017-06-05)[2021-04-01].人民网—中国共产党新闻网.)

【情景创建】

学生以5~8人的小组为单位,按小组收集本地知名企业近期的营销资料和营销动态,分析该企业营销活动成功或者失败的原因,并进行小组讨论。

【任务分解】

任务:加深学生对市场营销重要概念及市场营销观念的理解

活动1:分析企业市场营销的基本概念

活动2:分析企业营销需求管理的方法和途径

活动3:列举企业市场营销观念的运用

知识导入

任务 1.1 市场营销理论的产生和发展

1.1.1 市场营销学的产生和发展

1)市场营销学的产生

市场营销理论产生于美国。在 19 世纪末 20 世纪初,随着资本主义国家经济的不断发展,工业生产发展迅速,生产效率不断提高,产量逐渐增大。为了寻找更广阔的市场,少数企业经营者们开始进行市场调查,以便为产品寻找更多的消费者,市场营销理论开始在美国逐渐形成。到 20 世纪 30 年代,市场调查研究在美国已经被广泛应用,一些经济学家开始重视产品的推销和消费者的需求,以及对市场的预测和广告的运用。其中,美国哈佛大学教授赫杰特齐在 1912 年编写了世界上第一本关于市场营销学的教科书,以“*Marketing*”命名出版,该书成为市场营销学诞生的标志,市场营销开始从企业生产活动中分离出来,被人专门研究。尽管这一时期的市场营销学,其内容只限于对流通环节、推销活动等方面的研究,尚未形成正确的市场营销观念,但市场营销学作为独立学科的地位已经得到确立。

2)市场营销学的发展阶段

（1）萌芽时期

19 世纪末至 20 世纪初,美国完成了工业革命,工业生产飞速发展,生产效率大幅度提高,产品数量大大增加,当时生产的增长速度超过了需求的增长速度,商品供过于求,市场销售遇到困难。一些企业为了增加商品销售,在竞争中求得生存和发展,开始重视广告、商标、包装、推销等市场销售活动,同时也开始注重对销售人员进行销售技巧的训练。20 世纪初,一些学者已开始比较系统地提出了促销和分销方面的有关理论,许多相关论文、著作陆续发表、出版。1905 年,克罗伊西在美国的宾夕法尼亚大学第一次讲授了“产品的市场营销”（The Marketing of Products）课程,提出了“市场营销”（Marketing）这个词语。1912 年美国哈佛大学的赫杰特齐编写的以“*Marketing*”（市场营销学）命名的教科书,是世界上第一本市场营销学教材。

进入 20 世纪 30 年代,经济危机席卷了整个资本主义世界,生产过剩,销售停滞。为了能将产品销售出去,企业家们开始极力争夺市场,并提出了“创造需求”的口号。与此同时,市面上出现了更多的市场营销学教材,大学中的市场营销学也有了更深入的研究。此外,1937 年,美国全国市场营销学和广告学教师协会以及美国市场营销社合并成立了美国市场营销协会（AMA），并在美国设立了分会机构,主要研究市场营销理论与应用问题,这标志着市场营销的研究已成为一种企业和学术界共同重视的社会化活动。研究组织的建立,大大推动了市场营销学的应用和发展。1952 年,范利、格雷斯、考克斯合作出版了《美国经济中的市场营销》一书,全面地阐述了市场营销如何分配资源,如何影响个人分配,而个人收入又如何制约营销。同年,梅纳德和贝克曼合作出版的《市场营销学原理》一书中,提出了市场营销的定义,即"影响商品交换或商品所有权转移,以及为商品实体分配服务的一切必要的企业活动"。梅纳德还进一步归纳了研究市场营销学的 5 种方法,即商品研究法、机构研究法、历史研究法、成本研究法及功能研究法。由此可见,这一时期已形成市场营销的原理及研究方法,市场营销学进一步发展和巩固,形成了传统市场营销学。

（2）形成时期

到 20 世纪 50 年代以后,西方国家经济结构发生巨大变化,垄断竞争加剧,产销矛盾不断扩大。传统市场营销学也随之开始了从概念到内容的深刻变化。其中,"潜在需求"被纳入市场概念,即所有为了通过交换以实现消费者需求（包括现实需求和潜在需求）而进行的一切活动都属于市场营销学研究的范围。这就要求企业必须首先考虑消费者需求,以消费者为中心。这样一来,传统市场营销学的以生产为中心的观念发生了变化。此外,霍华德在其《市场营销管理:分析和决策》一书中,率先提出从营销管理角度论述市场营销理论和应用,从企业环境与营销策略二者关系来研究营销管理问题,强调企业必须适应外部环境。与此同时,美国密西根州立大学教授杰罗姆·麦卡锡在 1960 年出版的《基础市场营销学》一书中,对市场营销管理提出了新的见解。他把消费者视为一个特定的群体,即目标市场,企业制订市场营销组合策略 4P,适应外部环境,满足目标顾客的需求,实现企业经营目标。此后,"顾客满意"也逐渐成为市场营销学研究的核心内容。

（3）成熟时期

从 20 世纪 60 年代到 80 年代后期,是市场营销学的成熟时期,市场营销学不仅从经济学中独立了出来,还与管理科学、行为科学、社会心理学等理论相结合,变得日趋成熟。1967 年,美国著名市场营销学教授菲利普·科特勒出版了《市场营销管理:分析、计划与控制》一书,此著作更为全面、系统地发展了现代市场营销理论。书中对营销管理下了较权威的定义:"营销管理就是通过创造、建立和保持与目标市场之间的有益交换和联系,以达到组织的各种目标而进行的分析、计划、执行和控制过程。"科特勒还提出了市场营销管理的过程,包括分析市场营销机会,进行营销调研,选择目标市场,制订营销战略和战术,制订、执行及调控市场营销计划。菲利普·科特勒突破了传统市场营销学认为营销管理的任务只是刺激消费者需求的观点,进一步提出了营销管理任务还影响需求的水平、时机和构成,进而提出了营销管理的实质是需求管理,还提出了市场营销是与市场有关的人类活动,不但适用于营利性组织,还适用于非营利性组织,从而扩大了市场营销学的研究范围。1984 年,菲利普·科特勒根据国际市场及国内市场贸易保护主义抬头、出现封闭市场的状况,提出了大市场营销理论,即6Ps战略,在原来的4P(产品、价格、分销及促销)上加上两个P:政治权力和公共关系。科特勒指出,企业不应只被动地适应外部环境,还应该具备影响企业外部环境的战略思想。这一观点,对市场营销学的发展具有深远影响。

(4)纵深多元化发展时期

进入20世纪90年代之后,绿色营销、定制营销、直复营销、体验式营销、新媒体营销等新的理论开始从市场营销学基础理论上分化并成长起来。而进入21世纪后,随着互联网的发展和广泛应用,基于互联网的网络营销也得以迅猛发展。市场营销学内容不断充实、更新,体系越发成熟,不断朝纵深发展。市场营销学研究从一国到全球,从企业到经济发展各个领域,开始成为一门建立在科学研究基础上的应用型管理学科。

1.1.2　市场营销理论在中国的发展

我国现存最早的市场营销教材是复旦大学丁馨伯在1933年编译的《市场学》。当时我国一些大学曾开设过市场营销学,但由于常年的战乱和当时社会半封建半殖民地政治经济性质的制约,市场营销学没有得到很好的发展。新中国成立后,由于遭到西方国家的外部封锁,国内对国外的市场营销学发展知之甚少。此外,当时我国实行高度集中的计划经济体制,也使市场和商品经济失去了发展机会。

党的十一届三中全会后,我国确立了以经济建设为中心、对外开放的方针政策,随后,一批批学者从国外将市场营销学引进到国内。到1988年,全国许多高等院校已先后开设了市场营销学的课程以及市场营销专业。伴随着我国市场经济的迅速发展,我国各行业的企业家们开始接受并重视市场营销在企业中的重要作用,市场营销专业人才开始被各行业追捧。

1991年3月,中国市场学会在北京成立,此后,1995年我国成功举办了第五届市场营销与社会发展国际会议。在这一期间,我国的市场营销学理论和实践领域出现了一批很有价值的研究成果,为我国市场营销学的迅速发展创造了良好条件,我国学者开始融入国际营销学研究的主流之中。

进入21世纪后,随着中国市场经济的快速发展,市场营销活动在市场经济发展中的地位愈加凸显,为适应新市场环境的发展,带有中国本土特色的新营销理论不断涌现,例如传承和弘扬中华优秀传统文化的文化营销、和谐营销等新营销方式;《中华人民共和国国民经济和社会发展第十四个五年(2021—2025年)规划和2035年远景目标纲要》出台,指出要培育新型消费,发展信息消费、数字消费、绿色消费,鼓励定制、体验、智能、时尚消费等新模式新业态发展。市场营销在我国市场获得了良好的发展背景和基础,带有中国特色的直播营销、绿色营销等理论不断出现,我国市场营销理论正呈现出创新发展的新趋势。

任务 1.2 市场营销及其相关核心概念

1.2.1 市场营销及其相关核心概念

1)市场营销的定义

（1）美国市场营销协会（AMA）的定义

随着时代的变迁和经济不断发展，美国市场营销协会曾对市场营销的定义做过数次修改，最近一次于 2007 年 10 月，美国市场营销协会董事会通过一致审核，将市场营销定义为："市场营销是在创造、沟通、传播和交换产品中，为顾客、客户、合作伙伴以及整个社会带来价值的一系列活动、过程和体系。"

这次的定义作为市场营销的官方定义，受到各界的广泛关注和认同。定义中肯定了市场营销是一个管理过程，是一项组织职能；更重要的是明确了顾客的地位，承认了顾客的价值，从而确立了市场营销的导向是以关注顾客价值为核心。

（2）菲利普·科特勒的定义

市场营销发展至今，除美国市场营销协会的官方定义之外，国内外学者对其给出的定义多达上百种。本书采用著名营销学专家菲利普·科特勒在其著作《市场营销原理》中的定义："宽泛地讲，营销是通过创造和交换产品及价值，从而使个人或群体满足欲望和需要的社会过程和管理过程。从企业这个比较狭义的角度讲，营销是指和顾客建立有利可图、充满价值的交换关系。广义，可以将营销定义为：企业为了从顾客身上获得利益回报，创造顾客价值和建立牢固顾客关系的过程。"

知识链接 1-1

美国市场营销协会

美国市场营销协会（American Marketing Association，简称 AMA）于 1937 年由市场营销企业界及学术界具有远见卓识的人士发起成立。如今，该协会已发展成为世界上规模最大的市场营销协会之一，拥有 30 000 多名正式会员，他们在世界各地从事着市场营销方面的工作以及营销领域的教学与研究。

捕捉最新市场营销动态，发布最新市场营销研究成果是协会的宗旨，协会陆续出版了《营销学杂志》《营销研究杂志》以及一份每月两期的新闻快报，帮助营销人员掌握最新的营销学知识。作为面向营销人员的领先机构，美国市场营销协会被视为市场营销从业者和学术研究人员可信赖的主要资源平台，提供最值得信赖的市场营销资源，帮助该会的会员了解市场营销领域的相关知识、培训信息以及各种实用工具，帮助其获得裨益终身的经验及有价值的市场信息和业务联系。

美国市场营销协会在美国营销界有着举足轻重的地位，无论是营销思想的革新，还是营销人员的培训方面,它都走在营销学界或业界的前列。而协会为营销行业所树立的道德规范,更是成为美国营销从业人员约定俗成的行业行为准则。美国市场营销协会的职责体现在连接、沟通、促进三个方面。连接:分享知识,建立联系;沟通:提供资源、教育以及职业发展机会;促进:支持和推动市场营销实践、思想领导力发展和职业成功。

(资料改编自:百度百科——美国市场营销协会)

2)市场营销的过程

图 1-1 的五步模型,根据菲利普·科特勒的市场营销定义,将完整的市场营销过程概括为五个基本步骤。

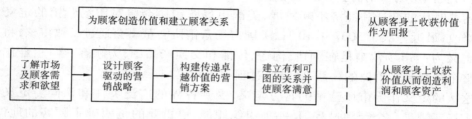

图 1-1 营销过程的五步模型

(资料来源:菲利普·科特勒,加里·阿姆斯特朗.市场营销原理[M].郭国庆,钱明辉,陈栋,等,译.11版.北京:清华大学出版社,2007.)

1.2.2 市场营销的相关核心概念

为了准确理解市场营销的含义,必须对市场营销几组相关核心概念做进一步的阐释。本书将市场营销相关核心概念归纳为以下 7 组:

1)需要、欲望和需求

(1)需要是指消费者在没有得到某些基本满足时的一种感受状态

需要只是人们在社会活动中所产生的一种生理或者心理上的感受状态,比如人们饥饿时需要吃饱,寒冷时需要保暖等来自人体自身的基本感受状态。严格来讲,市场营销者不可能为某一个人创造这种心理和生理的感受状态,因此市场营销者不创造需要,需要伴随人类一起诞生,在营销者出现之前就已经存在,人类的需要是市场营销的基石。

(2)欲望是指消费者对某种具体满足物的愿望

不同的消费者,由于所处的环境和自身条件不同,对同样的需要往往会产生不同的欲望,因此就呈现出各种各样的欲望满足方式。比如消费者感到饥饿的时候,便产生食物的需要,但有人需要米饭,有人需要面条馒头等,会以不同的方式来满足。消费者感到寒冷时,便产生取暖的需要,但有人选择添加棉衣,有人选择生火取暖,也同样存在多种满足需要的方式和多种满足物。通常,人类的需要并不多,但满足需要的方式和具体满足物却非常多。认识这一点,对市场营销者来说非常重要,我们可以通过激发消费者的欲望,再以相应的具体满足物来引导消费者的欲望,从而做出选择。

因此我们可以得出:需要 + 具体满足物 = 欲望

（3）需求是指对有能力购买并且愿意购买的某个具体满足物的欲望

正确了解消费者的需要,对市场营销来说至关重要。人们的欲望无限,但购买能力却是有限的。只有发现消费者的需要,进而了解消费者的欲望,并确认其支付购买的能力,才能真正了解市场在哪里。由于需求也是一种欲望,因此,市场营销人员完全可以通过各种手段来激发人们的需求,从而形成市场。

因此我们可以得出：欲望 + 购买能力 = 需求

2）产品

市场营销学上的产品是指能满足消费者某种需要和欲望的任何东西,也就是满足欲望的具体满足物。企业通过生产和提供各种各样的产品,满足消费者的需要和欲望,从而获得利益。然而,消费者的欲望多种多样,就是同样的欲望也有各自不同的满足方式,因此,企业想要获得更多的市场,就必须在产品上下功夫。

市场营销学最新的理论将产品分为五个层次,即核心产品、形式产品、期望产品、延伸产品和潜在产品,由这五个层次的产品共同构成整体产品。本书后面章节将对整体产品概念进行详细讲解。

消费者的需求多种多样,而企业在市场中也面临各种各样的竞争对手和竞争产品,所以如果仅仅把对产品的认识局限于物质产品本身,而患上了营销学中所说的"营销近视症",忽略了其他层次的产品,就会被竞争对手打败,最终丧失市场。因此,企业必须对整体产品的含义有全面的认识,要重视在市场需求的引导下进行产品设计与开发,才能获得更广阔的市场。

3）效用、费用和价值

效用是指产品能够满足消费者欲望和需求的能力。

费用是指消费者为了获得某种产品而愿意付出的代价。

按照市场交换的基本规律,消费者在获得产品效用的同时,必须支付相应的费用。因此,消费者在购买产品的时候,首先考虑的是产品的效用,以及为了获取此种效用而必须承担的费用之间的关系。当消费者认为产品的效用大于其支付的费用时,产品价格再贵,消费者也愿意购买。相反,当消费者认为费用大于效用,则再便宜的产品,消费者也不会购买。

而真正的购买行为能否实现,往往还取决于消费者对效用和费用的比较,也就是对产品价值的认知。营销学中的价值与马克思主义政治经济学中的价值不是同一个概念,不是商品本身所凝聚的劳动,营销学上的价值是指消费者对产品满足程度预期的评价。

消费者在购买产品的时候,会根据效用和费用的比较来认识产品价值的实现程度。也就是说,只有当消费者以较小的费用获得了较大的效用时,才会十分乐意购买,并且认为产品价值高。因此,企业要尽可能地提供那些使消费者感到在交换中价值的实现程度比较高的产品,才可能促使市场交易顺利实现,从而拥有相对重要的顾客和稳定的市场。

4）交换和交易

交换是市场营销理论的核心,指通过提供某种东西作为回报,从别人处获得所要东西的行为。交换的发生,必须具备下列5个条件:

①至少要有两个交换主体。

②交换主体双方都有对方认为有价值的东西。

③每一方都能进行信息沟通并传送物品。

④双方交换自由。

⑤双方自愿交换,彼此觉得称心如意。

以上条件规定了交换区别于获得满足物的其他方式,例如强取豪夺、自产自用等方式。因为只有存在交换这种方式才有市场营销。

双方在找到达成交换的条件后,进行了交换并达成协议时,便发生了交易行为。因此交换是一个过程,而交易是由双方之间的价值交换构成的。一般分为两种形式:货币交易和非货币交易,包括以物易物、以服务易服务等交易。

5）关系

我们所说的关系就是指关系营销,是指企业与关键成员,包括顾客、供应商、分销商等,建立长期满意的关系的实践活动,目的是保持企业的效益。目前大多数企业都会在营销中运用关系营销,为自己创建一个营销网,同企业的关键成员保持一种长期的、相互信任的"双赢"的关系,以此作为企业的一种资产,为企业带来收益。图1-2介绍了关系营销研究的六个市场。

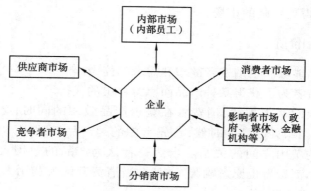

图 1-2　企业关系营销研究的六个市场

6）市场

市场营销学中的市场是指由那些具有特定需要和欲望,而且愿意并能够通过交换来满足这种需要或欲望的全部潜在顾客。

市场可根据购买行为的不同和购买目的不同分为两个基本类型,即消费者市场和组织市场。消费者市场是指为满足自身需要而购买的一切个人和家庭构成的市场。组织市场是指为了自身生产、转售、转租或者用于组织消费而采购的一切组织构成的市场。组织市场主要包括生产者市场、中间商市场和政府市场。其中,生产者市场也叫产业市场,是指为了再生产而采购的组织形成的市场。中间商市场则是指为了转售而采购的组织形成的市场,中间商市场主要包括批发商、零售商、代理商和经销商。政府市场是指因为政府采购而形成的市场。

根据前面其他核心概念的定义,我们可以得出:

$$市场=人口+购买力+购买欲望=人口+需求$$

7)市场营销组合

市场营销组合是现代市场营销学的重要概念之一。市场营销组合是指企业为使目标市场产生预期反应而整合的一系列可控的、策略性的营销工具。市场营销组合是企业为了控制其产品需求而采取的一切相关措施的组合。尼尔·鲍敦曾将这些所有的营销工具归纳为 12 类,并在 1950 年就提出了"市场营销组合"的概念。后来,由理查德·克莱维特将这些营销工具归纳为四个大类,即产品、价格、促销和渠道。到 1960 年,杰罗姆·麦卡锡进一步总结为著名的市场营销组合"4P",它们分别是产品(Product)、价格(Price)、分销(Place)和促销(Promotion)。其中 4 个具体的营销工具所包含的主要内容如图 1-3 所示,本书将在其后章节中作具体讲解。

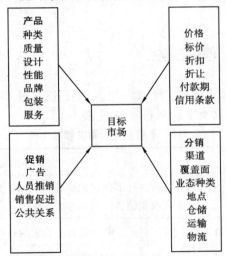

图 1-3　市场营销组合 4P 具体内容

任务 1.3　消费者需求管理

1.3.1　消费者需求管理的含义

任何一个市场都要对目标市场中的消费者进行分析、计划、执行和控制,才能达到企业的目标,这就是营销管理。企业在进行营销管理的过程中,通常需要应对各种不同的需求状况,调整对应的营销管理任务。所以说,市场营销管理的本质就是消费者的需求管理。

常见的需求状况包括如下八种类型:

①负需求或否定需求(negative demand):消费者对某种产品感到厌恶,甚至愿意出钱来回避它。比如拔牙,做手术等。

②无需求(no demand):目标消费者可能对产品毫无兴趣甚至漠不关心。

③潜在需求(latent demand):有相当一部分消费者可能对某物有一种强烈的渴求,而现成的产品或者服务却不能满足这种需求。

④下降需求(declining demand):消费者对一个或几个产品需求下降的状况。

⑤不规则需求(irregular demand):消费者对某种产品在每一季度、每一月甚至每一小时都在变化的需求状况。

⑥充分需求(full demand):指消费者对某种物品或服务的目前需求水平等于预期的需求水平,是企业最理想的状态。

⑦过量需求或超饱和需求(overfull demand):企业所面临的消费者的需求水平超出了预期。

⑧有害需求(harmful demand):消费者对某些有害物品或服务的需求,诸如烟、酒、毒品等。

1.3.2 不同类型需求管理的任务

企业面临不同的需求状况时,营销管理者的任务是对不同状况做出相应的决策和措施,以便顺利完成企业预定的目标。详见表 1-1。

表 1-1 不同类型的需求管理任务

需求类型	营销任务	具体措施
负需求	改变市场营销	分析产品不受欢迎的原因,进行重新设计、定价、积极促销等方案改变顾客印象和态度
无需求	刺激市场营销	设法将产品的功效和消费者的自然需要和兴趣联系起来
潜在需求	开发市场营销	衡量潜在市场规模,开发新产品和新市场
下降需求	重振市场营销	分析下降原因,通过新的强有力的营销手段重新刺激需求,扭转下降局面
不规则需求	协调市场营销	通过灵活定价、积极推销等刺激手段改变需求的时间模式
充分需求	维持市场营销	努力维持需求水平,提高产品质量和消费者满意度
过量需求	降低市场营销	提高价格,合理分销、减少促销,降低市场需求水平
有害需求	反市场营销	反市场营销,减少供应,提价,宣传劝说消费者减少购买

市场营销者必须进行有关目标市场的市场定位、产品开发、价格制订、分销渠道

选择、促进销售等各种手段来执行不同状态下需求管理的任务。本书将在以下章节中进行分析。

任务 1.4　树立正确的市场营销观念

1.4.1　企业营销观念的发展

企业的营销观念又称为企业营销哲学,即企业在市场营销活动中各项具体行动的指导思想和思维方式。从西方营销学的发展过程来看,不同的历史环境下企业的营销观念有不同的发展和变化,本书将营销观念按其演变过程划分为如下三个阶段。图 1-4 展示了营销观念发展演变的三个阶段。

图 1-4　营销观念发展阶段示意图

1)传统市场营销观念

（1）生产观念（Production Concept）

生产观念是最早出现在企业营销中的指导观念之一。其典型的口号是:"我们生产多少,就让消费者买多少。"生产观念的基本观点是:消费者会接受任何他们能买到的产品。以这种观念作为营销观念的企业,最关注的就是企业的生产和分销效率,往往表现出重生产、轻市场的特点。由于整个社会的供应能力相对不足,因此不断扩大生产,增加产品产量就可以获得更多利润,这就使得生产观念被当时的大多数企业经营者所接受。

（2）产品观念（Product Concept）

产品观念的典型口号是:"我们生产什么,就让消费者买什么。"产品观念的基本观点是:消费者愿意并且喜欢购买质量上乘、功能多的优质产品。以这种观念作为营销观念的企业,最关注的是产品的质量和功能,集中力量改进产品。

产品观念与生产观念两种观念都把注意力集中在了产品和生产上,而忽视了市场,更没有考虑如何真正满足消费者的需求,这就容易导致企业患上"营销近视症"。这些营销观念不能指导企业进行有效的市场营销工作,随着社会经济的不断发展,这些观念都已经逐渐被淘汰。

（3）推销观念（Selling Concept）

推销观念的典型口号是:"我们卖什么,就让消费者买什么。"推销观念的基本观点是:如果企业不进行推销活动,由于消费者自身存在购买抗衡心理,往往不愿意大量购买企业的产品。这种观念盛行于 20 世纪三四十年代。由于社会大规模生产的进行,商品供应过剩,企业经营者开始意识到不能只顾生产,如果没有进行有效的推销工作,即使再好的产品,也没有消费者购买。因此,推销观念开始盛行。一直到今天,仍然有一些企业奉行推销观念,认为推销是最有利的销售方法。

然而,推销观念同上述两种营销观念一样,都是以企业本身为中心的,没有考虑到在消费者与企业之间应该建立长期的互惠关系。因此,企业在以这些营销观念作为指导思想开展营销工作时,就会面临巨大风险。

2)现代市场营销观念

随着社会和经济环境的快速变化,企业的营销观念也发生了巨大变化,企业经营者开始关注企业与消费者之间的关系,并且更加注意消费者的需求和购买动机。因此,产生了现代市场营销观念。

(1)以消费者为中心的营销观念即市场营销观念(Marketing Concept)

这里所说的市场营销观念主要指以消费者为中心的营销观念,这种观念的基本观点是:企业应该生产那些消费者需要的产品。其典型口号是:"消费者需要什么,我们就生产什么。"市场营销观念产生于20世纪五六十年代,伴随着第三次科技革命的深入推进,科技和社会生产力发展迅速,市场竞争日趋激烈,企业经营者们意识到只有更好地抓住消费者,才能成功占领市场,实现营销目标。因此很多以消费者为中心的企业,都纷纷确立了"顾客至上"的营销方针。企业根据目标顾客的需要设计、生产产品,从各方面实现消费者满足程度的最大化。

以消费者为中心的营销观念摒弃了前面生产观念、产品观念以及推销观念中以企业和产品为中心的思想,完全以消费者为中心来开展企业的各项营销活动,从而能保证企业有力地应对竞争激烈的市场环境,取得经营的成功。

知识链接 1-2

推销观念与市场营销观念的区别

目前,仍然有很多企业经营者将推销和营销视为一个概念。而实际上在这个市场竞争极其激烈的情况下,任何做产品或销售产品的机构和个人,都应该从推销观念中解脱出来,转变为营销观念。

菲利普·科特勒认为,实现组织众多目标的关键在于正确确定目标市场的需要和欲望,并且比竞争对手更有效、更有利地传送目标市场所期望满足的东西。营销观念是对生产观念、产品观念、推销观念的挑战,它的核心原则直到20世纪50年代中期才基本定型。

推销观念注重卖方需要,营销观念则注重买方需要。推销以卖方需要为出发点,考虑如何把产品变成现金,而营销观念则考虑如何通过产品以及创造、传送产品和最终消费产品有关的所有事情,来满足顾客的需要。

推销观念:工厂—产品—推销和促销—通过销售获得利润

营销观念:市场—顾客需求—整合营销—通过顾客满意获得利润

从上面的流程可以看出,推销观念是从内向外的顺序,营销观念则采用的是从外向内的顺序,它从明确的市场出发,以顾客需求为中心,协调所有有影响的活动,并通过创造性的顾客满足来获利。

营销理念"以产品为中心"到"以客户需求为中心"反映的是服务理念的基础性变革。工业时代市场竞争的焦点是产品和价格,降低生产成本、提高劳动效率制约着竞争的优势。伴随着时代的发展,科技进步、全球经济一体化使得企业竞争的焦点转变为对客户的竞争。互联网的广泛应用和信息的爆炸,改变了消费者传统的购买行为,顾客由以往的信息被动接受者转变为信息主动搜寻者,现代高科技赋予消费者前所未有的权利,他们决定着信息价值的取舍。

（2）社会市场营销观念（Societal Marketing Concept）

20世纪70年代以后,世界经济发展遇到了新的挑战,能源日益短缺,环境污染日益严重,渐渐成为阻碍世界经济发展的新问题。消费者在进行消费时,更关注产品给其带来的长期效应,比如健康和环境。而许多产品在这一时期遇到了困境,比如畅销全世界的香烟,由于其会给消费者健康带来严重危害,而引起了一轮又一轮的无烟运动,导致香烟的销量严重受挫。因此,越来越多的企业开始关注产品给消费者及社会带来的长远利益。

社会市场营销观念的基本观点是:企业必须同时兼顾企业自身利益、社会利益和消费者利益三个方面,而企业最终的利益应该是建立在社会利益和消费者利益之上的。企业在进行产品研发、生产和销售的时候,必须以消费者利益和社会整体利益为中心来开展,在赢得消费者信任和社会好评的基础上开展营销活动,从而获得利润。图1-5为社会市场营销观念示意图。

图1-5 社会市场营销观念示意图

营销链接 1-1

人民需要什么,五菱就造什么

上汽通用五菱汽车股份有限公司的前身可以追溯到1958年成立的柳州动力机械厂,2002年11月18日正式挂牌成立的上汽通用五菱汽车股份有限公司（英文缩写SGMW）,是由上海汽车集团股份有限公司、美国通用汽车公司、广西汽车集团有限公司（原柳州五菱汽车有限责任公司）三方共同组建的大型中外合资汽车公司。

回顾五菱汽车企业的发展历史,可以发现它一直是紧跟市场需求步伐的企业,早在20世纪60年代,当国家大力发展农业机械化时,五菱汽车企业响应国家号召造起

了拖拉机;在改革开放的80年代,当人们急需民用工业产品提高生活质量时,五菱又做起了缝纫机;后来随着城镇农村的发展壮大,其研发的产品五菱之光也被誉为中国最重要的一款车,就像它的品牌口号一样,一直是人们"可靠的伙伴"。

2020年春节前夕,一场突如其来的新冠肺炎疫情牵动着全国人民的心。因疫情发展迅速,全国口罩防护用品销售量暴涨,供应紧张。2月6日,上汽通用五菱表示,在广西壮族自治区、柳州市政府的大力支持下,其采取联合上游供应商通过改建生产线的方式生产口罩,成为第一家获得医疗器械经营许可并通过专业检验的汽车企业,同时具备口罩研发生产、经营的相关资质。按照项目建设计划,无尘车间由广西建工集团负责改建,将于当月内建成投入使用,共设置14条口罩生产线,其中4条为N95口罩生产线,10条为一般医用防护口罩生产线,日生产量预计达到170万个以上。从想法的提出到第一批口罩下线,仅用时3天,刷新了"五菱速度"。

除了转产口罩之外,在疫情期间,为了减少医护人员的感染风险,上汽通用五菱积极开发和应用了多项技术,比如,可实现"快速、安全、零接触"并能24小时高效测温的宝骏新能源测温车,以及基于宝骏E100研发出的无人化消毒喷杀作业车等;同时为致敬"最美逆行者",还给他们提供了宝骏新能源车型三个月免费体验权及半价购车权的福利,以表达上汽通用五菱对他们的崇高敬意。从这一些举措,足以看出一个大企业应有的担当;同年6月,在复工复产的大环境下,"地摊经济"一夜之间迅速引爆各大社交网络,五菱迅速推出地摊专用车,恰好迎合了市场需求;为响应国家清洁能源战略,在发展我国电动汽车节能减排方面更是推出了2.98万元起售的宏光MINI EV——"人民的代步车";甚至结合区域市场特点推出了"五菱牌"螺蛳粉。

思考与分析:

1.什么是消费者需求?

2.企业的营销行为体现了什么营销观念?

(资料改编自:苏舒.超过3 000家企业新增"口罩"业务,包括手机、汽车、房地产企业[EB/OL].(2020-02-15)[2021-04-01].猎云网.)

3)新市场营销观念

(1)大市场营销(6Ps)

全球经济进入20世纪80年代之后,随着各国政府对经济干预职能的增强,各国贸易保护措施和贸易壁垒开始出现,要想成功地进行市场营销,必须要综合考虑多方面的因素。在这样的背景之下,美国著名营销大师菲利普·科特勒提出了一种新的营销观念——"大市场营销"观念。科特勒指出,企业为了进入特定的市场,并在那里从事业务经营,在策略上应协调地运用经济、心理、政治、公共关系等手段,以取得外国或地方各方面的合作与支持,从而达到预期的目的。大市场营销战略在传统的4P(产品Product、价格Price、促销Promotion、分销Place)的基础上,加上了另外2P而成为今天的6Ps理论,即政治权力(Power)和公共关系(Public Relations)。其中,政治权力(Power)是指以大市场营销观念为指导的营销人员,为了进入某一市场,必要时需要采取政治上的技能和策略,以保证能经常得到具有影响力的企业高层职员、立法部门和政府部门的支持。公共关系(Public Relations)是指企业应当争取舆论的力量,帮助企业去占领市场。企业必须要努力维系与社会中除消费者之外的其他公众关系,为营销工作的顺利开展营造良好的市场环境。

大市场营销观念不同于传统的市场营销观念,除了营销工具中多增加了权力和公共关系之外,在其他方面也表现出对营销人员更高的要求。比如,对市场营销目标的要求将变得更高。在一般的市场营销情况下,对某一产品来说,市场已经存在,消费者了解这种产品,只是在不同品牌和不同供应商之间做出选择。进入市场的企业要明确目标需求或消费群体,设计出适当的产品,建立分销网络,并要制订市场营销信息传递方案。而大市场营销者所面临的首要问题是如何打进市场,如果产品是新产品,他们还必须通过宣传教育来激发消费者新的需求和改变以往的消费习惯,这与单纯地满足现有的需求相比,企业还需要具备更多的技能,花费更多的时间。此外,由于完成大市场营销的整个工作需要较长的时间,很多问题需要处理,参加的人员除了产品和销售经理之外,还包括高层管理人员、律师、公共事务管理人员,而且需要支付额外款项以赢得各方的配合,因此投入的成本较以传统营销观念为指导时要高很多。

(2)10Ps理论

10Ps营销理论是1986年6月,菲利普·科特勒在我国对外经贸大学演讲中提出的新营销理论,他认为在大营销的6Ps之外,还应加上战略4P,即探查(Probing)、划分(Partitioning)、优先(Prioritizing)、定位(Positioning),从而形成新的10Ps营销理论。因为现实市场交换过程中出现了新的障碍,为了有效克服障碍,市场营销组合不仅要有战术上的精通,还应该做好战略上的设定。市场营销战略组合包括战略性要素和战术性要素,战略性要素包括探查、划分、优先、定位4个战略原则;战术性要素包括产品、价格、分销、促销、政治权力和公共关系6个策略。

(3)绿色营销

20世纪末,随着全球经济的迅速发展,全球各地不断兴起了以保护地球、保护环境为主题的大型环保运动,绿色经济和绿色消费因此也被越来越多的消费者接受和倡导。面对消费者消费观念的转变,许多企业纷纷将绿色环保意识引入了企业的营销策略中。于是企业在生产经营过程中,除了考虑消费者利益和企业利益,还将环境保护利益加入其中,使三者统一起来,以绿色文化为价值观念,以消费者的绿色消费为中心和出发点,形成一种新的营销观念和营销策略。

(4)直复营销

美国直复营销协会将直复营销定义为:使用一种或者多种广告媒体手段,在任何地方都可达成交易的一种相互作用的营销体系。简单说来,直复营销观念就是指企业充分利用各种各样的信息媒体来开展企业营销活动的思想。就目前来看,较常用的直复营销手段包括：网络营销、直邮营销、电话营销、电视营销、大众传媒营销等。而其中以网络营销发展速度最快，势头最为迅猛。

（5）文化营销

文化营销观念是指企业利用文化力进行营销。这里所说的文化力可能来源于企业的核心价值观，也可能是企业在长期经营过程中所形成的企业文化以及所塑造出的企业形象和社会影响力。比如我们熟悉的可口可乐，其针对中国市场所进行的每一次营销活动，都带着可口可乐一百多年经营历史中形成的企业文化特色，甚至是浓厚的美国文化。文化营销正是把商品作为文化的载体，通过市场交换进入消费者的意识。具体包括运用产品设计、生产、使用、售后，甚至是品牌影响和企业文化，满足消费者物质需要的同时，也带来精神上的满足。

（6）新媒体营销

新媒体（new media）概念是 1967 年由美国哥伦比亚广播电视网（CBS）技术研究所所长戈尔德马克率先提出的。新媒体营销是以区别于传统四大媒体的新型平台（微博、微信、数字电视、移动电视、手机、短视频等）为传播和购买渠道，把企业产品相关信息传送到目标顾客群体，从而培养顾客认知或形成记忆、需求偏好等，并实现品牌宣传、产品销售目的的营销活动。

营销链接 1-2

Last Day

2019 年 5 月 23 日德国梅赛德斯—奔驰召开年度股东大会，执掌戴姆勒集团长达 13 年之久的迪特·蔡澈，即将卸任戴姆勒董事会主席、梅赛德斯—奔驰全球总裁职位，结束其在戴姆勒集团长达 42 年的职业生涯。随后，宝马公司发布了一则命名"Last Day"的短片致敬即将卸任的蔡澈，立刻引起网络市场的巨大关注。

视频短片的拍摄以蔡澈离职当天的活动内容作为素材，讲述了蔡澈与奔驰员工合影留念、交还企业工牌等内容，最终在所有同事的掌声和告别下，坐上奔驰轿车挥手告别并离开工作了 42 年的奔驰总部；伴随着送别的车辆不断行驶，蔡澈再一次深情回望奔驰总部，企业的 Logo 渐渐远去。当送别的司机到达蔡澈的住所之后，只见蔡澈打开车库，并驾驶一辆宝马快速驶出；与此同时，视频短片弹出字幕"FREE AT LAST"。随后，宝马中国在其官方微博上发布了这部短片，并配文说明"奔驰一生，宝马相伴"，奔驰也毫不示弱，不仅转发了宝马的微博，还将文字改为"宝马相伴，奔驰一生"。

思考与分析：

新媒体时代下，谈谈你对该短片的感受？

（资料改编自：佚名.宝马官方发布短片致敬退休的奔驰总裁蔡澈，感动了许多人 [EB/OL].（2019-05-23）[2021-04-01].搜狐网.）

随着全球经济和市场的不断发展，企业在各自营销战略的实践过程中都在努力调整和改变自己的营销观念和指导思想，营销观念也因此不断变化革新，以适应消费者不断变化发展的需求，从而赢得更多市场。除以上新的营销观念外，形象营销观念、关系营销观念、整合营销观念和创新营销观念等,都值得企业参考和借鉴。

营销工具

职业教育"1+X"证书制度

2019 年教育部、国家发展改革委、财政部、市场监管总局联合印发了《关于在院校实施"学历证书+若干职业技能等级证书"制度试点方案》,部署启动"学历证书+若干职业技能等级证书"(简称"1+X"证书)制度试点工作。

1.什么是学历证书+若干职业技能等级证书制度(简称"1+X"证书制度)?

所谓"1+X"证书中的"1"为学历证书,"X"为若干职业技能等级证书。学校教育全面贯彻党的教育方针,落实立德树人的根本任务,是培养德智体美劳全面发展的高素质劳动者和技术技能人才的主渠道,学历证书全面反映学校教育的人才培养质量,在国家人力资源开发中起着不可或缺的基础性作用。职业技能等级证书是毕业生、社会成员职业技能水平的凭证,反映职业活动和个人职业生涯发展所需要的综合能力。

2."1+X"证书制度试点的目标任务和试点内容是什么?

目标任务:自 2019 年开始,重点围绕服务国家需要、市场需求、学生就业能力提升,从 10 个领域做起,启动"1+X"证书制度试点工作。落实"放管服"改革要求,以社会化机制招募职业教育培训评价组织(以下简称培训评价组织),开发若干职业技能等级标准和证书。有关院校将"1+X"证书制度试点与专业建设、课程建设、教师队伍建设等紧密结合,推进"1"和"X"的有机衔接,提升职业教育质量和学生就业能力。通过试点,深化教师、教材、教法"三教"改革;促进校企合作;建好用好实训基地;探索建设职业教育国家"学分银行",构建国家资历框架。

试点内容主要包括:培育培训评价组织;开发职业技能等级证书;融入专业人才培养;实施高质量职业培训;严格职业技能等级考核与证书发放;探索建立职业教育国家"学分银行";建立健全管理、监督与服务机制。

重要概念

市场　产品　需求　交换　营销组合　现代市场营销观念

同步训练

单项选择题:

1.市场营销理论的核心是(　　　　)。
  A.生产　　　　　　B.交换　　　　　　C.分配　　　　　　D.促销
2.市场营销学作为一门独立的管理学科诞生于 20 世纪的(　　　　)。
  A.美国　　　　　　B.日本　　　　　　C.中国　　　　　　D.欧洲

3.4P 理论是由(　　　)提出来的。

   A.杰罗姆·麦卡锡　　　　　　　　B.赫杰特齐

   C.克罗伊西　　　　　　　　　　　D.菲利普·科特勒

4.下列不属于以企业为中心的市场营销管理观念是(　　　)。

   A.生产观念　　　　　　　　　　　B.市场营销观念

   C.推销观念　　　　　　　　　　　D.产品观念

5.针对负需求的营销对策是(　　　)。

   A.开发市场营销　　B.协调市场营销　　C.反市场营销　　　D.改变市场营销

判断题:

1.人类的欲望是市场营销的基石。　　　　　　　　　　　　　　　　　(　　　)

2.从营销理论的角度看,市场就是买卖商品的场所。　　　　　　　　(　　　)

3.市场营销学是一门建立在经济学、行为科学和现代管理学等基础上的应用性、边缘性学科。　　　　　　　　　　　　　　　　　　　　　　　　　　　(　　　)

4.社会市场营销观念要求企业求得企业利润、消费者利益、经销商利益三者之间的平衡与协调。　　　　　　　　　　　　　　　　　　　　　　　　　(　　　)

5.从古至今许多经营者奉行"酒好不怕巷子深"的经商之道,这种市场营销管理哲学属于生产观念。　　　　　　　　　　　　　　　　　　　　　　　(　　　)

简答题:

1.市场营销理论中的重要概念是哪些?

2.市场营销的基本职能包括哪些?

3.市场营销的发展过程是怎样的?

4.怎样区别企业不同的市场营销观念?

5.市场营销观念的最新发展趋势是什么?

案例分析

舌尖上的中国:蝴蝶翅膀动起来

曾经一部纪录片忽然走红,创下收视率奇迹,成为人们茶余饭后热议不断的话题。这就是央视拍摄的7集美食纪录片《舌尖上的中国》。

一、美味掀起收视热

《舌尖上的中国》与以往纪录片讲述历史、揭秘自然的主题有很大的不同,它触及了人类最根本、最共同的本能——吃,一下子激发了观众极大的热情,把纪录片的"窄众"变为了"广众"。享尽天下美味的美食家,感怀质朴民风的城市人,心怀乡愁的游子,发现美味背后无尽中国文化的"老外",不约而同蹲守在《舌尖上的中国》荧屏前,回味唇齿间弥漫着的中国香。

二、精心营造的视觉"盛宴"

《舌尖上的中国》不是教人们制作中国美味佳肴的"美食速成"节目,没有极尽所能炫耀中国的烹饪技艺，而是独辟蹊径，怀揣着对食物的敬意和感情，展示美味背后的平凡人的生活，展示美味背后的广博自然，展示美味蕴含的中国文化。《舌尖上的中国》没有拘泥于美食，而是通过美食展示了人与美食、人与社会、人与宗族等多方位的关系。

该纪录片素材选择遍及大江南北。各地丰富多彩的食物，迥然不同的取材方式，花样繁多的制作手法，浓郁醇厚的风土人情在纪录片中得到了淋漓尽致的呈现。大量运用的微距拍摄让鲜嫩可口的美食以大特写的方式充斥整个屏幕，让观众过足了眼瘾。

与以往纪录片客观、公正的视角不同，《舌尖上的中国》采用了大量主观性镜头，以新奇的视角展示不同美食的制作手法，让人耳目一新。与以往纪录片拘泥于一时一地的剪辑手法不同，《舌尖上的中国》在广泛取材的基础上，大胆采取跨越时空、纵横捭阖的蒙太奇手法。在第二集《主食的故事》中，时而细如发丝的兰州拉面，时而芳香四溢的岐山臊子面，时而黏稠可口的宁波年糕，时而热气腾腾的北京饺子，气势磅礴，挥洒自如，让观众渴望的眼神应接不暇。

三、微博营销推波助澜

微博巨大无比的传播力量，使明星、个人、企业等纷纷开设微博。尽管人人都可以开微博，但在注意力稀缺的年代，真正能发挥意见领袖作用的是那些明星。明星的粉丝消费趋向相同，对明星忠诚度高，接受意见领袖的意愿强烈。

《舌尖上的中国》果断而巧妙地利用导演陈晓卿的微博以及新浪的微话题推波助澜。作为美食家，陈晓卿在美食界拥有极高的人气，新浪微博粉丝接近20万，其中不乏社会名流，影响力广泛。《舌尖上的中国》充分利用微博平台，在纪录片开播之前展开预热。在5月14日首播前夕，陈晓卿就利用微博恳请大家观赏，"今晚没事都看看吧。不难看，真的。求各位亲帮转"。语言朴实，态度诚恳。结果，在微博发布到正式开播的短短12个小时内，这条微博被那些忠实的粉丝转发了12 000余条，形成了良好的预热效果。同时，新浪的微话题每天推出热门讨论议题，引发了激烈的讨论，共有800余万条跟帖。一时间口口相传，形成巨大的涟漪效应，收视率节节攀升，到第四集《时间的味道》时，收视率达到了惊人的0.55%，超过了当时热映的电视剧30%，创下纪录片收视的奇迹。

今天的微博和网购已经聚集大量高消费能力、高文化素质的目标消费者，成为营销传播最快速而宽泛的终端阵地。可以说《舌尖上的中国》的火热与成功，网络是重要的推手，很多人在微博上发表评论，并不断被转载，而且微博粉丝中许多人就是名人，这样又进一步提升了它的知名度。

四、病毒"感染"，营销效果显著

根据美国广告代理协会的定义，整合营销传播是确认评估各种传播方法战略作用的一个增加价值的综合计划，并且组合各种传播方法，通过对分散信息的完美整合，以提供明确的、连续一致的和最大化的传播影响力。

《舌尖上的中国》的制片方游刃有余地运用了整合传播。巧妙的微博营销，再加上百度经验的推广，豆瓣网上奇迹般的9.4分高分评价，天涯论坛中热火朝天的讨论，可谓是天衣无缝，配合默契。在强大的整合营销攻势下，终于产生了营销界梦寐以求的病毒营销效果。

五、淘宝线上销售

淘宝的接力促销,各种舌尖上的美食在淘宝上进行销售,舌尖上的蜂蜜,舌尖上的面食等在淘宝上不断畅销,而淘宝也为《舌尖上的中国》营造了一部专题,名为"舌尖上的淘宝",用淘宝上的庞大流量为"舌尖"这个词营造了最美好的影子,越来越多的人知道"舌尖",从而带来庞大的销售数据。为了满足各地的"吃货",淘宝顺势推出美食专辑"舌尖上的淘宝",将纪录片中出现的几十种美食特产"一网打尽"。该专辑一上线就成为全国各地"吃货"们的大本营,短短24小时内超过31万人关注,浏览量高达1千万次,成交7万多件。在此活动的带动下,食品相关类目支付宝成交额环比增长了16.71%,直接成交额达到了2 195万元,购买人数增加了13.44%。

思考与分析:

1.上述案例中,《舌尖上的中国》制片方成功地运用了什么营销观念?请分析这种营销观念的创新之处是什么?与传统的营销观念有什么区别?

2.试分析说明市场营销观念发展的趋势将会是什么?

(资料改编自:李辉,丁家永.舌尖上的中国:蝴蝶翅膀动起来[EB/OL].(2012-08-01)[2021-04-01].销售与市场网.)

营销实训

实训材料:营销兴趣与营销职业倾向的测试

在正式从事营销工作之前,先测试一下学生对营销的态度和营销的天赋。

记分方法:如果回答的答案是肯定的就加一分,否定的不计分。

1.在买东西时,会不由自主地算算卖主可能会赚多少钱。

2.如果有一个能赚钱的生意,而你又没有本钱,你会借钱投资来做。

3.在购买大件商品时,经常会计算成本。

4.在与别人讨价还价时,会不顾及自己的面子。

5.善于应付不测的突发事件。

6.愿意下海经营而放弃拿固定的工资。

7.喜欢阅读商界人物的经历。

8.对自己想做的事,能坚持不懈地追求并达到目的。

9.除了当前的本职工作,自己还有别的一技之长。

10.对新鲜事物的反应灵敏。

11.曾经为自己制订过赚钱的计划并且实现了这个计划。

12.在生活或工作中敢于冒险。

13.在工作中能够很好地与人相处。

14.经常阅读或收看财经方面的文章、新闻。

15.在股票上投资并赚钱。

16.善于分析形势或问题。

17.喜欢考虑全局与长远问题。

18.在碰到问题时能够很快地决策该怎么做。

19.经常计划该如何找机会去挣钱。

20.做事最看重的是结果。

实训测评:如果你的得分在 16 分以上,那么恭喜你:你已经具有了营销的天赋!但是要成为一个成功的营销人士,还要加倍努力才行哦! 如果你的得分在 16 分以下,也没有关系,经过对市场营销课程的学习,你测试的成绩一定会超过 16 分。

(资料改编自:刘春娣.市场营销[M].上海:同济大学出版社,2011.)

模块二

学会市场分析

项目 2
进行市场分析

【项目目标】

任务 1　熟悉市场营销环境的构成、特征和作用

任务 2　掌握市场营销环境的不同分析方法及企业营销对策

任务 3　熟练区分不同市场的特点和购买行为类型以及影响因素

任务 4　掌握不同市场购买决策过程

【案例引导】

新冠肺炎疫情下的危与机

正当我国及全球经济预期出现向好势头之际,暴发于 2019 年底的新冠肺炎疫情为我国经济转型与全球经济增长增添了诸多变数。新冠肺炎疫情暴发后,中共中央、国务院针对疫情控制的领导、监察、重点物资生产企业复工复产和调度安排、企业延时上班等方面的文件通知相继下发,加强应对疫情的政策保障;国家各部委针对企业、学校、交通运输、物资供应等分别采取有力支持措施;全国 31 个省、市、自治区及下属市区纷纷启动重大突发公共卫生事件一级响应,实施严格隔离措施;武汉火神山、雷神山、方舱医院的快速建设与启用等一系列应对措施快速响应。经过数月奋战,抗疫取得初步胜利。

新冠肺炎疫情的传播范围超过非典,各地不得不采取了

比非典时更为严厉的防控措施,因此短期内生产和需求遭到较大冲击。就从需求方面来讲,需求显著减少,且在形态和结构上存在差异。受疫情影响,消费、投资和进出口均会面临不同程度的负面冲击,其中受冲击最大的是消费。在消费方面,消费总量在疫情严重时期会出现断崖式下跌,但部分领域消费会有所上升。第一,受居家隔离、交通管制等因素影响,旅游、餐饮住宿、交通运输、教育培训等服务消费受冲击较大,特别是院线电影、大型文娱活动、婚宴、春节聚餐等聚集性消费活动,都基本取消。商品消费同样也会遭受一定冲击,回顾"非典"疫情期间,社会消费品零售总额增长率从2003年1月份的10%迅速跌至6月份的4.3%。第二,疫情影响下,医疗卫生服务需求会呈现暴发式增长,将带动医疗保健和个人用品类CPI短期上涨。"非典"疫情时期,医疗保健和个人用品类CPI在2003年5—6月份一度达到2%的区间峰值。第三,居家隔离等措施让消费形态转为以线上为主,在线教育、在线游戏、在线办公等行业短期内普遍受益。但部分领域的消费增长不足以弥补整体消费的低迷,而住宿、餐饮等消费也难以在疫情过后获得等量补充。

在疫情暴发对一些传统行业带来负面冲击的同时,防控疫情的需要为相关行业尤其是互联网行业带来了新的机遇。随着疫情逐步缓解,新的发展机遇将不断释放新动能,推动中国经济转型升级,向高质量发展方向迈进。

思考与分析:

1.新冠肺炎疫情下的市场有什么特点?在这样的市场中,各行各业面临怎样的机遇和挑战?

2.分析该市场中的消费者购买行为。

(资料改编自:马健瑞,胡国良,孙大卫,等.新冠疫情下的危与机:背景、影响与建议[J].中国发展观察,2020(Z2):22-29.)

【情景创建】

学生以5~8人的小组为单位,运用市场营销环境知识谈谈新冠肺炎疫情对各个行业的影响,讨论疫情期间各行业面临的宏观环境与微观环境,并实际调查分析某企业,确立企业面对环境变化所采取的营销对策,训练运用SWOT分析法评价企业内外环境的能力。

【任务分解】

任务:选择一种营销环境分析法评价企业内外环境(例如:SWOT)

活动 1:收集企业微观环境和宏观环境信息

活动 2:列出企业潜在的环境机会和环境威胁,以及企业优、劣势

活动 3:运用 SWOT 法分析评价企业环境

活动 4:列举消费者购买后的感受和行为

任务 2.1 分析市场营销环境

2.1.1 市场营销环境的概述

1) 市场营销环境的概念

市场营销环境指的是影响企业营销活动和营销目标实现的各种因素及条件。市场营销环境由宏观环境和微观环境构成。宏观环境是指国家或地区的自然、政治、社会文化、人口、经济、科学技术等影响企业营销活动的宏观因素;微观环境是指与企业紧密相连直接影响企业营销活动的各种参与者,包括企业内部条件(企业本身)、供给者、营销中介、顾客、竞争者、社会公众等。宏观环境通常以微观环境为媒介,对企业的市场营销活动产生间接影响,于是也称为间接营销环境,但在特定的场合下,宏观环境也可直接影响企业的营销活动。微观环境是对某一个企业起影响和制约作用的环境因素,它直接影响和决定该企业的营销活动,于是也称为直接营销环境。

宏观环境与微观环境是市场环境系统中的不同层次,所有的微观环境因素都受宏观环境因素的制约,而微观环境因素对宏观环境也产生影响,从而构成多因素、多层次、多变的市场营销环境综合体,如图 2-1 所示。

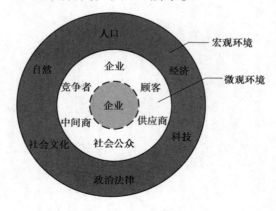

图 2-1 市场营销环境

2) 市场营销环境的特点

市场营销环境是一个多因素、多层次且不断变化的综合体。企业研究环境,目的就是适应不同的环境,从而求得生存和发展。对于所有影响企业营销活动的环境因素,企业不但要主动地去适应,还要不断地创造和开拓出对自己有利的环境来。

企业市场营销环境主要有如下特征:客观性、差异性、多变性、相关性、可影响性。

①客观性。企业总是在特定的社会、市场环境中生存和发展的。这种环境并不以营销者的意志为转移,对企业的营销活动具有强制性与不可控制性的特点。一般来说,企业无法摆脱营销环境的制约,特别是宏观环境中的政治法律、科学技术等因素,企业难以按自身的要求和意愿随意改变之。

②差异性。不同的国家与地区之间,营销环境存在着广泛的差异性。相同国家与地区之间,不同的企业,其微观环境也千差万别。也就是说,市场营销环境的差异性不仅表现为不同企业受不同环境的影响是不同的,还表现为同一环境因素的变化对不同企业的影响也是不同的。正是由于外界环境因素对企业作用的差异性,各个企业为应对环境变化而采取的营销策略也各不相同。

③多变性。构成企业市场营销环境的因素是多方面的,而每一个因素都会受到其他因素的影响,且都会随着社会的发展而不断变化和改变。因此说,市场营销环境是一个动态的系统。

④相关性。企业市场营销环境包括影响企业营销活动的一切宏观和微观因素,这些因素涉及多方面、多层次,因素之间相互作用、相互影响、相互制约、相互依存,又互为因果关系,任何一个因素的变化会带动其他因素的变化,从而形成新的营销环境。

⑤可影响性。"适者生存"是自然万物不断演化的法则,同样也是市场竞争的法则。企业能否快速地适应外部环境的变化,将决定着企业能否生存。虽然营销环境具有强制性与不可控制性,但是这并不意味着企业对环境无能为力或者只能消极、被动地去适应,而是应该积极主动地去适应,甚至应该运用各种资源去影响和改变环境,为企业营造一个有利于其发展的市场空间,从而再去适应该环境。

3)分析市场营销环境的意义

市场营销管理者与其目标客户建立和维持牢固关系的能力是至关重要的,市场营销者必须对环境趋势和机会更加敏感。实践证明,凡是能适应不断变化着的营销环境的企业,就能生存和发展,否则就会被激烈的市场淘汰。现代营销学也认为,企业营销活动成败的关键,在于企业能否适应不断变化着的市场营销环境。市场营销环境中可变的因素很多,而每一个因素对企业的营销活动都有制约和影响。当今市场竞争的多样化和激烈化对企业的营销发出了挑战,迫使企业必须具备高瞻远瞩的战略思维,才能在复杂多变的环境中应对自如。

对市场营销环境作分析有以下 4 个作用:①可以找到营销机会和避免环境威胁;②提高企业的应变能力;③使商品适销对路,真正实现以消费者需求为中心的营销理念;④作为企业制订战略的依据和基础。

中国"奶粉门"事件

2008 年,中国乳业本来正快速发展着,但 9 月 11 日经卫生部证实,三鹿牌婴幼儿奶粉含有化工原料三聚氰胺,导致全国各地出现许多婴幼儿肾结石病例。全国因食用问题奶粉而导致泌尿系统出现异常的患儿逾 29 万人,其中住院 51 900 人,死亡 6 人。短短半个月,三聚氰胺事件让我们多年来对中国乳品企业建立起的信任基础轰然倒塌。

三鹿事件回放:

2008 年 6 月、8 月,在一些网站甚至政府的网站,三鹿事件就已初见端倪。

9 月 8 日《现代快报》首次报道,在 9 月 8 日甘肃岷县 14 名婴儿同时患"肾结石"病症,同时陕西也出现肾结石患儿,肾结石患儿曾食用同一品牌奶粉。

事件发生后,三鹿的第一反应是表明自己的产品是"经国家有关部门检测,均符合国家标准,目前还没有证据证明患病婴儿是因为吃了三鹿奶粉而致病"。

9 月 11 日,随着事件的升级,《东方早报》率先将矛头指向"三鹿"奶粉。报道说,"医生们注意到,这些患病婴儿在没有母乳之后,都使用了品牌为'三鹿'的奶粉。"

同一天,国家质检总局、卫生部相继指出,近期甘肃、江苏、陕西、山东、安徽、湖南、湖北、江西、宁夏等地报告多例婴幼儿泌尿系统(肾)结石病例,并高度怀疑与使用三鹿奶粉有关。

9 月 11 日,在国家质检总局、卫生部郑重发布公告后,石家庄三鹿集团公司发出声明,经自检发现部分批次三鹿牌婴幼儿奶粉受三聚氰胺污染,公司决定立即对 2008 年 8 月 6 日以前生产的三鹿牌婴幼儿奶粉全部召回。

9 月 12 日经调查了解初步认定,石家庄三鹿集团股份有限公司所生产的婴幼儿"问题奶粉"是不法分子在原奶收购过程中添加了三聚氰胺所致。

9 月 13 日,随着三鹿奶粉事件在中国的影响不断扩大,美国《洛杉矶时报》《今日美国报》、美联社以及英国路透社等媒体都报道了相关新闻,美国食品和药品管理局(FDA)11 日更是发出警告说,某些来自中国的奶粉将被禁止在美国市场销售。

9 月 14 日,国家质检总局部署各地质检部门和机构彻底检查所有乳制品企业和所有乳制品,重点检验三聚氰胺等卫生安全指标。

9 月 15 日下午,三鹿副总张振岭向社会各界鞠躬道歉。

9 月 16 日,国家发布婴幼儿奶粉三聚氰胺检查结果。三鹿婴幼儿奶粉被检出每千克含 2 500 多毫克三聚氰胺。同时,国家质量技术监督总局从伊利、蒙牛、雅士利、光明、圣元等 22 个厂家的 69 个批次的奶粉中查出了 0.09~619 毫克的三聚氰胺,同时停产的企业有 66 家,被宣布没有问题的企业有 87 家。而这 22 个厂家绝大多数都荣获了国家免检、中国名牌、驰名商标等称号。

2008 年 9 月毒奶粉事件发生以后,中国消费者对本土乳企品牌的信任度可谓降至冰点,过去风光无限的部分知名乳企品牌声誉岌岌可危,产品销量大幅下降,资金链面临断裂,全行业亏损已成事实,本土奶制品企业被逼上了悬崖绝境。

2010年中国乳业又经历了一次灭顶之灾,不仅三聚氰胺阴魂不散地卷土重来了,而且出现了更为恐怖的性早熟事件,让中国乳业跌入谷底。

思考与分析:

1."奶粉门"事件后哪些企业受到了严重威胁?哪些企业获得了新的市场机会?

2.企业分析营销环境的意义在哪里?

2.1.2 市场营销环境的宏观因素

市场营销的宏观环境是指那些作用于直接营销环境、对企业开展市场营销活动产生影响的各种社会力量,包括人口环境、经济环境、自然环境、科学技术环境、政治法律环境和社会文化环境等。宏观环境的变化既可以给企业营销活动提供机会,也可以给企业带来巨大的威胁,企业必须密切关注宏观环境的变化,通过调整内部环境因素,来适应企业宏观环境的变化发展,甚至应该运用各种资源去影响环境,从而确保企业营销目标的实现。

1)人口环境

人口是构成市场的基本因素。人口越多,在一定程度上也就意味着市场越大,而人口的年龄结构、地理分布、婚姻状况、流动率、出生率、死亡率等特征又会对市场趋势产生影响。因此,密切关注人口环境的变化,是企业适应环境,寻找市场机会并避免威胁的重要手段之一。

(1)人口数量

随着科学技术的快速发展和医疗水平的不断提高,人类生存的条件得到了巨大的改善,世界人口平均寿命不断延长,世界人口正在以前所未有的速度增长。据统计,截至2020年12月31日,全球人口数量突破75亿。人口快速增长的同时给企业带来了新的市场,也为企业带来了新的挑战。一方面,人类赖以生存的这个星球需要养活70多亿人,甚至是更多的人,这就意味着对食品、水、燃料的需求也将增加,那么市场需求将是巨大的,而供需矛盾也将成为困扰人类的又一难题。因此,研发新型节能技术和产品将是未来的主流;而随着时间的推移,消费者的需求特点也将呈现出更多的差异化,如何有效地满足这些需求必将带来新的挑战,市场竞争必然加剧,而中小型企业也将获得新的机会。

(2)人口年龄结构

年龄的差别意味着消费者对商品的需求不同,从而可能形成各具特色的市场。社会科学技术快速发展,人们的生活条件和医疗条件改善,世界人口的平均寿命大大延长,死亡率降低,使得人口老龄化的趋势日渐明显,尤其在发达国家。目前,我国也呈现出了人口老龄化的趋势,"银色市场"的产品需求逐年增加。

知识链接 2-1

人口老龄化

人口老龄化是指总人口中因年轻人口数量减少、年长人口数量增加而导致的老年人口比例相应增长。国际上通常把 60 岁以上的人口占总人口比例达到 10%，或 65 岁以上人口占总人口的比重达到 7% 作为国家或地区进入老龄化社会的标准。两个含义：一是指老年人口相对增多，在总人口中所占比例不断上升的过程；二是指社会人口结构呈现老年状态，进入老龄化社会。国际上通常看法是，当一个国家或地区 60 岁以上老年人口占人口总数的 10%，或 65 岁以上老年人口占人口总数的 7%，即意味着这个国家或地区的人口处于老龄化社会。

（资料来源：百度百科）

（3）人口性别结构

人口性别也是导致市场消费需求显著差异的一大因素。性别差异，不仅需要不同，购买习惯及行为也会有极大差别。性别结构在市场上就体现为男性消费者市场和女性消费者市场。中国社会科学院公布的一项研究报告指出，中国面临着男女性别比例严重失衡的困境，2018 年我国出生人口男女性别比例达到 116.9∶100，有的省高达 130∶100，在个别严重的地方，甚至到了 150∶100，而正常值应为（102～107）∶100，这就预示着较长时期以来女性消费者市场将有更好的发展前景。

（4）家庭结构

家庭是消费的基本单位，家庭的规模和数量将直接影响着消费品市场的需求量和某些产品的规格型号。近 30 年来，家庭规模的小型化是我国城乡家庭结构变化的重要特征之一；与此同时，家庭结构还呈现出以核心化家庭为主、小家庭式样愈益多样化的趋势；除核心家庭外，其他非核心化的小家庭式样，如空巢家庭、丁克家庭、单身家庭、单亲家庭等，正在成为我国城乡家庭结构的重要内容。这就预示着消费者市场中的某些产品将逐渐出现更多的差异化需求和小型化需求。

知识链接 2-2

丁克家庭

丁克的名称来自英文 Double Income No Kids 四个单词首字母 D、I、N、K 的组合——DINK 的谐音，Double Income No Kids 有时也写成 Double Income and No Kid(Kids)。

这一家庭的形式主要是指：夫妻双方均有收入且具有生育能力，但是无小孩的家庭。选择丁克家庭的 9 大理由：

1. 觉得世界太乱，社会竞争太残酷，不希望孩子也来受苦、重蹈覆辙。
2. 职场竞争激烈而又必须把握，不希望放弃长期努力的事业成果。
3. 希望自由选择适合自己的生活方式，两人世界快乐足矣。
4. 对于婚姻稳定还没有十足的把握，所以暂时不想要孩子。
5. 受经济条件制约，现在还不足以给孩子安稳健康的生活条件。

6.觉得人生的快乐多种多样,没有儿女承欢的天伦之乐也有别样的幸福。

7.当代养育孩子非常艰巨,而且不一定有回报,孩子本身也未必感到快乐,所以宁可不养。

8.不认为人生的价值仅仅是养育后代。

9.过去认为"养儿防老",可现在的孩子,比如我们年轻一代有几个留在父母的身边的? 又有多少老年人在家靠保姆照顾着!

（资料来源:百度百科）

（5）人口的分布结构和流动性

分布结构主要指人口在不同地区的密集程度,人口这样的分布表现在市场中就会出现市场大小的不同和需求特征的不同。一般来说,经济发达地区人口多而密集,经济落后地区人口少而分散;工业集中分布地区比农业地区人口多而密;农业区又比林区人口多;开发早的地区,历史悠久,人口增值持续时间长,人口多而密;相反,开发晚的地区人口少且分散。中国是世界上人口较稠密的国家之一,其人口分布存在着明显的区域差别性,东西部差异很大;但是,随着目前交通的便利和"乡乡通公路"等工程的完成,农村人口大量进入城市,人口流动性增大,逐渐接受着新的生活方式和新的消费观念,使得城乡地区之间的差异化逐渐缩小。

2）经济环境

对市场而言,人的购买力也非常重要。经济环境由各种影响消费者购买力和支出模式的因素构成。比如说:消费者收入与支出状况、储蓄和信贷、经济发展状况等。

（1）收入

有消费欲望和购买力的市场才更具有现实意义。消费者满足需求的程度主要取决于其收入的多少,但消费者的收入并不全部用于购买商品,因此,在研究消费者收入的同时,企业应该注意以下几个概念。

①人均国民收入。人均国民收入是一国在一定时期内（通常为一年）按人口平均的国民收入占有量,反映国民收入总量与人口数量的对比关系。人均国民收入水平是衡量一国的经济实力和人民富裕程度的一个重要指标。这一指标对分析市场潜力和规模意义重大。国家统计局统计公报显示,2019 年我国人均国民总收入已经达到10 410美元。按照世界银行的划分标准,我国已经由长期以来的低收入国家跃升至世界中等偏上收入国家行列,这预示着我国消费者市场将迎来广阔的发展空间和前景。

②个人收入。个人收入是指消费者个人从各种来源所获得的一切货币收入,包括工资、奖金、津贴、投资收益和其他收入等。它是消费者购买能力的源泉,直接影响市场规模的大小和购买力水平的高低。

③个人可支配收入。它是指消费者个人收入扣除缴纳税收之后的余额,消费者可用以个人消费和其他支出。

④个人可任意支配收入。它是指个人可支配收入减去维持生活所必需的支出和其他固定支出之后的余额。这部分支出所引起的需求弹性大,是市场需求最活跃的动力因素,而且在商品消费中的投向不固定,是企业市场竞争的主要目标。

⑤货币收入和实际收入。它们的区别在于物价因素的影响,货币收入只是一种名义收入,并不代表消费者可购买到的实际商品的价值。货币收入的上涨并不完全意味着实际购买力的提高,而货币收入不变也不一定就是购买力不波动。只有考虑了物价因素的实际收入才反映购买力水平和变化。当货币收入一定时,消费者的实际购买力受物价因素的影响,如消费者货币收入不变,但物价下跌,消费者的实际收入上升,购买力提高;反之,如物价上涨,消费者的实际收入下降,购买力降低。

（2）支出

消费者支出主要是指消费者个人或者家庭的总支出中各类消费开支的比例关系。收入在很大程度上影响消费者的支出模式与消费结构。随着消费者收入的变化,支出模式和消费结构会发生相应变化,继而使一个国家或地区的消费结构发生变化。德国经济学家和统计学家恩斯特·恩格尔提出了著名的恩格尔系数,可以用下面的公式表示:

恩格尔系数=（食物的开支/消费的总支出）×100%

恩格尔系数的计算表明一个定律:随着家庭收入增加,用于购买食品的支出占家庭收入的比例会下降。于是,恩格尔系数也就变成了衡量特定时间和地区家庭或个人富裕程度的重要指标,见表2-1。

表 2-1　衡量富裕程度的恩格尔系数

恩格尔系数	59 以上	59~50	50~40	40~20	20 以下
消费层次	绝对贫穷	勉强度日	小康水平	富裕型	最富裕

据国家统计局 2021 年 2 月 28 日发表的《中华人民共和国 2020 年国民经济和社会发展统计公报》,2020 年我国居民恩格尔系数为 30.2%,其中城镇为 29.2%,农村为 32.7%。图 2-2 为 2020 年我国人均消费支出及其构成。

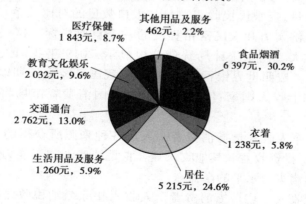

图 2-2　2020 年全国人均消费支出及其构成

（资料来源:国家统计局.中华人民共和国 2020 年国民经济和社会发展统计公报[EB/OL].(2021-02-28)[2021-04-01].国家统计局官网.)

（3）储蓄和信贷

消费者的购买力还会受到储蓄和信贷的影响。当收入一定时,储蓄越多,现实购买力虽然较小,但潜在购买力越大;反之,储蓄越小,现实购买力虽然较大,但潜在购买力越小。信贷是指消费者凭借信用首先取得商品的消费权,然后采用分期付款的方式偿还贷款的消费方式,如目前应用广泛的贷款买房、贷款购车、家电、装修等。当一个国家的信贷业较为普遍和发达时,会增加当前消费者的购买量,但过度的信贷消费也会使得市场的需求在达到消费者归还款高峰期时,造成相应的市场萧条。因此,营销人员应该对此有相应的估计和预测,以此掌握储蓄和信贷所引起的市场需求变化。

（4）经济发展状况

经济发展状况将会间接地影响企业的营销活动,这主要包括:

①一个国家或地区的经济发展水平。美国经济学家罗斯托把经济发展划分为五个阶段:传统经济社会、经济起飞准备阶段、经济起飞阶段、经济成熟阶段和大众高额消费阶段。处于前三个阶段的国家属于发展中国家,处于后两个阶段的国家属于发达国家。处于不同经济发展阶段的国家存在不同的需求,企业采取的营销策略也有所不同。就消费品市场而言,处于经济发展水平较高阶段的国家和地区,在产品需求方面,强调产品款式、性能及特色,侧重大量广告及促销活动,其品质竞争多于价格竞争;而处在经济发展水平较低的国家和地区,则侧重于产品的功能和实用性,其价格因素重于产品因素。

②地区发展状况。国家之间、国内各地区之间经济发展存在差异,这种差异造成的市场需求极不平衡,这对企业投资方向、目标市场及营销战略的制订影响巨大。

3）自然环境

自然环境是指自然界提供给企业生产和经营的物质财富,如企业生产需要的土地资源、矿物资源、水利资源等。自然环境的发展变化,给企业带来威胁的同时也给企业创造了机会。

营销链接 2-2

气候与成功

美国一家大型食品加工公司在墨西哥某河流的三角洲地区建立了一家菠萝罐头厂,但在生产中却遇到了麻烦。该公司在河流的上游地区建立了菠萝种植园,计划使用驳船将成熟的菠萝顺流运到罐头厂,然后,将菠萝罐头直接装上货运海轮,运到世界各地市场。然而,在菠萝成熟时却遇到了麻烦:菠萝成熟季节恰逢汛期,河流过急,无法将驳船逆流而上拖往种植园,使得用驳船装运菠萝的计划随之搁浅。由于没有其他可供选择的运输办法,公司无奈只好关闭了工厂。那些新设备只能以原价50%的价格出售给墨西哥的一家企业,而这家墨西哥企业则立刻将工厂迁走。对气候和航运条件的疏忽是导致公司倒闭的直接原因。

西门子公司的做法则是另一方面的典型。针对欧洲大陆气候的差异,西门子对出口到不同地区洗衣机的转速作了调整。由于德国和斯堪的纳维亚半岛阴晴不定,因此在该地区销售的洗衣机的转速最低不低于 1 000 转每分钟,最高不超过 1 600 转每分钟。保证从洗衣机里拿出的衣物必须比别处干,因为用户无法拿到室外去晾晒。相反,在意大利和西班牙,由于阳光充足,洗衣机转速达到 500 转每分钟就足够了。

思考与分析:

请谈谈企业的生存发展与自然环境的关系,并对当下自然环境的主要趋势作出分析。

(资料来源:菲利普·R.凯特奥拉,约翰·L.格雷厄姆.国际市场营销学[M].周祖城,等,译.北京:机械工业出版社,2003.)

人类发展至今,经济、科学技术等各方面都得到飞速发展,但自然环境却不断遭到破坏,自然资源逐渐匮乏。市场营销者应意识到当下自然环境面临的主要趋势:

①自然资源日趋短缺。自然界中的自然资源可划分为三大类:一是"无限"的资源,用之不尽,取之不竭,如空气、阳光等;二是有限但可以再生的资源,如森林、粮食等;三是有限且又不能再生的资源,如石油、煤和各种矿物等。由于现代文明的无限度开采和利用,各类资源都出现了短缺,甚至第一类资源中的水、空气等在某些大城市出现短缺。自然资源的日益枯竭,也成了当前社会经济进一步发展的制约力。

②环境污染日益加重。工业化和城市化造成自然环境的污染日益加重,生态平衡遭到破坏,自然灾害频发,人类生存面临威胁。环境污染成为全球关注的严重问题,对企业生产中的污染控制提出更高要求,一方面,限制容易造成环境污染的企业和行业的发展;另一方面,又给某些绿色企业带来了新的机会,使企业在环保工程、绿化工程、废物利用和自然灾害预报与减损等方面获得新的发展空间。

③政府干预力度日益加强。为了实现社会长远利益的可持续发展,许多国家加强了对自然资源的战略控制和对环境污染的治理力度,消费者的环保意识逐渐提高,通过开发绿色产品,引导绿色消费,在 21 世纪,绿色营销已逐渐成为市场营销的新主流。

4)科学技术环境

科学技术是提高劳动生产率最重要的手段和发展社会生产力最主要的力量。科学技术已成为世界经济社会发展的原动力,一个国家的竞争实力取决于利用科技进步成果的速度、规模、范围和效果。科学技术对企业市场营销的影响主要体现在以下几个方面:

①新技术的发展和运用为新产品、新行业的产生提供机遇,促成新的市场机会。新技术直接或间接地带来国民经济各部门的变化和发展,引发产业部门间的演变与交替,导致新产业的出现、传统产业的改造、落后产业的淘汰。例如,互联网技术的发展完善,促进了网络营销的蓬勃开展。

②科学技术发展为企业市场营销管理提供了更先进的手段。

③科技发展为充分利用自然资源、保护环境、寻找新能源提供了可能。

④科技发展影响传统的商业模式及消费者的消费习惯。

5) 政治法律环境

政治法律环境是指一个国家或地区的政治制度、体制、方针政策、法律法规等方面。这些因素常常制约、影响企业的营销活动，尤其是影响企业较长期的投资行为。政治法律环境对企业营销活动的影响主要表现在以下几方面。

（1）政治环境

政治环境对企业营销活动的影响主要表现为国家政府所制定的方针政策，如人口政策、能源政策、物价政策、财政政策、货币政策等，都会对企业营销活动带来影响。例如，国家通过降低利率来刺激消费的增长；通过征收个人收入所得税调节消费者收入的差异，从而影响人们的购买；通过增加产品税，如对香烟、酒等商品增税来抑制人们的消费需求。政治权力影响市场营销，往往还会表现为由政府机构通过采取某种措施约束跨国企业，如进口限制、外汇控制、劳工限制、绿色壁垒等。政治冲突指国际上的重大事件与突发性事件，这类事件在以和平与发展为主流的时代从未绝迹，对企业市场营销工作的影响或大或小，有时带来机会，有时带来威胁。而政治局面的稳定程度，不仅影响该国或区域经济发展和人民货币收入的增加和减少，甚至会影响群众心理状况，导致市场需求的变化。

（2）法律环境

法律环境是指国家或地方政府所颁布的各项法规、法令和条例等，它是企业营销活动的准则，企业只有依法进行各种营销活动，才能受到国家法律的有效保护。由于各个国家社会制度、经济发展阶段和国情不同，所体现的统治阶级意志的法制也不同，从事国际市场营销的企业，必须充分了解有关国家法律制度和有关国际法规、国际惯例。目前，整个法律环境变化的趋势为：法律制度不断健全且管制企业的立法增多、政府机构执法更严、公众利益团体力量开始增加。

6) 社会文化环境

社会文化是人类在创造物质财富的过程中所积累的精神财富的总和，它体现着一个国家或地区的社会文明程度的高低。社会文化是一个复合的整体，包括知识、信仰、艺术、道德、法律、风俗以及作为社会成员而获得的所有能力和习惯。社会文化涵盖面广泛，这些影响多半是通过间接的、潜移默化的方式来进行的。往往表现在以下几方面：

（1）教育水平

教育水平不仅影响劳动者收入水平，而且影响着消费者对商品的鉴别力，影响消费者心理、购买的理性程度和消费结构，从而影响着企业营销策略的制定和实施。

（2）宗教信仰

宗教因素对营销活动的影响，主要表现在宗教对人们道德和行为规范的影响，宗教的要求和禁忌对需求和营销手段的限制，宗教组织和宗教派别的政治影响以及宗教习惯与宗教节日对需求季节波动的影响等。总之，宗教的禁忌、节日、习俗、规定造成对商品需求的差异及营销方式的不同。

（3）价值观念

价值观念是人们在社会生活中形成的对各种事物的普遍态度和看法。人们生活的社会环境不同、所持的价值观念不同，人们的购买动机和购买行为就会有很大差异。如美国人和多数西方人注重个性，崇尚个人成功与独立，鼓励标新立异；而中国人和多数东方人讲究传统，追求整体和谐，注重共性发展，在对待消费方面中国人普遍持节制、节俭的态度。

营销链接 2-3

营销"翻车"

花呗是支付宝的借贷软件，属于超前消费或者透支消费。2020年花呗在某些地铁站投放了一则广告，广告中37岁的施工队队长用花呗给女儿过生日，广告中文案写道："一家三口的日子，再精打细算，女儿的生日也要过得像模像样。"该广告投放后，大众或消费者们并没有买单。大家认为这是滥用亲情在营销，并以此来倡导超前消费的理念。能够进行超前消费并不是一件值得骄傲的事情，不符合中华民族节俭、不张扬的价值观。花呗不仅没有获得更多的客户，反而遭到大家的吐槽。

思考与分析：

你认为上述案例营销"翻车"的原因是什么？

（4）消费习俗

消费习俗指历代传递下来的一种消费方式，是风俗习惯的一项重要内容。消费习俗在饮食、服饰、居住、婚丧、节日、人情往来等方面都表现出独特的心理特征和行为方式。

（5）消费流行

由于社会文化多方面的影响，消费者产生共同的审美观念、生活方式和情趣爱好，从而导致社会需求的一致性，这就是消费流行。消费流行在服饰、家电以及某些保健品方面，表现最为突出。消费流行在时间上有一定的稳定性，但有长有短，有的可能几年，有的则可能是几个月；在空间上还有一定的地域性，同一时间内，不同地区流行的商品品种、款式、型号、颜色可能不尽相同。

2.1.3　微观环境因素

市场营销的微观环境是指与企业紧密相连、直接影响企业营销能力的各种参与者,包括企业本身、供应商、营销中介、顾客、竞争者和公众六大部分。

1)企业

企业的经营理念、管理体制、目标宗旨、文化等因素都会影响到企业的营销活动。但在分析市场环境时我们重点考虑的是营销部门与企业其他各个部门间的协调问题。企业为开展营销活动,必须设立一定形式的营销部门,必须由企业内部各部门分工合作、密切配合、共同承担,如与企业高层管理者、财务部、采购、制造、研究与开发、财务部等部门之间的协调沟通,而绝不是营销部门孤立存在。这些部门能否协调配合,将直接影响企业的营销决策和决策执行力,从而影响到企业营销目标的实现程度。

2)供应商

供应商是指向企业及其竞争者提供生产经营所需原材料、设备、零部件等生产资源的企业或个人。供应商对企业营销活动有着实质性的影响,其所供应的原材料的稳定性和及时性将直接影响企业充分满足市场需求和把握市场机会的可能性;所提供的原材料数量和质量将直接影响产品的数量和质量;所提供的原材料价格会直接影响最终产品成本、价格和利润。正是由于供应商对企业营销活动起着重要作用,企业必须密切关注供应商的各种动向,了解供应商并加强与供应商的合作,开辟更多的供货渠道,与之建立良好的关系,甚至可采取"后向一体化"战略,获得上游企业的所有权或加强对其控制权,兼并或收购供应商,从而有效控制关键原材料等投入的成本、质量及供应可靠性,确保企业生产经营活动稳步进行。

3)营销中介

营销中介是指帮助企业将产品促销、销售和配送产品给最终购买者的所有机构,包括中间商、物流公司、营销服务机构和金融中介等。

（1）中间商

中间商指协助企业进行产品经销或销售,将产品最终销售给购买者的机构,并在这一过程中取得或者不取得商品所有权的个人或者组织,包括商人中间商和代理中间商。前者对其经营的商品有所有权;后者又称经纪商,对其经营的产品无所有权。

（2）物流公司

物流公司也称为实体分销商,指帮助企业运输产品并进行储存的仓储企业。实体分销商的主要职能是调节生产与消费之间的矛盾,弥补生产与消费者间的时间和空间上的差距,将商品适时、适地、适量地供给消费者,从而满足其需求。

营销链接 2-4

京东物流

京东是中国最大的自营式电商企业,2014 年 5 月,京东在美国纳斯达克证券交易所正式挂牌上市(股票代码:JD),京东是中国第一个成功赴美上市的大型综合型电商平台,与腾讯百度等中国互联网巨头共同跻身全球前十大互联网公司排行榜。自建物流体系是京东商城的最大特点,也是与其他电商竞争中的主要竞争优势。京东一直把物流作为自己的特色之一,进行宣传和营销。在和天猫的战争中,京东打出的也都是"送货速度快"这一口号,以此进行电视广告等传统媒体广告植入和新媒体广告等其他形式的营销活动。京东物流配送的服务有:211限时达、次日达、急速达、京准达、夜间配、自提柜和无人机。

京东商城的自建物流体系一方面在很大程度上改善了第三方物流的弊端,比如说第三方物流无法及时对企业客户的需求变化进行快速及时的响应。另一方面,竞争者,也就是各大电子商务企业也在大力推动自建物流体系,其他物流公司(如:中通、顺丰、韵达)也有意进军电子商务企业领域。加之,京东商城不断增长的订单量也满足了自建物流的要求,销售额增长契机与物流配送水平落后的差距给京东商城带来压力,自建物流还能降低物流成本,提高顾客体验。

思考与分析:

你在京东商城购物过吗?谈谈自己的购物体验,并与其他电商平台进行对比。

(资料改编自:仁翔.京东物流案例分析[J].中国科技期刊数据库 科研,2018(5):192-193.)

(3)营销服务机构

营销服务机构是指为企业提供营销服务项目,协助企业进行产品宣传、开拓新市场、咨询等活动的机构,包括市场调研公司、广告公司和营销咨询公司等。

(4)金融中介

金融机构是指协助企业融资或保障货物购销储运风险的各种机构,包括银行、信贷公司和保险公司等。金融中介机构虽不直接从事商业活动,但对企业的经营发展至关重要。随着市场经济的发展,企业与金融机构的关系越来越密切,企业的信贷资金来源、企业间的业务往来、企业财产和货物的风险保障等都会直接影响企业的生产经营活动。

4)顾客

顾客是企业服务的对象,是企业市场营销活动的出发点和归宿。因此,顾客是企业最重要的环境因素,企业的一切营销活动都应以满足顾客的需求为中心。不同市场中的顾客,其购买动机和需求又是不同的,这就要求企业必须认真研究其目标顾客,以不同的方式提供相应的产品和服务,从而有针对性地制订营销决策。

5)竞争者

竞争者是指与本企业存在利益争夺关系的其他经济组织。竞争是市场经济的普遍规律,加强对竞争者的研究和识别竞争对手,了解对本企业形成威胁的主要竞争对手及其策略,知己知彼,扬长避短,才能在激烈的市场中获取战略优势。企业在市场中的竞争者有以下四类:

(1)愿望竞争者

愿望竞争者是指提供不同的产品以满足消费者的不同需求的企业间的竞争。

（2）属类竞争者

属类竞争者是指提供不同的产品以满足消费者同种需求的企业间的竞争。

（3）产品形式竞争者

产品形式竞争者是指为满足消费者同种需求而生产不同形式产品的企业间的竞争。

（4）品牌竞争者

品牌竞争者是指满足消费者同种需求产品的不同品牌间的企业竞争。

6）公众

公众是指对企业实现其市场营销目标具有实际或潜在利害关系或影响力的所有群体。企业所面对的公众主要可分为以下几种。

（1）金融公众

金融公众包括影响企业融资能力的各种金融机构。如银行、投资公司、证券经纪公司和股东等。

（2）媒体公众

媒体公众包括联系企业和外界的大众传播媒体，如报纸、杂志、广播、电视、网络等。

（3）政府公众

政府公众包括对企业市场营销活动有影响作用的有关政府机构。

（4）社会公众

社会公众包括各种保护消费者权益的组织、环境保护组织及其他群众团体。

（5）地方公众

地方公众是指企业周围的居民和社会组织。

（6）一般公众

一般公众是指除上述公众之外的社会公众。此类公众虽然不会有组织地对企业采取行动，但企业形象会影响他们对企业产品的购买选用。

（7）企业内部公众

企业内部公众指企业员工，包括各级管理人员和一般职工。

各种公众对企业的态度及企业在公众中心目中的形象，都会影响企业营销活动能否顺利进行。企业要采取积极措施，努力保持和发展与公众的良好关系，塑造良好的企业形象。

2.1.4　常见营销环境分析法

营销环境的变化不仅会给企业带来威胁，同时也会给企业带来新的市场机会。企业分析市场营销环境，意义在于使企业去了解所处的环境状况及预测环境的发展趋势，辨清所处环境给企业带来的各种威胁，找出有利于企业经营发展的机会，扬长避短，确保企业制订的营销策略的有效性。营销环境总体分析就是指在分析企业外部环境和内部条件的基础上，寻找能够使两者有效结合的方式，从而制订出有利于企业发展的营销战略。常见的营销环境总体分析的方法主要有：环境机会/威胁矩阵分析法、SWOT矩阵分析法和波特五力模型。

1）环境机会/威胁矩阵分析法

（1）环境机会

机会指营销环境变化中出现的有利于企业发展的趋势或对企业经营赋予吸引力的领域。机会犹如"昙花一现"，企业营销人员对商机的把握显得极为重要。往往说哪里有未被满足的需求，哪里就有企业的市场机会。但是，需要注意的是，市场中的机会有时会表现为表面机会，即实际存在但是由于供不应求等因素而未被满足的现实需求；同时，市场也会表现为潜在机会，即实际存在但未被利用和尚未实现的潜在需求；当然也会表现为全新机会，即目前不存在的潜伏需求，只有通过企业的营销努力，开发出新的产品后才形成的需求。在所有市场机会中，只有能被企业资源利用并能够充分发挥企业自身优势的机会才能称为企业机会。

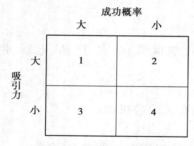

图 2-3　环境机会矩阵图

企业在对环境机会的分析过程中，要结合两方面来考虑：一是市场机会的潜在吸引力大小；二是市场机会带来的成功可能性大小。如图 2-3 所示，"环境机会"中共有 4 个象限，第 1 象限中机会的潜在吸引力与成功可能性都较大，是企业应当把握并全力发展的机会；第 2 象限中机会的潜在吸引力大，但是成功可能性较低，这也就说明企业还不具备利用该种机会的资源和条件，可以现在暂时放弃或等待时机的成熟；第 3 象限中机会的潜在吸引力小，但成功的可能性却很大，对大多数小企业来说这是一个立足市场的机会，但对有的企业来说，为了集中资源发挥最大效用，这样的机会可以选择放弃，因此，第 3 象限中不同的企业可以选择关注，并制订相应的营销措施与对策；第 4 象限中机会的潜在吸引力与成功可能性都较小，对企业来说应该主动放弃。

（2）环境威胁

环境威胁是指经营环境中出现的不利于企业营销活动的各种发展趋势及因素，企业如不能及时对此采取相应的应对措施，不利趋势和因素将影响企业的生存和发展。

企业在对环境威胁的分析过程中主要结合两方面来考虑：一是环境威胁对企业的危害程度；二是环境威胁出现的概率大小。如图 2-4 所示，"环境威胁"共有 4 个象限，第 1 象限中对企业的危害程度高，出现的概率大，是企业必须高度重视并及时制定措施应对的环境因素，避免威胁所造成的损失；第 2 象限中对企业的危害程度高，出现的概率相对较低，企业仍不可轻视，必须严密监视和预测其变化发展趋势，采取相应的措施准备面对；第 3 象限中对企业的危害程度小，出现的概率大，虽然危害程度不高，但出现的可能性高，所以企业也应当密切关注其发展趋势的环境因素；第 4 象限中对企业的危害程度小，出现的概率也小，企业只要对其进行必要的追踪观察和监测其是否有向其他象限因素恶变发展的可能，力求最大限度地降低企业损失。

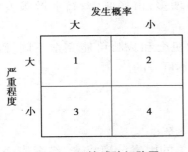

图 2-4　环境威胁矩阵图

图 2-5　环境综合分析矩阵图

（3）机会与威胁综合分析、评价

在企业实际面临的营销环境中，单纯的威胁环境与机会环境是极少见的。一般情况下，营销环境是机会与威胁、利益与风险并存的某个综合环境，结合上述两个分析矩阵，企业可以运用"机会—威胁矩阵"进行综合分析（图 2-5）。

①理想环境，即机会多、威胁少的环境。企业应当及时抓住机遇，开拓市场。

②风险环境，即机会多、威胁多的环境。这种环境下企业收益与风险并存，企业必须加强调查研究，慎重做出决策，降低风险，争取利益。

③成熟环境，即机会和威胁都少的环境。这是一种较为平稳的环境，一般发生在企业的成熟业务中。在此环境下，企业一方面要维持正常管理和经营；另一方面要积累资源，为进入理想环境或挑战风险环境做准备。

④困难环境，即机会少而威胁多的环境。困难环境里企业处境艰难，将面临巨大生存危机，这时企业必须设法扭转局面或者果断选择战略转型。

2）SWOT 矩阵分析法

SWOT 分析法又称为态势分析法，它是由旧金山大学的管理学教授于 20 世纪 80 年代初提出来的，SWOT 四个英文字母分别代表：优势（Strength）、劣势（Weakness）、机会（Opportunity）、威胁（Threat）。SWOT 分析实际上是对企业内外部条件各方面内容进行综合和概括，进而分析组织的优劣势、面临的机会和威胁的一种方法。

（1）SWOT 分析的主要内容

①优势与劣势分析（SW）。优势与劣势的分析主要着重于企业自身实力与其竞争对手实力的比较。竞争优势是指一个企业超越其竞争对手的能力，这种能力有助于实现企业的赢利目标。当两个企业处在同一市场或者说它们都有能力向同一顾客群体提供产品和服务时，如果其中一个企业有更高的赢利率或赢利潜力，那么，我们就认为这个企业比另外一个企业更具有竞争优势。竞争优势可以包括：有利的竞争态势；充足的财政来源；良好的企业形象；技术力量；规模经济；产品质量；市场份额；成本优势；广告攻势等；劣势可以包括：设备老化；管理混乱；缺少关键技术；研究开发落后；资金短缺；经营不善；产品积压；竞争力差等。

②机会与威胁分析（OT）。机会和威胁分析主要着眼于外部环境的变化及对企业可能的影响上。机会可以包括：新产品；新市场；新需求；外国市场壁垒解除；竞争对

手失误等。威胁包括：新的竞争对手；替代产品增多；市场紧缩；行业政策变化；经济衰退；客户偏好改变；突发事件等。

相同的外部环境变化给不同的企业带来的机会和威胁可能完全不同，因此优势与劣势分析（SW）和机会与威胁分析（OT）是密不可分的。

（2）SWOT 分析的步骤

①对企业综合情况进行公正、客观的评价。

②识别企业的各种优势、劣势、机会和威胁因素。

③将分析出来的企业各个因素中与战略相关的因素分离出来，结合表 2-2 SWOT 分析框架图选择适合的营销策略。

表 2-2　SWOT 分析框架表

		内部环境	
		优势（S）	劣势（W）
外部环境	机会（O）	SO 战略 依靠内部优势（S） 抓住外部机会（O）	WO 战略 利用外部机会（O） 克服内部劣势（W）
	威胁（T）	ST 战略 利用内部优势（S） 避开外部威胁（T）	WT 战略 克服内部劣势（W） 避开外部威胁（T）

3）波特五力模型

波特五力模型是迈克尔·波特在 20 世纪 80 年代初提出的，对企业制订营销战略影响颇深，该理论被广泛用于竞争战略的分析和客户的竞争环境分析。该理论认为各行业中存在着决定竞争规模和程度的五种力量，这五种力量分别是：供应商的议价能力、购买者的议价能力、潜在竞争者进入的能力、替代品的替代能力和行业内竞争者现在的竞争能力（图 2-6）。

（1）供应商的议价能力

供应商的议价能力主要体现在：其一，提高投入要素价格的能力，简单来说就是"涨价"；其二，降低单位价值质量的能力，也就是"降质量"。供方主要通过这两种能力来影响企业的赢利能力和产品竞争力。一般来说，满足以下条件的供应商会具有比较强大的讨价还价的能力：

①供方行业被一些具有比较稳固的市场地位且受市场激烈竞争影响较小的企业控制，其产品的买主多，因此每一个单一买主都不可能成为供方的重要客户。

②供方各企业的产品各具有一定特色，导致买主难以转换或转换成本太高，或者很难找到可与供方企业产品相竞争的替代品。

③供方能够方便地实行前向联合或一体化，而买主难以进行后向联合或一体化。

波特五力模型

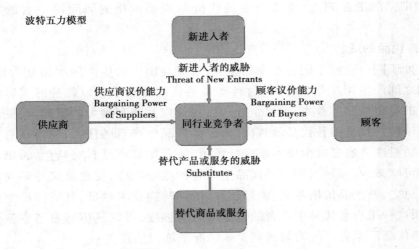

图 2-6 波特五力模型图

（资料来源：西安财经大学商学院官方媒体.分析法大揭秘之波特五力模型
［EB/OL］.（2020-05-07）［2021-04-01］.网易.）

（2）购买者的议价能力

购买者主要通过其压价与要求提供较高的产品或服务质量的能力，来影响行业中现有企业的赢利能力。一般来说，满足如下条件的购买者可能具有较强的讨价还价能力：

①购买者的总数较少，而每个购买者的购买量较大，占了卖方销售量的很大比例。

②卖方行业由大量相对来说规模较小的企业组成。

③购买者所购买的基本上是一种标准化产品，同时向多个卖主购买产品在经济上也完全可行。

④购买者有能力实现后向一体化，而卖主不可能前向一体化。

（3）新进入者的威胁

新进入者在给行业带来新生产能力、新资源的同时，也希望在已被现有企业瓜分完毕的市场中赢得一席之地，这就有可能会与现有企业发生原材料与市场份额的竞争，最终导致行业中现有企业赢利水平降低，甚至还有可能危及这些企业的生存。竞争性进入威胁的严重程度取决于两方面的因素，一方面是进入新领域的障碍大小；另一方面是预期现有企业对进入者的反应情况。

进入障碍主要包括规模经济、产品差异、资本需要、转换成本、销售渠道开拓、政府行为与政策（如国家综合平衡统一建设的石化企业）、不受规模支配的成本劣势（如商业秘密、产供销关系、学习与经验曲线效应等）、自然资源（如冶金业对矿产的拥有）、地理环境（如造船厂只能建在海滨城市）等方面，这其中有些障碍是很难借助复制或仿造的方式来突破的。预期现有企业对进入者的反应情况，主要指采取报复行动的可能性大小，这取决于有关厂商的财力情况、报复记录、固定资产规模、行业增长速度等。总之，新企业进入一个行业的可能性大小，取决于进入者主观估计进入所能带来的潜在利益、所需花费的代价与所要承担的风险这三者的相对大小情况。

（4）替代品的威胁

两个处于同行业或不同行业中的企业，可能会由于所生产的产品互为替代品，从而在它们之间产生相互竞争行为，这种源自替代品的竞争会以各种形式影响行业中现有企业的竞争战略。首先，现有企业产品售价以及获利潜力的提高，将受限于存在着的能便于用户接受的替代品。其次，由于替代品生产者的侵入，使得现有企业必须提高产品质量或者通过减少成本来降低售价，或者使其产品具有特色，否则其销量与利润就有可能减少。最后，源自替代品生产者的竞争强度，受产品买主转换成本高低的影响。总之，替代品价格越低、质量越好、用户转换成本越低，其所能产生的竞争压力就强；而这种来自替代品生产者的竞争压力的强度，可以具体通过考察替代品销售增长率、替代品厂家生产能力与盈利扩张情况来加以描述。

（5）同业竞争者的竞争程度

大部分行业中的企业，相互之间的利益都是紧密联系在一起的，作为企业整体战略一部分的各企业竞争战略，其目标都在于使得自己的企业获得相对于竞争对手的优势，所以，在实施中就必然会产生冲突与对抗现象，这些冲突与对抗就构成了现有企业之间的竞争。现有企业之间的竞争常常表现在价格、广告、产品介绍、售后服务等方面，其竞争强度与许多因素有关。一般来说，当出现下述情况时意味着行业中现有企业之间竞争的加剧，比如说：行业进入障碍较低，势均力敌的竞争对手较多，竞争参与者范围广泛；市场趋于成熟，产品需求增长缓慢；竞争者企图采用降价等手段促销；竞争者提供几乎相同的产品或服务，用户转换成本很低；退出障碍较高，即退出竞争要比继续参与竞争代价更高。在这里，退出障碍主要受经济、战略、感情以及社会政治关系等方面的影响，具体包括：资产的专用性、退出的固定费用、战略上的相互牵制、情绪上的难以接受、政府和社会的各种限制等。

行业中的每一个企业或多或少都必须应对以上各种力量构成的威胁，而且必将面对行业中的每一个竞争者的举动。除非认为正面交锋有必要而且有益处，例如要求得到很大的市场份额，否则客户可以通过设置进入壁垒、差异化和转换成本来保护自己。当一个企业确定了其优势和劣势时，必须进行客户定位，以便因势利导，而不是被预料到的环境因素变化所损害，如产品生命周期、行业增长速度等，然后保护自己并做好准备，在面对其他企业的举动时能做出有效反应。

根据上面对五种竞争力量的讨论，企业应尽可能地采取"将自身的经营与竞争力量隔绝开来、努力从自身利益需要出发影响行业竞争规则、先占领有利的市场地位再发起进攻性竞争行动"等手段来对付这五种竞争力量，以增强自己的市场地位与竞争实力。

任务 2.2　分析顾客购买行为

2.2.1　购买行为概述

自始至终,市场营销活动就是为了最终能够满足消费者的需求。消费者作为市场的主体,其购买行为是一个既有丰富动作表象,又有复杂心理活动的过程。企业开展营销活动不仅要研究企业所处的宏观环境和微观环境,而且要研究各类市场的特点及其购买者行为。认识和掌握购买者市场及其购买行为,以诱发顾客的购买行为,这对为企业制订有效的营销策略尤为重要。

消费者购买行为是指消费者为获取、购买、使用、评估和处置预期能满足其需要的产品和服务所采取的各种行为。消费者在消费过程前、中和后期出现的各种行为是伴随着一系列心理活动和生理活动的。消费者的心理活动主要是指消费者消费需求的产生与变化、购买动机的形成、购买决策的确定以及购后感受等活动。消费者的生理活动则指的是消费者通过支出货币而取得商品或劳务时的各种可见的活动,如收集信息、比较、购买和购买后的有关活动等。消费者的生理活动是其心理活动的外部表现,因而必然受消费者心理活动的支配,因为消费者的购买行为是以购买动机为先导的,而购买动机是在一定的心理活动的基础上产生的,并受到消费者个人特性和社会文化因素的影响。可见,消费者购买行为是其复杂的心理活动和生理活动相互制约和相互作用的结果。

1)购买行为分析的模式

通常,购买行为分析有以下三种模式,这些模式各具优缺点,只有对各种模式了解得更全面,对顾客购买行为的分析才更科学,企业营销活动也就越能顺利开展。

（1）经济学模式

最早建立购买行为理论的是以马歇尔为代表的经济学家,这种理论认为购买者是"经济人"。"经济人"的行为追求的是"最大边际效用",他们会根据自己获得的市场商品信息,根据个人的愿望和收入,购买那些能使自己得到最大效用的商品。

经济学模式分析购买行为,要求注重产品的价格和性能因素,强调的是消费者购买的经济动机对购买行为的影响。但经济学模式分析购买行为单纯的经济因素不能解释清楚消费者购买行为的发生及其变化,如购买者对品牌的偏好。

（2）传统心理学模式

传统的心理学模式是基于以巴甫洛夫为代表的心理学家提出的"条件反射"而来的。该模式认为,需求促使人们产生购买行动,而需求是由驱动力引起的—原始驱动力与学习驱动力。原始驱动力是指生理的需求,是非理性因素的行为;学习驱动力是心理的需求,是理性因素的行为。心理学强调学习驱动力来自:人们运用自己的器官,与外界事物的经常接触,得到认识和积累经验,从经验中学得理性知识。为此,人们的许多行为都是在不同的驱动力下作出反应的行动。

传统心理学模式分析购买行为,要求通过各种强化力量加强诱因—反应的关系,借助强大的驱动力来引起顾客的购买行为。此模式过分地强调了企业开展促销、广告所取得的营销效果,而忽略了顾客的真正需求以及无法解释人们的购后感受和人际之间的影响在购买行为中的作用等。

(3)社会心理模式

社会心理模式的提出是社会学家和心理学家共同努力的结果。这一模式认为人是社会的人,人们的需求行为都要受到社会群体的压力和影响,以至于处于同一社会阶层的人们在对商品需求、兴趣、爱好、购买习惯等方面上有着相同之处。

社会心理模式分析购买行为,要求企业营销的主要任务是确定对产品最具影响力的人或者组织,从而发挥光辉效应。可是,这种分析法忽略了不同个性的顾客对商品品牌偏好以及光辉效应的敏感程度是不一样的。

2)消费者购买行为分析的基本内容

消费者市场人数众多,购买行为千差万别。关于如何分析消费者的购买行为,企业要研究顾客购买行为的基本内容就是研究顾客购买行为所表现出来的五个"W"和一个"H"。

1.消费者市场由谁构成?(Who)	购买者是谁
2.消费者市场购买什么?(What)	购买什么
3.消费者市场为什么购买?(Why)	购买动机
4.消费者市场如何购买?(How)	购买方式
5.消费者市场何时购买?(When)	购买时间
6.消费者市场何地购买?(Where)	购买地点

3)消费者购买行为的模型

消费者买什么、为什么买、在哪里买、买多少、何时何地买,所有的这些可称为消费者的购买决策。购买决策是市场营销者努力影响的重点。市场营销者可以通过研究消费者的实际购买来寻找他们买什么、为什么买、在哪里买、买多少、何时何地买的答案。但是,要了解消费者为什么购买并不是件容易的事,这其中的答案常常深藏于消费者的心中。很有可能消费者也不知道,不能准确说明是什么影响了他们的购买。

对市场营销者而言,问题的关键在于消费者对公司可能采取的营销努力会作何反应?消费者的购买行为是错综复杂、难以捉摸的,就像一只"暗箱"一样。在行为心理学创始人约翰·沃森"刺激—反应"理论提出后,这一理论逐渐被运用于推断"暗箱"中的购买行为。

如图2-7所示的购买者行为的"刺激—反应"模型,市场营销和其他刺激进入购买者的大脑,即"黑箱",并产生某种反应。从这一模式中可以看出,影响消费者购买决策过程的外部刺激因素有两方面:一是企业4P组合策略;二是各种宏观环境因素,包括经济、技术、文化、政治等,它们是企业营销的不可控因素。

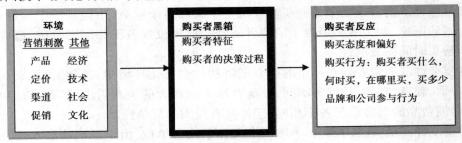

图 2-7　购买者行为模型

所有这些刺激进入购买者大脑中的"黑箱"后,经过消费者自身内在因素的影响,形成不同的购买取向和购买反应。消费者一旦决定购买,其反应便通过其购买决策过程表现在购买选择上,如产品选择、品牌选择、经销商选择、购买时机与购买数量、地点选择等。

在这一购买行为模式中,"购买者外部刺激"和"购买者反应"是可以看得到的,但是购买者如何根据外部的刺激进行分析、判断、决策的过程却是看不见的,这就是所谓"黑箱"理论。营销的任务就是设法了解处于刺激和反应之间的购买者"黑箱"中所发生的内容,以便进行更有效的营销刺激。

不同的消费者其购买动机和目的不同。按购买者的不同和购买目的的不同,可将市场分为消费者市场和组织市场两大类,组织市场又包括营利组织市场、非营利组织市场。市场营销中顾客购买行为的分析也就包含了对消费者市场购买行为和组织市场购买行为的研究。

消费者市场又称消费品市场或最终产品市场,它是指个人或家庭为满足自身的生活需要而购买商品和服务的市场。购买的目的是满足生活需要,而不是转卖、营利或其他。

组织市场是指各种组织机构形式为从事生产、销售业务活动,或履行职责而购买产品和服务所构成的市场。其包括生产者市场、非营利组织市场和政府市场。

2.2.2　消费者市场与购买行为分析

1)消费者市场及其特点

（1）消费者市场的定义

"市场"既指人们日常交易的场所,又指特定区域内现实需求和潜在需求的总和。按购买者的不同和购买目的的不同,可将市场分为消费者市场和组织市场。消费者市场又称消费品市场或最终产品市场,它是指个人或家庭为满足自身的生活需要而购买商品和服务所形成的市场。该市场顾客购买的目的是满足生活需要,而不是转卖、赢利或其他。

（2）消费者市场的特点

①广泛性。任何个人或者家庭都是消费者市场中的一员。无论他是企业家还是农

民,任何人都无法避免发生购买行为,而中国人口众多,所以消费者市场具有广泛性。

②分散性。消费市场中的购买涉及每一个人和每个家庭,中国是一个人数众多、幅员广阔的国家,购买者多但由于消费者所处的地理位置各不相同而分散,造成购买地点和购买时间的分散性。

③复杂性。消费者处在一定的社会经济和社会文化环境中,其年龄、性别、收入、地位、习惯、教育、兴趣、爱好等不同,影响着每个消费者的消费需求、消费心理和消费方式,对消费品的选择也就各不相同,于是具有极大的复杂性。

④重复性。消费品的购买,一般以个人和家庭为单位,由于受消费品本身特点和家庭收入的制约,消费者每次购买的消费品以能满足一定时间内个人及家庭需要为限,一般来说交易的数量和金额相对较少,多属零星购买,重复购买频率较高。

⑤发展性。随着科技进步、生产力发展和消费者收入水平的提高,各类新产品出现,消费者对产品和服务的需求不断变化着,逐渐呈现出由少到多、由低级到高级的发展趋势。

⑥伸缩性。消费者受收入水平、生活方式、商品价格和储蓄利率等因素的影响,在购物数量、品种、档次等方面有很大的弹性。通常情况下,收入增高时则会增加购买,收入减少时则会减少购买;商品价格高和储蓄利率高的时候会减少购买,反之增加购买。

⑦可诱导性。消费者市场中的购买者绝大多数都属于非专家,除非有过该领域工作的经历或经验,否则大都缺乏相应的专业知识、价格知识和市场知识,尤其是对某些技术性较强、操作比较复杂的商品,更显得知识缺乏。在多数情况下消费者购买时往往受感情和过去的购买经验的影响较大。因此,消费者很容易受广告宣传、商品包装、装潢以及其他促销方式的影响,产生购买冲动。

⑧替代性。随着竞争的激烈,提供给消费者选择的商品种类繁多,不同品牌甚至不同品种之间的商品往往可以互相替代,导致消费者选购时可以在不同产品、品牌和企业之间流动。

此外,消费者市场还具有层次性、地区性、季节性、周期性、时代性等多种特点。

2)影响消费者行为的因素

消费者购买行为在内外因素的影响下,也会发生很大的变化。这些因素不仅在某种程度上决定消费者的决策行为,而且它们对外部环境与营销刺激的影响起放大或抑制作用。这些内外因素可概括为四大类:文化因素、社会因素、个人因素、心理因素(图2-8)。

(1)文化因素

文化因素对消费者的购买行为有着最广泛和最深远的影响。

①文化。文化是人类欲望和行为最基本的决定因素,包括一个群体(可以是国家,也可以是民族、企业、家庭)在一定时期内形成的价值观念、道德规范、风俗习惯、宗教信仰、审美观和语言文字等。不同的文化造就了不同消费者的购买观念,能满足文化需求的产品较易获得顾客的认可,反之会导致企业营销活动的失败。

②亚文化。每种文化都包含更小的亚文化。亚文化指某一文化群体所属次级群体的成员共有的独特信念、价值观和生活习惯,一种亚文化不仅包含着与主文化相通

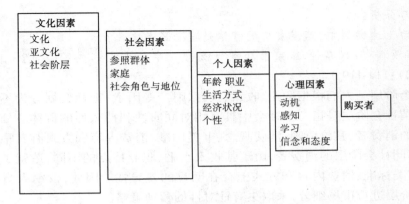

图 2-8　影响消费者购买行为的主要因素

的价值与观念,也有属于自己的独特的价值观,而这些价值观是散布在种种主导文化之间的。亚文化主要包括民族亚文化、宗教亚文化、种族亚文化、地理亚文化等。亚文化以独特的认同感和社会影响力将群体成员联系在一起,形成不同的消费亚文化。

营销链接 2-5

这家书店凭什么让一半日本人都成了会员?

1990 年,2.3 万家。

2005 年,1.783 9 万家。

2014 年,1.394 3 万家。

这是日本书店衰退的速度(数据来源于日本实体书店调查研究机构 Almedia 公司)。

然而,却有这样一家书店,不仅存活了下来,而且其中位于代官山的店铺还被誉为"全球最美的书店",这家书店甚至带动了当地商圈的发展,人们称它为"森林中的图书馆"。该品牌迄今为止已经拥有 1 400 多家书店,每月盈利上亿日元,是日本其他品牌书店 90% 的营业额。

这家书店,名为茑屋书店。

"我在企划开始之初,是不太在意顾客想法的,不是创造顾客想要的东西,而是将我认为有魅力的东西做出来。因此我完全不是市场型的。"这是增田宗昭在媒体采访中表达的观点。"于是,进入茑屋书店的人会发现,在那里感受到的并不是书店,而是一种舒适愉悦的家的氛围。"书店创始人增田宗昭如是说。在代官山茑屋书店中,所有带有导向性的标识,比如价格、标签、收银台等全都被删除,反之却会把灯光、家具都往家的感觉去调整,把卖场感去掉。以至于常常有顾客感慨,当自己推开书店的门,会感觉推开了一扇家门! 这家书店最初只是为了满足老年人的早起需求,选择在每天早上 7 点开店,发展到后来,不仅吸引了老年人,还吸引了附近年轻人,包括推着婴儿车的妈妈,牵着宠物的潮流男女,以及全世界的人们都专门前来感受它的独特。据说,来该书店的人,并不是为了看书喝咖啡,而是为了体会书店带给自己的舒适感觉,以及丰富自己的精神世界。

思考与分析：

你认为上述案例中，茑屋书店的营销是理念还是文化？

（资料改编自：赵嘉怡.这家书店凭什么让一半日本人都成了会员？［J］.中外管理，2019（2）：114-119.）

③社会阶层。人们根据职业、收入、教育、财产等因素，把社会划分为不同的社会阶层。所谓社会阶层是指一个社会中具有相对同质性和持久性的群体。处于同一社会阶层中的消费者，其价值观、消费观念、审美标准、消费内容和方式有着很大的相似性；处于不同社会阶层的消费者，由于其收入水平、职业特点的不同，造就了他们在消费观念、审美标准、消费内容和方式上存在明显的差异性。因此，营销人员应该对不同的社会阶层进行市场细分，采取更有针对性的营销策略。

知识链接 2-3

美国七种主要社会阶层的特征

1.上上层（不到1%）。上上层是继承有大量遗产、出身显赫的达官贵人。他们捐巨款给慈善事业，举行初次参加社交活动的舞会，拥有一个以上的宅第，送孩子就读于最好的学校。这些人是珠宝、古玩、住宅和度假用品的主要市场。他们的采购和穿着常较保守，不喜欢炫耀自己，这一阶层人数很少，当其消费决策向下扩散时，往往作为其他阶层的参考群体，并作为他们模仿的榜样。

2.上下层（2%左右）。由于上下层的人在职业和业务方面能力非凡，因而拥有高薪和大量财产，他们常来自中产阶级，对社会活动和公共事业颇为积极，喜欢为自己的孩子采购一些与其地位相称的产品，诸如昂贵的住宅、学校、游艇、游泳池和汽车等。他们中有些是暴发户，他们摆阔挥霍浪费的消费形式是为了给低于他们这个阶层的人留下印象，这一阶层的人的志向在于被接纳入上上层，但实际情况是，其子女达到的可能性比他们本人来得大。

3.中上层（占12%）。这一阶层既无高贵的家庭出身，又无多少财产，他们关心的是"职业前途"，已获得了像自由职业者、独立的企业家以及公司经理等职位，他们注重教育，希望其子女成为自由职业者或是管理技术方面的人员，以免落入比自己低的阶层。这个阶层的人善于构思和接触"高级文化"，参加各种社会组织，有高度的公德心。他们是优良住宅、衣服、家具和家用器具的最适宜的市场，同时，他们也追求家庭布置，以招待朋友和同事。

4.中间层（32%）。中间层是中等收入的白领和蓝领工人，他们居住在"城市中较好的一侧"，并且力图"干一些与身份相符的事"。他们通常购买"赶潮流"的产品。25%的人拥有进口汽车，其中大部分看重时尚，追求"一种良好品牌"。其理想居住条件是"在城市中较好一侧"，有个"好邻居"和"一所好住宅"，还要有"好的学校"。中间层认为有必要为他们的子女在"值得的见识"方面花较多的钱，要求他们的子女接受大学教育。

5.劳动阶层（38%）。劳动阶层包括中等收入的蓝领工人和那些不论他们的收入多高、学校背景及职业怎样却依旧过着"劳动阶层生活方式"的人。劳动阶层主要依靠亲朋好友在经济上和道义上的援助,依靠他们介绍就业机会。购物听从他们的忠告,困难时期依靠他们的帮助。度假对于劳动阶层来说,指的是"待在城里","外出"指的是到湖边去,或常去不到两小时远的地方。劳动阶层仍然保持着明显的性别分工和陈旧习惯,他们偏好的汽车包括标准型号或较大型号的汽车,对国内外的小型汽车并不问津。

6.下上层(9%)。下上层的工作与财富无缘,他们的生活水平刚好在贫困线之上,他们无时不在追求较高的阶层,却干着那些无技能的劳动,工资低得可怜。下上层往往缺少教育,虽然他们几乎落到贫困线上,但他们千方百计"表现出一副严格自律的形象",并"努力保持清洁"。

7.下下层(7%)。下下层与财富不沾边,一看就知道贫穷不堪,常常失业或干"最肮脏的工作",他们对寻找工作不感兴趣,长期依靠公众或慈善机构救济。他们的住宅、衣着、财物是"脏的""不协调的"和"破的"。

(2)社会因素

①参照群体。参照群体指对一个人的看法、态度和行为实施过程中起着参考、影响作用的个人或某些人的集合。参照群体可分为直接参照属群体和间接参照群体。直接参照属群体又称成员群体,即某人所归属的群体或与其有直接关系的群体,它又可分为首要群体和次要群体。首要群体是指与消费者直接、经常接触的一群人,一般都是非正式群体,如家庭成员、亲戚朋友、同事、邻居等;次要群体是对其成员并不经常发生影响、但一般都较为正式的群体,如宗教组织、行业协会等。间接参照群体又称为非成员群体,是指消费者并不属于该群体、但又受其影响的群体,消费者产生喜好或者厌恶,从而选择去模仿或者远离。例如,消费者对影视、体育明星的模仿等。

参照群体对消费者购买行为的影响表现在以下三个方面:第一,参照群体为消费者展示出新的生活方式和行为方式;第二,参照群体引起消费者的仿效欲望,或对某些产品态度发生改变;第三,由于仿效促进消费者的消费行为与参照群体趋于一致。

②家庭。家庭是社会组织的基本单元,对消费者的购买行为具有重要的影响。消费者购买活动中会受到家庭的规模、性质、购买决策方式等方面的影响。随着社会的进步,妇女逐渐走出家庭开始工作,并成为推动社会经济发展的重要力量,于是,当消费者以家庭为单位购买产品时,决策由传统的丈夫做主型逐渐演变成了各自做主型、共同做主型、丈夫做主型、妻子做主型等多种形式共存的局面。抓住决策中的关键人物,有利于提高营销效率。

③社会角色与地位。在社会生活中,一个人会属于不同的群体,在群体中具有不同的身份(社会角色)和地位,随着所处环境的不同而改变,并在不同的环境里扮演不同的身份,塑造不同的自我。于是,消费需求和行为也不同。

营销链接2-6

科龙儿童冰箱

2002年8月24日,科龙公司在广州举行新闻发布会,宣布推出其世界首创的10款儿童成长冰箱。国庆节前后,科龙公司在北京、深圳、上海、广州、武汉、成都等大城市推出了卡通造型的小熊乐乐、企鹅冰冰、小狗奇奇、知了博士、熊猫小小、巧嘴鹦鹉、小猴聪聪等 10 款容声"爱宝贝"儿童成长冰箱。科龙公司此次对儿童冰箱的投入可说是大手笔,仅前期模具就投入了 5 000 万元,而后期的推广费用也是 5 000 万元。

冰箱业发展十几年,已具备较高的市场细分度。除了按冰箱容积划分外,还可以从地域性及经济收入划分为一、二、三级市场和高、中、低档等不同的消费群体;此外,从使用功能角度分,冰箱又可被细分为家庭用、医药用、商业用等。现在,科龙将使用者的年龄作为了市场细分的又一标准。

科龙方面宣称,作为最基本的要求,儿童冰箱采用全新的抗菌和保鲜材料,针对儿童尚不成熟的身体抵抗力,其抗菌和保鲜能力比普通冰箱要高出 30% 到 40%,从而避免了与家庭普通冰箱食物同放时,对儿童身体所造成的损害;同时还被赋予一定娱乐、科教功能。

科龙对儿童冰箱的市场预期做出如下分析:

"据调查统计,我国每年出生人口为 2 000 万人,这样,仅目前国内 0~12 岁的儿童就有 2 个亿的市场,更不要说国外还有近 12 亿的潜在市场。假如这其中的 30% 购买了儿童冰箱,那也将是一个天文数字。市场之巨大,足以引发各路精英争相进入,况且这个市场将永远是一个不饱和的市场。到目前为止,国内外还没有哪个厂家在儿童冰箱的项目上进行过研发投入,也就是说在短时间内,容声的儿童冰箱是没有对手的。科龙完全可以在这个新的市场独占其美,成为其持续赢利的充分保证。"

儿童冰箱刚上市时,很抓眼球,也颇多议论,营销界为此大为惊呼:难道市场细分竟要细到如此地步?家长到店中去看的也不少,然而真正掏钱购买的寥寥无几。经过一段时间以后,各商场家电专区已经很少看见儿童冰箱的展台。金陵晚报报道:"2002 年 10 月儿童冰箱刚面世时,便出师不利。以五星为例,2002 年 10、11 月份销售最火爆时,卖场一个月也不过只能卖出十几台。2003 年 3 月份,五星甚至有时连续好几天都卖不出一台冰箱。目前整个卖场也仅剩下三四台样机,样机卖完后,五星今后将不再销售儿童冰箱。"

谁是科龙儿童成长冰箱的消费者?在进行市场容量预测的时候,首先需要明确的是目标市场才有可能对这一消费者群体的规模进行统计,然后预测销售前景。所以,在这里最为关键的问题是,谁是科龙公司所推出的儿童成长冰箱的消费者?与所有生产儿童产品或为儿童提供服务的其他企业一样,产品或服务的使用者和购买者、决策者的不一致,使得这些企业需要解决既让关心孩子健康、安全和高质量生活的父母认同又要引起孩子的兴趣这一棘手的难题。

关心孩子健康的父母、长辈是否会认同科龙公司所宣传的"爱孩子,给他一台自己的冰箱",而没有周详考虑购买冰箱时所存在的购买风险呢?这是否只保证了小孩胃的健康而忽略了其他因素呢?对于像冰箱这一类耐用品来说,只抓住儿童的注意力是否足以影响其父母做出购买决策是难以保证的。

(1)父母对食物混放、串味、孩子从冰箱里取物被砸伤的担心是否会使他们不考虑孩子老是吃冰品对胃口的伤害?

(2)新颖的卡通化的造型是否会过多地吸引孩子的注意力?

（3）动听的儿歌是否让孩子经常开关冰箱而影响其制冷效果？

（4）孩子的好奇心是否会引起其"肢解"冰箱的兴趣而引发触电事故？

（5）该年龄段具备极强破坏力的孩子是否会把冰箱当作玩具而大大缩短冰箱的寿命？

（6）在冰箱跟前打转是否会遭受更多的电磁污染？

（7）家里摆放两台制造噪音的冰箱、闻着冰箱里那股难闻的塑胶味也许并不是一种令人愉悦的享受？

另外，还有诸如此类的问题：中国家庭中，儿童的独立空间有多大？家长更看重对孩子的物质投资还是教育投资？儿童冰箱的利用率有多高？居住环境是否允许摆放两台冰箱？

思考与分析：

1.用家庭决策角色理论来分析家庭成员在儿童冰箱购买决策中所起的作用。

2.用影响消费者购买决策的因素来分析儿童冰箱为什么销售前景不容乐观。

（3）个人因素

消费者的购买决策会受个人因素的影响，这些因素主要包括年龄和家庭生命周期、职业、受教育的程度、经济状况、生活方式、个性以及自我观念。

①经济状况。经济状况是指消费者经济收入和信贷能力。经济状况反映消费者的实际支付能力，商品选购在很大程度上取决于个人的经济状况。一般而言，低收入者在选购商品时，对商品价格更加敏感，收入主要用于支付生活必需品上；高收入者用于生活必需品以外的开支更多，且信贷能力更强。

②年龄及家庭生命周期阶段。不同年龄的消费者，其消费欲望和购买行为均会有很大差别。家庭生命周期是指一个人从离开父母开始独立生活到老年的家庭生活解散所经历的全过程。消费者处于不同家庭生命周期的不同阶段，其爱好、需求和购买行为有明显差异（表2-3）。

表2-3　家庭生命周期及购买行为

家庭生命周期阶段	购买和行为方式
单身阶段：刚参加工作，自己独立生活	状态：几乎没有经济负担，新观念的带头人，娱乐导向 购买：小型生活日用品、汽车、娱乐、旅游
新婚阶段：刚刚结婚、无子女	状态：经济状况较好，购买能力强，耐用品购买力高 购买：汽车、小型生活日用品、耐用品、度假
满巢阶段Ⅰ：子女不到6岁	状态：家庭用品采购的高峰期，流动资产少，不满足现有经济状态。储蓄部分钱，喜欢新产品，如广告宣扬的产品 购买：婴儿用品等
满巢阶段Ⅱ：年幼的子女6岁或超过6岁	状态：经济状况好，购买能力强 购买：食品、生活日用品、教育等
满巢阶段Ⅲ：子女尚未独立	状态：经济状况仍然较好 购买：食品、生活日用品、教育、甚至子女房屋购买等

续表

家庭生命周期阶段	购买和行为方式
空巢阶段Ⅰ:年长的夫妇,子女已经独立生活	状态:经济富裕有储蓄,对旅游、娱乐、自我教育尤感兴趣,愿意施舍和捐献;但个别家庭困于子女房屋贷款经济压力大 购买:旅游、耐用品、家用装修用品、汽车等
空巢阶段Ⅱ:年长的夫妇,已退休者,子女已经独立生活	状态:收入锐减、闲在家 购买:有助于健康和消化的医用护理保健产品
鳏寡阶段:夫妻中一方病亡	状态:收入锐减、闲在家
鳏寡阶段:退休	状态:需要与其他群体相仿的医疗用品,增加情感需求

③性别、职业和受教育程度。男性和女性在购买方式上有明显不同。男性购买商品一般目标明确,决策果断,理智型购买居多;女性在购买中一般为不确定型,易受销售人员及他人影响,决策犹豫,但挑选仔细。职业不同的消费者因其所处的工作环境、职业特点不同,消费习惯和购买行为也有所区别。一般情况下,一个人受教育程度越高,其购买行为中理性成分越大,利用其具有的知识和信息对商品做出比较客观的判断,受外界信息干扰程度小,决策能力较强。

④生活方式。生活方式是个体在成长过程中,在与社会因素相互作用下表现出来的活动、兴趣和态度模式。一个生活俭朴和一个生活奢侈的人,其购买行为也会有很大的不同。

⑤个性及自我状态。所谓个性就是个别性、个人性,就是一个人在思想、性格、品质、意志、情感、态度等方面不同于其他人的特质,这个特质表现于外就是他的言语方式、行为方式和情感方式等,任何人都是有个性的,也只能是一种个性化的存在,个性化是人的存在方式。个性是一个人身上表现出来的经常的、稳定的、实质性的心理特征,它导致一个人对其他事物作出反应,通常可用外向、内向、保守、开放、固执、随和等性格特征来描述。消费者的个性对购买行为的影响是明显的。例如,性格外向的人易对时髦产品感兴趣,往往成为新产品的试用者;性格保守的人则是品牌忠实者。

自我观念又称自我形象,是指自己对自己的看法,它与个性有关。自我观念分为实际自我观念和理想自我观念,即自己实际对自己的看法和自己希望的理想看法。不同自我形象的消费者有着不同的购买行为,并把购买行为作为树立自我形象的重要方式。

营销链接 2-7

2019 年中国中产女性消费报告

中产人群是一批收入稳定、能推动内需、给整个社会带来稳定发展、积极向上的群体。从中国总体社会结构来看,随着未来经济的发展和城乡格局进一步转变,中产人群将在中国社会和经济中发挥越来越重要的作用。

　　截至2018年,中国中产女性规模约7 746万。超7 000万人的中产女性群体,处于较高收入水平和生活水平,引领未来消费市场。从年龄分布上看,一、二线中产女性年龄分布呈倒三角形,是新锐中产的聚集地;小城中产女性则呈橄榄型,中年仍是主力群体。从生活态度上看,一、二线中产女性有较强的急切的身份认同感和实现阶层跃升的进取心;小城中产女性:生活方式进阶并向一线靠齐,但圈子较为固化。随着社会阅历的积攒及人生道路的摸索前进,中产女性对自己的人生已经有了较为清晰的认知和定位,对现有生活的安排和未来道路的选择都维持着较高的逻辑性和条理感。因此,在人生态度上坚持自我以及在生活状态上保持自在舒适是中产女性们的基本能力。据调查,中产女性中65.2%的人,其人生态度坚定,坚持自我且不轻易动摇;32.7%的人认为尽量做自己,有时仍会向环境妥协;2.1%的人天生犹豫,凡事偏向于多听取别人的意见。

　　不同地区、不同年龄的中产女性,其生活方式、个性和自我状态也不尽相同。如下图所示。

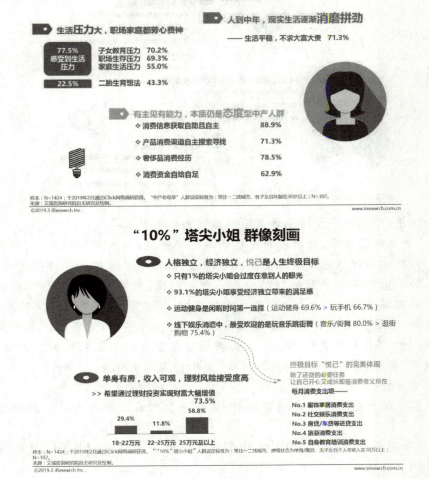

总的来说,中国中产女性消费主要向着五大趋势发展:

认知:对品牌最敏感,同时也对价格最敏感。渠道:信息获取碎片化,但获取渠道固定化。购物和品牌信息多来自自我研习、熟人推荐或更高收入人群的示范效应,所以高端品牌的价格策略最容易打动中产人群。因此,品牌特卖是中产女性接受品牌认知教育的重要渠道。自我:女性自我意识觉醒,消费更自主更悦己。阶层:购物从有用到有品,阶层认同诉求强烈。商品需求个性化、人格化、情感化。家居消费升级存在蓝海。精神:"无形消费"重投入,谈资比包包重要。相比物质的有形消费,中产女性在教育、旅游、健身塑型等"无形消费"上的投入越来越大。

思考与分析:

假设你是某企业的市场营销管理者,你认为面对我国中产女性消费群体时应怎样营销?

(资料改编自:艾瑞咨询.2019年中国中产女性消费报告[EB/OL].(2019-03-15)[2021-04-01].艾瑞网.)

知识链接 2-4

体液学说

公元前 5 世纪,古希腊医生希波克拉底在自己的临床实践中,首先提出人体内有血液、黄胆汁、黑胆汁、黏液四种体液。这四种体液的比例不同,就会形成不同的气质类型。在体液的混合比例中,血液占优势的人属于多血质,黄胆汁占优势的人属于胆汁质,黏液占优势的人属于黏液质,而黑胆汁占优势的人属于抑郁质。这四种分类的生理基础带有朴素的唯物主义性质,但缺乏科学性。然而这四种类型符合人的现实表现,因而一直沿用至今。这四种气质类型在行为方式上的典型表现如下。随着心理学的发展,心理学家不断发展和完善体液说,并揭示了高级神经活动的规律性和神经过程的基本特征,从而对气质作了科学的解释。心理学把气质划分为四种类型:

1.胆汁质。这种气质最突出的特点是具有很高的兴奋性,因而在行为上表现出不均衡性。这种人脾气暴躁,好挑衅,态度直率,活动精力旺盛。他们能够以极大的热情投身于事业,埋头工作,能够克服在达到既定目标道路上的重重困难。但是,一旦精力消耗殆尽,这种人就往往对自己的能力失去信心,情绪低落下来。

2.多血质。这种人突出的特点是热忱和有显著的工作效能。他们对自己的事业有着浓厚的兴趣,并能保持相当的时间。这种人有很高的灵活性,容易适应变化了的生活条件,善于交际,在新的环境里不感到拘束。他们精神愉快,朝气蓬勃,但是一旦事业不顺利,或需要付出艰苦努力时,其热情就会大减,情绪容易波动。这种人大都机智敏锐,能较快地把握新事物,在从事多变和多样化的工作时,成绩卓著。

3.黏液质。这种人安静、均衡,始终是平稳、坚定和顽强的。这种人能够较好地克制自己的冲动,能严格地遵守既定的生活规律和工作制度。他们态度持重,交际适度。他们的不足之处是其固定性有余而灵活性不足。但这种惰性也有积极的一面,它可以保持从容不迫和严肃认真的品格。对这种人,安排从事有条理、冷静和持久性的工作为好。

4.抑郁质。这种人的突出特点是具有高度的情绪易感性,因而最容易受到挫折。他们比较孤僻,在困难面前优柔寡断,在面临危险情势时会感到极度的恐惧。这种人常常为微不足道的缘由而动感情。他们很好相处,能胜任别人的委托,能克服困难,具有坚定性。

以上是四种气质类型的典型表现。而在现实生活中绝对属于某种气质类型的人并不多,大多数人是以某一种气质类型为主,兼有其他气质特征的混合型。

(资料来源:佚名.希波克拉底的体液说[EB/OL].(2010-02-02)[2021-04-01].百度文库.)

(4)心理因素

消费者的购买行为也要受四个主要心理因素的影响,即动机、知觉、学习以及态度。

①动机。动机是指激发和维持个体活动,使活动朝向一定目标的内部动力。动机的产生可以是内部条件或者外部条件,甚至是两者同时作用。产生动机的内部条件是达到一定强度的需要,需要越强烈则动机表现得越强烈;产生动机的外部条件是

各种诱因。消费者的购买动机是纷繁复杂的,同一购买行为可由不同动机引起,同一购买动机也可引起不同的购买行为。关于需要与动机的理论有很多,在市场营销学中运用最广泛的是马斯洛的需求层次理论(图2-9)。

图2-9　马斯洛需求层次理论

马斯洛认为人的需要是以层次的形式出现的,按其重要程度的大小,由低级需要逐渐向上发展到高级需要,依次排列为:a.生理需要,这是人类最基本的需要,包括衣、食、住、行等基本的生存需要;b.安全需要,当生活需要得到满足后,就会产生更高一层的需要,即对安全、稳定以及免受痛苦、恐惧、战争、失业等方面的需要;c.社会需要,这是情感和归属方面的需要,即期望同他人平等相处、友好往来,获得友情、爱情和社会归属感的需要;d.尊重需要,即获得自尊、赞赏和受到别人尊敬的需要;e.自我实现需要,即实现个人的理想和抱负,实现自我价值、取得成就的需要。

知识链接 2-5

消费者购买动机

1.求实动机。消费者在购买商品时非常注重商品的内在质量和实际效用,不大强调商品的外观、花色和款式。具有这种购买动机的人大多支付能力有限或注重传统习惯和购买经验。

2.求新动机。具有这种购买动机的消费者在购买商品时,不太计较商品的价格,而是注重商品的时尚度,要求商品款式新颖、格调清新、市场流行。他们总是期望自己领导消费新潮流。

3.求美动机。具有这种购买动机的消费者在购买商品时,重视商品的欣赏价值和艺术价值,追求商品的装饰性、艺术性,要求商品能美化人体、装饰环境、陶冶情操。具有这种购买动机者多为青年和妇女,而容易被消费者从"美"的角度加以审视的商品多为家具、服装等。

4.求廉动机。消费者购买商品时注重商品的价格,对便宜、降价和处理的商品具有浓厚的兴趣,但对商品的款式、花色等不太在意。

5.求名动机,即以追求产品能显示自己的地位和威望为主要特征的消费者购买动机。受这种动机驱使的消费者,对名牌产品具有特殊的偏好,而对非名牌产品缺乏信任感。在购买产品时,消费者很注重产品的名称、产地和销售地点。

6.求同动机,亦称"仿效心理动机",是以注重追随社会潮流为主要特征的消费者购买动机。受这种动机驱使的消费者,在购买商品时愿意随大流,适应社会的传统习惯,又不甘落在潮流的后面,因而购买那些周围人群普遍购买的商品。

7.求异动机,即以追求商品的与众不同为主要特征的消费者购买动机。受这种动机驱使的消费者,在购买商品时愿意标新立异,表现出与众不同的个性,因而购买那些周围人群从未购买或很少购买的商品。

(资料来源:百度百科)

②知觉。消费者购买如何行动,还要看他对外界刺激物或情境的反应,这就是知觉对消费者购买行为的影响。所谓知觉,是指人对事物传递或表现出的信息的一种综合性反应。而感觉是人通过个别的感觉器官感知到事物的个别属性,不是对事物整体性的认识判断。只有将这些感觉综合起来,才形成人们对事物整体的判断、认识并成为行动依据。知觉对消费者的购买决策、购买行为影响较大。在刺激物或情境相同的情况下,消费者有不同的知觉,他们的购买决策、购买行为就截然不同。常见的三种知觉过程是:a.选择性注意。选择性注意是指在众多信息中,人们易于注意与自己有关的、期待中的信息,而多数信息会被有选择地忽略。b.选择性扭曲。人们对注意到的事物,往往喜欢按自己的经历、偏好、当时的情绪、情境等因素做出解释,会将信息加以扭曲,使之合乎自己的见解。c.选择性记忆。消费者在接触到的大量信息中,会保留下来与自己的看法一致和自己相信的一些信息。

③学习。学习也称"习得",指由人的后天经验而引起个人知识结构和行为的改变。即消费者在购买和使用商品的实践中,逐步获得和积累经验,并根据经验调整自己购买行为的过程。学习是通过驱策力、刺激物、提示物、反应和强化的相互影响、相互作用而进行的。企业要扩大销售,不仅要了解自己的产品(刺激物)与潜在消费者的驱使力的关系,而且还要善于向消费者提供诱发需求的提示物和适当的广告宣传,积极进行反复宣传的"强化"工作,以加强消费者的印象。

④信念和态度。消费者通过购买的实践和学习,获得了经验,建立了自己的信念和态度,而信念和态度又反过来影响消费者的购买行为。信念是指一个人对某些事物所持有的看法或评价。它是一种描述性的看法,没有好恶之分。企业的产品和品牌的形象就是顾客对企业和品牌的总体看法,它来源于消费者的认识、学习和消费经历,带有强烈的感情色彩。如果企业能使消费者对自己的产品建立起正确、良好的信念,将有助于本企业产品的销售。

态度是指一个人对某些事物或观念长期持有的是与非、好与坏等认识上的评价、情感上的感受和行为上的倾向。态度能使人对相似的事物产生一致的行为,表现出稳定一致的特点,不容易改变。如消费者形成了对某个品牌良好的态度,就可能进行重复购买;反之,就会拒绝购买。由于态度具有稳定性的特点,因此营销人员不要试图改变消费者的态度,而是改变自己的产品以迎合消费者已有的态度,使之与消费者既有的态度一致;否则,企业要改变目标市场消费者的态度,那是需要时间的,并要为此付出高昂的费用和艰辛的努力。

3）消费者市场参与购买的角色

企业管理者和营销人员除需了解影响消费者的各种因素、消费者购买模式之外，还必须弄清楚消费者购买决策，以便采取相应的措施，实现企业的营销目标。

（1）购买决策层的角色分工

消费者消费虽然是以一个家庭为单位，但参与购买决策的通常并非一个家庭的全体成员，许多时候是一个家庭的某个成员或某几个成员，而且由几个家庭成员组成的购买决策层，其各自扮演的角色亦是有区别的。家庭成员在一项购买决策过程中可能充当以下角色：

①发起者。发起者是指首先提出或有意向购买某一产品或服务的人。

②影响者。影响者是指其看法或建议对最后决策具有一定影响的人。

③决策者。决策者是指在是否买、买什么、买多少、何时买、哪里买等方面的购买决策中做出完全或部分最后决定的人。

④购买者。购买者是指实际进行采购的人。

⑤使用者。使用者是指实际消费或使用产品或服务的人。

了解商品或服务的购买参与者和影响者在购买中发挥的不同作用，能够帮助营销人员制订切实可行的营销策略。

（2）消费者购买行为类型

消费者在购买商品时，会因商品的价格、购买的风险程度不同，而投入购买的程度不同。目前，主要根据购买者在购买过程中介入程度高低（即购买的风险程度）和产品品牌间差异大小（即可供挑选的余地），将消费者的购买行为分为四种类型（表2-4）。

表 2-4　消费者购买行为的基本类型

介入程度 品牌差异	介入程度高	介入程度低
品牌差异小	减少失落的购买行为	习惯性的购买行为
品牌差异大	复杂购买行为	寻求变化的购买行为

①习惯性购买行为。对于价格低、经常购买、品牌差异小的商品，消费者不会花过多的精力去收集信息、评价产品、作出决策，购买行为简单。消费者购买时，更多的是靠多次购买和多次使用而形成的习惯去选定某一品牌。例如，购买食盐、味精。

②寻求变化的购买行为。有些产品品牌差异大，但商品价格低，购买风险小，消费者并不愿花更多精力去评价、选择产品，而是不断变换所购产品的品牌，寻求购买的多样性，以满足自己求新求异的心理并从中寻找到最适合自己消费特点的产品。例如，购买饮料。

③减少失落的购买行为。也称为寻求平衡的购买行为，主要是指有些产品品牌差异不大，但价格高，消费者不经常购买，购买时有一定的风险；此时，消费者在购买过程中介入程度高，花较多精力收集信息，货比三家，在品牌差异不大的产品中权衡、

比较后,作出自己认为最合适的决策,求得心理平衡和最大满意度。

　　④复杂性购买行为。当消费者购买一件贵重、不常买、品牌差异大、有风险的产品时,其购买决策最为复杂。由于产品品牌差异大,产品对消费存在较大购买风险,消费者购买时会高度介入。由于对这些产品的性能缺乏了解,为慎重起见,他们往往需要广泛地收集有关信息,并经过认真的学习,产生对这一产品的信念,形成对品牌的态度,并慎重地做出购买决策。

　　(3)消费者购买决策过程

　　在复杂的购买行为中,消费者要完成某一商品购买决策的全过程要经历以下五个阶段,如图 2-10 所示。

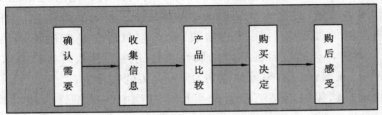

图 2-10　消费者购买的决策过程

　　①确认需要。确认需要是消费者购买决策过程的起点。当消费者在现实生活中感觉到或意识到实际与其理想状态之间有一定差距、并产生了要解决这一问题的需求时,购买的决策便开始了。消费者的这种需求的产生,既可由内在原因或外在刺激引起,也可以是两者相互作用的结果。内在原因,可能是由人体内在机能的感受所引起的,如一个饥饿的人看到美味的食物,饥饿感就会增加,从而产生了对食品的需求。消费者的某种需要也可能由外在刺激引起,外在刺激可能是收入增加、企业促销力度较大或消费者的所见等,如看到各种汽车广告引发购买汽车的想法,朋友买了一部时尚手机,或者商家促销有多项优惠等促使消费者有购买手机的想法。

　　营销工作者应该深入理解消费者产生某种需要的环境,找到引发这种需要的内在动因和外在刺激因素,从而运用多种营销手段,促使消费者与刺激因素频繁接触,善于安排刺激物、提示物等诱因,引发消费者对本企业产品产生强烈的需求,熟悉、喜爱本企业的产品,并采取购买行为。

　　②收集信息。当消费者产生　　　　　　　　便会开始进行与购买动机相关联的活动。如果他所欲购买的商品　　　　　　　风险不大时,他便会实施购买活动,从而满足需求。但是当所需购　　　　　　　高购买风险越大时,甚至需求一时难以得到满足时,他便会把这种需　　　　　　　注意收集与需求相关和密切联系的信息,以便进行决策。而这个收　　　　　　　时间会随购买的风险程度来决定。通常,消费者会通过以下几种途径收集所需商品的信息:a.个人来源,指家庭成员、朋友、邻居或同事等提供的信息;b.商业来源,是指从推销员、广告、零售商、商品包装、展示会、商品说明书等方面获得的信息;c.公共来源,即大众传播媒介、消费者评估组织等提供的有关信息;d.经验来源,指消费者本人通过以前购买使用或当前试验中获得的信息。

　　③产品比较。消费者在通过各种渠道获得有关产品的信息后,便对可供选择的

品牌进行分析和比较,并对各种品牌的产品作出评价,最后决定购买。消费者对产品的评价主要从以下几个方面进行:a.产品属性。即产品能够满足消费者需要的特性。消费者一般都将产品看成能提供实际利益的各种产品属性组合,对不同的产品,消费者感兴趣的属性是不同的。b.建立属性等级。每一个产品的所有属性并非都是最优的,消费者也不会将产品的众多属性看作同等重要,而是从产品满足需要的角度出发,对产品属性分析后,建立自己心目中的属性等级。例如,对于游戏爱好者来说,他购买电脑首先考虑的是硬件设施,其次才考虑外形;而对于时尚女性购买者来说,她首先考虑的是外形,其次才考虑性能等因素。可见,每种商品的属性在购买者心目中的重要程度是不同的,企业应当根据购买者对不同属性的态度进行市场细分,采取多种对策影响购买者决策,提高本产品被选中的概率。c.确定品牌信念。消费者会根据收集到的所有品牌的属性及各属性的参数,建立起对各个品牌的不同信念。d.形成"理想产品"。消费者会通过各种品牌的属性及各属性的参数对各自需求满足的重要程度来进行评分,从而评选出得分最高者,即为购买的初步对象。

④购买决定。购买决定是消费者购买行为过程中的关键性阶段,因为只有做出购买决定以后,才会产生实际的购买行动。消费者经过分析、比较和评价以后,便产生了购买意图。但消费者购买决策的最终确定,除了消费者自身的喜好外,还受其他因素的影响,如他人态度、环境因素等。

⑤购后感受。产品在被购买之后,就进入了购后阶段;此时,市场营销人员的工作并没有结束。消费者购买商品后,通过自己的使用或者其他信息来对自己的购买活动进行检验,从而产生某种程度的满意或不满意。购买者对其购买活动的满意感(S)是其产品期望(E)和该产品实际性能(P)的函数,即 $S=f(E,P)$。若 $E=P$,则消费者会满意;若 $E>P$,则消费者不满意;若 $E<P$,则消费者会非常满意。消费者根据自己从卖主、朋友以及其他来源所获得的信息来形成产品期望。消费者对其购买的产品是否满意,将影响到以后的购买行为。如果对产品满意,则在下一次购买中可能继续采购该产品,从而形成品牌忠诚度并向其他人推荐选择该产品的优点。如果对产品不满意,则会选择要求退货或者赔偿,甚至是实施更加过激的行为来诋毁或者报复企业。

市场营销人员通过了解购买者经历确认需要、收集信息、产品比较、决定购买和购后感受的全过程,就可以获得许多有助于满足消费者需要的有用线索;了解其购后感受和对商品的使用与处置方法更是开发新商品构思的重要来源;通过了解购买过程的各种参与者及其对购买行为的影响,就可以为其目标市场设计有效的市场营销策划。

2.2.3 组织市场购买行为分析

企业的市场营销对象不仅包括广大的消费者,也包括各类组织机构。这些组织机构构成了原材料、零部件、机器设备、供给品和企业服务的庞大市场。为此,企业必须了解组织市场,尤其是产业市场及其购买行为。

1）组织市场的分类和特点

组织市场是指各类组织机构购买企业产品或服务,是为了用于从事再生产、销售转卖活动,或履行职责所构成的市场。

（1）组织市场的分类

组织市场包括四种类型,即生产者市场、中间商市场、非营利组织市场和政府市场。①生产者市场又称为产业市场、工业品市场或企业市场,指一切购买产品和服务用于再加工、再生产从而生成其他产品或服务,以供销售、租赁并获取利润的组织或者个人。生产者市场是一个庞大的市场,组成生产者市场的主要行业是农业、林业、渔业、牧业、采矿业、制造业、建筑业、运输业、通讯业、银行业、保险业以及其他一些行业。②中间商市场。中间商市场又称为转卖者市场,它是指那些在购买商品或服务后将之转售或出租给他人,以获取利润差的个人或者组织,包括批发商和零售商。③非营利组织。非营利组织是指所有不以营利为目的而从事社会公益事业的机构、组织和团体,它们可以是现有的政府事业单位、教育机构和注册的民办科技机构等。非营利组织购买产品和服务是指为了维持正常运作和履行自身职能,这样的购买行为所形成的市场称为非营利组织市场。④政府市场。政府市场是指由为了执行政府职能或提供公众服务而购买产品和服务的各级政府及下属部门所组成的市场。随着我国改革开放的不断深入,政府采购规模越来越大,范围越来越广,要求越来越严格,企业在营销活动中要充分重视这一潜力巨大的市场。

营销链接 2-8

数字东莞,打造智慧政务新标杆

有着"世界工厂"美誉的东莞,是典型的实业发展起来的经济强市。2020年初的疫情,也没有击垮这座民营企业最为集中的城市,反而愈发欣欣向荣。从广东省各市公布的2020上半年GDP数据看,东莞位列第四,增速仅次于深圳、广州等。在《第一财经周刊》根据商业资源集聚度、城市枢纽性、城市人活跃度、生活方式多样性和未来可塑性五大指标评选出的2020年"新一线城市"名单中,东莞名列其中。作为"世界工厂",东莞是正在崛起的"新一线"城市,而作为城市治理的标杆,东莞的城市数字化进程,也极具代表性。

数字东莞,以人为本的精神内核

作为一个典型的外来人口城市,在东莞生活的1 000多万人口中,70%以上是外来人口,是全国外来人口占比第一的城市,这就意味着东莞在公共服务上要承担更大的压力。

所以,早在2018年,东莞就被确定为广东省四个营商环境综合改革试点城市之一,自此开始了数字东莞的进化之路。

2019年,东莞市"数字政府"建设三年行动计划（2019—2021年）提出:要通过数据治理拉动应用提升,通过应用提升优化服务质量,全面推动"数字政府"改革建设,为建设"湾区都市、品质东莞"贡献智慧力量,为广东"数字政府"建设提供东莞标准、东莞方案、东莞样本。同样在这一年的 10 月 8 日,东莞市民服务中心开始全面试运行,联通全市的智能化"云叫号"系统、全流程自动化打包的邮政服务、"互联网+不动产登记"全流程电子化等诸多创新举措,让很多市民深刻体会到了"进一扇门,办所有事",随到随办,省时又便利。

我们知道,东莞要服务大量民营企业,提高服务效率就意味着帮助它们减轻了办事流程负担。据悉,在东莞市民服务中心,跨部门综合受理的事项比例高达 83.19%(含社保事项),不见面审批事项达 749 项,行政许可事项即办率达 94.5%。以 2019 年全年新注册企业数量计算,东莞市民服务中心每年可为企业节省交通成本超过 700 万元。

东莞全力推进"互联网+不动产登记"全流程电子化改革,大幅降低企业时间成本、融资成本,购房签约、备案、按揭、抵押所需时间为 1 个工作日,快则仅需 50 分钟;房地产项目从开卖到银行回款仅一个月就可回款 90% 以上,一年为企业节省融资成本 30 亿~50 亿元。

东莞建成一体化政务服务平台工程建设项目审批管理子系统,该系统连接住建、自然资源、生态环境等工程建设项目审批部门,实现项目审批信息共享,确保实现工程建设项目审批时限大幅缩减的目标,全面优化了营商环境,充分激发了市场活力。

每个城市都有自己的特征,东莞的特征就是丰富而又发达的民营企业环境,服务好这些民营企业,为他们减负担、减成本、增效能,这就是数字东莞最为独特的以人为本。

数字东莞的启示,网络是智慧的基础

每一个成功的数字城市背后都会有一位数字化的"同路人",东莞在迈向数字化之初,就选择了华为开展全面合作,打造"数字政府",推进政府数字化转型。在双方的努力下,东莞"数字政府"数字底座已形成支撑能力,配套政策制度体系不断完善,政务服务效能大幅提升,推动解决部门政务信息化建设长期存在的各自为政、重复建设等问题,取得明显成效。

通过大力推动新基建工程,东莞市建设了"云数网"一体的数字底座,打造全市一体化一盘棋数字政府建设体系,推动在营商环境、生态文明、城市运营、民生保障、行政效能、公共支撑等领域的创新应用,实现"一座托全城,六域竞创新"格局。

我们知道,要实现"一网通办","一张网"的建设必不可少。电子政务外网是政府的业务专网,主要运行政务部门面向社会的专业性业务和不需要在内网上运行的业务,是支撑城市数字大脑的基础,是智慧城市的大动脉。在华为的帮助下,电子政务外网拉通了东莞政务数据神经网络链路,一网通达,业务上云、云间互联。

华为在分析了东莞现网的情况后发现:首先,核心设备非路由器,目前的三层交换机在 VPN、SDN、SR/SRv6 等技术支持方面相对较弱,尤其不满足政务云平台快速开通业务;其次,交换机承担多重角色,增加了日常运维的困难,并且无容灾保护,也存在单点故障的风险;最后,传输租用链路租赁费用高,大部分处于带宽较低,不满足未来业务云化增长诉求。

因此,华为帮助东莞重新设计了网络建设的蓝图,包括对网络业务承载带宽需求的重新定位,以及对东莞政务部门门户网站、互联网出口、政务外网城域网、单位局域网、政务云平台、支撑系统、应用系统和安全体系等八部分开展 IPv6 改造,实现了"升级完善电子政务基础网络"的建设诉求。

在联接方面,华为使用了 IPv6+ 的先进技术,部署 NetEngine 系列路由器,可以全面支持 SRv6 下一代 IPv6 技术,能够实现委办局业务一跳入云,快速开通;再有超宽核心 CloudEngine S12700E、CloudEngine 12800 系列高性能交换机,拥有业界最高 100G 出口,弹性扩展能力,可以实现委办局业务统一接入和多平面隔离,保证网络灵活性和安全性。

在安全方面,华为提供了 HiSec 安全解决方案,防火墙、沙箱、探针、网络设备联动,云端 HiSec Insight AI+ 大数据关联技术威胁检测,可以快速发现未知威胁进行统一分析和呈现,构建出高效的城市安全运营中心,形成"网安协同"的智慧政务安全体系。同时,也实现了"变被动防御为主动防御""变人工防御为自动闭环"以及"变监管中心为安全能力中心"。

最终,通过建设"同架构、广覆盖、高可靠、富能力"的政务网络,华为实现了将业务专网整合对接到电子政务外网,同时加快电子政务外网与物联网、视联网的对接、整合,统筹物联网管理能力,构建视频融合管理能力,提升对视频会议等高带宽、强安全类应用的承载能力。

网络助力,新一线标杆成就三大特色

与华为合作至今,东莞用较短时间就完成了数字城市"数字底座"的构筑,并形成自身的三大特色:

第一,构建了高效统一政务网络平台、集约安全政务云平台、政务数据大脑、一体化政务服务平台,形成大平台共享、大数据慧治、大系统共治的顶层新架构。

第二,建成了上接国家和省、下联镇(街道、园区)和村居、横向到边、纵向到底全覆盖的电子政务网络体系,具备了端到端纵深安全防护能力。如"民生大莞家"项目,整合了东莞市现有的诉求收集资源,打通壁垒,建立起包括市、镇、村三级涵盖线上线下的诉求征集体系。通过"莞家速递""莞家直达"和"莞家驿站",对市民提出的各种民生问题进行了全覆盖和全解决。

第三,完备了"虚实融合、标准统一、运行规范、数据共享、协同联动、监管有效"的一体化政务服务体系,打造了公平、普惠、便捷、高效的城市服务。如"莞家政务"自助终端,上线"莞家政务"App,大幅降低了市民的办事成本。

城市作为市民生活的场所,数字城市的建设也应该以满足市民幸福感、获得感、安全感的角度为出发点。不难发现,通过东莞的数字建设,以及数字化同路人的一路同行,东莞正在成为一座名副其实的数字城市。

这其中既有自上而下的顶层设计,也有华为作为数字化同路人为其提供的优秀

的技术能力、解决方案和运营模式。而在任何数字城市中,都流淌着大量的智慧应用,只有安全、稳定、快速的网络环境,才能保证智慧可以随意地流动,保证应用得以及时响应,服务不间断。所以,优秀的网络,必然是数字城市的基础。

作为新一线数字城市的标杆,数字东莞始终在路上。

思考与分析:

案例中的组织市场是哪种类型?此类组织市场有什么特点?

(资料来源:佚名.数字东莞,打造智慧政务新标杆〔EB/OL〕.(2021-01-11)〔2021-04-01〕.华为官网.)

(2)组织市场的特点

①购买者数量小,购买量大。消费者市场的购买者是个人和家庭,购买者数量多,重复购买的频率高,但购买量少;而组织市场却恰恰相反。由于组织市场的购买者是企业或组织,因此其购买者数量较少,但他们一次性的购买量却大。

②购买者的地理位置相对集中。在我国,大多数组织购买者都集中在北京、天津、上海、武汉、广州、成都、深圳等国内工业城市,由此可见,组织市场购买者的地理位置相对较为集中。

③供需双方关系密切。由于组织市场购买者数量少,但一次性购买量却大,这就要求企业有源源不断的原材料供应,而原材料供应企业同样需要稳定的产品销路,因此,双方容易建立起密切的关系。一方面通过沟通,供应方了解企业的需求特点及特殊要求,提供最大限度的满足;另一方面建立互惠互利的合作关系,有利于降低交易成本和保证产品的销售。

④市场的派生需求。消费者市场是所有市场的中心,任何市场的生产行为都必须围绕着消费者市场的需求来转动。于是,组织市场的需求还随着消费者市场相应需求的变化而变化。

⑤需求弹性小。生产者市场上,生产者主要根据最终消费者的需求来确定自己的采购品种和数量;相对于消费市场,生产者市场产品价格的上升或下降,对产品需求不太会有影响。例如,在蛋糕需求总量不变的情况下,面粉价格下降,蛋糕生产者未必就会大量购买,除非目标市场中消费者对蛋糕的需求量突然增加。面粉价格上涨,蛋糕生产者为了保持市场需求,防止需求未能满足而使新竞争者乘虚而入,也未必会减少购买,除非蛋糕生产者找到了其他替代品或发现了节约原料的方法。

⑥需求波动大。消费者市场中的需求只要有一点增加或减少,就会引起生产产品的工厂和设备需求发生巨幅的变动,经济学上将这种现象称为乘数效应,又称加速原理。有时,消费者需求只增长10%,可能会导致生产者市场需求增长100%;而消费

者需求只减少 10%，可能导致生产者市场需求巨幅减少甚至可能为零。

⑦专业人员购买。由于组织市场具有购买者数量较少，而其购买量较大的特性，与消费者市场相比，通常影响组织购买决策的人较多。大多数组织有专门的采购部，采购人员大都经过专门训练，掌握必要的专业知识，熟悉产品的性能、质量、规格和有关技术要求，特别在重大购买时，往往会成立临时性专家组，由技术专家、高层管理人员、财务人员甚至法律顾问组成，决策往往是由采购专家组中成员共同做出的。

⑧租赁。组织市场购买者往往会以租赁的方式来取得生产用品，这样既可以减少资金投入，又可以使用最新的设备，也在一定程度上降低了购置风险，尤其是大型机械设备或使用时间短的设备。

2）组织市场购买的类型

组织市场购买行为的主要类型按照购买决策的难易程度，可分为三种：新购、修正重购和直接重购。

（1）新购

新购即企业第一次采购某种产品或服务。由于是第一次购买，买方对新购产品和原材料供应者心中无数，在购买决策前，要收集大量的信息，因而，制订决策所花时间也就越长，这是最复杂的购买行为。新购给所有的供应商提供了平等竞争的机会，对供应商的营销要求较高，但一次成功的新购可能会导致今后的重购。

（2）修正重购

它是指企业采购部门在原来所购买的基础上，对产品的部分购买内容、购买条件和购买方式进行修正的购买行为。修正内容可以是重新选择供应商，也可以是对产品规格、品种、价格、交货时间、结算方式等因素的修正。造成修正重购的原因可能是供应商服务差也可能是质量和成本方面的差异或者营销环境的变化（如经济法律、最终用户、技术变革）甚至是客户需求的变化等。

（3）直接重购

直接重购也就是重复的购买决定，即采购部门在上次购买的基础上再次购买此前表现令人满意的熟悉产品。这是最简单的购买方式，不需要经过复杂的购买程序。

知识链接 2-6

企业节约采购成本技巧

就企业采购来说，节约成本的方法有很多，归纳起来主要有以下八种：

1.价值分析法与价值工程法，即通常所说的 VA 与 VE 法，适用于新产品：针对产品或服务的功能加以研究，以最低的生命周期成本，通过剔除、简化、变更、替代等方法，来达到降低成本的目的。价值工程针对现有产品的功能、成本，做系统的研究与分析，现在价值分析与价值工程已被视为同一概念使用。

2.谈判：谈判是买卖双方为了各自目标，达成彼此认同的协议过程。谈判并不只限于价格方面，也适用于某些特定需求。使用谈判的方式，通常期望采购价格降低的幅度为 3%～5%。如果希望达成更大的降幅，则需运用价格、成本分析、价值分析与价值工程(VA、VE)等手法。

3.早期供应商参与设计:在产品设计初期,选择伙伴关系的供应商参与新产品开发小组。通过供应商早期参与的方式,使新产品开发小组依据供应商提出的性能规格要求,极早调整战略,借助供应商的专业知识来达到降低成本的目的。

4.杠杆采购:避免各自采购造成组织内不同单位,向同一个供应商采购相同零件,却价格不同,但彼此并不知的情形,无故丧失节省采购成本的机会。应集中扩大采购量,而增加议价空间的方式。

5.联合采购:主要发生于非营利事业的采购,如医院、学校等,通过统计不同采购组织的需求量,以获得较好的折扣价格。这也被应用于一般商业活动之中,如第三方采购,专门替那些需求量不大的企业单位服务。

6.为便利采购而设计,自制与外购的策略:在产品的设计阶段,利用协办厂的标准与技术,以及使用工业标准零件,方便原材料的取得。这可以大大减少自制所需的技术支援,同时也降低生产成本。

7.价格与成本分析:这是专业采购的基本工具,了解成本结构的基本要素,对采购者是非常重要的。如果采购不了解所买物品的成本结构,就不能算是了解所买的物品是否有公平合理的价格,同时也会失去许多降低采购成本的机会。

8.标准化采购:实施规格的标准化,为不同的产品项目或零件使用共通的设计、规格,或降低订制项目的数目,以规模经济量达到降低制造成本的目的。但这只是标准化的其中一环,应扩大标准化的范围,以获得更大的效益。

(资料来源:佚名.企业节约采购成本的策略[EB/OL].(2019-03-03)[2021-04-01].百度文库.)

3)组织市场购买决策的参与者

任何一个企业除专职的采购人员之外还有一些其他人员也参与购买过程。根据成员对购买过程执行职能的不同,可分为以下六种角色:

（1）发起者

发起者即提出购买要求的人。

（2）使用者

使用者是指组织中实际使用(或拒绝使用)产品或服务的个人或者部门。使用者大多数情况下是购买产品的发起者,但也可能不是。他们在计划购买产品的品种、规格、品牌中起着重要作用。

（3）影响者

影响者是指影响决策的人,他们是指企业内部和外部直接或间接影响购买决策的人员。他们参加拟订采购计划,协助明确购买商品的规格、型号、品牌等。企业的技术员、工程师、企业外聘专家等往往是购买决策的主要影响人。

（4）决策者

决策者即"权力先生",指企业里拥有决定产品购买和供应者权力的人。在普通的购买中,采购者就是决策者。而在复杂的采购中,决策者通常是公司的主管或者上级主管部门。

（5）购买者

购买者是指那些被赋予权力按照采购方案选择供应商与之洽谈采购条款的人员或者谈判团队。

（6）信息控制者

信息控制者即"守门人"，他们是指购买组织中有权阻止推销员或信息与采购部门成员接触的人。如企业的秘书、门卫，甚至电话接线员等，他们可以拒绝、终止有关供应信息甚至会扭曲某些事实。

4）影响组织购买决策的主要因素

影响组织市场购买决策的因素很多，可概括为以下四类：

（1）环境因素

环境因素是指企业外部环境的各种因素。如国家的经济前景、需求水平、技术发展变化、市场竞争、政治法律、经济政策等。目标市场中的环境因素决定了市场的走向，也决定了各企业的购买计划和购买决策，当经济不景气，或市场前景不好时，组织企业就会缩减投资，减少采购，压缩原材料库存和采购。同时，企业购买者也会受到当时科技、政治和竞争发展的影响。

（2）组织因素

组织因素是指生产企业自身的因素，主要包括企业经营目标、方针政策、组织政策、组织结构、组织制度和运行程序等。这些因素对企业的购买行为影响很大。例如，组织的经营目标和战略的不同，会使其对采购产品的款式、功效、质量和价格等因素的重视程度、衡量标准不同，从而导致他们的采购方案呈现差异化。

（3）人际因素

人际因素是指购买企业内部参与购买过程的各个角色之间的职务、地位、影响力及相关人事关系对购买行为的影响。营销者应当了解每种角色对购买决策的影响及所起的作用，同他们建立良好的关系，促使产品销售，确保交易成功。

（4）个人因素

个人因素是指生产者内部参与购买决策的有关人员的年龄、个性、受教育程度、风险意识等因素。这些因素会影响每个参与者对所购产品和供应商的感觉和看法，从而影响购买决策和购买行为。

5）组织购买决策过程

与消费者市场的购买者一样，组织购买者也有决策过程，市场营销人员应该了解其购买过程的各个阶段的情况，并采取适当措施，以适应顾客在各个阶段的需要，才能实现交换活动。组织市场购买过程阶段的多少，取决于购买行为的复杂程度，在新购这种最复杂的情况下，购买决策过程可分为以下八个阶段：

（1）认识需要

与消费者市场一样，需要是由两种刺激引起的：一是内部刺激，来源于对企业内部资源的分析和利用。如企业生产新产品需要原料和设备，企业设备老化需要更新，采购设备和原料出现问题，需要更新供应商等。二是外部刺激，来源于外部的营销竞争和市场需求变化。如新产品展览和广告促销,使采购人员发现了新的、更理想的产品,以及消费者市场需求变化,促使生产者重新认识其需求等。

（2）确认需要

确定需要是指确定组织所需产品的基本特征和数量等。简单的购买任务通常由企业采购部门直接决定。复杂的购买任务,则由采购部门会同企业高层人员共同确定。

（3）说明需要

组织确定自己所需后,还要对新购产品的品种、性能、数量、价格和服务要求等作进一步的详细说明,形成产品采购说明书,作为采购人员的采购依据。必要时,企业还会成立专门的专家小组或技术小组来商讨各项参数指标。

（4）物色供应商

组织购买者会通过各种途径收集供应商的信息,经过调查、分析、比较、遴选,确定被选对象。

（5）征求建议

对已物色的候选供应商,购买者通常会邀请他们提交供应建议书,尤其是对价值高、价格贵的产品,还要求他们写出详细的说明,对经过筛选后留下的供应商,要他们提出正式的说明。目前,这一过程通常是通过招投标的形式来进行的。

（6）选择供应商

在收到多个供应商的有关资料后,组织购买者将根据资料选择比较满意的供应商。在这一过程中组织购买者会以供应商的各种属性作为评价指标,并赋予相应的权重,而后针对这些属性对供应商加以评分,找出最具吸引力的供应商。例如,价格、产品可靠性、供应的及时性、信誉程度等。

（7）正式订货

企业经过最后选定供应商以后,就会向供应商发出正式订单,并与所确定的供应商签订采购合同。其主要内容应包括所需产品的规格、价格、数量、交货期、支付方式、退货条件、运输、维修、保证条款等。

（8）绩效评价

在完成上述工作后,组织购买者会对各供应商履行合同的情况进行评估,并作为今后决定维持、修正或终止供货关系的依据。

营销链接 2-9

政府采购方式变革为企业带来什么?

据有关资料测算:全国行政事业单位一年的采购金额约为 7 000 亿元,政府实际上成为国内最大的单一消费者。为适应市场经济体制的新形势,政府采购方式将发生变革。

以前,北京市海淀区下属各单位要购买设备,首先向财政局报预算,经行财科按市场价格核定后给予拨款,再由各使用单位自行购买。但是行财科的职员们时常心里打鼓:商品价格究竟是多少,我们没底,采购环节的伸缩性实在太大了。2000 年 6 月,北京市海淀区出台了《海淀区政府采购试行办法》,规定区属各行政事业单位由区财政安排的专项经费,购置设备单项价值在 10 万元以上,或全区范围内一次集中配置的批量采购总价值在 29 万元以上,均需采取公开的竞争性招标、投标采购。海淀区专门成立了政府采购领导小组,区属两家机关购买 133 台空调的工作成为区政府采购方式改革的第一个试点。2000 年 5 月 26 日召开招投标大会,有 6 家公司投标。开标后,投标商单独介绍了产品技术、质量、价格等内容,并接受由空调专家、高级会计师和使用单位人员组成的评审委员会的质询。经专家们反复比较论证,科龙空调以较好的性能价格比中标。此次购买的预算资金 177 万元,实际支出 108 万元,节约 69 万元,近 1/3。采购部门负责人说:"想都没想到,效果好得出奇。"

海淀采购办公室正着手进行其他项目的政府采购工作。购买 7 辆公务车,预算金额 208 万。由于车型不一,不成规模,将采用"询价"的方式,也就是货比三家的方式购买。广播局购买两台专用设备则采取广播局主办、采购办参与的招标方式。还将进行教学用具、医疗设备、基本建设非标准设备的采购工作,争取今年的政府采购总额达到 1 000 万元。从长远而言,有关人员希望将采购办从财政局分离出去,使批钱的和买东西的是两部分,更便于监督和制约。

据悉,财政部的有关专家正在积极制定我国统一、规范的政府采购制度。他们认为,政府采购是加强采购支出管理的必由之路,但一定要做到规范、统一,使制度在各地不走样。要建立采购主管机构,明确采购模式,设立仲裁机构。财政部门不直接主管采购,防止由分散采购改为集中采购后出现新的"集中腐败"。

思考与分析:

1.改革后的政府采购方式主要有哪些? 这些变革使得政府市场采购组织和采购过程的参与者发生了哪些变化?

2.政府采购方式的变革对企业在政府市场的营销活动带来何种影响? 企业如何适应这变化?

(资料来源:合肥学院市场营销精品课)

营销工具

1.竞争厂商调查表

竞争厂商调查表

地区		调查人员		调查时间		年 月 日
竞争厂商名称						
公司地址						
工厂地址						
业务人员姓名						
学历、年龄						
服务时间						

续表

业务员的口才			
行销能力			
业务员给客户印象			
业务的方针及做法			
待遇			
销售的对象			
代理商名称			
产品的种类（特殊规格）			
产品的性能			
产品的品质			
产品的价格			
市场占有率			
其他特别 人、事、地、物、时			

2.竞争者动向一览表

竞争者动向一览表

竞争同业名称	主要商品	新商品	重点顾客名	新开发动向	投入营业比例	促销	其他

3.销售人员行动计划表

销售人员行动计划表（月）

总经理	经理	科长	组长	姓名

本月销售方针及计划

重点销售商品	重点拜访客户名单	新开拓客户名单
1. 2. 3. 4. 5.	1. 2. 3. 4. 5.	1. 2. 3.

销售人员行动计划表（周）

重点目标
重点销售商品
重点拜访客户名单

重点行动目标	星期一	星期二	星期三	星期四	星期五	星期六
1. 2. 3.						
1. 2. 3.						
1. 2. 3.						

4.消费者意识变化分析表

消费者意识变化分析表

○总括

消费者意识变化关键重点	公司应对关键重点

续表

○消费者社会构造的变化
(高龄化社会、女权时代、年轻人社会、国际社会、小家庭化、个人社会)
○消费者生活意识的变化
(重视个人生活、重视个性、自我主义)
○消费者生活价值的变化
(女性重视工作、文化提升、健康导向、休闲导向、美食主义)
○公司的应对、分析

5.新客户开发报告表

新客户开发报告表

客户名称		电话	
公司地址		电话	
主办人员			
推销产品			
第一次交易额及品名			
开拓经过			
备注			
批示			

经理：　　　　　　　　　　　　　　　　　　　　　　　　　　　报告者：

重要概念

市场营销环境　微观营销环境　宏观营销环境　SWOT矩阵　波特五力模型
消费者市场　组织市场

同步训练

单项选择题：

1.高机会、低威胁的业务属于(　　　　)。
　A.冒险业务　　　　B.成熟业务　　　　C.理想业务　　　　D.困难业务
2.企业的营销活动不能脱离周围环境而孤立地进行,企业营销活动要主动地去
(　　　　)。
　A.适应环境　　　　B.征服环境　　　　C.改造环境　　　　D.控制环境
3.消费者面对同样的刺激因素产生不同的购买反应,这被称为是受到购买者"黑
箱"的影响。所谓购买者"黑箱"是指对刺激因素产生行为反应的(　　　　)。
　A.心理转换过程　　　　　　　　B.购买的盲目性
　C.购买的随机性　　　　　　　　D.无序性行为过程
4.营销环境SWOT综合分析的流程是(　　　　)。
　A.分析环境因素　　　　　　　　B.构造SWOT矩阵
　C.制订相应战略对策　　　　　　D.以上都是
5.组织市场的成员主要包括(　　　　)。
　A. 生产者市场　　　　　　　　B. 中间商市场
　C. 政府市场　　　　　　　　　D. 其他非营利机构市场
　E.以上都是

判断题：

1.市场营销环境可以分为宏观市场营销环境和微观市场营销环境。　　(　　　)
2.宏观市场营销环境对企业的营销活动起到直接的影响。　　　　　　(　　　)
3.市场机会能够给企业带来有利影响,也能带来不利影响。　　　　　(　　　)
4.消费者购买决策的主要内容是买什么、为什么买、为谁买和由谁买、以什么价格
买、买多少、在哪里买、何时买、如何买8个方面。　　　　　　　　　(　　　)
5.消费者购买决策过程主要包括确认需求、评估选择、决定购买和购后行为4个
阶段。　　　　　　　　　　　　　　　　　　　　　　　　　　　(　　　)

简答题：

1.什么是市场营销环境? 市场营销环境由哪些因素构成?
2.简述企业分析市场营销环境的意义及市场营销环境的特征。

3.面对环境威胁企业可以采取哪些对策?

4.简述竞争者的主要类型。

5.结合中国市场的实际情况,选择一个方面对目前国内市场营销的环境特点进行分析,谈谈你的看法。

6.简述消费者市场与组织市场的区别。

7.试述消费者市场的基本特征。

8.影响消费者购买行为的主要因素有哪些?

9.试述消费者购买行为的主要类型及企业营销对策。

10.试述消费者购买决策过程经历了哪几个主要阶段。

11.试述组织购买行为的主要类型。

12.试述生产者购买行为决策的主要过程。

案例分析

惠普、戴尔、联想 PC 三巨头

全球范围来看,惠普、戴尔与联想是 PC 市场的三大巨头。惠普是全球 PC 市场占有率第一的厂商,戴尔在美国 PC 市场上更胜一筹,而联想则在本土中国市场的优势更为明显。随着 PC 市场竞争格局日趋复杂,三强之间的争霸战愈演愈烈。以下为 ZDC 统计出的 2007 年第三季度全球 PC 厂商市场占有率的状况。

根据 IDC 最新数据,2007 年第三季度,惠普占全球 PC 市场 19.6% 的份额,依然是全球第一名的 PC 厂商。得益于零售商和其他分销渠道的强劲销售以及笔记本电脑的市场需求,惠普连续两个季度 PC 出货量同比增长超过 30%。

戴尔全球排名第二,市场份额为 15.2%,第三季度其 PC 出货量为 1 020 万台,同比增长 3.8%,扭转了连续三个季度同比下降的局面。联想继续保持排名第三的位置,市场份额为 8.2%,PC 出货量同比增长 22.9%。

惠普、戴尔、联想犹如三国鼎立,这三大 PC 巨头的一举一动,都时刻被对手关注。如今,三大国际品牌之间的厮杀已经几近白热化。那么在 PC 市场竞争日益激烈的今天,三大巨头又有何优势、劣势、机会与威胁呢?为此,消费调研中心 ZDC 首次采用 SWOT 分析法,对三大厂商的竞争策略进行一一剖析,包括市场优势(Strengths)、竞争劣势(Weakness)、市场机会(Opportunity)与市场威胁(Threats)四方面。

SWOT 分析法是通过分析市场优势(Strengths)、竞争劣势(Weakness)、市场机会(Opportunity)与市场威胁(Threats)来检测公司的市场运营与市场环境的方法。

SWOT 分析有其形成的基础。按照企业竞争战略的完整概念,战略应是一个企业"能够做的"(即组织的强项和弱项)和"可能做的"(即环境的机会和威胁)之间的有机组合。

SWOT 分析法表现为构造 SWOT 结构矩阵,并对矩阵的不同区域赋予不同的分析意义。通过罗列 S、W、O、T 的各种表现,形成一种对企业竞争地位的描述。

下面运用 SWOT 分析法对惠普进行分析。

（一）市场优势（Strengths）

1.市场销量

惠普在PC市场一直保持着持续性的强劲增长态势。在2006年第三季度，其从戴尔手中夺回了全球PC销量第一的宝座。随后，惠普的销量还保持着上升的态势，根据IDC最新数据，全球PC销量的增长速度在2007年第三季度达到近两年新高，惠普仍然是全球第一大PC厂商，而且进一步拉大了与戴尔的距离。

2.产品优势

其一，惠普在消费类市场占据优势。早在2002年合并康柏之后，主攻个人消费电脑早已成为惠普的方向。去年，惠普打出移动娱乐的旗号，加紧了在家用笔记本市场的攻势，V3000系列笔记本主打家用娱乐，产品价格区间为5 000元到10 000元，成为惠普最具竞争力的产品。

其二，惠普注重区域市场的拓展，在"掌控个性世界"的品牌主张以及"商用个性化"的产品策略之下，惠普已经发布了一系列适合区域市场的产品，如全球首款采用64位移动技术的HP Compaq nx6325，在市场上销售火热的V3000等。

继2006年底HP 500引爆国内笔记本区域市场销售风暴之后，惠普再次发力，推出了HP 500的升级产品HP 520。这两款产品不仅在区域市场上大受欢迎，也是惠普低端市场上的撒手锏。

3.渠道优势

从渠道上看，惠普建立了庞大的经销商体系，惠普通过渠道所做的生意在全球大概超过80%。并且，惠普在2005年11月从全国总代制变为RD（区域分销），把全国划分为北京、上海、广州、南京、东北、西北、西南、华中八大区域，设立八大区域总经理。

此目的是为了贴近当地用户，进军中小企业和3到6级城市。在2006年成功实施布局区域的RD渠道策略后，惠普目前在3、4级城市的覆盖已有一定的规模。

（二）竞争劣势（Weakness）

1.中国市场品牌影响力不敌联想

联想在中国PC市场可谓是家喻户晓，加上收购了IBM PC，联想的品牌影响力无疑得到了极大的提高。而在中国电脑市场，虽然惠普的强势增长人尽皆知，但和排名第一的联想相比，惠普的品牌影响力还是有所欠缺，尤其在3到6级城市。

2.中国3、4级城市的渠道建设难敌国内PC厂商

在中国PC市场，目前利润追求点主要在3、4级市场，联想、方正等国内厂商在这些地区基本上已经建立了比较完善的销售网点，而惠普的渠道销售网点主要集中在1、2级城市，在3、4级城市的渠道建设还是很难与国内PC厂商竞争。

3.产品布局存在缺陷

ZDC的关注度数据显示，惠普竞争力主要停留在14.1英寸产品上。但需要指出的是，目前15.4英寸是整体市场上第二受关注的尺寸，而惠普该产品线显得较为单薄，关注度也较低。另外，惠普在13.3英寸市场上的产品出现空白。

（三）市场机会（Opportunity）

1.消费类市场的发展机会

相对于戴尔在消费类 PC 市场的失利，惠普则早已开始重视消费类市场的发展，并且在消费类市场取得了一定的成效。有关资料预计，伴随笔记本市场的兴起以及 PC 的普及，个人消费市场每年将呈几何级数增长。在未来三至五年，我国个人电脑市场预计将保持 25% 的年增长率。这显然给惠普带来了再次发展的机会。

2.来自网吧市场的增量

2007 年 10 月 21 日，惠普在京开出首家网吧，惠普商用台式机业务部业务拓展经理卢思羽说："惠普从 2006 年下半年开始关注网吧市场，2007 年推出整体解决方案并成立了网吧销售渠道，2008 年将贯彻网吧战略，并在全国继续招聘网吧销售精英。"

有关资料称，世界上最大的网吧市场在中国，市场上最极速更新换代的网吧市场也在中国，每年 400 万台×2 次＝800 万台的采购量，没有一个行业可以比拟。中国网吧市场巨大，目前全国大约有 13 万家网吧。尽管网吧市场单机售价并不高，但需求却很大，对提高市场份额能起到一定的作用。可见，来自网吧市场的增量将有效拉动惠普 PC 的销售。

（四）市场威胁（Threats）

其一，从渠道上看，惠普虽然从原来的全国总代制，变为八大区域分销制。但目前惠普的渠道还有难点，八大区域直接加重了惠普渠道管理的难度，势必使营销成本上升、冲减利润，还增加了渠道管理风险，这是惠普面临的一大威胁。

其二，从市场利润率来看，由于惠普在中低端市场的急速放量，在价格方面的妥协导致其 PC 产品的平均价格下降，使产品利润相比以前有不同程度的降低。

其三，从竞争对手来看，惠普虽然超越戴尔成为全球 PC 销量第一的厂商，但是戴尔决不会看着惠普的崛起而无动于衷，目前戴尔已经展开反攻，包括渠道模式的改革、进军 13.3 英寸市场、发力消费市场推出彩色笔记本等，因此戴尔将成为惠普的最大威胁，惠普绝不能掉以轻心。

思考与分析：

1.以惠普的案例分析作为参考，运用 SWOT 分析法对联想、戴尔进行分析。

2.用波特五力模型对惠普、戴尔与联想三大巨头进行分析。

（资料来源：冯姗姗.PC 三强：惠普戴尔联想 SWOT 竞争策略分析［EB/OL］.（2007-11-06）［2021-04-01］.ZOL 调研中心.）

非处方药市场消费者行为分析

随着新的医疗保险办法的实施，药品分类管理办法的出台，非处方药品目录的公布，病人自主治疗意愿的增加，大量零售药店出现了，消费者从公开渠道及充足货源里购买非处方药物的机会大大增加，药品零售额快速增长，非处方药市场充满机遇。越来越多的制药企业进入零售市场，希望通过广告和促销，建立自己的非处方药品牌，获得经济效益。在这一领域获得成功的关键是公司直接向消费者进行营销的能力，即制订有效的非处方药市场营销策略并付诸实施的能力。

OTC 是 Over The Counter 的缩写，在医药行业术语中特指非处方药。OTC 药品的概念和特点决定了 OTC 药品的购买者是：成年人；有一定的疾病判断能力，能较为准确地判断病的类别和病情严重程度，有一定的药品使用经验；在经济上有一定的来源，可以自主支配药品费用；文化程度高的人和医疗保健意识更强的人；工作节奏快的人。99%的消费者表示：他们去药店最主要的原因是得了小毛病，自己能够察觉症状并且判断缓解的程度。所以服用 OTC 药品是消费者治疗日常小病最常用的方法。患者使用 OTC 药对自身一些常见的、轻微的小病症进行自我药疗，大大节省了他们去医院排队看病、等待治疗的时间。同时，非处方药的市场销售价格比处方药便宜，因此消费者可以节约费用。OTC 药品购买方便，无需医生处方就可以很方便地在药店购买。OTC 药品一般质量稳定，保质期长，基本在两年以上，用于治疗常见病、多发病，购买量大的话，也不必担心过期变质，所以 OTC 药品消费者一般在有疾病发生时去购买，或者方便时购买、顺便购买。购买 OTC 药品可以去：医院、药店；医疗保险定点的医院和药店或者未定点的医院和药店；连锁药店或非连锁药店；有品牌的、服务好的药店或普通的药店；平价药店；连锁药店；社区附近或者医院附近的药店。对于享受医疗报销的消费者来说，他们必然选择医疗保险定点的医院或药店购买医疗保险目录中的 OTC 药品。关注价格的消费者或者购买长期用药的消费者宁愿去平价药房。医院附近的药店能得到更多的外配处方。注重药品质量的消费者更愿意去大型的连锁药店买药，药品质量有保证。

思考与分析：

1.阅读资料，分析影响 OTC 购买者行为的因素主要有哪些？

2.OTC 消费者是怎样做出决策的？

（资料来源：张发强.非处方药市场消费者行为分析[J].医药世界,2005(1):30-32.）

营销实训

以 5~6 人为一组，登录《市场营销综合实训与竞赛系统》，完成市场开拓和开发客户相关操作。

1.市场开拓

操作步骤：

步骤一：单击任务列表中的"市场开拓"。

步骤二：选择需要开拓的"市场"。

步骤三：单击"市场开拓"按键。

2.开发客户

操作步骤:

步骤一:单击任务列表中的"开发客户"。

步骤二:选择需要开发的"客户"。

步骤三:单击"客户开发"按键。

步骤四:单击"我的客户"查看已开发客户。

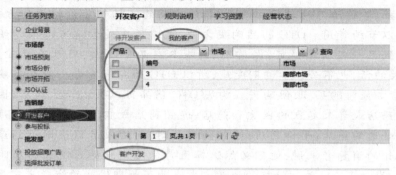

项目 3
开展市场调研

【案例引导】

iPhone、iPad、iMac、Apple Watch……苹果不断为这个世界带来惊喜。作为缔造苹果品牌的灵魂人物史蒂夫·乔布斯在接受《财富》访谈时说了一段名言:"我们不做市场调查。我们不雇用咨询顾问。在我工作的 10 年里唯一一次雇咨询公司是为了分析 Gateway 的零售策略,以避免自己也犯同样的错误。我们公司从来不雇用咨询顾问。我们只想做出伟大的产品。"苹果真的不做市场调查吗?

其实,苹果日常有大量的市场调查。用户购买产品一段时间后,苹果通常会发送调查网页对用户进行售后反馈调查。通过浏览苹果官网上出现过的一些售后调查问卷,我们发现,苹果的调查问卷都比较中规中矩,除了例行的年龄、性别、收入、家庭组成以及拥有的苹果产品种类、数量等自然状态变量(背景资料)之外,问卷基本上都是围绕用户对产品和零售店的满意度以及购买行为这两个方面展开的。这些调查问卷有以下鲜明的特点:一是只针对苹果用户,从不调查非苹果用户或潜在用户;二是从不涉及产品本身,既不询问用户对产品属性的评价,如常规的产品性能、价格、外观、质量等,也不征求用户对产品的改进意见,更不用说新产品的概念测试和好用性测试了;三是在调查顾客购买行为时,只调查常规的 when,where,how 等决策要素,不会涉及 why,应该说,这也是苹果文化和自信的体现。

不可否认,乔布斯是近几十年来全球最伟大的商业领袖。乔布斯及其领导的苹果公司在创新上的执着追求值得所有企业学习。然而,如果只重视创新而忽视营销,这样的创新将给企业带来巨大的风险,当消费者需要更大尺寸的iPhone时,乔布斯却固执地认为 3.5 英寸的屏幕才是最符合消费者使用习惯的尺寸,从而拱手将大屏手机市场送给三星,直至蒂姆·库克推出 iPhone 6 及 iPhone 6Plus,才将失去的市场抢回来。当企业的创新与顾客的需要相吻合时,这样的创新才可能成功;反之,如果企业的创新与顾客的需要不吻合,这样的创新不仅不会带来业绩的增长,甚至可能导致企业的失败。

对于企业来说,一次成功的创新,总是会带来竞争对手的模仿和赶超。因此,任何企业必须时刻考虑顾客需求的变化,毕竟顾客手中掌握着是否购买以及购买哪个品牌的权力。当顾客面对多个竞争品牌的产品时,他们一定会选择最符合自己需求的产品。顾客或许不知道自己想要什么,但他们一定知道如何选择。因此,对于企业来说,通过营销调研来获知消费者是如何选择的十分重要。

思考与分析:

1.苹果公司真的不做市场调查吗?

2.你觉得苹果公司的市场调查忽视了哪些内容?

(资料来源:宋杰.从用户调查看苹果产品——由小众化到大众化的蜕变[EB/OL].(2012-03-19)[2021-01-01].通信信息报网络版.)

【情景创建】

以 5~8 人的小组为单位,任选一个调查项目,制订一份市场调研计划,包含调研目的、调研内容、调研对象以及调研方法等。

【任务分解】

任务:让学生对市场调研活动有个基本的认识,了解市场调研活动的意义。

活动 1:认识市场调研活动

活动 2:了解市场调研活动的意义

活动 3:明确市场调研的目的和对象

活动 4:能够选择合适的调研方法

任务 3.1　市场调研及其意义

3.1.1　营销调研的概念

市场营销是一种满足人们需要的行为,即企业需要了解市场、市场需求、竞争者的最新动态等。要做到这一点,就必须开展市场营销调研。

营销调研是指系统地、客观地收集、整理和分析市场营销活动的各种资料或数据,用以帮助营销管理人员制订有效的市场营销决策。

这里所述的"系统"指的是对市场营销调研必须有周密的计划和安排,使调研工作有条理地开展下去。

"客观"指对所有信息资料,调研人员必须以公正和中立的态度进行记录、整理和分析处理,应尽量减少偏见和错误。

"帮助"指调研所得的信息以及根据信息分析后所得出的结论,只能作为市场营销管理人员制订决策的参考,而不能代替他们去做出决策。

3.1.2　营销调研的范围

市场营销调研活动设计到营销管理领域之内,一般而言,营销调研的范围如下所述。

1)产品调研

产品调研是指新产品的评估、现行产品的改造测试,竞争产品研究,产品的用途、特征、包装、生命周期以及消费者对本企业产品的评价、要求等内容的分析。

2)价格调研

价格调研是指消费者对价格变动的反应,新产品价格的决定,现有产品价格的调整。

3)分销调研

分销调研是指中间商状况分析,物流分析,中间商行为和管理研究。

4)促销调研

促销调研是指对促销方式、促销策略、促销工具、促销效果等的研究分析。

5）市场与销售调研

市场与销售调研包括市场需求、市场占有率、市场潜量、竞争者状况、需求趋势，销售渠道、销售计划、销售人员、销售组织管理等方面。

6）消费者行为调研

消费者行为调研包括消费者特征、购买动机、购买习惯，不同细分市场的特征，品牌偏好以及消费水平发展趋势等方面。

7）环境调研

环境调研包括社会文化、政治法律、科技发展、经济环境以及竞争者动态等方面。

营销调研所涉及的范围主要体现在上述活动中，对于每一个企业来说，由于生产经营特点及环境条件不同，市场营销的具体内容也往往不同，企业必须根据具体情况，通过对以上问题进行重点研究，针对实际问题提出适合自己企业的调研内容，帮助营销人员做出正确决定。

3.1.3　营销调研的意义

营销调研通过收集与分析营销决策所必需的营销资料，确定目标市场和营销环境，获得竞争对手的资料，为经营者细分市场、识别需求动向、确定营销目标等提供相对准确的决策依据。

营销调研在下列情况下往往为企业决策者所重视：

第一，决策者需要寻找新的市场机会时。在做出把某一产品投入市场的决策之前，要了解哪些是消费者新的需要和偏好，哪些产品已进入其生命周期的尽头等。

第二，市场营销管理人员需要寻找某种问题的产生原因时。

第三，决策者在制订决策后必须在其实施过程中进行监测、评价和调整。许多情况下，市场营销调研就是针对决策是否有效而进行的，即分析一项新的决策是否使市场营销活动向更为有利的方向发展。

第四，预测未来。调研为预测提供资料依据，预测的准确性很大程度上取决于市场营销调研的质量。营销调研与预测是密切联系又有区别的两个概念。

第五，提高营销效率。企业在通过互联网做品牌联播相关的网络营销时，需要了解自己所在的行业发展行情，从企业自身的具体情况出发，选择相对应的营销方式，这样更能提高营销效率。

任务 3.2　设计市场调研问卷

3.2.1　营销调研的基本方法

　　市场调研要获得正确的结论,要对调研的每个步骤都做出周密的安排,针对不同的情况,采取具体的步骤。事实上,首先要做的决策是是否需要开展调研。在缺少资源、调研结果毫无用处、错过市场时机、已经做出决策、管理者还未对制订决策所需信息达成一致、制订决策所需信息业已存在以及调研成本超出收益等情况下,最好不要做调研。

　　一般情况下,市场营销调研包括以下5个步骤:确定问题、拟订调研计划、进行准备、实际调研、分析调查结果并撰写提交报告。

　　在营销调研的设计和执行阶段,要根据调研的目的和具体的研究目标,选择合适的调查对象,采用适当的调查方法和技术,获取完整可靠的资料。资料可分为第一手资料和第二手资料:第一手资料即企业为该调查中的某问题而收集的原始资料;第二手资料即经过他人收集、记录、整理所积累的各种数据和资料的总称。从获取资料方法的角度来看,可分为第一手资料调查法和第二手资料调查法。

3.2.2　第一手资料调查方法

　　一般来说,第一手资料获取成本高,但资料适用性强;第二手资料则相反。调查第一手资料的常用方法:询问法、观察法和实验法。

1)询问法

　　询问法是通过询问的方式收集市场信息,是营销调研中最普遍使用的一种调查方法。它把研究人员事先拟订的调查项目或问题以某种方式向被调查者提出,要求给予答复,由此获取被调查者或消费者的动机、意向、态度等方面的信息。按照调查人员与被调查者接触方式的不同,访问法分为:

　　(1)走访法(面谈法)

　　调研人员面对面地向被调查者询问有关问题并当场记录。

　　(2)电话调查法

　　调研人员根据抽样要求选取样本,通过电话与被调查者交谈。

　　(3)邮寄调查法

　　将设计好的问卷、调查表等邮寄给被调查者,请他们填好后按规定的时间寄回。

　　(4)留置调查法

　　调研人员将调查表或问卷当面交给被调查者,并说明调查目的和回答要求,留给被调查者自行填写,然后在约定日期由调查人员上门回收。

（5）网上调查法

在互联网上针对特定营销环境进行简单调查设计、收集资料和初步分析。对网上调查法的介绍将在该小节的第（3）点进行。

2）观察法

观察法是由调研员直接或通过仪器在现场观察调查对象的行为动态并加以记录而获取信息的一种方法。观察法主要用于消费者行为调研、店铺调研、户外广告调研等。观察法真实性高、客观准确，但是只能观察到外部现象，无法观察到调查对象的一些动机、意向及态度等内在因素。

3）实验法

实验法是先在小范围内进行小规模实验，取得数据资料后，研究决定是否扩大规模推行的一种市场调查法。这种方法一般适用于产品试销。实验法分为现场实验和实验室实验。现场实验法的优点是方法科学，能够获得较真实的资料。但是，大规模的现场实验往往很难控制市场变量，影响实验结果的内部有效性。实验室实验正好相反，内部有效性易于保持但外部有效性难以维持。此外，实验法实验周期较长，研究费用昂贵，严重影响了实验方法的广泛使用。

3.2.3　第二手资料调查方法

第二手资料调查法又称为文案调查法，即通过查看、阅读、检索、筛选、剪辑、购买、复制等手段收集二手资料的一种调查方法。其收集过程比较简易，组织工作简便，资料也比较容易得到，由于二手资料能比较快地获取，其具备节约人力、调查经费和时间的特点。但是第二手资料调查的目的针对性、准确性和相关性不强。

从资料来源的角度来看，第二手资料分为内部资料和外部资料。内部资料包括业务资料、统计资料、财务资料；报告、总结、会议记录、用户来信、营销活动的照片与录像等。外部资料包括政府机构、行业协会、各种经济信息中心、专业信息咨询机构、

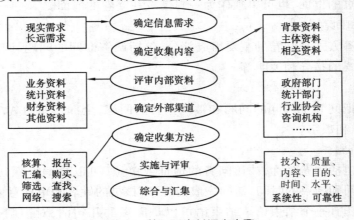

图 3-1　第二手资料调查步骤

银行、消费者组织公布和提供的各方面的信息资料。

常见的第二手资料调查方法有参考文献调查法和检索工具调查法。调查步骤如图 3-1 所示。

3.2.4　市场营销调研程序

市场调研要获得正确的结论,要对调研的每个步骤都做出周密的安排,针对不同的情况,采取具体的步骤。事实上,首先要做的决策是是否需要开展调研。

一般情况下,市场营销调研包括以下 5 个步骤:确定问题、拟订调研计划、进行准备、实际调研、分析调查结果并撰写提交报告,如图 3-2 所示。

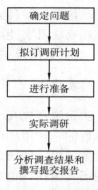

图 3-2　市场营销调研程序

3.2.5　调查问卷设计方法

在上述调查法中,研究者往往把研究问题设计成若干具体问题,按一定规则排列,编制成书面的问题表格,交由调查对象填写,然后收回整理分析,从而得出结论。

1)问卷的一般结构

问卷一般由卷首语、问题与回答方式、编码和其他资料四个部分组成。

（1）卷首语

内容应该包括:调查的目的、意义和主要内容,选择被调查者的途径和方法,被调查者的希望和要求,填写问卷的说明,回复问卷的方式和时间,调查的匿名和保密原则以及调查者的名称等。为了能引起被调查者的重视和兴趣,争取它们的合作和支持,卷首语的语气要谦虚、诚恳、平易近人,文字要简明、通俗、有可读性。卷首语一般放在问卷第一页的上面,也可单独作为一封信放在问卷的前面。

（2）问题和回答方式

问题和回答方式是问卷的主要组成部分,包括调查询问的问题、回答问题的方式以及对回答方式的指导和说明等。

（3）编码

编码就是把问卷中询问的问题和被调查者的回答,全部转变为 A，B，C……或 a，b，c……等代号和数字。

（4）其他资料

其他资料包括问卷名称、被访问者的地址或单位（可以是编号）、访问员的姓名、访问开始的时间和结束的时间、访问完成情况、审核员的姓名和审核意见等。

有的问卷还有一个结束语。结束语可以是简短的几句话,对被调查者的合作表示真诚感谢;也可稍长一点,顺便征询一下对问卷设计和问卷调查的看法。

2）问题的种类、结构和设计原则

调查所要询问的问题,是问卷的主要内容。设计调查问卷,必须弄清楚问题的种类、问题的结构和设计问题应该遵循的原则。

（1）问题的种类

问卷中要询问的问题,大体上可分为四类:

①背景性的问题,主要是被调查者个人的基本情况,它们是对问卷进行分析研究的重要依据。

②客观性问题,是指已经发生和正在发生的各种事实和行为。

③主观性问题,是指人们的思想、感情、态度、愿望等一切主要世界观方面的问题。

④检验性问题,为检验回答是否真实、准确而设计的问题。这类问题,一般安排在问卷的不同位置,通过互相检验来判断回答的真实性和准确性。

四类问题中,背景性问题是任何问卷都不可缺少的。因为背景情况是对被调查者分类和不同类型被调查者进行对比研究的重要依据。

（2）问题的结构

问题的结构,即问题的排列组合方式。它是问卷设计的一个重要问题。为了便于被调查者回答问题,同时也便于调查者对资料的整理和分析,设计的问题一般可采取以下几种方式排列:

①按问题的性质或类别排列,而不要把不同性质或类别的问题混杂在一起。

②按问题的复杂程度或困难程度排列。一般地说,应该先易后难,由浅入深;先客观事实方面的问题,后主观状况方面的问题;先一般性质的问题,后特殊性质的问题。特别是敏感性强威胁性大的问题,更应安排在问卷的后面。

③按问题的时间顺序排列。一般地说,应该按调查事物的过去、将来、现在的历史顺序来排列问题。无论是由远到近还是由近及远,问题的排列在时间顺序上都应该有连续性、渐进性,而不应该来回跳跃,打乱被调查者回答问题的思路。

④问题的排列要有逻辑性。在特殊情况下,也不排除对某些问题做非逻辑安排。检验性问题也应分别设计在问卷的不同部位,否则就难以起到检验作用。

（3）设计问题的原则

要提高问卷回复率、有效率和回答质量,设计问题应遵循以下原则:

①客观性原则,即设计的问题必须符合客观实际情况。

②必要性原则,即必须围绕调查课题和研究假设设计必要的问题。设计的问题数量过少、过于简略,无法说明调查所要说明的问题;数量过多、过于繁杂,不仅会大大增加工作量和调查成本,而且会降低回答质量,降低问卷的回复率和有效率,也不利于正确说明调查所要说明的问题。

③可能性原则,即该问题必须是被调查者自愿真实回答的。凡被调查者不可能自愿真实回答的问题,都不应该正面提出。对这类问题,被调查者一般都不可能自愿做出真实回答,或者干脆不予理睬,因此一般都不宜正面提出。

3）问题的表述

问卷调查一般是自填式的书面调查，被调查者只能根据书面问卷来理解问题和回答问题，因此，问题的表述就成为问卷设计的重点和难点。

（1）表述问题的原则

具体性原则，即问题的内容要具体，不要提抽象、笼统的问题。

①单一性原则，即问题的内容单一，不要把两个或两个以上的问题合在一起提。

②通俗性原则，即表述问题的语言要通俗，不要使用被调查者感到陌生的语言，特别是不要使用过于专业化的术语。

③准确性原则，即表述问题的语言要准确，不要使用模棱两可、含糊不清或容易产生歧义的语言或概念。

④简明性原则，即表述问题的语言应该尽可能简单明确，不要冗长和啰唆。

⑤客观性原则，即表述问题的态度要客观，不要有诱导性或倾向性语言。另外，在问题的表述中要避免出现那些有权威的、享有盛誉的人或机构的名称，更不要直接引用他们的原话。

⑥非否定性原则，即要避免使用否定句形式表述问题。由于人们一般都习惯用肯定句形式提出问题和回答问题，因此用否定句形式表述问题往往会造成一些误解。

（2）特殊问题的表述方式

对于某些敏感性强、威胁性大的特殊问题，在表达方式上应该做些减轻敏感程度的特殊处理，以便被调查者易于面对这些问题，并敢于坦率做出真实回答。对特殊问题的处理，有以下几种方法：

①释疑法，即在问题前面写一段消除疑虑的功能性文字。

②假定性，即用一个假言判断作为问题的前提，然后再询问被调查者的看法。

③转移法，即把回答问题的人转移到别人身上，然后再请被调查者对别人的回答做出评价。

④模糊法，即对某些敏感问题设计出一些比较模糊的答案，以便被调查者做出真实的回答。

4）回答的类型和方式

回答有三种基本类型，即开放型回答、封闭型回答和混合型回答。

（1）开放型回答

所谓开放型回答，是指对问题的回答不提供任何具体答案，而由被调查者自由填写。开放型回答的最大优点是灵活性大、适应性强，特别适合回答那些答案类型很多或事先无法确定各种可能答案的问题。同时，它有利于发挥被调查者的主动性和创造性，使他们能够自由表达意见。一般地说，开放型回答比封闭型回答能提供更多的信息，有时还会发现一些超出预料的、具有启发性的回答。开放型回答的缺点是：回答的标准化程度低，整理和分析比较困难，会出现许多一般化、不准确、无价值的信息。同时，它要求被调查者有较强的文字表达能力，而且要花费较多填写时间，这样就有可能降低问卷的回复率和有效率。

（2）封闭型回答

所谓封闭型回答，是指将问题的几种主要答案，甚至一切可能的答案全部列出，然后由被调查者从中选取一种或几种答案作为自己的回答，而不能作这些答案之外的回答。封闭性回答，一般都要对回答方式做某些指导或说明，这些指导或说明大都用括号附在有关问题的后面。

封闭型回答的具体方式多种多样，其中常用的有以下几种：

①填空式，即在问题后面的横线上或括号内填写答案的回答方式。

②两项式，即只有两种答案可供选择的回答方式。

③列举式，即列出多种答案，由被调查者自由选择一项或多项的回答方式。

④选择式，即列出多种答案，由被调查者自由选择一项或多项的回答方式。适用于有几种互不排斥的答案的定类问题。在几种答案中，可规定选择一项。

⑤顺序式，即列出若干种答案，由被调查者给出各种答案排列先后的回答方式。

⑥等级式，即列出不同等级的答案，由被调查者根据自己的意见或感觉选择答案的回答方式。

⑦矩阵式，即将同类的几个问题和答案排列成一个矩阵，由被调查者对比着进行回答的方式。这种回答方式，适用于同类问题、同类回答方式的一组定序问题。

⑧表格式，即将同类的几个问题和答案列成一个表格，由被调查者回答的方式。

封闭型回答有许多优点，它的答案是预先设计、标准化的，它不仅有利于被调查者正确理解和回答问题，节约回答时间，提高问卷的回复率，而且有利于对回答进行统计和定量研究。封闭型回答还有利于询问一些敏感问题，被调查者对这类问题往往不愿写出自己的看法，但对已有的答案却有可能进行真实的选择。封闭型回答的缺点是：它的回答方式比较机械，没有弹性，难以适应复杂的情况，难以发挥被调查者的主观能动性；它的填写比较容易，被调查者可能对自己不懂甚至根本不了解的问题任意填写，从而降低回答的真实性和可靠性。

（3）混合型回答

所谓混合型回答，是指封闭型回答与开放型回答的结合，它实质上是半封闭、半开放的回答类型。

5）设计答案应该注意的问题

（1）设计答案的原则

①相关性原则，即设计的答案必须与询问问题具有相关关系。

②同层性原则，即设计的答案必须具有相同层次的关系。

③完整性原则，即设计的答案应该是穷尽一切可能的、起码是涵盖一切主要内容的答案。当答案过多时，可以只设计几种主要答案，然后加一个"其他"，这样就达到了完整性的要求。

④互斥性原则，即设计的答案必须是互相排斥的。

⑤可能性原则，即设计的答案必须是被调查者能够回答也愿意回答的。

（2）相关问题的接转

在回答方式的设计中，应该特别注意相关问题的接转。一般地说，相关问题的接转有用文字说明、分层次排列、用框格表示、用线条连接等不同方式。

总之,对相关问题的接转要简明、清晰,使被调查者一看就懂。如果是访问问卷,则可大大简化,只要访问员能看懂就行了。

6)编码

所谓编码,就是对每一份问卷和问卷中的每一个问题、每一个答案编定一个唯一的代码,并以此为依据对问卷进行数据处理。

对问卷的编码,包括编定被调查者的地址、类别和户的代码;调查开始时间、结束时间和合计时间的代码;调查完成情况的代码;调查员和调查结果评价的代码;复核员和复核意见的代码等。所有这些,都是对问卷分类和处理的依据。对问题的编码,就是对每个问题编定一个代码。对答案的编码有前编码和后编码之分,封闭型回答的每一个答案,在设计问卷时就设计了代码,叫前编码;开放型回答的答案,一般是在调查结束后根据答案的具体情况再编定代码,叫后编码。

编码的主要任务是:

①给每一份问卷、每一个问题、每一个答案确定一个唯一的代码。

②根据被调查者、问题、答案的数量编定每一个代码的位数。

③设计每一个代码的填写方式。

知识链接 3-1

大学生消费情况调查问卷

亲爱的同学:

你好! 非常感谢你在百忙之中填写这份问卷,我们调查的目的是想了解目前大学生在金钱观、消费观、消费与闲暇方式等方面的现状。本问卷各项答案无所谓好坏对错且问卷所得结果不做个别呈现,对外绝对保密,所以请你依据自己的看法,放心填写。谢谢你的合作!

您的性别:*

● ○男

● ○女

您现在就读的年级:*

● ○大一

● ○大二

● ○大三

● ○大四

家庭类型*

● ○农村

● ○城镇

● ○城市

1.你每个月的生活费用是多少?*

- ○500 元以下
- ○500~800 元
- ○800~1 000 元
- ○1 000 元以上

2.你的生活费主要来源：*

- ○父母给予
- ○勤工俭学
- ○奖助学金
- ○校外兼职
- ○部分家庭供给,部分勤工俭学或奖学金
- ○其他

3.除了基本的伙食、生活必需品消费以外,哪些方面的消费占总生活费的比例比较多？*

- ○交通、通信(电话、上网)
- ○购物(服装、饰品)
- ○学习费用(课外书报、学习辅助书籍等)
- ○娱乐
- ○交际
- ○零食及饮料
- ○其他

4.对你来说,专卖店里 300 块钱的一件外套如何？*

- ○专卖店里的产品有质量保证,值得
- ○专卖店的衣服新潮、时尚,值得
- ○只要喜欢,多少钱无所谓
- ○只不过一件衣服罢了,对大学生来说 300 块太贵了

5.你对自己生活费的使用方法是：*

- ○有钱就花,没有计划
- ○按照一定时期的计划花钱
- ○没有计划,但对每一次的收入与支出都有详细的记录
- ○有计划,但没有做好记录
- ○有计划,也有记录

6.每月的通信费用为：*

- ○25 元以内
- ○25~50 元
- ○50~100 元
- ○100 元以上

7.你是怎样解决生活费不够的问题？*

- ○向父母要钱

- ○自己存钱
- ○向别人借
- ○做兼职
- ○其他 ☐

8.你认为你身边大多数同学能否做到理性消费？*
- ○可以
- ○部分能做到
- ○很难
- ○不知道

9.在你身边的同学，会通过那些途径去增加收入？（可多选）*[多选题]
- ☐做兼职
- ☐炒股、买基金
- ☐开网店
- ☐做产品代理
- ☐投稿赚稿费
- ☐其他 ☐

10.你如何看待当前大学生出现的超前消费现象？*
- ○无所谓
- ○坚决反对
- ○看其家庭情况而论
- ○可以,但要引导其理性消费

11.如果你从现在开始每月存100元,你会拿这笔存款来干什么？*[多选题]
- ☐旅游
- ☐购物(如手机、计算机、MP3、相机、服装等)
- ☐娱乐(参加聚会等)
- ☐个人培训(如参加语言培训班、技术培训班等)
- ☐个人兴趣爱好

12.如果你每月的生活费有所增加,你会在哪方面增加消费？*[多选题]
- ☐改善伙食
- ☐书籍
- ☐购物(零食、化妆品、服装等)
- ☐通信(包括上网)
- ☐娱乐(参加聚会、旅游等)
- ☐个人兴趣爱好

13.如果你暑假打工赚了2 500元,你会如何消费？*[多选题]
- ☐存入银行
- ☐购物(如手机、计算机、MP3、相机、服装等)
- ☐个人培训(如参加语言培训班,技术培训班等)

- □娱乐(参加聚会、旅游等)
- □投资
- □个人兴趣爱好

14.你认为什么是理财？*
- ○就是通过各种投资活动实现资产的保值增值的过程
- ○就是合理安排资金的过程
- ○是通过财务资源的适当管理来实现个人生活目标的过程
- ○理财是现金流量管理
- ○不太清楚

15.你认为,有没有必要对大学生加强理财能力的培养呢？*
- ○有
- ○没有
- ○无所谓

16.你觉得目前大学生消费中存在哪些浪费现象？你对这些现象又有何看法？

非常感谢你们的配合,谢谢合作！

(资料来源:百度文库)

任务 3.3　形成调研报告

3.3.1　市场调研报告的撰写

市场调研报告是市场调研活动的直接结果,其目的在于展现市场调研的成果,把获得的市场信息传递给决策者和领导者。

在市场调研活动中,调研机构通过调研策划,收集市场信息,并对资料进行整理分析,做出符合实际的结论和判断,最终形成某种形式的报告,提交给市场调研活动的组织者或委托者。针对一项正式的市场调研项目提交市场调研报告更是项目委托合同或协议的重要内容。

市场调研报告应具备针对性、时效性和创新性。针对性是指调研报告应针对不同的调研目的和不同的阅读对象安排报告的内容和格式。时效性是指为了更好地适应市场竞争,调研报告应及时反馈给使用者,以便适时做出决策。创新性是指调研报告中应总结有创新性的观点、结论,以增强调研报告的使用价值,更好地指导企业的生产经营活动。

市场调研报告有多种形式,它可以是书面形式、口头形式、电脑汇报的形式,或者同时使用几种形式。

市场调研主体对调研活动最为关心的就是调研报告,调研主体提出进行市场调研活动的直接目的在某种程度上讲,就是获得市场调研报告。这是因为市场调研报告具备以下一些主要作用。

1)市场调研报告能将市场信息传递给决策者

这是调研报告最主要的功能。决策者需要的不是市场调查采集的大量信息资料，而是这些市场信息资料所蕴含的市场特征、规律和趋势。市场调研报告能在对信息资料进行分析的基础上形成决策者需要的结论和建议。

2)市场调研报告可以完整地表述调研结果

调研报告应对已完成的市场调研做出完整而准确的表述。能够详细、完整地表达出市场调研的目标、要求、调研报告背景信息、调研方法及评价、以文字表格和形象化的方式展示的调研结果、调研结论和建议等内容。

3)市场调研报告是衡量和反映市场调研活动质量高低的重要标志

尽管市场调研活动的质量还要体现在调研活动的策划、方法、技术和资料处理过程中，但调研活动的结论和论断以及总结性的调研报告无疑也是重要的方面。

4)市场调研报告能够发挥参考文献的作用

调研报告的使命是作为决策者和领导者做出重大决策时的参考文献。调研报告包含了一系列意义重大的市场信息，决策者在研究问题时，往往要以调研报告作为参考。

5)市场调研报告可被作为历史资料反复使用

当一项市场调研活动完成之后，市场调研报告就成为该项目的历史记录和证据。作为历史资料，它有可能被重复使用，从而加强其使用效果。

3.3.2 市场调查研究报告的结构

尽管市场调研报告的格式会因项目和读者的不同而有所差异，但调研报告要把市场信息传递给决策者的功能或要求是不能改变的。因此，在长期的商务实践中调研报告的常规格式逐渐形成。当然许多公司在其业务实践中都具有体现自己特点的报告格式，不同的专著或教科书也会对报告格式提出自家的建议。本书这里列出的写作格式是一种较为全面的常规格式，以供调研者在从业时参考。

一份完整的调研报告可分为三大部分：前文、正文和结尾。

1)前文

（1）标题页和标题扉页

标题页包括的内容有报告的标题或主题、副标题（即该份调研报告提供的具体材料）、报告的提交对象、报告的撰写者和发布（提供）的日期。对于企业内部调研，报告的提交对象是企业某高层负责人或董事会，报告撰写者是内设调研机构。对于社会调研服务，报告的提交对象是调研项目的委托方，报告的撰写者是提供调研服务的调研咨询机构。在后一种情况下,有时还需要写明双方的地址和人员职务。对于特别正规的调研报告,在标题页之前还应安排标题扉页,此页只写调研报告标题。

（2）授权信页

授权信是由调研项目执行部门的上司给该执行部门的信,表示批准这一项目,授权某人对项目负责,并指明可用于项目开展的资源情况。在许多情况中,汇报信会提及授权问题,这样也可以不将授权信包括在调研报告中。但是当调研报告的提供对象对授权情况不了解,或者他需要了解有关授权的详情时,出授权信提供这方面的信息则是必要的。

（3）提交信

提交信是以调研报告撰写者个人名义向报告提交对象（个人）写的一封信,表示前者将报告提交给后者的意思。在此信中,可以概括一下市场调研者承担并实施项目的大致过程,也可以强调一下报告提交对象需要注意的问题以及需要进一步调查研究的问题,但不必叙述调研的具体内容。其所用语气是个人对个人,因而可以不受机构对机构的形式拘束,便于沟通双方的思想。在较为正规的调研报告中,都应该安排提交信。当调研报告的正规性要求较低时,提交信可以从略。

（4）前言

前言是该调研项目的简要介绍。这部分的内容包括:报告的可靠依据、目的和范围、资料收集的基本方法和要求以及对有关方面的致谢等。

（5）目录表

一般的调研报告都应该编写目录,以便读者查阅特定内容。目录包含报告所分章节及其相应的起始页码。通常只编写两个层次的目录。较短的报告也可以只编写第一层次的目录。需要注意的是,报告中的表格和统计图都要在目录中列明。

（6）图表目录

如果报告含有图和（或）表,那么需要在目录中包含一个图表目录,目的是帮助读者很快找到对一些信息的形象解释。

2）正文

包括研究目的、调研方法、结果、局限性、结论和建议。

（1）研究目的

在报告正文的开头,调研人员首先应当简明扼要地指出该项调研活动的目的和范围,以便阅读者准确把握调研报告所叙述的内容。

（2）调研方法

如何阐明所用的调研方法是一件不太轻松的事,因为对技术问题的解释必须能为读者所理解。在这里对所使用的一些材料不必详细列出,详细的材料可以放到目录中。

调研方法部分要阐明以下五个方面。

①调研设计。说明所开展的项目是属于探索性调研还是因果性调研,以及该项目为什么适用于这一特定类型调研。

②资料采集方法。所采集的是初级资料抑或是次级资料,结果的取得是通过调

查、观察,还是通过实验;所用调查问卷或观察记录表应编入附录。

③抽样方法。目标总体是什么,抽样框如何确定,是什么样的样本单位,它们如何被选取出来,对以上问题的回答根据及相应的运算须在附录中列明。

④实地工作。启用了多少名、什么样的实地工作人员,对他们如何培养和监督管理,实地工作如何检查,这一部分对最终结果的准确程度十分重要。

⑤分析。说明所使用的定量分析方法和理论分析方法。

(3)结果

结果在正文中占较大篇幅,这部分报告应按某种逻辑顺序提出紧扣调研目的的一系列项目发现。发现结果可以以叙述形式表述,以使得项目更为可信,但不可过分吹嘘。在讨论中可以配合一些总结性的表格和图像,这样可以更加形象化,然而详细和深入分析的图表宜放到附录中。

(4)局限性

完美无缺的调研是难以做到的,所以,必须指出调研报告的局限性。

讨论调研报告的局限性是为给正确评价调研成果以现实的基础。在报告中,将成果绝对化并承认它的局限性和应用前提;当然,也没有必要过分强调它的局限性。

(5)结论和建议

结论是基于调研结果的意见,而建议是提出可采取的相应行动。因此建议的阐述应该较为详细,而且要辅以必要的论证。

(6)摘要

摘要一定要写明为何开展此项调研,考虑到该问题的哪些方面,有何结果,建议怎么做。摘要是调研报告的重要部分,必须写好。许多高层管理人员通常只阅读报告的摘要,可见摘要很可能是调研者影响决策者的唯一机会。

摘要应该放在正文的最后部分。长度以不超过两页为好,因此作者要仔细斟酌哪些东西是足够重要的,需要在摘要中写明。摘要不是报告正文各章节的等比例浓缩。它要写得自成一篇短文,既要概括调研成果的主要内容,也得简明,重点突出。

摘要通常包含四方面内容。首先,要申明报告的目的,包括重要的背景情况和项目的具体目的。接着要给出最主要的结果,有关每项具体目的的关键结果都须写明。再往下是结论,这指的是在发现结果基础上的观点和对于结果含义的解释。最后是建议,或者提出可采取的行动。这是以结论为基础提出的。在许多情况下,管理人员不希望在报告中提出建议。因此,是否在摘要中包括建议需要依报告的特定情况而定。

任何一份太具技术性或太详细的材料都不适宜出现在正文部分,而应编入附录,以备阅读者在必要的时候查阅。这些材料可能只引起某些读者的兴趣,或者它们与调研没有直接的关系,而只有间接的关系。

附录通常包括的内容有:调查提纲、调查问卷和观察记录表,被访问人(机构单位)名单,较为复杂的抽样调查技术的说明,一些关键数据的计算(最关键的数据的计算,如果所占篇幅不大,应该编入正文),较为复杂的统计表和参考文献等。

　　以上提出了一份极为正规的调研报告所应包含的所有组成部分。这种极为正规的格式用于企业内部大型调研项目,或调研公司向客户提供的服务项目。对于那些不很正规的报告,某些组成部分可以略去不写。视项目的重要程度和委托方的实际需要,可以根据从最正规的格式到只有一份报告摘要的这一逐渐简化的系列,选择一个适当的设计。

营销链接 3-1

良品铺子顾客忠诚度调研报告

一、引言

　　近几年来,食品零售行业迅速崛起,良品铺子就是一家致力开发与推广特色休闲食品的全国直营连锁企业,自2006年8月创立以来,就确立了"立足武汉,占领华中,辐射全国"的发展战略,经过6年的发展,现已成为中国中部地区最大的休闲食品连锁零售企业。迄今为止,良品铺子已经建立起了自己的品牌,还建立起了网络营销渠道,并在消费者中具有较高的口碑,品牌知名度和品牌美誉度都大大提高。

　　为了深入了解食品零售行业的发展现状及发展前景,帮助良品铺子发现市场机会,充分挖掘其潜能,保持竞争优势,进一步分析消费者的消费动机,探究良品铺子对顾客具有很大吸引力的原因,对良品铺子而言是十分必要的。

二、调查目的

　　市场形势瞬息万变,尤其是在全球经济发展水平越来越高,发展速度越来越快的情况下,一个企业要想在市场上立于不败之地,就必须要时时刻刻了解最新的市场信息,掌握市场最新动向,并据此来制订相应的发展、竞争策略。

　　众所周知,中国加入WTO以后,国内的一些企业在面临巨大的市场机遇的同时,竞争也必然会日益激烈。良品铺子虽然只是一家专门经营休闲食品的企业,也需要准确了解休闲食品行业的市场现状、发展趋势,使其可以在了解整个大的行业背景的情况下明确自己的发展方向,充分发掘自己的市场潜能,使自己在未来的市场格局中占据有利的位置。

　　基于以上的宏观目的,我们针对武汉地区消费者对良品铺子的品牌偏好、消费习惯等项目进行调查,具体调研目标有如下几点:

　　(1)了解整个武汉市地区食品行业的市场现状,清楚自己在整个武汉市场中的位置,同时也要对自己竞争对手的情况有所了解,做到"知己知彼",方能"百战不殆"。

　　(2)了解武汉地区消费者对良品铺子的品牌认知度和接受度,根据消费者的认知度和接受度来相应地调整自己的经营策略,例如广告、公关等活动如何进行才能达到最佳效果。

　　(3)了解武汉地区消费者对休闲食品的消费观点和习惯以及消费者构成,具体例如年龄结构、性别结构等,并据此确定自己的产品、营销等策略以及自己的发展方向。

　　总之,通过此次调研,我们要了解良品铺子现有的品牌形象、品牌发展态势,确立今后的品牌定位;了解休闲食品行业的消费行为,包括消费目的、消费心理、消费习惯、消费需求等;了解现有竞争对手的情况等。充分掌握了上述的市场信息以后,为公司的新产品开发和战略发展方向定位提供依据。

三、调研方法

1.调查设计

在调查研究计划中,我们主要采用三个方法来收集此次调查所需要的信息,分别是实地调查法中的观察法和调查法以及文案调查法,三个方法互相结合,全面完整地收集信息。调查的范围主要是武汉市的武昌区和汉口区。

调研对象分为三部分:部分典型区域良品铺子(比如:光谷、亚贸之类的商业中心;大学附近;普通街道等);竞争对手:部分超市、零售店;消费者:不同年龄、职业的人。

2.抽样设计

采用便利抽样和定额抽样相结合的抽样方法。本次调查组在各个调研区域的街头或者商业场所向过往的或停留的消费者做问卷调查:以年龄层作为标志把总体样本分为若干组,实施配额抽样。每个区域的样本在 50~100 之间。

3.调查对象

良品铺子的目标市场主要定位于大学生和年轻的上班族,市场调查的对象主要是大学生和年轻的上班族。

四、调查数据统计分析

表一　同行业竞争者知名度比较(多选)

选项	小计	比例
良品铺子	275	91.67%
来伊份	108	36.11%
非常时刻	58	19.44%
爱上悠品	50	16.67%
优之良品	83	27.78%
本题有效填写人次	298	

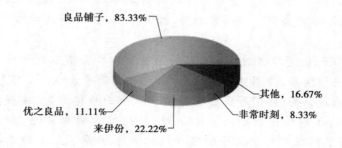

良品铺子,83.33%
其他,16.67%
非常时刻,8.33%
来伊份,22.22%
优之良品,11.11%

表二 同行业竞争者中顾客购买的偏向(多选)

选项	小计	比例
良品铺子	250	83.33%
优之良品	33	11.11%
来伊份	67	22.22%
非常时刻	25	8.33%
其他	50	16.67%
本题有效填写人次	298	

表三 所知晓的销售店铺的数量(多选)

选项	小计	比例
良品铺子	241	80.56%
来伊份	67	22.22%
爱上悠品	8	2.78%
优之良品	33	11.11%
非常时刻	33	11.11%
其他企业	58	19.44%
本题有效填写人次	298	

分析:由表一、表二、表三可以看出,在武汉地区休闲食品行业内良品铺子的竞争者很多,但是良品铺子在众多竞争者中占有很大的竞争优势。从品牌角度分析,良品铺子在众多竞争者中的知名度最大,消费者对良品铺子的品牌接受度很高;从市场份额角度分析,在武汉地区,良品铺子拥有数量最多的店铺和最为庞大的顾客群体,在行业内所占的市场份额最大;从顾客对品牌的忠诚度分析,顾客对良品铺子的品牌忠诚度很高。

五、结论

1.良品铺子主要分布的地区

湖北良品铺子食品有限公司从成立起至今共拥有门店900余家,涉及湖北、湖南、江西、四川四省,以武汉为例,主要分布在光谷、街道口、广埠屯、南湖等商业中心,人群集中,有着相当规模的忠诚顾客和一些潜在的消费对象。

2.良品铺子主要消费人群

在营销中常常提及的顾客忠诚度有三个要素:整体的顾客满意度(可分为很满

意、比较满意、满意、不满意、很不满意);重复购买的概率(可分为 70% 以上,30%~70%、30% 以下);推荐给他人的可能性(很大可能、有可能、不可能)。本文以此作为标准,并结合部分资料数据和具体调查情况,对良品铺子的消费人群进行了较为详细的分析。以武汉为例,消费人群有以下几类:

家庭情况较好的高校学生。这部分消费者有较大的购买欲望,又有一定的购买能力,并且不太受地区的限制,逛店消费和网上消费都是他们的主要途径,品种繁多、样式新颖、口味优质、大众推荐、精致独特、创意广告都是能吸引这类消费者的要素。

年轻白领,多在 25~35 岁,女性居多。这部分消费者未婚或是结婚不久,尚没有小孩。追求较高的生活品质是他们的特点,在众多同行业竞争者中,他们会更倾向选择更加高端的"良品铺子"。

经济状况颇好的家庭。他们对良品铺子这种较受欢迎的零食小铺有长期且固定的消费能力,对于良品铺子来说,小孩也是主要的吸引的受众,而对于父母或是其他长辈、亲人,这种较为健康、精美的零食显然更吸引他们去消费。

良品铺子的顾客忠诚度较高,发展前景好。

根据调查结果,良品铺子的顾客忠诚度较高,他们对于店铺的位置、装修、系列产品的口味、品种大多满意或是很满意,良品铺子"品质第一,贴近顾客"的商品理念,对自身、对员工的高要求,使得消费者重复购买率很高,并会积极向他人推荐。

六、建议

1.提高店铺的服务质量

从调查结果看,良品铺子的服务状况还可以更加优化,企业的每位员工,都应该致力于为顾客创造愉快的购买经历,并时刻努力做得更好,超越顾客的期望值。要知道经常接受企业服务而且感到满意的顾客会对企业做正面的宣传,而且会将企业的服务推荐给朋友、邻居、生意上的合作伙伴或其他人。他们会成为企业"义务"的市场推广人员。许多企业,特别是一些小型企业,就是靠顾客的不断宣传而发展起来的。在这种情况下,新顾客的获得不再需要企业付出额外的成本,但显然又会增加企业的利润。

2.超越顾客期待

不要拘泥于基本和可预见的水平,而要向客户提供其渴望的甚至是意外惊喜的服务。良品铺子可以在现有基础上寻找常规以外的机会,给予超出"正常需要"的更多的选择。顾客会注意到企业的高标准服务。这些也许可能被其竞争对手效仿,但企业只要持续改进就一定不会落于人后。

3.满足顾客个性化要求

通常企业会按照自己的想象预测目标消费者的行动。事实上,所有关于顾客人口统计和心理方面的信息都具有局限性,而且预测模型软件也具有局限性。因此,良品铺子可以优化定位,注意满足顾客的个性化要求。要做到这一点就必须尽量拥有顾客知识,利用各种机会来获得更全面的顾客情况,包括分析顾客的语言和行为。如果企业不是持续地了解顾客,或者未能把所获得的顾客知识融入执行方案之中,就不可能利用所获得的顾客知识形成引人注目的产品或服务。

(资料改编自:印程,秦丽君,李小蓉.良品铺子顾客忠诚度调研报告书[EB/OL].(2020-11-17)[2021-04-01].百度文库.)

任务 3.4　进行市场需求预测

3.4.1　市场预测概述

所谓预测,就是根据过去和现在推断未来。市场预测是利用市场调研所获得的过去和现在的实际资料,运用科学的理论和方法,预计未来市场的可能发展趋势。市场预测是市场决策的前提和依据,而市场决策的正确与否直接关系到企业经营目标能否实现。因此,市场营销者掌握市场预测理论和方法是制订合理营销策略的关键。

1)市场预测的内容

市场预测探讨的是市场发展的未来状况。市场预测的内容是相当广泛的,一般来说,主要可以归结为以下六个方面:

①市场供给状况的发展变化。这就是预测未来市场上有多少可供用户选择使用的工业产品。包括预测生产企业的数量及生产能力的发挥状况和预测宏观决策对供给的影响两个方面。

②市场需求的发展变化。这是市场预测的最主要内容。预测市场需求的变化常常需要对一些影响因素的变化也加以预测。通常包括产品销售领域的变化、社会商品购买力的变化、社会的消费结构与用户消费倾向的变化三个方面。

③价格变动及其影响。

④竞争发展趋势。预测竞争发展趋势必须同时考虑本企业的竞争能力和竞争企业的竞争能力两方面的情况。

⑤产品生命周期发展阶段的变化与更新换代。

⑥意外事件的影响。意外事件是指有关经济管理部门或企业在制订市场决策、计划过程中不能预料到或难以想到的事件。这些事件的发生会打乱正常的经济秩序,使市场的发展脱离原来所预料的轨道。

2)市场预测的要求

市场预测的根本要求就是预测的准确性。预测越接近实际,准确程度就越高,预测的效果就越好。为了提高预测的准确程度,应尽量减少预测的误差。为此,必须做到以下六点要求。

①适当选择预测方法。

②正确确定预测项目的数目和预测时间。样本越多,越有代表性;时间短;不能预料的因素少,误差就小。但也不是预测项目数越多和预测时间越短,结果就越好。这要根据预测目标和预测项目因素多少和难易程度来定,在预测目标和预测因素已定和人力、时间允许的范围内,尽量做到预测项目多,预测时间短。

③确保原材料的可靠性和完整性。

④符合预测法则。根据近期影响大、远期影响小的法则,越是接近预测期,对预测值的影响就越大。因此,应在预测时给予较大的权数;相反,远离预测期,对预测值影响小,在预测时,则应给予较小权数。

⑤估计可能发生的误差。

⑥进行预测期实际的比较。

3)市场预测的种类

市场预测的种类很多,可以从不同的角度划分。

（1）按预测的时间划分

①长期预测。长期预测是指企业对五年或五年以上的市场发展变化及其趋势的预测,它是企业制订长远规划的科学依据。例如,企业的厂房建设、设备更新、新项目的投资等需要做长期预测;一个大型商场的建设,也要考虑城市的发展前景、市场需求的变化等,才能确定基本建设投资计划。

②中期预测。中期预测是指对一年以上、五年以下的市场发展变化及其趋势的预测。例如,企业对购进耐用商品、采购时间较长的原材料或季节性、周期性的生产经营,应进行中期预测。

③短期预测。短期预测是指企业对年度内营销情况的预测。市场需求变化快的产品宜采用这种预测,它可以使企业及时调整营销策略,迅速适应市场需求的变化。例如,对夏季或秋季城乡市场预测,它为近期安排市场、确定营销决策、解决近期内市场上出现的突出问题所采取的措施提供依据。

④近期预测。近期预测是指对季度、月、旬、周以至日的市场需求即变化进行预测,以便企业在最恰当的时间、地点,以最合理的价格为顾客提供数量适当的商品。

（2）按预测的范围划分

①宏观预测。宏观预测是从总体上对投放市场的商品供求情况进行预测,它涉及面广,综合性强,为国家制定方针、计划、政策提供依据。例如,人口变化,购买力变化,工业结构,积累与消费比例,基本建设规模,投资规模,经济发展速度等。

②微观预测。微观预测是对某一工业部门、某一公司、某一企业的产品市场潜在需求量以及未来供应情况和发展趋势进行预测。

微观预测是宏观预测的基础,宏观预测是微观预测的前提条件。

（3）按预测的对象划分

①单项商品预测,即由专业公司或生产经营企业对某一具体产品所进行的预测。例如,显示器生产企业对显示器市场作专门预测;笔记本电脑生产企业对笔记本电脑市场作专门预测。

②同类商品预测,即由商品的主管部门或某一专业公司对某一类商品所进行的预测。例如,对数码产品的预测,对家用电器的预测等。

③所有商品的预测,通常是由经济综合或市场主管部门所进行的预测,它把所有产品及其产业作为预测的目标。

（4）按预测的性质划分

①定性预测。

②定量预测。

4)市场预测的步骤

市场预测的全过程是调查研究、综合分析和计算推断的过程。一个完整的市场预测,一般都要经过以下几步骤:

①确定预测目标。

②搜集、整理资料。

③选择预测方法。

④建立预测模型。在资料的搜集和处理阶段搜集到足够的可供建立模型的资料,并采用一定的方法加以处理,尽量使它们能够反映出预测对象未来发展的规律性,然后利用选定的预测技术确定或建立可用于预测的模型。

⑤评价模型。根据搜集到的有关未来情况的资料,对建立的预测模型加以分析和研究,评价其是否能够应用于对未来实际的预测。

⑥利用模型进行预测。根据收集到的有关资料,利用经过评价所确定的预测模型,就可计算或推测出预测对象发展的未来结果。这种计算或推测是在假设过去和现在的规律能够延续到未来的条件下进行的。

⑦分析预测结果。

⑧编写预测报告。预测报告是对预测工作的总结。内容包括:资料收集与处理过程、选用的预测方法、建立的预测模型及对模型的评价与检验、对未来条件的分析、预测结果及其分析与评价以及其他需要说明的问题等。

⑨输出预测结果。最后输出预测结果,向有关部门进行汇报。

3.4.2　定性预测方法

市场预测的方法很多,从预测的性质看,主要就是定性预测和定量预测两大类。

所谓定性预测方法,就是依靠熟悉业务知识、具有丰富经验和综合分析能力的人员或专家,根据已经掌握的历史资料和直观材料,运用人的知识、经验和分析判断能力,对事物的未来发展趋势做出性质和程度上的判断。然后,再通过一定的形式综合各方面的判断,得出统一的预测结论。

定性预测法主要有直接调查法和经验判断法两种,在这两种方法下还分别有几种具体的方法,如图 3-3 所示。

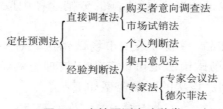

图 3-3　定性预测方法种类

1）直接调查法

直接调查法是指通过直接向市场实际的和潜在的购买者作调查来进行预测的调查方法。常用的直接调查法有购买者意向调查法和市场试销法两种。

（1）购买者意向调查法

购买者意向调查法是指通过抽样方式选择一部分潜在的购买者，直接向他们了解某一时期内的购买意向，从而推测购买者购买意向的主要变动趋势。这种预测方法基于这样一种假设：只有潜在的购买者本人最清楚自己将来想要购买什么样的产品。在满足下面三个条件的情况下，购买者意向调查法比较有效：

①购买者意向是明确清晰的；

②这种意向会转化为顾客购买行动；

③购买者愿意把其意向告诉调查者。

对于耐用消费品，调查者一般要定期对消费者购买意向进行抽样调查。

企业可以通过向被调查者提出诸如"您打算在未来两年内购房吗？"这样的问题，调查购买者的购买意向（表 3-1）。

表 3-1　购买者购买意向调查

您打算在未来两年内购房吗？请在相应的空格内打"√"。

0.00	0.20	0.40	0.60	0.80	1.00
不可能	可能性很小	尚有可能	有可能性	非常可能	一定要买

用购买者意向调查法预测产业用品的未来需要，其准确性比用在消费品方面要高。因为工业用品的顾客少而集中，他们的购买有计划性，有的产业用品的需求有较强的连续性。而消费者的购买动机或计划常因某些因素（如竞争者的市场营销活动等）的变化而变化，如果完全根据消费动机作预测，准确性往往不是很高。

一般说来，用这种方法预测非耐用消费品需要的可靠性较低，用在耐用消费品方面稍高，用在产业用品方面则更高。

（2）市场试销法

市场试销法又称销售实验法。即指在特定的时间内通过向某一特定的地区或对象投放小批量新产品或改进的老产品，在新的分销途径中取得销售情况的资料，用其进行销售的预测。

对于刚刚问世的新产品，一般可采用市场试销法。对一些低值易耗品或日常消费品的短期预测，采用市场试销法也可以获得比较理想的结果。但是采用这种方法要花费较多的费用和时间。该法的预测模型如下：

$$Y_t = Q \cdot N \cdot D\% \tag{3.1}$$

式中　Y_t——下期的预测销售量；

　　　Q——每单位用户平均消费量；

N——总用户数；

$D\%$——重复购买的比重。

　　某公司推出了一种新型洗洁精，他们选择了一个较为典型的地区推销这种新产品。试销结果表明，这个地区中有 50% 的家庭试用过这种新型洗发水，而且其中有 30% 的用户重复购买。即整个试销地区中约有 50%×30%＝15% 的家庭重复购买这种产品。一般家庭每年平均消费量为 2 千毫升，若把这个试销结果推广到用户总数为 200 万户的地区中去，就可利用上面公式推测出该企业生产的洗洁精在这个区域内，比较稳定和可能的销售量预测值。

　　下一年度的销售量的预测值为：

$$Y_i = Q \cdot N \cdot D\%$$
$$= 2 \times 2\,000\,000 \times 15\%$$
$$= 600\,000(千毫升)$$

2）经验判断法

　　经验判断法是一种依靠预测人员（销售人员、经理人员、专家等）的经验对预测对象的各影响因素加以综合考虑并作出判断的方法。该预测方法一般适用于预测对象的环境因素（经济、政治、法律、技术、人文等）变动比较激烈的情况。

　　经验判断法可以分为个人判断法、集中意见法和专家法三种。

　　（1）个人判断法

　　个人判断法就是由参与预测的人员各自独立地进行判断，然后把各人的判断结果加总得到最后的预测结果的一种预测方法。其计算公式是：

$$E_i = 0.25\,最乐观估计值 + 0.5\,最可能估计值 + 0.25\,最悲观估计值$$

$$预测值 = \frac{\sum_{i=1}^{n} E_i}{n} \tag{3.2}$$

式中　E_i——某参与预测人员的期望值；

　　　　n——参与预测的人数。

　　此方法在选择预测人员时要慎重，一般选择具有丰富经验、对市场经营情况相当熟悉并有一定专长的人员，如经济分析人员、会计人员、统计人员和有关部门的主要业务干部。要选择有独立见解的人，不要选没有主见的人。

　　（2）集中意见法

　　集中意见法，就是要求每个预测者在作出其预测结果的同时，说明其分析的理由，并允许争论。当然，各人最终的预测结果，还是由各人独立地作出。

　　该预测法的优点是在市场的各种因素变动激烈时，能够考虑到各种非定量因素的作用，从而使预测结果更接近现实。它能与其他定量预测方法配合使用，取长补短，以达到预测值的可靠性和准确性。这是面对面讨论的办法，能够相互启发，互为补充,简便易行,没有繁复的计算。在缺少历史资料或对其他预测方法缺乏经验的情况下,这是一种可行的办法。该预测法的缺点有以下三个方面:

①在讨论时,如果参加者之间存在着职务、资历等方面的差异,有可能产生"一言堂";

②若参加者对预测结果有与众不同的独到见解,他可能会担心万一将来实践证明其预测不准而带来的难堪,从而采取"随大流"的态度;

③若集体讨论中争论过于激烈,会导致意气用事,这会影响预测的精度。

（3）专家法

专家法是一种利用专家们的知识、经验和判断力,按规定的工作程序来进行市场预测的一种方法。该方法又可分为专家会议法和德尔菲法。

①专家会议法就是邀请有关专家一起开会,针对预测的问题进行讨论,专家们各抒己见,对未来市场的需求做出判断的方法。

该法的操作程序和优缺点与集中意见法类似,所不同的是参加的人数较少,且参加人员一般均为某一专业或行业的行家与权威人士。

②德尔菲法又叫专家意见法,是一种有根据的主观判断方法。对那些缺少历史及现实资料的预测尤为实用。它还可以与其他预测方法相互参照。德尔菲法的基本程序:

a.成立预测小组,也可以是一个人。其任务是明确预测目标,选择专家,拟订征询调查表。

b.发给专家不带任何条条框框的调查提纲,上面只列预测目标,提出问题及介绍相关情况,并询问专家下一步需要什么资料。收到专家的回复后,进行汇总分析,归并同类事件,排除次要事件,用准确语言提出一个事件一览表,再发给专家。

c.要求每一位专家对事件一览表所列的每个事件作出评价,提出或修改自己的预测,并说明理由,以及还需要哪些资料。收到专家回复后进行统计分析,将分析整理出结果再反馈给专家。

d.重复上一步骤,若回收结果表明意见已经趋同,则可进入编写预测报告阶段,若未趋同,可再反馈给专家,要求提出其最后预测及依据,然后进入编写预测报告阶段。

知识链接 3-2

德尔菲法的起源演变

德尔菲法是在 20 世纪 40 年代由赫尔默（Helmer）和戈登（Gordon）首创,1946 年,美国兰德公司为避免集体讨论存在的屈从于权威或盲目服从多数的缺陷,首次用这种方法进行定性预测,后来该方法迅速被广泛采用。20 世纪中期,当美国政府执意发动朝鲜战争的时候,兰德公司又提交了一份预测报告,预告这场战争必败。政府完全没有采纳,结果一败涂地。从此以后,德尔菲法得到广泛认可。

德尔菲是古希腊地名。相传太阳神阿波罗（Apollo）在德尔菲杀死了一条巨蟒,成了德尔菲主人。在德尔菲有座阿波罗神殿,是一个预卜未来的神谕之地,于是人们就借用此名,作为这种方法的名字。德尔菲法最初产生于科技领域,后来逐渐被应用于任何领域的预测,如军事预测、人口预测、医疗保健预测、经营和需求预测、教育预测等。此外,该方法还用来进行评价、决策、管理沟通和规划工作。

（资料来源：**MBA** 智库·百科）

3.4.3 定量预测方法

定量预测法是指运用数学模型预测未来的方法。如果影响预测对象未来变化的各种因素与过去、现在的影响因素大体相似,呈现一定的规律,并且能够收集到足够的相关历史资料和数据,则可以用定量预测法。定量预测法主要包括时间序列法和回归分析法两大类,在这两大类方法下各自有几种具体方法,如图 3-4 所示。

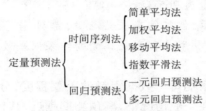

图 3-4 定量预测方法种类

1)时间序列法

时间序列法是根据历史统计资料的时间序列,预测事物发展的趋势。时间序列法主要用于短期预测。常用的有简单平均法、加权平均法、移动平均法、指数平滑法。

（1）简单平均法

它是依据简单平均数的原理,将预测对象过去各个时期的数据平均,以这个平均数作为预测值。这个方法适用于对没有明显波动或较大增减变化的事件的预测。

简单平均法的计算公式：

$$\hat{Y} = \frac{Y_1 + Y_2 + \cdots + Y_n}{n} = \frac{\sum_{i=1}^{n} Y_i}{n} = \overline{Y} \tag{3.3}$$

式中　$\hat{Y}$——预测值；

Y_i——第 i 期的观察值；

n——观察值的个数；

$\overline{Y}$——观察值的平均数。

营销链接 3-3

某企业 1—6 月实际销售数码摄像机的资料见表 3-2,用简单平均法预测 7 月份的销售量。

表 3-2　某企业 1—6 月的实际销售量

月份	1	2	3	4	5	6
销售量（台）	200	300	250	270	310	260

解：$\because \hat{Y} = \dfrac{Y_1 + Y_2 + \cdots + Y_6}{6} = \dfrac{\sum\limits_{i=1}^{n} Y_i}{6}$

$= \dfrac{200 + 300 + 250 + 270 + 310 + 260}{6}$

$= 265（台）$

$\therefore$ 预计 7 月份的销售量为 265 台。

这种预测方法简单易算，但其结果未必准确，特别是观察期资料有明显的季节变动和长期增减趋势变动时，利用这种方法预测的结果误差较大。

（2）加权平均法

此法是一种先根据观察期每一数据资料的重要程度，分别给予不同的权数，然后再加以平均计算的方法。在一般情况下，离预测期越近，其权数越大。其计算公式为：

$$\hat{Y} = \dfrac{\sum\limits_{i=1}^{n} C_i Y_i}{\sum\limits_{i=1}^{n} Y_i} \tag{3.4}$$

式中　$\hat{Y}$——预测值；

　　　Y_i——第 i 期的观察值；

　　　C_i——第 i 期数据的权数。

当 $\sum\limits_{i=1}^{n} C_i = 1$ 时，$\hat{Y} = \sum\limits_{i=1}^{n} C_i Y_i$。

营销链接 3-4

某企业 2013 年 1—6 月份实际销售数码摄像机的资料见表 3-2，如果观察 3 月至 6 月的销售量，并令 3 月至 6 月各月份的权数分别为 0.20、0.20、0.30、0.30，预测企业 2013 年 7 月份的产品销售量。

解：$\because \sum\limits_{i=3}^{6} C_i = 0.20 + 0.20 + 0.30 + 0.30 = 1$

$\therefore \hat{Y} = \sum\limits_{i=3}^{6} C_i Y_i$

$= 0.20 \times 250 + 0.20 \times 270 + 0.30 \times 310 + 0.30 \times 260$

$= 50 + 54 + 93 + 78$

$= 275（台）$

$\therefore$ 预计该企业 2013 年 7 月份将销售该产品 275 台。

加权平均法的关键是确定适当的权数,但至今还没有找到一种确定权数的科学方法,只能根据经验而定。一般情况下,给予近期数较大的权数,距离预测期远的则权数递减。

（3）移动平均法

此法把观察期的数据由远而近按一定跨越期进行平均,取其平均值,随观察期的推移,按既定跨越期的观察期数据也相应向前移动,逐一求得移动平均值,并将接近预测期最后一个移动平均值作为确定预测值的依据。这种方法较上述几种方法准确度高,实用性强。这一方法适用于预测值与近期的实际值关系密切、与远期的实际值关系较小的情况。其计算公式为:

$$\hat{Y}_{t+1} = \hat{Y}_{t} + \frac{Y_{t} - Y_{t-n}}{n} \tag{3.5}$$

$$\hat{Y}_{t} = \frac{Y_{t-1} + Y_{t-2} + \cdots + Y_{t-n}}{n} \tag{3.6}$$

式中 $\hat{Y}_i$——第 i 期的预测值（$i=t,t+1$）;

n_i——第 i 期的观察值（$i=t,t-1,\cdots,t-n$）;

n——移动期数。

营销链接 3-5

某公司电脑游戏产品 2012 年 12 个月的销售额见表 3-3,分别令移动平均数的期数 $n_1=5$,$n_2=7$,运用一次移动平均法预测 2012 年 1 月的销售额。

表 3-3 某公司电脑游戏产品 2012 年 1—12 月的销售额   单位:万元

月份	销售额	$\hat{Y}_t$（$n=5$）	$\hat{Y}_t$（$n=7$）
1	13	/	/
2	14	/	/
3	16	/	/
4	15	/	/
5	17	/	/
6	15	15	/
7	19	15.4	/
8	21	16.4	15.6
9	13	17.4	16.7
10	14	17	16.6

续表

月份	销售额	$\hat{Y}_t (n=5)$	$\hat{Y}_t (n=7)$
11	15	16.4	16.3
12	15	16.4	16.3
13(2013年1月)		15.6	16

解:取 $n=5$,

则 $\hat{Y}_6 = \dfrac{Y_5+Y_4+Y_3+Y_2+Y_1}{5} = \dfrac{17+15+16+14+13}{5} = 15(万元)$

$\hat{Y}_7 = \dfrac{Y_6+Y_5+Y_4+Y_3+Y_2}{5} = \dfrac{15+17+15+16+14}{5} = 15.4(万元)$

$\hat{Y}_8 = \dfrac{Y_7+Y_6+Y_5+Y_4+Y_3}{5} = \dfrac{19+15+17+15+16}{5} = 16.4(万元)$

同理可得:

$\hat{Y}_9 = 17.4$ 万元;$\hat{Y}_{10} = 17$ 万元;$\hat{Y}_{11} = 16.4$ 万元;$\hat{Y}_{12} = 16.4$ 万元;$\hat{Y}_{13} = 15.6$ 万元。
预测 2013 年 1 月份的销售额为 15.6 万元。
同样,取 $n=7$,
则

$$\hat{Y}_8 = \frac{Y_7 + Y_6 + Y_5 + Y_4 + Y_3 + Y_2 + Y_1}{7}$$

$$= \frac{19 + 15 + 17 + 15 + 16 + 14 + 13}{7}$$

$$= 15.6(万元)$$

同理可得:

$\hat{Y}_9 = 16.7$ 万元;$\hat{Y}_{10} = 16.6$ 万元;$\hat{Y}_{11} = 16.3$ 万元;$\hat{Y}_{12} = 16.3$ 万元;$\hat{Y}_{13} = 16$ 万元。

∴ 当 $n=5$ 时,预测 2013 年 1 月份的销售额为 15.6 万元。$n=7$ 时,预测 2013 年 1 月份的销售额为 16 万元。

运用移动平均法关键是选择合适的 n。一般地说,如果考虑到时间序列中含有大量随机成分,或者序列的基本发展趋势变化不大,则 n 应取大一点,这样平滑修匀的效果更为显著。如果预测对象的基本趋势正在不断发生变化,外部影响与环境正在改变,则 n 应取小一点,使移动平均值更能适应当前变化趋势。

（4）指数平滑法,又叫指数修匀法

指数平滑法根据本期的实际值和过去对本期的预测值,预测下一期数值,它反映了最近时期事件的数值对预测值的影响。这是一种在移动平均法的基础上发展起来的特殊的加权平均法,是国内外短期预测和近期预测中普遍使用的一种办法。

采用这一办法,是以本期实际值和本期预测值为基数,分别给予不同的权数,然后计算出指数平滑值,作为预测基础。其计算公式为:

$$S_t = \alpha + Y_t(1 - \alpha) \cdot S_{t-1} \tag{3.7}$$

式中 S_t——本期平滑值,作为下期的预测值;

S_{t-1}——上期平滑值,即本期的预测值;

Y_t——本期实际观察值;

α——平滑系数($0 < \alpha < 1$)。

当 $\alpha = 1$ 时,$1 - \alpha = 0$,则 $S_t = Y_t$,即本期的预测值等于上一期的实际值。当 $\alpha = 0$ 时,$1 - \alpha = 1$,则 $S_t = S_{t-1}$,即本期预测值等于上一期的预测值。一般来说,本期预测值常介于上一期实际值与上一期预测值之间。

应用指数平滑法时,重要的是正确选取 α 值,α 取值越大,则近期资料影响越大,反之,则近期资料影响越小。α 取值的一般原则是:时间序列长期趋势处于稳定状态时,则 α 取值应较小,如 $0.05 \sim 0.20$;时间序列具有迅速且明显的变动倾向,则 α 取值应较大,如 $0.3 \sim 0.5$。根据国内外的经验,在实际运用中,通常的经验是取 $\alpha = 0.1 \sim 0.3$。另外,应用指数平滑法还要估算初始值,初始值可取时间序列前几项的算术平均值,也可取时间序列数据中的第一项。

营销链接 3-6

某公司 1—6 月份的销售额资料如表 3-4 所示,设平滑系数 $\alpha = 0.3$,$S_0 = Y_1 = 40$,预测 7 月份的销售额。

表 3-4 某公司 1—6 月的销售额   单位:万元

月份	1	2	3	4	5	6	7
销售额	40	42	39	42	40	41	?

解:$\hat{Y}_2 = S_1 = 0.3 \times 40 + (1 - 0.3) \times 40 = 40($万元$)$

$\hat{Y}_3 = S_2 = 0.3 \times 42 + (1 - 0.3) \times 40 = 40.60($万元$)$

$\hat{Y}_4 = S_3 = 0.3 \times 39 + (1 - 0.3) \times 40.60 = 40.12($万元$)$

$\hat{Y}_5 = S_4 = 0.3 \times 42 + (1 - 0.3) \times 40.12 = 40.70($万元$)$

$\hat{Y}_6 = S_5 = 0.3 \times 40 + (1 - 0.3) \times 40.70 = 40.49($万元$)$

$\hat{Y}_7 = S_6 = 0.3 \times 41 + (1 - 0.3) \times 40.49 = 40.60($万元$)$

∴当 $\alpha = 0.3$ 时,预测 7 月份的销售额为 40.60 万元。

2)回归预测法

回归预测法是根据事物的因果关系对变量的一种预测方法,通过对两个以上变量之间的因果关系进行分析,找出事物变化的原因,用数学模式预测事物未来的发展变化。比如,收入对商品销售的影响,降雨量对农产品生产的影响等等。

回归预测法一般可划分为一元回归预测法、二元回归预测法、多元回归预测法等。这里简单介绍一元回归预测法。

一元回归预测法就是运用两个变数进行市场预测的方法,如果两个变量之间呈线性关系,就是一元线性回归预测。它是处理自变量(X)和因变量(Y)两者之间线性关系的一种方法。

基本公式:

$$\hat{Y} = a + bX_i \tag{3.8}$$

式中　$\hat{Y}$——因变量(要预测的变量);

X_i——自变量(第 i 期的观察值);

a、b——回归系数。

X、Y 这两个变量之间的关系,将在 a、b 这两个回归系数的范围内,展开有规律的演变。因此:

①根据 X、Y 等现有的实验数据或统计数据,寻求合理的 a、b 等回归系数来确定回归方程,是运用回归分析的关键;

②利用已求出的回归方程中 a、b 等回归系数的经验值再去确定 X、Y 等值的未来演变,并与具体条件相结合,是运用回归预测的目的。

求出回归系数 a、b 的方法:

$$b = \frac{\sum_{i=1}^{n} X_i Y_i - n\overline{XY}}{\sum_{i=1}^{n} X_1^2 - n\overline{X}^2} \tag{3.9}$$

$$a = \overline{Y} - b\overline{X} \tag{3.10}$$

式中　X_i——自变量第 i 个的观察值;

Y_i——因变量第 i 个的观察值;

n——观察值的个数(样本数据个数);

$\overline{X}$——n 个自变量观察值的平均数;

$\overline{Y}$——n 个因变量观察值的平均数。

营销工具

问卷星是一个专业的在线问卷调查、考试、测评、投票平台,专注于为用户提供功能强大、人性化的在线设计问卷、采集数据、自定义报表、调查结果分析等系列服务。与传统调查方式和其他调查网站或调查系统相比,问卷星具有快捷、易用、低成本的明显优势,已经被许多企业和个人广泛使用。

问卷星使用流程分为下面几个步骤：

1.在线设计问卷：问卷星提供了所见即所得的设计问卷界面，支持 49 种题型以及信息栏和分页栏，并可以给选项设置分数（可用于考试、测评问卷），可以设置关联逻辑、引用逻辑、跳转逻辑，同时还提供了千万份量级专业问卷模板。

2.发布问卷并设置属性：问卷设计好后可以直接发布并设置相关属性，例如问卷分类、说明、公开级别、访问密码等。

3.发送问卷：通过微信、短信、QQ、微博、邮件等方式将问卷链接发给填写者填写，或者通过发送邀请邮件、嵌入到贵公司网站，还可与企业微信、钉钉、飞书等高度集成。

4.查看调查结果：可以通过柱状图、饼状图、圆环图、条形图等查看统计图表，卡片式查看答卷详情，分析答卷来源的时间段、地区和网站。

5.创建自定义报表：自定义报表中可以设置一系列筛选条件，不仅可以根据答案来做交叉分析和分类统计（例如统计年龄在 20~30 岁女性受访者的统计数据），还可以根据填写问卷所用时间、来源地区和网站等筛选出符合条件的答卷集合。

6.下载调查数据：调查完成后，可以下载统计图表到 Word 文件保存、打印，进行在线 SPSS 分析或者下载原始数据到 Excel，导入 SPSS 等调查分析软件做进一步的分析。

重要概念

营销调研　一手资料　二手资料　市场预测　定性预测法　定量预测法

同步训练

单项选择题：

1.市场调研的一般过程中首要的工作是（　　　）。

　A.调研对象的确定　　　　　　　　B.调查方法选择与设计

　C.调研问题确定和目标陈述　　　　D.数据收集

2.以下市场调查步骤的顺序哪一个是正确的？（　　　）

A.制订调查计划→确定调查目标→收集资料→资料分析→撰写调查报告→跟踪反馈

B.确定调查目标→收集资料→资料分析→制订调查计划→撰写调查报告→跟踪反馈

C.确定调查目标→制订调查计划→收集资料→资料分析→撰写调查报告→跟踪反馈

D.制订调查计划→收集资料→确定调查目标→资料分析→跟踪反馈→撰写调查报告

3.抽样调查的目的是(　　　)。

A.了解总体的全面情况　　　　　B.掌握总体的基本情况

C.由样本指标推断总体指标　　　D.由个别推断总体

4.以下哪一种市场调查方法不是一手资料调查方法?(　　　)

A.问卷调查法　　　　　　　　　B.现场观察法

C.图书馆资料搜集法　　　　　　D.实验法

5.(　　　)是问卷的主体,是问卷最核心的组成部分。

A.封面信　　　B.答案　　　　　C.问候语　　　　　D.问题和答案

6.以下哪一个问题是开放式问题?(　　　)

A.请问您是电子科大的学生吗?　　B.请问您对网上购物有什么看法?

C.请问您吃过兰州拉面吗?　　　　D.请问您对您目前使用的手机是否满意?

判断题:

1.市场调研可以帮助企业发现市场营销机会。　　　　　　　　　　　　(　　　)

2.市场调查的前期准备中最重要的是确定市场调查目的。　　　　　　　(　　　)

3.在现实生活中,许多消费者认为年龄、收入、受教育程度等都属于个人隐私,不愿意真实回答,所以在调查时可以把这些问题都省略。　　　　　　　　　(　　　)

4.问卷中的一些词汇,如"经常""大约"等已经成为人们有较大共识的词语,可以在设计时大量使用。　　　　　　　　　　　　　　　　　　　　　　　(　　　)

5.市场预测着重分析市场过去和现在的表现。　　　　　　　　　　　　(　　　)

6.市场调研是市场营销工作的一个组成部分。　　　　　　　　　　　　(　　　)

简答题:

1.简述调查第一手资料的常用方法有哪些。

2.简述营销调研的意义。

3.为提高预测的准确程度,应尽量减少预测的误差,必须做到哪些要求?

案例分析

海尔冰箱泰国行之体验式调研

2007年4月,海尔冰箱并购日本三洋泰国冰箱厂,开始了在泰国三位一体的本土化运营。为了研发出泰国消费者喜欢的产品,海尔冰箱研发团队要进行体验式调研——与泰国消费者同吃同住,以了解当地人使用冰箱的习惯。

海尔冰箱全球研发团队在泰国家庭中发现,一天中比较简单的是早餐,泰国消费者会从冰箱里拿出前一天准备好的牛奶、咖啡、三明治、面包等,用 5 分钟就能准备好早餐。最简单的是午餐,他们通常在外面吃午餐。晚餐相对隆重一些,以简单易煮的菜肴为主,比如蔬菜、鸡蛋,或者直接将买回来的现成的菜肴用微波炉加热。这些看上去与冰箱设计无关的细节,却为海尔全球研发团队提供了宝贵的信息:冰箱容积应该多大;每天使用冰箱的频次是多少;谁使用冰箱;冰箱里放什么,放多长时间;节假日如何使用冰箱等。

与了解泰国消费者日常生活细节相比,当地人如何使用冰箱是海尔研发团队迫切需要知道的。接下来连续一周的生活体验让这支"多国部队"找到了研发的方向:当天晚上要吃的肉必须在早晨从冷冻室转移到冷藏室解冻;泳裤与丝袜用塑料袋包装好后也要放到冰箱里。

在调研中,海尔冰箱全球研发团队还要了解泰国的文化。在泰国,到消费者家里进行调研,要么跪在地上,要么盘坐在地上,但脚绝不能伸向对方,一旦伸向对方就是对主人的不敬。这对调研团队里的泰国或者日本设计师没有什么,但对中国的设计师来说,开始很不习惯,腿脚很快就酸麻了,经过好多天才适应。

在中国,搂肩或者摸孩子的头是表示友好的动作,但在泰国,肩以上是非常高贵的,一定不能拍头和肩。

利用泰国本土优势,海尔冰箱研发团队很快找到了泰国消费者对冰箱的需求资料,开始设计全新的冰箱。终于,一款符合泰国消费者需求的冰箱赢得了消费者的青睐。这是一款集合多国技术的冰箱——中国团队的软冷冻技术与保鲜技术可以让消费者的冻肉无须解冻即时切;日本团队的风冷技术解决了消费者对保鲜的需求;泰国团队负责结构设计。

海尔冰箱全球研发团队在泰国通过体验式调研,获得了宝贵的用户需求资料,为研发满足泰国消费者需求的产品奠定了基础。

思考与分析:

1.案例中用的是什么调研方法?

2.这种调研方法的优点是什么?

(资料来源:黑崎.看海尔冰箱如何满足全球用户需求[EB/OL].(2008-10-14)[2021-04-01].万维家电网.)

营销实训

自拟题目设计市场调查问卷

以 5~8 人的小组为单位,根据选择的调研项目,设计调查问卷。

活动 1:问卷设计思路

(1)问卷结构

问卷结构主要分为说明部分、甄别部分、主体部分、个人资料部分;同时问卷还包括访问员记录、被访者记录等。

（2）问卷形式采取的方式

开放性和封闭性相结合的方式。

（3）问题结构上采取的方式

分制评价量表、自由选择、强制性选择、偏差选择、自由问答等几种方式。

（4）问卷逻辑

采取思路连续法，即按照被调查者对问题的思路和对产品了解的程度来设计。

活动2：卷首语设计

_____

_____

_____

_____

活动3：问题设计

（1）背景性问题_____

问题1：_____

问题2：_____

问题3：_____

（2）客观性问题_____

问题1：_____

问题2：_____

问题3：_____

（3）主观性问题_____

问题1：_____

问题2：_____

问题3：_____

（4）检验性问题_____

问题1：_____

问题2：_____

问题3：_____

活动4：结束语设计

_____

_____

_____

模块三

营销战略选择

项目 4
目标市场营销战略分析

【项目目标】

任务 1　了解企业竞争策略中各角色的具体策略运用

任务 2　理解行业竞争观念

任务 3　掌握企业竞争者的有效识别方法

任务 4　掌握企业识别竞争者的步骤

【案例引导】

美团 VS 饿了么，中国外卖双寡头之争

近年来，我国外卖市场硝烟弥漫，竞争越发激烈，随着 2017 年饿了么收购百度外卖，2018 年阿里收购饿了么，并与口碑合并后，我国外卖市场从三国杀转向了阿里和美团双寡头竞争。

美团体量领先，营收两倍于饿了么

饿了么与美团先后成立于 2009 年与 2013 年，发展至今两家企业已经占据了我国外卖市场的大半壁江山。截至 2018 年，饿了么覆盖我国 676 个城市和上千个县，拥有 66 万骑手，连接和服务了 350 万个活跃商家。美团骑手规模达到 270 多万，餐厅管理系统接入的活跃商家数量超过 30 万家，外卖业务覆盖 2 800 个县区市，平台服务超过 580 万个活跃商户。从基础关键数据来看，后成立的美团后发先至，目前的体量大于饿了么。2018 年，阿里巴巴收购了饿了么并将其与口碑合并，同时加大了对饿了么的投入，用户激励大幅增

加。即使背靠阿里巴巴,饿了么的营收体量与美团依旧有着不小的差距。2019年第二季度,美团营收为128亿元,而饿了么总营收仅为61.8亿元,美团的营收是饿了么的两倍,而这种状况已经从2018年二季度开始,持续了至少5个季度。

市场格局渐趋稳定,美团优势明显

根据Trustdata数据,2014年美团外卖的市场份额为30%,饿了么为27.6%,几乎平分秋色。经过行业的发展,激烈的竞争,市场的淘汰以及企业间的合作与并购,外卖市场格局渐趋稳定。凭借着原有到店业务积累的线下运营能力及不断深耕的技术与运营优势,美团外卖的市场份额近年来不断提升,目前处于领先地位。2018年底,美团外卖的市场份额占比达到58.6%,而饿了么市场份额为32.2%,加上收购后的百度外卖(饿了么星选),市场份额共为38.1%,落后美团外卖20个百分点。2019年第二季度,美团外卖领先地位依旧巩固,市占率进一步提升至65.1%,而饿了么(加饿了么星选)和其他外卖市占率仅分别为32.8%、2.1%。

美团强在商家链接,饿了么背靠阿里引流

美团的优势在于商家链接,以多元化入口组成强有力的生活服务矩阵,平台联动效应显著。通过对外卖、到店酒旅、包含餐厅管理系统在内的新业务这三块布局,将餐饮类商家牢牢绑定在美团体系上。凭借着良好的品牌效应,庞大的商家技术以及强大的地推团队,赢得了用户的依赖。饿了么则背靠阿里生态体系,多渠道引流,拓展服务场景,打造完整的生活服务平台。融入阿里生态后,饿了么逐渐转变了过去烧钱换增长的补贴策略,实施了新零售策略,同时通过与阿里系产品打通会员体系,形成强联动效应,实现了流量、会员数据的互通,吸引和留住了更多高价值的用户。新零售的策略效果显著,2019年三季度,饿了么整体市场交易份额占比持续上涨至43.9%,新零售环比增速超过50%,细分场景的突破成行业换道超车的关键。

市场下沉,美团在低线城市渗透率更高

伴随着一、二线外卖市场的逐渐饱和,美团与饿了么不约而同选择了市场下沉。从用户地域分布情况来看,美团外卖在三线以下城市的用户群体占比达到36.3%,而饿了么用户在一、二线城市更多,合计占比达到69.5%。美团早期实行的是"农村包围城市""底线粮仓补给核心城市"的策略,在低线城市具有先发优势,因而美团能更快地获取三线及以下城市。饿了么与之相反,聚焦的主要用户群在一、二线城市,从2019上半年新增用户地域可以明显看出,来自一、二线的新

增用户合计占比达到 59%。受益于美团的早期布局,在低线城市,美团的品牌渗透率更高。调研数据显示,下沉市场上,91.8%的用户使用过美团外卖,65.4%(含星选后达到 79.9%)使用过饿了么。

综合来看,美团目前在营收体量和市占率上具有领先优势,在市场上占据领先地位。但随着阿里在新零售的布局加快,饿了么的配送品类也拓展至大型商超、咖啡餐饮、盒马鲜生、阿里健康等,多平台多渠道延伸,将帮助饿了么扩大服务面,满足消费者多样化需求,助推饿了么市场份额持续稳步提升。2019 年是外卖双寡头元年,饿了么和美团在本地生活领域的对抗已经全面拉开,目前竞争仍比较激烈。不过,随着市场逐渐趋向饱和,未来外卖市场竞争格局将越发稳定,美团和饿了么这两个外卖巨头,在经过充分博弈后,或能逐步达成"共谋"局面。

(资料来源:万亚男.美团 VS 饿了么,究竟谁才是中国的外卖之王?[EB/OL].(2019-10-12)[2021-04-01].前瞻产业研究院.)

【情景创建】

以 5~8 人的小组为单位,要求学生按小组分行业列举同行业中具有实力的两家或两家以上的相关竞争企业,并收集企业的最新竞争动态和典型竞争案例。

【任务分解】

任务:加深学生对企业市场竞争观念的认识

活动 1:分析企业市场竞争中的角色

活动 2:分析企业所采用的市场竞争策略

活动 3:列举企业市场竞争策略的运用和调整过程

任务 4.1　不同角色企业竞争战略分析

4.1.1　识别竞争者

1) 行业竞争观念

如开篇案例中提到的美团和饿了么,以及消费者熟悉的京东和天猫、抖音和小红书、哈罗单车与美团单车、中国石油与中国石化、中国移动和中国联通等,企业想要在激烈的市场竞争中获得一席之地,抓住更多消费者的心,除了巧妙运用各种营销手段和营销工具外,还要了解竞争对手的情况,制订有效的市场竞争策略,这已经成为企业成败的关键本领。正如营销大师菲利普·科特勒所说:"忽略了竞争者的公司往往成为绩效差的公司;效仿竞争者的公司往往是一般的公司;获胜的公司往往在引导着它们的竞争者。"

然而企业想要找准自己真正的竞争对手,并对其采取正确可行的竞争策略却并非一件容易的事情。一般来讲,企业可从以下几个方面对企业竞争者进行识别。

(1) 从产品替代性角度识别竞争者

愿望竞争者。愿望竞争者是指提供不同的产品以满足不同需求的竞争者。例如消费者如果要选择一种价值在一万元左右的消费品,可能的选择有购买笔记本电脑、度假旅游两种,此时笔记本电脑和度假旅游是不同的产品,满足不同的需求,它们是愿望竞争者。

属类竞争者。属类竞争者是指提供不同的产品以满足相同需求的竞争者。例如碳酸饮料、果汁、矿泉水都是解渴饮品,能满足消费者相同的需求,这些解渴饮品的生产企业互为属类竞争者。

形式竞争者。产品形式竞争者指生产同类产品但是产品规格、型号、款式不同的竞争者。满足相同需求的同类产品内部又会有多种不同的品种、规格或型号,总称为形式。例如电冰箱按外形分类有单门、双门、三门、四门等。电冰箱的购买者做出的选择双门电冰箱的购买决策,这实际上是产品形式竞争的结果。

品牌竞争者。品牌竞争者是指生产相同规格、型号、款式的产品,但品牌不同的竞争者。以家用空调为例,格力、美的、海尔等众多空调生产商之间就是品牌竞争者的关系。

(2) 从行业角度识别竞争者

行业是指一组能够提供一种或一类互为密切替代产品和服务的企业。所谓密切替代产品是指具有高密度需求交叉弹性的产品,通常一种产品的价格提高可以引起

市场营销实务

另一种产品的需求增加。一般来说,行业分类的依据主要包括:产品销售数量及产品差别程度、进入与流动障碍、退出与收缩障碍、纵向一体化程度等。

①产品销售数量及产品差别程度。表 5-1 为依据产品销售数量及产品差别程度对行业结构的划分情况。

表 5-1　依据产品销售数量及产品差别程度对行业结构的划分

	一个销售商	少数销售商	许多销售商
无差别产品	完全垄断(行业内只有一家企业)	完全寡头垄断	完全竞争
有差别产品		不完全寡头垄断	垄断竞争

完全垄断。完全垄断是指在一定地区范围内某一行业只有一家企业提供产品或服务,没有竞争者。厂商即行业,整个行业中只有一个厂商提供全行业所需要的全部产品,厂商所生产的产品没有任何替代品,其他厂商几乎不可能进入该行业。

完全寡头垄断。完全寡头垄断是指某一行业内由少数几家大企业提供的产品或服务满足绝大部分的消费者需求,并且各企业产品并无差异,消费者对不同企业生产的产品并无特殊偏好,也称为无差别寡头垄断。在这种情况下,企业竞争的主要手段是加强管理,力争降低成本,增加产品种类和服务项目数量。

不完全寡头垄断。不完全寡头垄断是指某一行业内由少数几家大企业提供的产品或服务满足绝大部分的消费者需求,但消费者认为各企业产品之间存在差异,消费者对不同企业生产的产品偏好也不同,甚至对其中某些产品形成了特殊的偏好,并且不能替代,不完全寡头垄断也称为差别寡头垄断。在这种情况下,企业竞争的主要手段主要集中在开发产品特色、吸引忠实顾客、提升顾客的忠诚度等方面。

完全竞争。完全竞争是竞争充分而不受任何阻碍和干扰的市场结构。行业内的许多企业提供的产品或服务没有差别,买卖双方对价格都无影响力,只能是价格的接受者;企业的任何提价或降价行为都会招致对本企业产品需求的骤减或利润的不必要流失。完全竞争市场是经济学中理想的市场竞争状态,也是几个典型的市场形式之一。在这种情况下,企业主要通过不断改进产品或服务质量,形成新特色,争取扩大差别。

垄断竞争。垄断竞争是指某一行业内存在许多企业提供产品或服务,并且产品之间存在明显差别,消费者对个别企业产品或服务有特殊偏好。在这种情况下,企业主要是运用各种有利的营销手段,强化产品特色,争取产品优势。

②进入与流动障碍。进入与流动障碍是指新企业进入某行业或细分市场,以及在该行业内转换时所遭遇到的各种阻力、限制和成本。一般来说,各个行业能否容易进入的差别很大。当某行业有足够高的利润时,新企业进入可能相对容易,但也可能非常困难。比如租了店铺开设一家新餐馆可能比较容易,但想就此进入房地产行业开发建设新的商业区就比较困难了。

在进入与流动障碍中,有些是某些行业所固有的,有些是那些负有责任的企业采取了单独或联合行动所设置的。即使一家公司进入了一个行业之后,当它要进入行业中某些更具吸引力的细分市场时,也可能依然要面临流动障碍。一个细分市场的进入障碍主要包括资本要求、消费者的忠诚度、配送渠道开拓及原料供应商的选择、政府的作用和政策因素等。

③退出与收缩障碍。退出和收缩障碍是指某一行业或细分市场内某一企业有意放弃或缩减时所遭遇到的各种困难和要付出的代价。在理想的情况下,企业有充分的自由离开在利润上已无吸引力的行业,但现实中往往面临着种种退出障碍。现有企业在市场前景不好、企业业绩不佳时欲退出该行业或市场,但由于各种因素的阻挠,资源不能顺利转移出去。退出障碍主要包括破产时的退出(被动或强制)和向其他产业转移(主动或自觉)时的退出。

④纵向一体化程度。纵向一体化是指企业在现有业务的基础上,向现有业务的上游或下游发展,形成供产、产销或供产销一体化,以扩大现有业务范围的企业经营行为。企业实行向前或向后的一体化经营,可以在激烈的市场竞争中获得更多优势。例如化妆品企业在生产制造的基础上,将原料种植、技术研发、批发零售经营扩展为自己的经营范围,这样可以降低企业运营成本,更好地控制产品价格,获得更多利润。但实际操作中,又往往容易造成企业灵活性降低,日常维系成本增加等问题。纵向一体化至少包括企业在产品的加工或经销各阶段上的延伸、通过纵向兼并等手段进入另一加工或经销阶段两种。

(3)从业务范围识别竞争者

随着企业的不断发展,经营实力的不断扩大,企业的业务范围也逐渐扩展。企业在扩展业务时的导向不同,在进行营销活动时所运用的竞争策略也有相应的区别。一般来讲,企业开展的业务普遍包括以下四个方面的内容:所要服务的顾客群、所要迎合的顾客需求、满足需求的技术、运用技术生产出的产品和服务。在每一个业务层面上,企业都会碰上自己的竞争对手。

①顾客导向与竞争者识别。顾客导向,是指企业以满足顾客需求、增加顾客价值为企业经营出发点,在经营过程中,特别注意顾客的消费能力、消费偏好以及消费行为的调查分析,重视新产品开发和营销手段的创新,从而动态地适应顾客需求。企业要服务的顾客群体是既定的,但这一顾客群体具体需要什么产品或服务,还要根据外部环境和条件来确定。企业可以利用原有顾客的忠诚和偏好,在原来的销售渠道上进行新产品的销售。企业在顾客导向下将所有满足同一顾客群体需求的其他企业都视为竞争对手。

②需求导向与竞争者识别。需求导向是指企业的业务围绕为了满足顾客的某一个特定需求而展开,因此企业可能会运用各种不同大类的产品来满足顾客的这一特定需求,而生产这些产品的多种技术可能互不相关。企业根据需求导向确定业务范围时,应该充分考虑市场需求和企业自身实力,避免业务范围过窄或过宽。业务范围过窄则市场太小;过宽则力不能及。实行需求导向的企业特别注重新产品开发,一般将为了满足顾客同一个特定需求而可能提供同种或多种不同产品的企业都视为竞争者。

③技术导向与竞争者识别。技术导向是指企业将业务范围限定为经营用现有设备或技术生产出来的产品,而业务范围的扩大,仅指运用现有设备和技术或对现有设备和技术加以改进而生产出的新的花色品种。运用技术导向的企业,其生产技术类

型是确定的,但是运用这种技术生产出什么样的产品或服务什么样的顾客群体、满足什么样的顾客需求都是未定的,需要企业根据市场变化去确定。运用技术导向的企业一般会将所有使用同一技术、生产同类产品的企业都视为竞争对手,适用于某具体品种已供过于求、但不同花色品种的同类产品仍有良好前景的市场条件时。

④产品导向与竞争者识别。产品导向是指企业的业务范围限定为经营某种定型的产品,企业在不进行或少进行产品更新换代的前提下设法扩大该产品的其他市场。产品导向的适用条件是市场商品供不应求和自身实力薄弱,主要营销策略是市场渗透和市场开发。当市场上该商品供过于求而企业又无力开发新产品时,营销活动只能从扩大市场需求和市场份额入手;如果企业资金缺乏,技术薄弱,无力从事产品更新和开发,则只能维持原有产品生产,实行产品导向。运用产品导向来识别竞争对手的企业,一般将生产同一品种或同一规格产品的企业视为竞争对手。

营销链接

2020年中国洗衣液行业竞争格局分析　蓝月亮难逢敌手

蓝月亮,中国洗衣液市场领导品牌。诞生于1992年的蓝月亮,是中国领先的以消费者为核心、以创新为驱动力的家庭清洁解决方案提供商。多年来,坚持"以科技造产品""以创新促升级""以匠心做服务",为消费者提供全套家居清洁解决方案。截至2020年,蓝月亮洗衣液已实现连续11年(2009—2019)中国洗衣液市场综合占有率第一,品牌力指数连续10年(2011—2020)第一。2019年12月,蓝月亮入选2019中国品牌强国盛典榜样100品牌。2020年12月16日,蓝月亮集团成功登陆港交所。

随着生活水平的不断提高,人们的需求已经不仅限于温饱,还有对生活品质的追求。而对于家庭护理产品,已经不再像以前只追求能洗干净或价格便宜。在消费升级与"懒人"经济的驱动下,家庭护理产品也在不断升级,其中高效、精细、优质的产品增速更快。家庭清洁护理行业涵盖从衣物清洁护理、个人清洁护理到家居清洁护理等众多部分。

一、二线仍是主要市场

液体洗涤剂以其配方灵活、溶解快、制造工艺简单、设备投资少、复合可持续发展战略、使用方便、环保的优点而越来越受重视。弗若斯特沙利文统计调研数据显示,2015年以来,我国洗衣液市场零售总额持续增长,到2019年底,全国洗衣液市场零售总额增长至272亿元,年均复合增长率为13.1%。数据显示,中国所有线级城市均有越来越多的消费者尝试洗衣液,2015—2019年,中国一、二线城市洗衣液市场零售规模以11.8%的复合年增长率增长,而三线及其他城市洗衣液市场零售规模则以14.7%的复合年增长率增长。目前,我国洗衣液市场仍倾向于一、二线城市,但随着人们生活水平的提高,差距正在逐步缩小。

蓝月亮已成双线龙头

经过多年发展,我国洗衣液市场形成了较多竞争品牌,除蓝月亮、纳爱斯、立白等本土企业外,联合利华和宝洁等国际知名日化企业也在我国有所布局,并具备一定竞争力。根据Chnbrand中国品牌力指数洗衣液品牌排行榜,2020年,蓝月亮洗衣液稳居榜首;联合利华企业奥妙洗衣液排名第二;立白旗下立白洗衣液及好爸爸洗衣液分列第三和第九;另外宝洁及纳爱斯企业品牌也名列前十。

2020 年中国品牌力指数洗衣液品牌排行 TOP10

排名	品牌	品牌发源地	品牌所属公司
1	蓝月亮	广东	蓝月亮
2	奥妙	英国	联合利华
3	立白	广东	立白
4	汰渍	美国	美国
5	碧浪	美国	宝洁
6	白猫	上海	白猫
7	雕牌	浙江	纳爱斯
8	超能	浙江	纳爱斯
9	好爸爸	广东	立白
10	威露士	广东	威莱

总体来看,目前,我国洗衣液行业市场集中度相对较高,2019 年,洗衣液前五企业占整体市场的份额合计为 81.4%,其中蓝月亮以 24.4%的占比排名第一,拥有雕牌、超能等品牌的纳爱斯排名第二,占比为 23.5%,立白集团位列第三位,市场份额为 12.3%。线上市场方面,弗若斯特沙利文报告数据显示,蓝月亮已连续多年稳居榜首。2019 年,我国洗衣液线上市场前五企业市场份额合计为 85.2%,其中蓝月亮以 33.6%稳居第一,威莱和纳爱斯紧随其后,市场份额分别为 14.8%和 13.5%。

(资料改编自:韦婷.2020 年中国洗衣液行业竞争格局分析 蓝月亮难逢敌手[EB/OL].(2020-07-03)[2021-04-01].前瞻经济学人.)

2)识别竞争者战略

(1)判定竞争者战略

通常企业在成长过程中都会遇到行业中推行和自己相同战略的其他企业,彼此之间形成一个战略群体,企业最直接、最有力的竞争对手正是战略群体中的企业。企业必须首先对自己所在的战略群体进行准确的判定。

通常,各战略群体设置的进入和流动障碍的难度会有所不同。只有当企业具备了某一战略群体所必须具备的优势之后,才能顺利进入某一战略群体,战略群体中的其他企业将成为该企业的主要竞争对手。由于统一战略群体中各个企业所吸引的目标顾客会有所交叉,但顾客们往往不容易察觉到各个企业所提供的产品有多大差异,因此战略群体中各企业的竞争会显得异常激烈。

竞争对手采取的竞争战略一般包括以下三种:

①成本领先战略,即企业严格控制生产成本和间接费用,以实现竞争优势的战略。

②差异化战略，即企业尽力使自己的产品或服务区别于其他企业，在行业中形成经营特色，并赋予其独特的地位以满足顾客的要求，形成企业自己的特色，从而在竞争中获取有利地位。

③集中战略，即企业将经营范围集中于行业内某一个有限的细分市场，使企业有限的资源得以充分发挥效力，力争在某一局部超过其他竞争对手，赢得更多市场。

企业通常采取上述竞争战略中的某一种，但实力雄厚的企业可能采取多个战略。企业在对竞争者战略进行识别之后，必须对竞争者在市场上的各种目标及新发展意图做出进一步的判定。

（2）评估竞争者策略

每个竞争者能否完成其战略，取决于企业的实力和资源，因此收集有关竞争者战略的相关情报资料，对竞争者的优势与劣势进行相对准确的估计，对企业意义重大。企业可以派专门的市场调查专员进行调查和情报搜集，也可通过向中间商等了解竞争者的实力，主要调查资产、负债、所有者权益、销售额、主营业务收入、利润率、市场份额、生产能力、产品质量、知名度等重要业务数据。根据营销大师菲利普·科特勒的观点，企业还应该对以下三组数据进行密切监测：

①市场占有率，用以衡量竞争者销售额在市场中所占的份额。

②心理占有率，指在被调查者回答诸如"举出这个行业中你首先想到的一家公司"之类问题时，提名某竞争者的被调查者在全部被调查者中所占的份额。

③情感占有率，指在被调查者回答诸如"举出你喜欢购买某产品的一家公司的名称"之类的问题时，提名某竞争者的被调查者在全部被调查者中所占的份额。

企业密切关注并分析这三组数据的变化，对准确掌握竞争对手的市场情报具有重大意义。竞争对手在长期的经营中都形成了某些内在的、特定的信念指导，在商战竞争中会形成如下几种反应类型：

①从容型竞争者，指对其他企业的攻击行动反应不迅速或不强烈的竞争者。该类型企业可能深信顾客的忠诚，也可能待机行动，或仅因为反应迟钝，或可能缺乏反击的能力等。因此，企业采取进攻行动时的关键是弄清这一类型竞争者行为的具体原因。

②选择型竞争者，指对某些方面的进攻做出反应，而对其他方面的进攻则毫无反应或反应不激烈的竞争者。企业对这类竞争者应当先做具体分析，然后再选择战略竞争的方向。

③凶狠型竞争者，指对向其所拥有的领域发动的任何进攻都会做出迅速而强烈的反应的竞争者。这类竞争者多属实力强大的企业，它们向对手传达信息，对它的任何攻击都是徒劳无益的，警告对方最好避免任何形式的攻击。

④随机型竞争者，指对某一攻击行动的反应不可预知，对竞争攻击的反应具有随机性的竞争者。该类竞争者对于攻击行为可能采取反击行动，也可能不采取反击行动。企业要应付这类竞争者的难度较前三类竞争者更大，需要考虑的因素更为复杂。

（3）进攻与回避竞争者策略

企业在充分了解了竞争对手之后，还需要确定攻击对象和回避对象。一般来说，企业必须要面对的竞争对手包括以下几类：

①强势竞争者与弱势竞争者。企业攻击弱势竞争者所耗费的资金和时间较少，容易取得成功；攻击强势竞争者可以提高自己的生产、管理和促销能力，更大幅度地扩大市场占有率，提高利润水平。

②临近竞争者和不类似竞争者。大多数企业对临近或者类似的竞争者对抗得比较激烈却往往忽视了不类似的竞争者，从而招来更大的竞争。

③良性竞争者与恶性竞争者。遵守行业规则、定价合理、偏好健全的行业、把自己限制在行业的某一部分或某一细分市场中、推动他人降低成本、提高差异化、接受为它们的市场份额和利润规定的大致界限的竞争对手是良性竞争者；而违反行业规则、恶意竞争扩大市场份额、生产能力过剩仍然继续投资、竞争结果不利于促进社会的进步和发展的是恶性竞争者。公司应支持好的竞争者，攻击坏的竞争者。

知识链接

新零售

新零售（New Retailing），即企业以互联网为依托，通过运用大数据、人工智能等先进技术手段，对商品的生产、流通与销售过程进行升级改造，进而重塑业态结构与生态圈，并对线上服务、线下体验以及现代物流进行深度融合的零售新模式。线上是指云平台，线下是指销售门店或生产商，新物流消灭库存，减少囤货量。新零售可总结为"线上+线下+物流，其核心是以消费者为中心的会员、支付、库存、服务等方面数据的全面打通"。

2016 年 11 月 11 日，国务院办公厅印发《关于推动实体零售创新转型的意见》（国办发〔2016〕78 号）（以下简称《意见》），明确了推动我国实体零售创新转型的指导思想和基本原则。同时在调整商业结构、创新发展方式、促进跨界融合、优化发展环境、强化政策支持等方面作出具体部署。《意见》在促进线上线下融合的问题上强调："建立适应融合发展的标准规范、竞争规则，引导实体零售企业逐步提高信息化水平，将线下物流、服务、体验等优势与线上商流、资金流、信息流融合，拓展智能化、网络化的全渠道布局。"

"新零售"的商业生态构建将涵盖网上页面、实体店面、支付终端、数据体系、物流平台、营销路径等诸多方面，并嵌入购物、娱乐、阅读、学习等多元化功能，进而推动企业线上服务、线下体验、金融支持、物流支撑等四大能力的全面提升，使消费者对购物过程便利性与舒适性的要求能够得到更好满足，并由此增加用户黏性。以自然生态系统思想为指导而构建的商业系统必然是由主体企业与共生企业群以及消费者所共同组成的，且表现为一种联系紧密、动态平衡、互为依赖的状态。

企业通过对线上与线下平台、有形与无形资源进行高效整合，以"全渠道"方式清除各零售渠道间的种种壁垒，模糊经营过程中各个主体的既有界限，打破过去传统经营模式下所存在的时空边界、产品边界等现实阻隔，促成人员、资金、信息、技术、商品等的合理顺畅流动，进而实现整个商业生态链的互联与共享。依托企业的"无界化"零售体系，消费者的购物入口将变得非常分散、灵活、可变与多元，人们可以在任意的时间、地点以任意的可能方式，随心尽兴地通过诸如实体店铺、网上商城、电视营销中心、自媒体平台甚至智能家居等一系列丰富多样的渠道,与企业或者其他消费者进行全方位的咨询互动、交流讨论、产品体验、情境模拟以及购买商品和服务。

"新零售"商业模式得以存在和发展的重要基础,正是源于人们对购物过程中个性化、即时化、便利化、互动化、精准化、碎片化等要求的逐渐提高,而满足上述需求则在一定程度上需要依赖于"智慧型"的购物方式。可以肯定,在产品升级、渠道融合、客户至上的"新零售"时代,人们经历的购物过程以及所处的购物场景必定会具有典型的"智慧型"特征。未来,智能试装、隔空感应、拍照搜索、语音购物、VR 逛店、无人物流、自助结算、虚拟助理等图景都将真实地出现在消费者眼前甚至获得大范围的应用与普及。

随着我国城镇居民人均可支配收入的不断增长和物质产品的极大丰富,消费者主权得以充分彰显,人们的消费观念将逐渐从价格消费向价值消费进行过渡和转变,购物体验的好坏将越发成为决定消费者是否进行买单的关键性因素。现实生活中,人们对某个品牌的认知和理解往往会更多地来源于线下的实地体验或感受,而"体验式"的经营方式就是通过利用线下实体店面,将产品嵌入到所创设的各种真实生活场景之中,赋予消费者全面深入了解商品和服务的直接机会,从而触发消费者视觉、听觉、味觉等方面的综合反馈,在增进人们参与感与获得感的同时,也使线下平台的价值得以进一步发现。

(资料改编自:百度百科———"新零售")

4.1.2　企业市场竞争策略

1)竞争定位

根据菲利普·科特勒假设的市场结构图中企业所占市场份额的比重,可将企业竞争性地位划定为四类:市场领导者、市场挑战者、市场追随者和市场补缺者(图 5-1)。处在不同市场竞争地位的企业,应采取不同的市场竞争者策略。

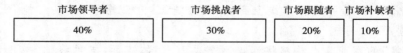

市场领导者	市场挑战者	市场跟随者	市场补缺者
40%	30%	20%	10%

图 5-1　竞争角色市场份额

2)企业竞争各角色策略

(1)市场领导者战略

市场领导者是指相关产品的市场占有率最高,市场份额比重最大的企业。在每一个行业都有一家企业被同行业的其他企业公认是本行业的市场领导者。市场领导者作为市场竞争的先导者,一直是其他企业挑战、效仿或回避的对象。市场领导者所具备的特点包括:掌控行业新技术、新产品开发、顾客忠诚度高、成本控制与价格调整、营销经验丰富等。

市场领导者为了保持自己的领先地位,通常采取三种战略:扩大总需求、保护现有市场份额、提高市场份额。

①扩大总需求。扩大总需求的主要方法是挖掘新用户,寻找产品的新用途,增加消费者的使用量。

企业挖掘新用户是指通过引导尚未使用本企业产品的消费群体使用本企业产品,把潜在顾客转变为现实顾客。调整具体营销方式,进入新的细分市场,开发新的消费市场,都能有效地增加本企业产品的新用户。

给产品开辟新的用途,企业可以多增加与消费者面对面的直接接触的机会,真正发现消费者的需求,从而开发符合消费者偏好的新用途。

引导本企业产品使用者增加使用量也是扩大市场需求量的有效途径,主要的方式包括促使消费者在更多的场合使用该产品、增加使用产品的频率、增加每次消费的使用量。

②保护现有市场份额。作为市场领导者,即使不展开攻势,也必须谨防被攻击。防御战略的目的在于减少受到攻击的可能性,将攻击的目标引到较小的领域,并设法减弱攻击的强度。市场领导者的企业应当积极采用如下几种战略进行防御,以保护市场份额。

阵地防御是指企业围绕目前的主要产品和业务建立牢固的防线,根据竞争者在产品、渠道和促销方面可能采取的进攻战略,制订自己的预防性战略,并在竞争者发起进攻时坚守原有的产品和业务防线。

侧翼防御是指企业在主要业务之外,建立辅助阵地以保卫自己的主要阵地,并在必要时将其作为反攻基地。

机动防御是指市场领导者不仅要固守现有的产品和业务,还要通过扩大市场、多元化经营等手段,使产品扩展到一些有潜力的新领域,以进代守。

收缩防御是指企业主动从实力较弱的领域撤出,将力量集中于实力较强的领域。当企业无法坚守所有的市场领域,并且由于力量过于分散导致效益降低时,可采取这种策略。

以攻为守是指在竞争对手尚未构成严重威胁时,以先发制人作为防御的战略。

③扩大市场份额。市场领导者实施这一战略是设法通过提高企业的市场占有率来增加收益、保持自身成长和市场主导地位。企业在提高市场占有率时应考虑:

是否引发反垄断行为。为了保护自由竞争,防止出现市场垄断,许多国家的法律规定,当某一公司的市场份额超出某一限度时,就要分解为若干个相互竞争的公司。如果占据市场领导者地位的公司不想被分解,就要在自己的市场份额接近垄断临界点时主动控制。

经营成本是否提高。当市场份额持续增加而未超出某一限度的时候,企业利润会随着市场份额的提高而提高;而当市场份额超过某一限度仍然继续增加时,经营成本的增加速度就大于利润的增加速度,企业利润会随着市场份额的提高而降低。如果出现这种情况,市场份额应保持在该限度以内。

营销组合是否恰当。如果企业实施了不恰当的营销组合战略,比如过分地降低商品价格,过高地支出公关费、广告费、渠道拓展费以及承诺过多的服务等,市场份额的提高反而会造成利润下降。

（2）市场挑战者战略

市场挑战者一般是指那些在行业中占据第二位或次于市场领导者地位的企业。位居市场挑战者地位的企业，有能力对市场领导者和其他竞争者发起攻击，并希望夺取更高市场地位和更大市场份额。在竞争战略中，市场挑战者一般的应对策略包括：

①确定战略目标和挑战对象。一般来说，市场挑战者会面临三种情况，即攻击市场领导者、攻击与自己实力相当者和攻击地方性小企业。企业竞争战略目标取决于进攻对象，如果以主导者为进攻对象，其目标可能是夺取某些市场份额；如果以小企业为对象，其目标可能是将它们逐出市场。但无论在何种情况下，如果要发动攻势进行挑战，企业应当确立明确的目标。

②选择挑战战略。市场挑战者在确定了战略目标和进攻对象之后，有五种战略可供市场挑战者选择，包括：

正面进攻，即企业集中力量针对对手的主要市场发动进攻，进攻对手的强项，由此在产品、广告、价格、渠道等主要方面扩大自己的优势。

侧翼进攻，即通过分析对手在各类产品和各个细分市场上的实力和业绩，寻找和攻击对手的弱点，把对手实力薄弱或业绩不佳的产品和市场作为攻击点和突破口。这种战略适用于资源较少的企业。

包围进攻，是一种全方位、大规模的进攻战略。这种战略适用于拥有绝对的资源优势，并制订了周密可行的作战方案的企业。

迂回进攻，即避开对手的现有业务领域和现有市场，利用新技术等进入对手尚未涉足的业务领域和市场，以壮大自己的实力。这种战略适用于技术独特、资源有限的企业。

游击进攻，即向对手的有关领域发动小规模、断断续续的进攻，逐渐削弱对手，使自己最终夺取永久性的市场领域。这种战略适用于规模较小、力量较弱的企业。

（3）市场追随者战略

市场追随者指在市场份额上与市场领导者和市场挑战者差别较大，在营销战略上多模仿或跟随市场领导者，或安于次要地位不热衷于挑战的企业角色。在很多情况下，做一个追随者比做挑战者往往更容易占有优势：一是追随者可让市场领导者和挑战者承担新产品开发、信息收集和市场开发所需的大量费用，自己可以减少支出和降低风险；二是避免了因向市场领导者挑战而可能带来的重大损失。

市场追随者虽然可以占有一定的市场份额，但也要采用相应的竞争策略。一般包括：

①紧密跟随。这是指在企业在尽可能多的细分市场和营销组合领域中模仿领先者。在这种情况下，市场追随者很像是一个市场挑战者，但是市场追随者采取避免直接发生冲突的做法，使市场领导者的既有利益不受妨碍或威胁。

②距离跟随。这是指企业在主要方面，比如目标市场、产品创新、价格水平和分销渠道等方面追随领导者，但是在包装、广告等方面与领导者保持一定差异。如果模仿者不对领导者发起挑战，领导者不会介意。

③选择跟随。这是指在某些方面紧跟市场领导者,在某些方面又自行其是。他们先接受领导者的产品、服务和营销战略,然后有选择地改进它们,避免与领导者正面交锋,主动地细分和集中市场。这种跟随者着重赢利而不着重市场份额,通过改进,在别的市场壮大实力后有可能成长为挑战者。

(4)市场补缺者战略

市场补缺者指为规模较小或大公司不感兴趣的细分市场提供专业化服务,并以此为经营战略的企业。一般作为市场补缺者的企业具有如下特征:

①具有一定的规模和购买力,能够赢利。

②具备发展潜力。

③强大的企业对补缺者的市场一般不感兴趣。

④补缺者有足够能力向自己的市场提供优质产品和服务。

⑤本企业在顾客中建立了良好的声誉,能够抵御竞争者入侵。

基于以上特征,市场补缺者应对竞争的主要途径一般包括:

最终用户专业化。企业力求为某一类型的最终用户提供服务。

垂直专业化。企业专门为处于生产与分销循环周期的某些垂直层次提供服务。

顾客规模专业化。企业专门为大公司不重视的小规模顾客群服务。

特殊顾客专业化。企业专门向一个或几个大客户销售产品。

地理市场专业化。企业只在某一地点、地区或范围内进行业务经营活动。

产品或产品线专业化。企业只经营某一种产品或某一类产品线。

产品特色专业化。企业专门经营某一种类型的产品或者产品特色。

客户订单专业化。企业专门按客户订单生产特制产品。

质量——价格专业化。企业只在市场的底层或上层经营。

服务专业化或销售渠道专业化。企业向大众提供一种或数种其他企业所没有的服务;企业只为某类销售渠道提供服务。

作为市场补缺者,企业通常会通过主动创造补缺机会、扩大补缺份额以及努力保护补缺市场等战略保持自己的市场份额。在现代市场竞争中,企业既要注意竞争对手,也要注意根据自身的资源和实力认清企业的竞争角色,以便制订有效的竞争战略。

营销工具

行业竞争结构分析模型

波特的"行业竞争结构分析模型"可生成一个统计表格。表格的左边是五种竞争力量及其各自所包括的若干内容的陈述。右边是对这些陈述的态度,管理人员可以根据自己的态度进行打分。坚决同意打1分,一般同意打2分,不同意也不反对打3分,一般反对打4分,坚决反对打5分。

行业竞争结构分析模型表格
Ⅰ 潜在进入者

各种竞争力量	坚决同意	一般同意	不同意也不反对	一般反对	坚决反对
1)进入这个行业的成本很高	1	2	3	4	5
2)我们的产品有很大的差异性	1	2	3	4	5
3)需要大量资本才能进入这个行业	1	2	3	4	5
4)顾客更换供应者的成本高	1	2	3	4	5
5)取得销售渠道十分困难	1	2	3	4	5
6)很难得到政府批准经营与我们同样的产品	1	2	3	4	5
7)进入这个行业对本企业的威胁性不大	1	2	3	4	5
分数=(各项得到的分数之和/所回答的项数)×(第7项的得分)					

Ⅱ 行业中的竞争者

各种竞争力量	坚决同意	一般同意	不同意也不反对	一般反对	坚决反对
1)本行业中有许多竞争者	1	2	3	4	5
2)本行业中所有竞争者几乎一样	1	2	3	4	5
3)产品市场增长缓慢	1	2	3	4	5
4)本行业的固定成本很高	1	2	3	4	5
5)我们的顾客转换供应者十分容易	1	2	3	4	5
6)在现有生产能力上再增加十分困难	1	2	3	4	5
7)本行业没有两个企业是一样的	1	2	3	4	5
8)本行业中大部分企业要么成功,要么失败	1	2	3	4	5
9)本行业中大多数企业准备留在本行业	1	2	3	4	5
10)其他行业干什么对本企业并无多大的影响	1	2	3	4	5
分数=(各项得到的分数之和/所回答的项数)×(第4项的得分)					

项目4 目标市场营销战略分析

Ⅲ 替代产品

各种竞争力量	坚决同意	一般同意	不同意也不反对	一般反对	坚决反对
1）与我们产品用途相似的产品很多	1	2	3	4	5
2）其他产品有和我们产品相同的功能和较低的成本	1	2	3	4	5
3）生产和我们产品功能相同的产品的企业在其他市场有很大利润	1	2	3	4	5
4）我们非常关心与我们产品功能相同的其他种类的产品	1	2	3	4	5
分数＝（各项得到的分数之和/所回答的项数）×（第4项的得分）					

Ⅳ 购买者

各种竞争力量	坚决同意	一般同意	不同意也不反对	一般反对	坚决反对
1）少量顾客购买本企业的大部分产品	1	2	3	4	5
2）我们的产品占了顾客采购量的大部分	1	2	3	4	5
3）本行业大部分企业提供标准化类似的产品	1	2	3	4	5
4）顾客转换供应者十分容易	1	2	3	4	5
5）顾客产品的利润率很低	1	2	3	4	5
6）我们的一些大顾客可以买下本企业	1	2	3	4	5
7）本企业产品对顾客的贡献很小	1	2	3	4	5
8）顾客了解我们的企业及可以赢利多少	1	2	3	4	5
9）诚实说，顾客对本企业的供应者影响很小	1	2	3	4	5
分数＝（各项得到的分数之和/所回答的项数）×（第5~9项的得分）					

V供应者

各种竞争力量	坚决同意	一般同意	不同意也不反对	一般反对	坚决反对
1)本企业需要的重要原材料有许多可供选择的供应者	1	2	3	4	5
2)本企业需要的重要原材料有许多替代品	1	2	3	4	5
3)在我们需要最多的原材料方面,我们公司是供应者的主要客户	1	2	3	4	5
4)没有一个供应者对本公司是关键性的	1	2	3	4	5
5)我们可以很容易地变换大多数的原材料供应者	1	2	3	4	5
6)相对于我们公司来说,没有一家供应者是很大的	1	2	3	4	5
7)供应者是我们经营中的重要部分	1	2	3	4	5
分数=(各项得到的分数之和/所回答的项数)×(第5~7项的得分)					

每一类关键因素或每一利害集团的得分是按下列公式计算的:

$$利害集团的得分 = (X/n) \times I$$

式中　X——由管理者回答的所有与那个利害相关群体的陈述或项目的分数的总和;

n——就某利害集团来说,管理者回答陈述或项目的数量;

I——根据管理者对最后一项陈述的回答所得到的关于每一利害集团的重要性得分。

每一利害相关集团的得分多少说明了这个集团对企业成功的重要性大小,某一陈述或项目的得分越高,就说明这个问题应当尽快解决或认真对待。这个模型可供高层管理者个人和集体使用。

重要概念

行业竞争　流动障碍　收缩障碍　纵向一体化　顾客导向　需求导向　技术导向　产品导向　市场领导者　市场挑战者　市场追随者　市场补缺者

同步训练

单项选择题:

1.(　　)是指生产相同规格、型号、款式的产品,但品牌不同的竞争者。

A.愿望竞争者　　B.属类竞争者　　C.形式竞争者　　D.品牌竞争者

2.(   )是指某一行业内由少数几家大企业提供的产品或服务满足绝大部分的消费者需求,并且各企业产品并无差异,消费者对不同企业生产的产品并无特殊偏好的垄断形式。

　　A.完全垄断　　　　B.完全寡头垄断　　　C.垄断竞争　　　D.完全竞争

3.(   )是指企业的业务范围确定为满足顾客的某一个特定需求。

　　A.顾客导向　　　　B.需求导向　　　　C.产品导向　　　D.技术导向

4.对其他企业的攻击行动反应不迅速或不强烈的竞争者是(   )。

　　A.从容竞争者　　　B.选择性竞争者　　C.凶狠性竞争者　　D.随机型竞争者

5.为规模较小或大公司不感兴趣的细分市场提供专业化服务并以此为经营战略的企业是(   )。

　　A.市场领导者　　　B.市场挑战者　　　C.市场追随者　　　D.市场补缺者

判断题:

1.企业不容易找准自己真正的竞争对手并对其采取正确可行的竞争策略。

(   )

2.完全竞争行业内的许多企业提供的产品或服务没有差别,买卖双方对价格都无影响力,只能是价格的接受者。

(   )

3.市场领导者的市场份额通常要占整个市场比重50%以上。　　(   )

4.为保护市场份额,企业在主要业务之外建立辅助阵地以保卫自己的主要阵地,这种防御方式称为阵地防御。

(   )

5.市场追随者是营销战略上多模仿或跟随市场领导者、安于次要地位、不热衷于挑战的企业角色。

(   )

简答题:

1.什么是行业竞争?

2.怎样从行业角度识别市场竞争者?

3.怎样从企业的业务范围识别市场竞争者?

4.识别企业市场竞争者的步骤包括哪些?

5.企业在竞争中的地位角色包括哪几种?

6.试述不同竞争角色的市场竞争策略有何异同?

案例分析

小罐茶与杜国楹:一个颠覆传统营销的经典案例

一个营销高手闯入茶界,动辄就是几十亿的销售,给茶叶界和营销界深深地上了一课!本文仔细分析了这个经典案例策划。

一、小罐茶百科

北京小罐茶业有限公司创立于2014年,是互联网思维、体验经济下应运而生的一家现代茶商,是全品类高端中国茶品牌,主要定位18~35岁的高端消费者。小罐茶用创新理念和创新体验,用标准和透明,突破传统茶行业的发展瓶颈,为中国茶的全面复兴、走向世界探寻新的道路。以"做中国好茶、做好中国茶"为使命,以极具创造性的手法整合中国茶行业优势资源,联合六大茶类的八位制茶大师,坚持原产地原料,坚持大师工艺、大师监制,独创小罐保鲜技术。

二、传统茶产业链的痛点

2012年6月确定做茶后,杜国楹带着长年跟随他转战电子消费产品、没有任何茶专业知识的核心创业团队,远离城市,进入大山与茶区,拜访各路专家与茶文化的非物质遗产传承人,他们希望通过深入源头的调研,寻找如下问题的答案:为什么中国的茶市场这么乱,为什么没有茶品牌,为什么中国茶只能以廉价原料(平均单价不到15元/千克)输出世界,为什么年轻人喜欢喝咖啡胜过茶饮料?

只有找到行业规律,才能塑造新品牌。杜国楹总结发现我国茶叶种植、加工、流通、销售整个产业链条上的每一环节都极度分散,各个环节没有进入门槛。

①种植上:茶属于大范围种植作物,种植门槛很低,种植面积又很大,这使得加工茶的原材料极易获取。

②加工上:新鲜原叶采购商极少,采摘后需要尽快加工,为了保证品质茶农多采用传统工艺自行加工后储藏,且制茶设备成本不高,小作坊加工很普遍。

③流通上:中间商和销售商皆可在产茶期去相应原产地采购,茶叶供给能力极度分散;中间商、销售商采购的分散,导致中间渠道环节可长可短,流通渠道很难控制。

④销售上:信息不对称,非专业用户对不同茶叶的品质很难区分,成本与售价之间存在巨大利差,消费价格透明度不高。

三、小罐茶商业切入点与具体的策划方案

1."有机"是个坑,"大师作"才是卖点

既然要做现代茶品牌,那就要深入市场调研,找到一个好的切入点,得出符合市场需求的卖点,让茶具有明显现代化的标志。和很多茶创业者一样,"有机"是杜国楹最早想到的标签。但经过多次抽检,结果证明"有机"是个坑,几乎实现不了。有一次,杜国楹在武夷山拜访一位茶人,在辞别时他看到桌子上摆了个盘,上面写着"国家级非物质文化遗产大红袍制作基地传承人","非物质文化遗产传承人"字样刺激到了他。显然,这个标签如果和产品能绑在一起,对产品是种品质确认,对消费者就是一种强烈的消费鼓励,"大师作"是他们找到的最后答案,也成为小罐茶进入茶行业的切入点和卖点,八位大师的站台,变相降低了小罐茶进入市场的难度。

2.外观包装,必须与传统形成明显差异

在团队进山后的4个月,也就是2012年10月,杜国楹就请了日本的设计师同步设计包装。在茶叶包装上,为了解决茶罐太大不卫生,小包装袋又易碎的消费痛点,设计师主要围绕着铝箔袋去做各种各样异形的袋子,最后都被否定了。经过11稿更改,最终采用金属小罐,它与传统形成明显差异化,让茶喝得更便捷、安全、易于携带,更有品位与档次。

3.全品类,挖掘渠道效能

一个茶叶品牌,如果要做单品类,不仅会有很大的人群局限性,而且全渠道地去流通一个茶叶品类,对渠道效能的利用和潜力的挖掘是一种极大的浪费。杜国楹团队根据现代消费者的喜好,有技巧地筛选主流品类,最终在十大名茶的基础上筛选出普洱茶、大红袍、西湖龙井、铁观音、黄山毛峰、茉莉花茶、白茶、滇红八个茶品类。

4.统一品级与价格

统一品级、统一价格的打法再一次迎合了小罐茶的用户定位。为了实现小罐茶的统一品级、统一价格,小罐茶团队在资源的稀有性、采摘的标准要求、工艺的复杂程度三个要素中不断掂量,寻求一个最佳平衡点。事实上,对所有品类,480元/10罐装和1 000元/20罐装的统一价格,用户也更容易购买。

5.把线下门店当作主场塑造品牌形象

小罐茶作为高端茶消费品,在品牌的塑造上提供一整套的体验服务,给消费者一个清晰的品牌形象至关重要。为此深知品牌对消费拉动力的杜国楹,为了保证品牌形象统一,针对线下店面,要求小罐茶在装修上不允许经销商做任何动作,所有的东西测试完之后,由小罐茶作业工厂亲自去施工。小罐茶线上渠道包括官方旗舰店,京东、天猫平台旗舰店。但杜国楹更看重线下茶叶终端销售。现如今线下渠道包括600多家专卖店和3 000多家合作茶饮店等。2018年,小罐茶全渠道零售额破20亿元,线上线下销售比为1∶4。

小罐茶的策划成功,给营销界一个深深的启发,其中的策划把营销的知识运用得淋漓尽致,更是带来了一场颠覆性的认知!

思考与分析:

1.请分析案例中小罐茶所扮演的竞争角色是什么?

2.试分析小罐茶的成功运用了哪些竞争策略?

(资料改编自:佚名.小罐茶:一个颠覆传统营销的经典案例[EB/OL].(2020-10-19)[2021-04-01].第一营销策划网.)

营销实训

加深对企业市场竞争策略的理解

要求学生以5~8人的小组为单位,选择两家同行业的企业,例如京东和天猫,通过课后对相关企业大量案例的查询整理,明确企业的市场竞争策略,加深学生对企业市场竞争策略的理解。

实训步骤1:分组,确定搜集行业的资料(可到图书馆或网络查找)。

实训步骤2:按小组,将所查找整理的企业案例资料在课堂进行分享。

分享要求:所搜集资料符合企业实际,针对性强,企业竞争策略分析思路正确。

实训步骤3:根据分享及反馈结果,整理完成一份企业竞争分析报告。

项目 5
选择目标市场营销战略

【项目目标】

任务 1　了解市场细分的标准、有效市场细分的条件

任务 2　了解选择目标市场战略时要考虑的因素

任务 3　理解市场细分的要求

任务 4　掌握市场细分的概念与作用

任务 5　掌握目标市场的概念、选择策略的相关内容

任务 6　掌握市场定位的概念与策略

任务 7　能够按步骤进行产品市场定位

【案例引导】

欧莱雅集团中国市场细分

1907 年,发明世界上第一种合成染发剂的法国化学家欧仁·舒莱尔创立了法国欧莱雅集团。历经近一个世纪的努力,欧莱雅从一个小型家庭企业跃居为世界化妆品行业的领头羊。

欧莱雅进入中国市场至今,以其与众不同的优雅品牌形象,加上全球顶尖演员、模特的热情演绎,向公众充分展示了"巴黎欧莱雅,你值得拥有"的理念。深入人心的产品形象要归功于欧莱雅公司独特的市场细分策略。

通过对中国化妆品市场的环境分析,欧莱雅公司采取多品牌战略对所有细分市场进行全面覆盖,按照欧莱雅中国总经理盖保罗所说的金字塔理论,欧莱雅在中国的品牌框架包括了高端、中端和低端三个部分:其中,塔尖部分为高端产品,约由 12

个品牌构成,如赫莲娜、兰蔻、碧欧泉等;塔中部分为中端产品,所包含品牌有两大块:一块是美发产品,还有一块是活性健康化妆品,有薇姿和理肤泉两个品牌,它们通过药房经销。同时,也正是欧莱雅率先把这种药房销售化妆品的理念引入了中国。塔基部分是指大众类产品,中国市场不同于欧美及日本市场,中国市场很大且非常多元化,消费梯度很多,尤其是塔基部分占的比例大,如巴黎欧莱雅、羽西、美宝莲、小护士、卡尼尔等。同时,公司又将各个品牌的产品进行细分。

首先,公司从产品的使用对象进行市场细分,主要分成普通消费者用的化妆品和专业使用的化妆品,其中,专业使用的化妆品主要是指美容院等专业经营场所所使用的产品。

其次,公司将化妆产品的品种进行细分,如彩妆、护肤、染发护发等,同时,对每一品种按照化妆部位、颜色等再进一步细分,如按照人体部位不同将彩妆分为口红、眼膏、睫毛膏等;再就口红而言,进一步按照颜色细分为粉红、大红、无色等,此外,还按照口红性质差异将其分为保湿型、明亮型、滋润型等。如此步步细分,仅美宝莲口红就达到150多种,而且基本保持每1~2个月就向市场推出新的款式。

再次,按照中国地域广阔特征,鉴于南北、东西地区气候、习俗、文化等的不同,人们对化妆品的偏好具有明显的差异。如南方由于气温高,人们一般比较少化白日妆或者喜欢清淡的妆容,因此较倾向于淡妆;而北方由于气候干燥以及文化习俗的缘故,一般都比较喜欢浓妆。同样东西地区由于经济、观念、气候等的缘故,人们对化妆品也有不同的要求。欧莱雅集团敏锐地意识到了这一点,根据各地区不同的特点推出不同的主打产品。

最后,欧莱雅又采用了其他相关细分方法,如按照原材料细分、按照年龄细分等。

欧莱雅从各个层面将产品的品种细分做到了极致,从而吸引了各个层次的消费者,提高了市场占有份额,这是单一产品战略难以达到的。

思考与分析:

1.欧莱雅的市场细分对该集团进军中国起到了怎样的作用?

2.市场细分在企业的营销策略中的重要性如何?

(资料来源:佚名.欧莱雅集团进军中国市场[EB/OL].(2011-12-15)[2021-04-01].豆丁网.)

【情景创建】

以5~8人的小组为单位,选择某个具体产品,在市场细分的基础上进行目标市场的选择和定位,提升学生对市场细分、市场定位的理解和实践能力。

【任务分解】

任务:提升学生对市场细分、市场定位的理解和实践能力

活动1:对产品的市场进行细分

活动2:分析细分后的每个子市场特征

活动3:分析选择目标市场时要考虑的因素

活动4:列举市场定位的方法

活动5:模拟练习市场定位策略的使用

任务 5.1　市场细分

5.1.1　市场细分的概念

随着社会的发展,竞争的加剧,很多公司意识到自己不可能吸引市场中所有的购买者,至少不能以同样的方式吸引所有人。购买者数量众多,且需求不同,购买行为有很多差异,因此需要我们将他们区分出来,并提供不同的销售服务。

市场细分这个概念是由美国市场学家温德尔·R.史密斯在20世纪50年代中期,在美国《市场营销杂志》上首先提出来的,这一观念的提出及应用顺应了二次世界大战后美国众多产品由卖方市场转入买方市场这一趋势,它是市场营销发展过程中的一次重要变革。为了在激烈的竞争中获胜,企业把市场营销观念当作企业经营指导思想,把顾客的需求当作营销活动的出发点,对市场进行了细分。

所谓市场细分,就是企业根据消费者需求的多样性和购买行为的差异性,利用一定需求差别因素,把整个市场划分为若干具有某种相似性的顾客群(称为子市场或分市场)的过程或行为。这种细分不是对商品进行分类,而是对消费者进行分类,是识别具有不同需求和欲望的购买者或用户群的活动过程。

企业进行市场细分后,每一个消费者群就是一个细分市场,每一个细分市场都是由需求倾向类似的消费者构成的群体,也就是说,在细分后的子市场之间存在差异性,而在同一个子市场内部的各个成员之间存在某种共性,这个差异性和共性共同构成了市场细分的依据,而各个细分市场合在一起便构成了整体市场。市场细分的最终目的是选择和确定目标市场,在此基础上,企业运用各种可控因素实行最优化组合,确定市场营销战略,以达到营销目标。

5.1.2　市场细分的作用

近年来,随着生活水平不断提高,消费者对消费品的需求呈现出高质化、多样化、个性化的趋势,而科技的发达,生产力水平的迅猛发展也使得这些需求的实现变成现实。但是,企业无论规模有多大、实力有多强,都很难以一己之力去满足这些复杂的需求,唯有将市场进行细分,才能将这些需求进行细化,再结合自身的资源优势,有效地服务于一个个存在共性的消费者群,"避其锋芒,攻其不备"以此开展有效的竞争,实现企业的经营目标。

1）有利于企业发现市场机会，形成新的目标市场

在市场经济条件下，企业经营活动的起点是发现良好的市场环境机会，企业需要将这种环境机会发展为市场机会，才能取得预期的收益。企业通过市场调研与预测，对市场进行细分，可以有效地分析市场中存在哪些需求相似的消费群，各消费群又有怎样的消费需求，哪些消费需求已经满足，哪些只满足了一部分，哪些仍然是潜在需求；还可以发现哪些市场竞争激烈，哪些市场竞争不激烈，哪些市场目前还没有竞争，有待开发。市场细分对中小企业而言更为重要，因为中小企业资源有限，和一般大企业相比实力相对较弱，竞争力缺乏。如能发现尚未被满足的需求，再结合自己的人、财、物（硬件），管理、营销、科技（软件）等条件，找准时机，及时采取对策，迅速打入市场。

营销链接 5-1

如家：缝隙中的市场

2002 年成立的如家，是国内最大的经济型连锁酒店之一，同时也是这个市场的发现者和领跑者。在一个成熟而缺乏吸引力的市场里，如家发现了分众之海，从而开拓出自己的商业版图。

携程网于 2003 年在纳斯达克上市，是互联网寒冬之后的第一只登陆纳斯达克的中国概念股。在 2001 年底的时候，携程网就实现了赢利，当时几个创业者开始琢磨怎么把携程的优势和还没有用完的风险资金充分利用起来，最后，他们选择了经济型酒店。

当时，国内酒店业已经处于饱和状态，房间平均出租率只有 50% 多。然而，携程还是发现了其中的商机。携程做了当时中国最完善的一套酒店数据库，他们发现酒店业的服务主要集中在高端和低端两个部分。满足高端商务需求的高档酒店市场拓展空间狭窄，国内五星级以下的酒店大多处于亏损状态，尤其是三星级的中档酒店，客房空置率奇高。另一方面，低端酒店的市场份额占到总量的 80%～90%，竞争非常激烈。这就造成了一个不调和事件：国内酒店业的核心消费人群，包括中层白领、普通商务人士和自助游客等，他们往往对价格比较敏感，同时希望酒店交通便利、环境整洁，这在现存的酒店业体系中竟然是最尴尬的情况，高不成低不就。

2002 年 6 月，在北京首都旅游集团和携程旅行网的共同投资下，如家成立。事实证明了最初的判断：这个领域竞争者并不多，几乎一片空白。如家当时的总裁、创始人之一季琦对此有一个比喻：即使是一个很成熟的市场，其实也像是堆满了大石块的玻璃瓶，看上去已经没有空间，可是在大石块的空隙之间，还可放进一堆小石子，在小石子的缝隙里，还能继续填满细沙甚至水。如家就是这样的"沙化生存"。

如家的定位策略，突破了传统酒店业高端和低端的格局。一方面，如家吸收了星级酒店的优势：布局在经济发达城市；选址在交通便利的地段；酒店所在的社区比较成熟，生活设施齐全，可以给顾客提供必要的休闲和服务；安全卫生，服务到位，管理规范。另一方面，如家把价格看作最核心的元素：如家的平均房价一律在 200 元以内，

这是因为携程在分析数据时发现,处在 150~200 元价位的客房是最供不应求的。如家把自己的定位明确锁定在一点:住宿。

如家的门店一般由租用的厂房、旧招待所或普通房屋改造而成,避免过大的固定资产投入。店门口不设迎宾人员,改为自助形式,大堂不做豪华装饰。桑拿、KTV、酒吧等全部取消,保留下来的餐厅占地也只有 50~100 平方米,只提供简单的早餐服务。如果酒店附近有快餐店,如家就索性连餐厅也省掉。要是酒店周边有商场、停车场、洗衣店的话,如家也会最大限度地利用这些资源。如家不设部门经理、领班,大小事宜基本由店长负责,每 100 间客房的服务人员也控制在 30~35 名,极大地降低了人房比。客房设施也尽量简化。客房中不安装浴缸,改为实用、卫生的淋浴房。房间的床上用品是一般的棉制品。空调一般使用分体式的,因为中央空调无论房间有没有人都要运转,而且能源消耗高。冬天则只用暖气不用空调。对于一次性消耗品,经济型酒店就可以省掉润肤露,梳子每间房一把,洗浴用品的档次不需要太高,这样每间房节省的成本也有 1~2 元。

通过关注核心元素,剔除和减少不必要元素,如家使成本和价格降到最低,从而也吸引了最大多数的消费群。如家的客房出租率在 90% 以上。广阔的新兴市场,为如家的发展提供了良机。2002 年,如家只有 5 家酒店,487 间客房,销售额 2 000 万元,客户全年 13 万人次。到 2004 年,他们已经拥有 35 家酒店,4 072 间客房,销售额 1.15 亿元,客户接近 83 万人次。2014 年,如家酒店以 4.2 亿美元的品牌价值入选中国品牌 100 强。如家酒店多年获得中国金枕头奖"中国最佳经济型连锁酒店品牌"殊荣。截至 2019 年年底,首旅如家集团共有 4 450 家门店,客房数为 41.5 万间,以 9.27% 的市占率位列第三。

思考与分析:

市场细分对企业营销有什么作用?

(资料改编自:杜永平.发现蓝海:中国企业如何成功开创全新市场[M].北京:世界图书出版公司,2006.)

2)有利于企业制订和调整市场营销组合战略

通过科学的市场细分,企业把整个市场分成若干个分市场,可以更清楚市场的结构以及消费者的需求特点,并根据所选择的分市场有针对性地调整营销策略,使市场营销组合战略适应消费者不断变化的需求。

3)有利于企业提高竞争力

企业的竞争力因受到诸多因素的影响而不同,通过有效的市场细分,找准目标市场,企业可以把竞争力的劣势转化为某种市场机会。企业在细分市场后可深入了解到每一个细分市场的需求状况,竞争对手的优势和劣势,企业应选择对自己最有利的市场,积极开发自身的资源优势,集中力量使有限的资源得到合理利用;同时,企业还可以及时地掌握消费者的需求变化,并根据市场的变化及时调整经营方向,增强企业的适应能力与应变能力,进一步提高企业竞争力。

5.1.3 市场细分的原理

从供给与需求的角度来看,市场细分是生产力发展的产物,现代生产技术、管理能力为供给个性化的需求提供了可能,在需求市场的拉动下,市场细分应运而生。

现代市场具有两个主要特征:一是高度的可细分性。随着物质水平的提高,消费者日益希望接受个性化服务,消费者之间的需求差异越来越大,有的产品甚至出现市场微分或一对一营销,每一位消费者都被看成是一个细分市场。消费者提出了市场细分的需求。二是存在大量先进的沟通、分销、物流和生产技术,这些都有助于企业追求市场细分战略。市场中消费者群体或个体之间,哪里有需求和愿望的差别,或者哪里有对市场上产品或服务的态度和偏好的差别,哪里就有细分市场的机会,企业捕捉这种机会,通过现代化的方法对市场实现科学的细分。

5.1.4 市场细分的基本要求

市场细分的目的是找到自己的目标市场,确定针对目标市场的最佳营销战略。在进行市场细分时应注意以下几个方面:

1)细分市场的标准要有明显特征

企业营销人员要能够通过明显的特征和行为来识别有相似需求的顾客群体,最终应该使各个分市场之间的需求有明显的差异,同一分市场内部的需求有较高的同质性。通常我们选择对顾客需求有较大影响的因素作为细分标准。例如,服装类的产品在进行市场细分时,一般会以性别或年龄作为标准,因为这些因素是决定顾客对服装选择的最主要因素。但当存在多个因素时,企业必须考察各个因素之间的相关性及重叠性,如果相关性或重叠性较明显,则细分同一市场就不应该同时考虑这些因素,以免细分出某些无效或意义不大的分市场。例如购买频率与顾客规模(如消费者家庭人数)有关,追求利益与职业、性别及家庭情况等因素有关,相互之间有一定的重叠性。

2)市场细分的规模要适度,企业要有适当的赢利

企业生产经营的最终目的都是赢利。在市场细分中,企业应该选择有一定规模和需求量的分市场,实现预期利润目标。一般来说,细分市场过多,那么分市场规模小;相反,细分市场过少,那么分市场规模大。因此,细分市场过多或过少都不适宜。要根据企业的实力量力而行,细分市场的规模必须是企业有足够的能力去占领的,并能在分市场上充分发挥企业的资源优势。市场细分及分市场的规模要与企业资源、能力相适应。

3)积极探索细分市场的发展潜力

企业进行市场细分的时候,要有创新意识,敢于用新方法去细分市场,一旦市场细分完成,往往会在一定时期内具有相对稳定性,给企业带来较长远的利益。因此,

积极探索细分市场的发展潜力,发现那些尚未被人们开发的新市场,充分考虑市场未来发展的潜力,是企业细分市场时的一个基本出发点。

糖类产品市场细分概况

随着我国糖果产业不断地发展以及外资品牌的加紧布局,我国糖果市场竞争越来越激烈。

从市场规模上来看,自 2014 年至 2018 年,我国糖果零售市场规模整体呈现增长态势,到 2018 年我国糖果零售市场规模达到 922 亿元左右,较上年增加 29 亿元,同比增长 3.25%;2019 年我国糖果零售市场规模约为 937 亿元,较上年增长 1.63%;到 2020 年,我国糖果零售市场规模接近 970 亿元。

从糖果的品种数量来分析,世界上糖果种类约有 1 500 种,我国由于在原料、设备、工艺、研发技术等因素的制约下,目前只有 1 000 种左右。我国绝大部分糖果企业没有自己的产品研发生产的专利技术,没有自己的核心生产技术及配方,多靠外国企业的引进或靠外国研发中心的技术支持,没有形成自己特有的企业产品核心竞争力,造成中国糖果企业产品同质化现象非常严重,产品的科技含量非常低。

目前国内的糖果市场主要可以分为以下几种:

1.巧克力糖果。通过跨国公司长时间的市场培育后,中国的巧克力市场已经从市场的导入期进入了市场的成长期,市场容量日趋壮大。德芙、吉百利、好时、金帝四个品牌已经占据了中国巧克力市场 70% 以上的份额,市场呈寡头竞争状态。

2.胶母型糖果。胶母型糖果的市场有以下几个特点:(1)市场增长幅度稳中有升;(2)以外商投资企业的品牌为主;(3)以健康、方便、时尚等理念为产品的主要卖点;(4)在糖果产品中胶母型糖果产品的科技含量最高;(5)产品的附加值很高,利润可观。市场上主要有绿箭、益达、乐天等主力大品牌。

3.儿童糖果。不断开发新的糖果产品,进行市场细分,有助于激发糖果市场的消费量,而儿童市场则是糖果细分市场的重点,健康与童趣的完美结合将会成为儿童糖果的发展主流。

4.功能型糖果。功能型糖果的面世是传统糖果品牌向高端产品品类的延伸,是消费者对糖果产品高层次、多层次的需求,功能型糖果的市场份额已慢慢接近传统型糖果的市场份额,在未来五年会超过传统型糖果的市场份额。例如荷氏薄荷糖、雅客维生素糖等。

5.喜糖品类。喜糖专卖店:人们随着生活水平的逐步提高,对结婚越来越重视,从而对婚事喜糖越来越讲究,喜糖产业越做越大,喜糖专卖店应运而生。据不完全统计,喜糖市场每年有 100 亿的市场容量,这成了糖果行业又一新的销售渠道。

6.无糖糖果。外国投资者纷纷看好中国这块市场,积极开发无糖糖果,尤其是在口香糖和硬糖方面。

7.传统型糖果。传统型的奶糖、硬糖、软糖市场容量很大,科技含量不高,品牌众多,质量参差不齐,竞争环境非常激烈,虽然目前仍然占据主导地位,但是销售额比例却呈下降趋势。大白兔奶糖、水果硬糖便是其中的代表。

一直以来,国产品牌局限于区域化生存和粗放经营及其产品的同质化和品牌诉求的定位缺陷,在市场的表现平淡无奇。因此,国产糖果品牌需要以品类聚焦和产品功能诉求,完善市场细分,重视终端网点的精耕细作,打破市场既有的竞争规则,重整市场竞争格局。

思考与分析:

你对我国糖果市场细分有什么建议?

(资料改编自:佚名.2020 年中国糖果产量有所下降 行业零售市场规模稳定增长 [EB/OL].(2020-11-24)[2021-04-01].观研报告网.)

5.1.5 市场细分的标准

企业依据消费者需求的差异性来进行市场细分,造成这种差异性的主要因素是市场细分的标准。消费者市场和产业市场的性质不同,对市场细分标准的选择也有所不同。

1)消费者市场细分的标准

影响消费者需求差异性的因素是多种多样的,大致可概括为四类,即地理因素、人口因素、心理因素、消费行为因素。这些因素有些相对稳定,但多数处于动态变化中。

(1)地理环境因素

不同地理环境下的顾客,由于气候、生活习惯、经济水平等不同,对同一类产品往往会有不同的需求,以至于对企业的产品、价格、销售渠道及广告等营销措施的反应也常常存在差别。按照消费者居住的地区和自然环境来细分市场,具体包括:国家、地区、城市规模、不同地区的气候和人口密度等。例如,同样是护肤品,西部地区气候干燥,风沙较大,对保湿性功能的要求较高;而高原地区紫外线强,消费者对防晒美白的功效会更加关注。

地理因素是市场细分的一个最常用的标准,也是最明显、最能辨别和分析的细分标准。地理因素是一种相对稳定的静态因素,但它不是影响消费者需求的唯一因素。因此,企业选择目标市场时还需和其他许多因素综合起来考虑。

(2)人口因素

消费者的年龄、性别、收入、职业、民族、宗教、受教育程度、家庭生命周期和社会阶层等的不同,会导致消费者在价值观念、生活情趣、审美观念和消费方式存在较大的差异,因而对同一类产品,必定会产生不同的消费需求。人口因素构成虽然复杂,但比其他标准容易测量,而且直接影响到消费者的心理和行为,因而它是市场细分的一个极重要的依据。例如,雀巢奶粉根据年龄的不同,开发了婴幼儿奶粉、中老年奶粉以及针对性不强的普通奶粉;而服装市场会根据性别的不同专门开发男装、女装;此外,我国是一个多民族的国家,每个民族都有自己特殊的风土人情,这直接导致了各民族不同的消费习惯。

(3)心理因素

按照地理因素和人口因素细分市场以后,有的消费者仍有可能对同一产品表现

出截然不同的爱好和态度,这通常是由心理因素导致的,需要按照消费者的心理特征
再细分市场。心理因素的内容较为复杂,一般包括个性、购买动机、生活方式、价值观
念等。例如,小资一族在生活方式上就非常讲究格调,他们是穿梭在城市中的精英,
狂热地追求生活品质,追逐时尚,享受生活。穿衣服要讲牌子,数码产品绝不能少,手
机、计算机一定是最新款;用餐要讲究营养、环境、情调,当然有时间还要来个下午茶;各
种信用卡、健身卡、会员卡全部在手;压力太大时,会自助出国游,给自己的身心放个假。

购买动机也是重要的心理因素之一,这往往也是顾客购买行为的直接原因。每
个人的购买动机会有差异,如有求实用的,有求价格便宜的,有求新求美的。企业在
研究制订营销方案时,可以把这些具有相似个性、生活方式等特征的消费者集中在一
起,形成一个细分市场,有针对性地专门制订相应的营销策略。心理因素是个很难衡
量的标准,运用起来比较困难,但它对企业却具有重要意义。

（4）行为因素

按消费者的行为细分市场,就是企业按照消费者进入市场的程度、使用频率、购
买时间、购买地点、消费数量等行为因素来细分消费者市场。例如,按消费者进入市
场的程度,一般分为"从未使用过""曾经使用过""准备使用""初次使用""经常使用"
五种类型;对于不同规模和实力的企业,在选择细分市场时的选择也会不同。比如规
模较大、实力较强的大企业愿意把眼光放在"从未使用过"的消费者身上,慢慢培养为
自己的忠实消费者。但对于小规模或者实力较小的企业,把精力集中于"经常使用"
的消费者是比较稳妥的做法。

按行为标准细分市场,只有透彻了解行为因素的特点,才有利于采取措施在消费
者心目中确定企业产品的地位;才有利于抓住营销时机开展营销活动;才有利于企业
安排产品的合理投放和布局;才有利于开展有针对性的促销活动。综合上述的几种
市场细分标准,每一种中又可以进一步对这些因素细分（表 5-1）。

表 5-1　消费者市场细分的标准

细分标准	主要细分因素	具体特征（子、分市场）
地理因素	国家区别	中国、美国、德国、英国等
	地区区别	东部、西部、南方、北方等
	城乡区别	城市、乡村;一线城市、二线城市、小城镇等
	气候区别	热带、亚热带、温带、寒带等
	地形区别	山区、高原、平原、沿海等
人口因素	性别	男、女
	年龄	婴幼儿、儿童、青少年、中年、老年等
	家庭生命周期	单身期、满巢期、空巢期等
	家庭年收入	1 万元以下、1 万~5 万元、5 万~20 万元、20 万元以上等
	民族	汉族、满族、白族、藏族、傣族等
	宗教	基督教、佛教、伊斯兰教等
	职业	公务员、工人、农民、教师、医生等
	受教育程度	小学、中学、大学、硕士、博士等

续表

细分标准	主要细分因素	具体特征(子、分市场)
心理因素	个性	冲动型、理智型、内向型、外向型等
	购买动机	求新、求美、求廉、求异等
	品牌偏好	忠诚、不忠诚、习惯购买、偶尔购买等
	生活方式	享受型、实惠型、保守型、时髦型等
消费行为	进入市场程度	从未使用过、曾经使用过、准备使用、初次使用等
	购买频率	经常购买、偶尔购买、从不购买等
	购买时间	白天、晚上、节假日等
	购买地点	超市、大型百货商店、专卖店、便利店等
	消费数量	少量、中量、大量

营销链接 5-3

小米手机的国内消费者市场细分

北京小米科技有限责任公司成立于 2010 年 3 月 3 日,是一家专注于智能硬件和电子产品研发的移动互联网公司,同时也是一家专注于智能手机、互联网电视以及智能家居生态链建设的创新型科技企业。小米公司创造了用互联网模式开发手机操作系统、发烧友参与开发改进的模式。

"为发烧而生"是小米的产品概念。"让每个人都能享受科技的乐趣"是小米公司的愿景。小米公司应用了互联网开发模式开发产品,用极客精神做产品,用互联网模式干掉中间环节,致力让全球每个人都能享用来自中国的优质科技产品。2020 年《财富》杂志世界 500 强排名中,小米位居 422 位。中国 500 强排名中,小米位居 50 位。

小米作为我国国产手机在品牌定位战略上成功的民族品牌,是如何做的呢? 下面我们来看看小米手机的国内消费市场细分:

1.地理因素细分

在当前国外手机充斥中国市场的情况下,小米的横空出世无疑开始打破这局面,小米手机因价格不高而性价比很高,适合中国的大部分地区。但在不同的地区也采取不同的策略。

2.人口因素细分

小米手机定位于手机发烧友,在年龄层方面,适合年轻人购买,易获得认同。在性别方面,男女都可适用。小米手机很多机型以其不满 2 000 元的价格,让收入不是过低的群体都可以接受。由于其适合年轻人,一般来讲学生和文化程度较高的上班族会选择小米手机。

3.心理因素细分

小米手机以其国产手机的特点,对国内消费者具有亲和力。小米手机以其娱乐功能吸引着消费者。其抑制性销售也吊足了消费者的兴趣,引发消费者的购买欲望。

模仿苹果的公关模式,与苹果手机进行比较,满足了消费者的比较心理。

4.行为因素细分

小米手机性价比较高,不满 2 000 元,却有很高的性能,有利于消费者的利益。其次高端手机需求较高,消费者对小米手机的态度很热情。手机现在是人们生活必不可缺的一部分,需求量大,使用频率高。品牌是吸引消费者购买的主因素,小米在手机市场上定位明确,通过品牌定位战略塑造自身品牌,在消费者心中占据了特殊位置,成功地吸引了消费者去选择。

思考与分析:

市场细分的标准有哪些? 企业在市场细分时应如何选择这些标准?

(资料改编自:墨雨汐.小米公司的成长历程简介[EB/OL].(2019-07-25)[2021-04-01].贤集网.)

2)产业市场细分的标准

与消费者市场类似,可用于细分产业市场的标准多种多样,市场细分在产业市场中的发展没有在消费者市场中成熟,主要可以归纳为:企业的基本特征、态度特征和行为特征。

(1)企业的基本特征

企业的基本特征可以作为细分组织市场的起点,是从事组织营销的企业最常用的细分方法。可供考虑的因素包括基本特征,如产业分类、企业顾客的规模和位置;操作性变量,如顾客的技术水平和能力、不同的采购政策;情景因素,如产品的应用。

①产业分类。诸如标准产业分类等因素构成了分析的第一阶段,也就是确定目标产业,将其划分为拥有不同需求和购买方式的企业群体,这可能就是对产业部门进行垂直营销的基础,例如,零售商和医院都会购买计算机,但是它们对计算机的应用和采购策略各不相同。

②企业的规模。衡量企业规模的常用指标有员工数量和营业额等,企业规模可能影响需求量、平均订货量、销售和分销成本,甚至顾客讨价还价的能力,故而意义重大,甚至可能影响各个细分市场作为营销目标的吸引力。有时,我们需要把企业规模与其他基本特征结合起来进行综合分析。例如,向涂料生产商出售原材料的英国企业,先通过 SIC 标准细分市场,以确定涂料生产商群体,然后以企业的员工数量为依据,按照规模进一步细分(只有 7 家公司的员工总数超过 750 人,它们在涂料市场中拥有的份额超过 60%)。

③企业顾客的位置。企业的地理位置之所以成为细分市场的有效方法,原因有很多。在国内,顾客的位置会影响销售和分销成本,如果在某些地区有特别强势的竞争对手,竞争激烈程度会大大提高。采购成本的提高迫使一些企业尽可能地将它们的供应商集中在当地。例如,超市制定了尽可能在当地采购新鲜食品的政策。

④企业顾客的技术水平。企业顾客的技术发展阶段会直接影响其制造工艺和产品的技术含量,进而影响对不同类型原材料产品的需求。与自动化生产相比,传统工厂在运作中采用的是混合技术和装配方法,因而在原料产品和装配所需的半成品(如检测设备、工具、组件)等方面有不同的要求。高技术企业采用完全不同的分销方法。

例如,英国零售商特易购为避免零售网点的库存,要求其供应商具备在库存的电子控制和越库管理等方面与自己合作的能力。越来越多的高技术企业要求它们的供应商在采购过程的所有阶段,与本企业的计算机系统实现一体化。

⑤企业顾客的能力。企业顾客的内部优势和劣势相差悬殊,因而需要不同类型的产品和服务。例如,在化工行业,企业顾客在技术能力上差别很大,有些企业相对于其他企业,在配方设计和技术上更多地依赖供应商所给予的帮助和支持。多年来,数字设备公司(Digital Equipment)专门向有能力自主开发软件和系统的企业用户销售微型计算机,而不需要像IBM和其他公司那样向顾客提供全面服务。也就是说,该公司瞄准的是由在计算机方面有技术优势的企业构成的细分市场。

⑥采购组织。根据企业如何组织采购,可以发现客户之间的重要差异。例如,集中式采购要求供应商具备国内或国际的客户管理能力,而分散式采购则要求供应商能在更广泛的区域内供货。是否以采购组织形式作为细分市场的重要依据,主要取决于供应商自身的优势和劣势。

⑦权力结构。在细分市场识别与本企业优势相匹配的目标市场时,了解哪个组织部门的影响力最大也很重要。数字设备公司传统的目标市场是那些技术导向的企业客户,正是在技术应用上的优势使其在该细分市场中赢得了竞争优势。

⑧采购政策。顾客采用的采购方式不同,也为目标市场选择提供了信息。例如,根据顾客采购方式的不同可以将企业客户细分为:想要租赁产品的企业和想要购买产品的企业;有积极采购行为政策的企业和受价格因素支配的企业;想要单一供应源的企业和想要双重供应源的企业;必须招标采购的公共事业部门或类似组织和倾向通过谈判确定价格的组织等。

⑨产品应用。产品应用对采购过程、采购标准以及供应商选择都会产生重要的影响。对在炼油厂一项很小的工序中提供应急服务的小型电动机,与在一项重要工序中连续运转的小型电动机,客户有着不同的要求。

(2)态度特征

有时候,我们还可以根据采购者所寻求的利益细分组织市场。例如,企业顾客维持工厂运转或者为其客户解决问题的紧迫程度会改变该企业的采购程序和采购标准。紧急采购首先考虑的是可获得性而不是价格。一个需要更换破损的管道装置的化工厂,会为供应商的快速送货和安装技能支付溢价。而购买备用的管道设备时,其采购态度会相差甚远。在产业市场中,利益细分法是一种重要的细分方法。这里需要强调的是,企业出售的是产品所能够提供的利益,而不是产品或服务本身的特性。

(3)行为特征

与细分产业市场相关的行为问题包括购买方特征,以及产品/品牌使用状况和数量。

①购买方特征。在组织市场中,人们购买组织产品的方式与消费者市场相同,但企业的购买活动受到企业政策和需求的限制,组织市场可以用以下因素区分:买方卖方的相似性。技术、企业文化或企业规模上的兼容性,是一种区分企业顾客的有效途径。购买方动机。与依赖非正式接触手段获取信息和对现有的人际关系保持忠诚相反,采购负责人可能更愿意到处采购,以及为重要产品和服务开发双重供货源,只是这种程度不同而已。购买方的风险感知。对不确定性的容忍度、自信心和在企业中

的地位都会在购买中起到重要作用。

②产品/品牌使用状况和数量。特定产品、品牌或供应商的用户可能在某些重要方面存在共同点,这些共同之处使它们组成企业的目标市场。有时,我们甚至可以把忠诚于某个竞争对手的顾客作为目标市场。当前的顾客群体与潜在顾客或流失的顾客分属不同的细分市场。

大量使用者和那些中低量使用者在采购方式上存在差异,消费者市场中有效的80/20 法则(80%的销售量往往由 20%的顾客实现),在组织市场中的主导作用可能更强。通过考察企业顾客的购买量,找出产品和服务的主要购买方尤其重要。追究产品和服务最终会被如何使用,也对市场营销者有所帮助。有时,找出最终消费者后,通过逆向操作就可得出一种很好的市场细分方法。

可用于组织市场的细分变量符合组织购买行为,就像消费者市场的细分变量符合消费者购买行为一样。但是,在许多组织市场中,由于存在特别大型的个体客户,因此也经常采用用途细分的方法。对规模较小的企业而言,根据地理因素细分市场会更有吸引力,从而将目标精准到那些更容易接受本企业服务的客户身上,但是,无论是在组织市场还是在消费者市场中,市场细分的基本原理归根到底都是存在具有不同需求或欲望(所追求的利益)的顾客群,正是这种以需求和欲望为基础的市场细分,为实现市场营销理念提供了最有效的途径。

美国的波罗玛和夏皮罗两位学者,提出了一个产业市场细分变量表,较系统地列举了产业市场细分的主要变量,并提出了企业在选择目标市场时应考虑的主要问题(表5-2)。

表 5-2 产业市场主要细分标准

人口变量
□ 行业:我们应把重点放在购买这种产品的哪些行业?
□ 公司规模:我们应把重点放在多大规模的公司?
□ 地理位置:我们应把重点放在哪些地区?
经营变量
□ 技术:我们应把重点放在顾客所重视的哪些技术上?
□ 使用者或非使用者情况:我们应把重点放在经常使用者、较少使用者、首次使用者还是从未使用者身上?
□ 顾客能力:我们应把重点放在需要很多服务的顾客上,还是只需少量服务的顾客上?
采购方法
□ 采购职能组织:我们应将重点放在那些采购组织高度集中的公司上,还是那些采购组织相对分散的公司上?
□ 权力结构:我们应选择那些工程技术人员占主导地位的公司,还是财务人员占主导地位的公司?
□ 与用户的关系:我们应选择那些现在与我们有牢固关系的公司,还是追求最理想的公司?
□ 总的采购政策:我们应把重点放在乐于采用租赁、服务合同、系统采购的公司,还是采用密封投标等贸易方式的公司上?
□ 购买标准:我们是选择追求质量的公司、重视服务的公司,还是注重价格的公司?
情况因素
□ 紧急:我们是否应把重点放在那些要求迅速和突击交货或提供服务的公司?

续表

> □ 特别用途:我们应将力量集中于本公司产品的某些用途上,还是将力量平均花在各种用途上?
> □ 订货量:我们应侧重于大宗订货的用户,还是少量订货者?
>
> 个人特性
>
> □ 购销双方的相似性:我们是否应把重点放在那些其人员及其价值观念与本公司相似的公司上?
> □ 对待风险的态度:我们应把重点放在敢于冒风险的用户还是不愿冒风险的用户上?
> □ 忠诚度:我们是否应该选择那些对本公司产品非常忠诚的用户?

(资料来源:菲利普·科特勒,洪瑞云,梁绍明,等.市场营销管理[M].郭国庆,成栋,王晓东,等,译.亚洲版.北京:中国人民大学出版社,1997:258.)

5.1.6　有效市场细分的条件

对处于不同行业、不同类型的企业来说,进行有效的市场细分有利于企业正确选择目标市场,成功占领市场,获取高额的市场份额。通常企业实行市场的有效细分,必须满足以下条件:

1)差异性

市场细分后,不同分市场消费者的需求存在着明显区别,各分市场都有不同于其他分市场的特征。而在每个分市场内消费者的需求却具有类似性,有着共同的特征,表现出类似的购买行为。如果一个分市场内部的需求仍然是个性大于共性,这样的市场细分就是不成功的。

2)可衡量性

可衡量性是指市场细分的标准和细分后的市场是可以确切衡量的。市场细分的标准必须明确、统一,具有可衡量性。令人捉摸不定、难以衡量和测算的细分标准,不能作为细分的依据。细分后的各个分市场的范围、规模、购买潜力等也必须是可以衡量的,而且能取得表明购买潜力和购买特征的资料。

3)可进入性

细分市场必须考虑到企业的经营条件、经营能力,使目标市场的选择与企业的资源相一致。企业能以某个或几个分市场作为目标市场,有效地集中营销能力,开展各种营销活动。同时,消费者能够接受企业的产品,并能通过一定途径购买到这些商品。

4)可盈利性

可盈利性是指细分市场的容量能保证企业获得足够的盈利。如果容量太小,销量有限,则不足以成为细分依据。例如,食品公司可以为儿童食品市场专门设计产品,但不能专门为每一个年龄的儿童都设计产品。因此,市场细分要使企业有利可图,做好科学归类,并非分得越细越好,保持足够的市场容量非常重要。

5)稳定性

有效的市场细分所划分的子市场必须具有相对稳定性。企业目标市场的改变必然带来经营设施和营销战略的改变,从而增加企业的投入。如果市场变化太快,变动幅度又很大,企业还没来得及实施其营销方案,目标市场就已面目全非了,这样的细分是毫无意义的。一般来说,目标市场越稳定,越有利于企业制订长期的营销战略,越有比较稳定的利润。

任务 5.2 目标市场的选择

5.2.1 目标市场的概念

在市场营销活动中,企业需要在对市场进行细分的基础上,选定要进入的目标市场。这是因为:一方面,对于某个企业,并非所有的细分市场都具有同等吸引力,只有那些和企业经营能力与优势相吻合的细分市场对企业才有较强的吸引力。另一方面,作为一个企业,无论规模多大,实力多强,都无法满足所有消费者的所有需要。由于资源有限,企业的营销活动必然限制在一定范围内。

所谓目标市场是指企业决定作为自己服务对象的有关市场(顾客群),是企业决定为之服务的最佳市场。它可以是某一个细分市场,也可以是若干个细分市场的集合,或者整体市场。企业的一切营销活动都是围绕目标市场进行的,选择和确定目标市场,明确企业的具体服务对象,关系到企业任务、企业目标的落实,是企业制订营销战略的首要根据和基本出发点。对大多数企业来说,很难使自己的产品满足整个市场的所有需求,为了提高经营效率,可以根据自身产品的特点,有针对性地选择适合的服务对象,展开企业的经营活动。由此可见目标市场的选择是市场细分的直接目的,市场细分是选择目标市场的前提和条件。

企业在众多的细分市场中要选择出自己理想的服务对象,即目标市场,必须充分地考虑一些条件和因素:

1)有足够的市场规模,能够实现企业的预期目标

一个理想的目标市场应该有合适的市场规模,过小的目标市场难以让企业的生产能力完全释放;但是过大的目标市场对一些实力不够强的企业来说,却难以完全地把握和占领。所以企业在确定目标市场时要考虑目标市场的规模,即消费者数量及消费者的购买力水平。因此,选择目标市场必须对目标市场的人口、购买力、购买欲望进行分析和评判,市场规模是企业选择未来目标市场的第一大要素。

2)有较理想的发展潜力,能够有可持续发展的能力

如果市场没有发展的潜力,企业进入后就没有发展前途,企业可以根据成本和利

润来衡量各细分市场的潜力,并从中选择出和自身的实力、企业发展方向、战略目标相一致的作为自己的目标市场,这种可持续发展能力,是市场对企业的吸引力的本质。

3)符合企业的战略目标和资源条件,有利于发挥企业优势

细分市场即使具有一定的规模、成长潜力和长期的吸引力,企业也必须结合其市场营销战略目标和资源来综合评估。某些细分市场无论有多大的吸引力,只要不符合企业的长远目标,不能推动企业实现市场营销战略目标,甚至会分散企业的精力,也应该放弃。如果企业确实能在该细分市场取得成功,它也需要发挥其经营优势,以压倒竞争者。如果无法在该市场创造相对优势地位,就不应该贸然进入。

4)市场的竞争状况,企业在竞争中取胜的难易程度

竞争者会与企业争夺市场份额,而市场份额的下降则会导致利润的下降。因此企业为了自身的安全,在确定目标市场时就要考虑竞争者进入市场的难易程度。如果竞争者较少,可以采用无差异性市场营销策略,如果竞争者与本企业的实力相当,则应避免直接冲突,以免造成不必要的损失。如果本企业力量较弱,对手实力较强则宜采取集中性市场营销策略。

5.2.2　目标市场的选择模式

在对市场细分的结果和有关的分市场进行评估后,企业需要决定要为多少个细分市场服务。通常企业可以选择的目标市场模式有五种(图 5-1)。

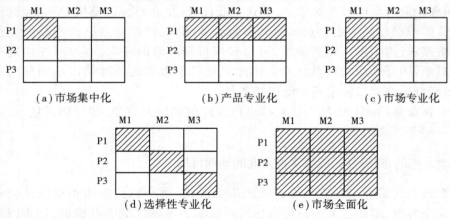

图 5-1　五种目标市场选择模式

1)市场集中化

这是最简单的一种目标市场模式,企业只选择一个细分市场,生产一种产品,供应一个顾客群,进行密集性市场营销。如某药厂只生产一种胰岛素供应给糖尿病患者。选择这种模式的企业一般都具备了在该细分市场从事专业化经营或者取得成功

的优势条件;或者是企业资源有限,只能主打细分市场;或者这个细分市场中缺乏竞争;或者是准备以此为出发点,待在此市场取得成功后再向更多的细分市场扩散。这种模式通常被规模较小的企业采用,也有一些大企业初次进入某个领域时,会先选取某个细分市场为起点,再慢慢扩张。

2)产品专业化

企业只生产一种产品,向各类顾客销售。如某调味品厂只生产一种食盐,销售给家庭、单位食堂、饭店、餐馆等各类型顾客,但并不生产他们需要的其他调味品。这种产品专业化,不仅可以使企业专注于某一种或一类产品的生产,而且利于企业充分发挥生产、技术潜能,形成专业优势,树立起较高的声誉。但是,若该领域发展出全新的技术,产品会有销售滑坡的可能,甚至是被替代的风险。

营销链接 5-4

专注搜索——百度

在互联网上,各企业网站的链接地址出现在搜索引擎网站上的位置越靠前,才能带来越多的访问量。百度企业紧紧把握"关键词"和"位置"这两个关键元素,推出"搜索引擎竞价排名"服务。当网络用户搜索这些关键词,购买了相关"关键词"的网站就将同时出现在百度搜索引擎结果的最前列。如果不同客户购买了同一个"关键词"则采取竞价方式,根据不同客户的出价高低进行动态排名。到 1999 年底,经过多年努力百度成了中国人最常使用的中文搜索网站,并于 2005 年 8 月在美国纳斯达克成功上市。

从创立之初,百度便将"让人们最平等、便捷地获取信息,找到所求"作为自己的使命,成立以来,公司秉承"以用户为导向"的理念,不断坚持技术创新,致力于为用户提供"简单,可依赖"的互联网搜索产品及服务,其中包括:以网络搜索为主的功能性搜索,以贴吧为主的社区搜索,针对各区域、行业所需的垂直搜索、Mp3 搜索,以及门户频道、IM 等,全面覆盖了中文网络世界所有的搜索需求,根据第三方权威数据,百度在中国的搜索份额超过 80%,现在是全球最大的中文搜索引擎。2021 年 3 月 23 日,百度集团正式登陆香港交易所。

(资料来源:百度百科)

3)市场专业化

这是指企业专门生产、经营某一顾客群体所需的各种产品。如某消防器材生产厂家专门生产灭火器、烟感器、防毒面罩、安全锤等各种消防器材。企业经营的产品类型多,能有效地分散经营风险,并在这一类顾客中树立良好声誉。但因过于集中,若这一类顾客购买力下降,或减少在这方面的开支,企业的收益会受到较大影响。

4)选择性专业化

企业选择若干个不同的细分市场为目标市场,为不同的顾客群提供不同性能的同类产品,但各个细分市场之间很少或根本没有任何联系。实际上这是一种多角化经营的模式,可以较好地分散企业的风险,但每个细分市场都要有吸引力较大的市场机会,这样企业在某个细分市场失利,才能在其他细分市场弥补。

5)市场全面化

选择这种模式的企业一般实力较为雄厚,生产多种产品或一种产品,为所有顾客提供他们所需要的系列产品,满足市场上所有顾客群体的需求,以期覆盖整个市场。如微软公司开发的 Windows 系统,可以应用于不同的国家、不同的领域和不同的顾客群中,这就是采用同一种产品覆盖整个市场的策略,而联想集团则根据不同市场的需求,开发了多种不同系列、多种型号的产品,同样也是采用覆盖整个市场的策略。

5.2.3 目标市场策略

企业选定目标市场后,需要确定一种和企业经营战略的基本思想相适应的目标市场策略,即选用一定的方式,使自己的营销计划在目标市场上得到有效的实施,取得预期的效果。通常有三种类型的策略可供企业选择:

1)无差异市场策略

所谓无差异市场策略,是指企业把整个市场作为目标市场,不考虑消费者对某种产品需求的差别,对所有市场上的消费者只提供一种产品,施行一种营销组合计划(图 5-2)。这种策略是建立在市场所有消费者对某种产品的需求都大致相同的基础上,对需求的差异性不予考虑,只注重其需求的共性。它凭借单一的产品,统一的包装、价格、品牌,广泛的分销渠道和大规模的广告宣传,树立该产品长期稳定的市场形象。如云南盐化股份有限公司生产的白象牌食盐就一直使用无差异市场策略,公司在近 20 年向市场供应同一种食盐。

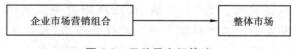

图 5-2　无差异市场策略

实施这种策略的优点在于:生产品种单一、批量大,企业容易做到机械化、自动化、标准化生产,容易降低生产成本、销售成本,保证产品质量,进而获得规模效益,实现顾客让渡价值的最大化。但由于它忽略了需求的差异性,缺点十分明显:首先,市场上的消费者的需求多种多样,一种产品很难长期满足所有消费者的需要;其次,若企业的产品销路好,获得丰厚的利润,会吸引更多的竞争者加入该市场,就会造成较大共性市场上的竞争激烈,获利能力降低,同时,一些较小的差异性市场中的需求得不到满足;最后,一种产品难以长期满足消费者的需求,采用此策略,企业要不断推出新产品,提高对市场反应的灵敏性和对市场变化的适应能力。

使用无差异市场策略的企业一般生产规模大、实力雄厚,并且在法规、科技、营销、规模等方面具有垄断性,或者其消费者需求具有同质化的特点,或者产品是初次上市以及产品获得了专利权等情况,因为在这样的情况下,企业会没有竞争者或竞争者少。

2）差异性市场策略

差异性市场策略与无差异市场策略截然相反,它充分肯定消费者需求个性大于共性,并针对每个分市场的需求特点,分别为之设计不同的产品,采取不同的市场营销方案,满足各个细分市场上消费者不同的偏好和需求(图5-3)。例如,宝洁公司在刚进入中国的时候,对旗下的洗发水品牌就实施了差异性市场策略,飘柔主打柔顺,潘婷强调营养,海飞丝主攻去屑,沙宣定位专业美发,各种品牌面对不同细分市场,互不冲突。

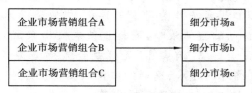

图5-3 差异性市场策略

采用差异性市场策略的企业可以以多种产品,通过多种渠道,利用多种促销形式同时为多个细分市场服务,有较高的适应能力和应变能力,经营风险也得到分散和减少;同时,企业由于针对消费者的特色开展营销,能够更好地满足市场深层次的需求,从而有利于市场的发掘,增加市场占有率和市场销售总量。但是,产品品种多和需求批量小会使企业资源分散于众多的细分市场中,使企业生产成本、销售成本增加,增加了管理难度。

采用这一策略的企业,需要在管理、供应、生产和配送等各个环节都适应这种小批量、多样式、多规格和多品种的生产及销售变化。ERP(企业资源计划系统)、CIMS(计算机集成制造系统)、SCM(供应链管理)等现代管理手段的采用可以帮助企业增加顾客价值,提高效益,减少顾客成本,实现顾客让渡价值的最大化。位于产品生命周期的成长期后期或成熟期的企业,因这一时期竞争者多,也可以通过此策略获取市场竞争优势,增强企业竞争力。

营销链接5-5

农夫山泉的品牌差异化战略

农夫山泉股份有限公司成立于1996年,2001年改制成股份有限公司。自成立以来短短十几年,农夫山泉迅速成长为国内知名瓶装水品牌,市场占有率位居第二位,成为最受消费者欢迎的品牌之一。农夫山泉的成功得益于品牌差异化战略。

一、品牌定位差异化

农夫山泉现在的品牌宣传一直秉承"天然、安全、健康"的理念,水源一直是农夫山泉宣扬的主题,根据市场变化调整品牌定位。在农夫山泉起步之初,通过"农夫山泉有点甜"在市场上站稳脚跟,之后提出的"从好水喝出健康来"更加突出水源品质。当纯净水市场竞争白热化时,农夫山泉提出"天然水"的概念,品牌定位从此不断强调:"我们不生产水,我们只做大自然的搬运工。"

二、产品差异化

广告需要定位,准确传达给目标受众,区别不同客户。为了满足不同消费者的需求,最大程度地占有市场,农夫山泉对产品进行细分:水类、茶类、鲜果类、功能类、果汁类,还研发生产了高端天然矿泉水和婴儿水。比如水溶C100被定性为潮流饮料,主要针对的消费人群是都市白领和年轻人。

三、营销差异化

在当今污染越来越重、竞争压力越来越大的社会里,人们渴望回归自然,渴望回归到最本真、最自然的状态。人们对大自然有天生的情感。"有点甜"唤起人们回到感觉本身。"有点甜"以口感承诺作为诉求差异化,借以暗示水源的优质,使农夫山泉形成了感性偏好、理性认同的整体策略,同样也使农夫山泉成功地建立了记忆点。针对消费者,要让他们感觉美好。"有点甜"无疑是让人感觉美好的,"甜"意味着甜蜜、幸福、欢乐,这是中国人终生的追求,这样的中国人必定会追求感觉甜美的产品。

农夫果园宣传诉求也充分运用了差异化策略,广告上以一个动作作为其独特的品牌标识——"摇一摇"。感性偏好上农夫果园以消费者可以亲身体验的动作"摇",加强产品与人的互动性,也使得宣传诉求与同类果汁产品迥然不同,以其独特的趣味性、娱乐性增添消费者记忆度。理性认同上,"摇"这一动作也暗示了果汁中有"货",这是基于农夫果园浓度高和富含果肉纤维的产品特性。农夫果园的差异化营销使之成为饮料行业的后起之秀。

(资料改编自:佚名.品牌差异化战略——以"农夫山泉"为例[EB/OL].(2016-03-21)[2021-04-01].四川品牌网.)

3)集中性市场策略

集中性市场策略是指企业集中所有力量,在某一个或少数几个细分市场上实行专业生产和销售,集中力量为之服务,争取在这些市场上占有较大的市场占有率(图5-4)。如云南丽江百岁坊生物科技有限公司专门生产玛卡保健品就是采用的集中性市场策略。

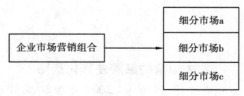

图5-4 集中性市场策略

集中性市场策略的优点在于:一是因为服务对象专一、目标集中,企业能够对其特定的目标市场有较深刻的了解,深入地发掘消费者的潜在需要,使产品易于销售,有利于树立和强化企业和产品的形象,在目标市场上巩固地位,实现较高的渗透率;二是能够有效地将资源集中于较小的范围,有利于节约生产成本和营销费用,集聚力量,建立竞争优势,增加盈利。但这种策略风险较大,由于目标市场范围狭窄,一旦企业选择的细分市场发生突然变化,如消费者偏好发生转移或竞争者策略改变等,企业将措手不及,难以应对。

通常采用这一策略的是一些资源薄弱的小型企业,或是处于产品生命周期衰退期的企业。

5.2.4　企业确定目标市场策略应考虑的主要因素

上述三种目标市场策略各有优缺点。企业应根据具体的情形来确定选择哪一种策略,在选择过程中要全面考虑各种影响因素,慎重做出决定。

1)企业的资源

企业的资源包括企业人力、财力、物力、信息、技术等方面,如果资源充足,实力雄厚,可采用无差异性或差异性市场策略,但如果企业资源不足,能力有限,无力顾及整个市场或多个细分市场时,应该采用集中性市场策略。

2)产品的同质性

产品的同质性是指消费者所感知到的产品的相似程度。相似程度高,同质性就高,如食盐、钢铁、石油等,尽管生产的企业和产地会有区别,但产品本身差别小,一般适合采用无差异性市场策略;反之,对相似程度较低的产品,如服装、汽车、家电等,在品质、性能、规格、型号、式样等方面消费者需求会有较大差别,企业宜采用差异性市场策略。

3)市场的同质性

市场的同质性是指各细分市场的顾客需求及购买行为方面的相似性。在同质市场中大多数顾客在同一时期爱好相似,购买数量相近,并且对同一营销方案的反应也大致相同,这时企业应该实行无差异市场策略;反之,就应采用差异性或集中性市场策略。

4)产品所处的生命周期阶段

对处于不同生命周期阶段的产品,应采取不同的目标市场营销策略。产品处在介绍期时,由于同类产品竞争不激烈,消费者不了解产品,宜采取无差异市场策略;当产品进入成长期,为了抢占市场,企业一般也采用无差异市场策略;当产品进入成熟期以后,同类产品增多,竞争日益激烈,为确立竞争优势,应改为差异性市场策略,以开拓新的市场,提高企业竞争力;当产品处于衰退期时宜采用集中性市场策略,以延长产品生命周期,保持市场地位。

5)竞争者的战略

企业在决定采取何种目标市场策略时,还应该充分考虑竞争者采取的营销策略。如果竞争对手实行无差异性市场策略,企业则应实行差异性市场策略;竞争对手实行差异性市场策略,企业应通过更为有效的市场细分,采用差异性或集中性市场策略。此外,如果竞争对手的数目多,实力强,企业应采用差异性市场策略,发挥自己优势,提高竞争力,如果竞争对手少,实力较弱,则可采用无差异市场策略,去占领整体市场,增加产品的销售量。

任务 5.3 市场定位

5.3.1 市场定位的概念

企业进行市场细分和选择目标市场后,必须了解自己和竞争对手在市场上所处的位置,明确企业将如何进入目标市场,以怎样的形象接近顾客,树立产品鲜明的市场形象,以求在消费者心目中形成一种稳定的认知和特殊的偏爱,占领目标市场,这就是市场定位。

现代市场营销理论认为,市场定位是企业根据目标市场上同类产品竞争情况,针对顾客对该类产品某些特征或属性的重视程度,为本企业产品在消费者心目中塑造强有力的、与众不同的鲜明的市场形象,并将这一形象生动地传递给顾客,以便在目标市场上吸引更多顾客的行为。营销大师菲利普·科特勒把市场定位概括为"是企业为了适应消费者心目中某一特定的看法而设计的企业、产品、服务及营销组合的行为"。简言之,所谓市场定位,就是在顾客心目中树立独特的形象。

里斯和特劳特描述:"定位始于产品。一件商品、一项服务、一个公司,甚至一个人……但是,定位并不是你对产品做什么,而是要对潜在顾客的思想做些什么;也就是说,在人们心目中为产品明确一个位置。"

市场定位的目的在于吸引更多目标顾客。企业要想在目标市场上取得竞争优势和更大效益,就必须在了解购买者和竞争者两方面情况的基础上,确定本企业的市场位置,进一步明确企业的服务对象。企业在市场定位的基础上,才能为企业确立形象,为产品赋予特色,以特色吸引目标消费者,这是当代企业的经营之道。

市场定位根据不同定位的对象不同,一般有企业定位、品牌定位、产品定位三个层面。一是产品定位,这是将某个具体的产品定位于消费者心中,让消费者一产生类似需求就会联想起这种产品。产品定位是其他定位的基础,因为企业最终向消费者提供的是产品,没有产品这一载体,品牌及企业在消费者心中的形象就难以维持。二是品牌定位,品牌原本是产品的一种特殊标志、标识。但品牌定位不同于产品定位,一旦定位成功,便成为一项无形资产,且能与产品脱离而独立显示其价值。于是,品牌可以买卖,可以授权,有时即使不是同一家企业生产的产品,只要冠以同一品牌,就在消费者心中拥有了同样的地位。所以,品牌定位比产品定位内涵更宽,活动空间更广,应用价值更大。如红塔集团主要以"玉溪""红塔山""红梅"这三个高、中、低不同价位档次的品牌来满足不同层次的消费者,红塔集团实施"三剑齐发"品牌发展战略,其中,"玉溪"定位于高档领域、"红塔山"定位于中档领域,"红梅"定位于低档领域。三是企业定位,是指企业组织形象的整体或其代表性的局部在公众心目中的形象定位,企业定位是最高层的定位,必须先定位他们的产品和品牌,但它的内容和范围要广得多。例如世界著名的奢侈品香奈儿,定位是简约雅致、优雅高贵的风格,目标客户是优雅、有消费能力的时尚女性。成功的品牌定位使香奈儿除了高级时装、高级成衣外,在香水、珠宝首饰、手表、皮制品、化妆、个人护理、服装配件等领域都延续了高端形象,成为世界时尚的风向标。

营销链接 5-6

明星的"人设"定位

在明星中,我们会发现不少明星或网红有着鲜明的个人特色。他们有搞笑幽默、"女汉子""宠妻""夫妻恩爱"等特点,在人物流露出来的性格中,都严格符合该人物特性,也就是常说的"符合人设"。明星对粉丝而言,是通过经纪公司包装形象、言语和声音之后的组合,现实生活中的明星很可能不是呈现在大众面前的这个样子。粉丝在媒体上接触明星的各种信息,从而产生熟悉感,形成印象,而明星其实是包括众多意义的集合体。明星如何具备高知名度且受到广大群众认同,最重要的是娱乐公司如何产出迎合粉丝认同的明星,制造消费欲望与崇拜心理,设法将粉丝消费行为合理化,形成一套能延续销售的策略,人设就成为最为重要的一种竞争定位。树立能赢得消费者目光的定位,才能在竞争激烈的娱乐市场上吸引目光、流量,从而赢得市场。

思考与分析:

如何理性追星?谁才是真的时代明星?

5.3.2 市场定位的步骤

在目标市场上,企业做出市场定位决策后,要大力开展广告宣传,把企业的定位观念准确地传播给潜在购买者。市场定位的关键在于企业要设法找到每个企业独特的竞争优势以吸引特定顾客的需求,并把相关的信息与目标市场充分沟通,从而确立企业在竞争市场的位置。为此,企业可以遵循下列步骤来实现市场定位:

1)分析影响市场定位的因素

在进行市场定位前,企业需要调查了解几个影响市场定位的因素:第一,竞争对手的定位状况。要了解竞争者产品市场定位,产品的特色是什么,在顾客心目中的形象如何,衡量竞争者在市场中的竞争优势。第二,目标顾客对产品的评价标准。要了解购买者对所要购买的产品的最大愿望和偏好,以及他们对产品优劣的评价标准是什么。一般来说,消费者主要关心的是产品功能、质量、价格、款式、服务、节电、低噪音等,当然,消费者对不同产品的评价标准也会有所不同。第三,企业的潜在竞争优势。企业要确认自己在目标市场的潜在竞争优势是什么,才能准确选择竞争优势。一般来说竞争优势有两种形式:一是价格,即在同样的条件下比竞争者更为低廉的价格;二是偏好,即能为消费者的特定偏好提供特色的商品。企业要想获得竞争优势就要在这两个方面下功夫,一方面争取价格优势,另一方面注重产品的特色开发。

2）分析潜在竞争优势

在充满竞争的市场中,企业取得优势的关键是"特性",即产品、服务等多个方面的差异化,通过与竞争对手在产品、促销、价格等方面的对比分析,企业了解自己的长处和短处,进行恰当的市场定位。企业可以通过产品的特点、质量、服务、顾客心理体验和顾客的既得利益来进行差别化的定位。例如"七喜"饮料的"非可乐"类饮料的定位,强调了它是不含咖啡因的饮料,和市场上主流的"可乐"类饮料区分开,反而更加突出了自己的独到之处,把本来很普通的产品性质变成了引人注目的"卖点"。

3）选择相对竞争优势

相对竞争优势是指企业能够在竞争中取胜的能力,通过在产品、质量、服务等各方面与竞争对手进行重要性、独特性、优越性、领先性、沟通性、可接近性和盈利性的比较,企业可以准确地从这些差异化中找出竞争优势。定位应该始终立足于市场,以清晰明确、重点突出为宗旨,避免贪多带来混乱、模糊的局面。通常,一个企业若能持之以恒地宣传一个定位,企业本身或者产品都会更容易被消费者记住,并且赢得更多的忠实顾客,提高客户满意度。例如,脑白金反复强调的"收礼只收脑白金"概念,使其产品在礼品市场上长期占据重要地位。

4）显示独特的竞争优势

市场定位的最后一个步骤是当企业明确自身与竞争对手相比存在的竞争优势后,应选择最核心的优势来定位,通过一些宣传推广活动把这些优势准确地传播给潜在顾客,并使之在消费者心中留下深刻的印象。因此,首先,企业应使目标消费者了解、知道、熟悉、认同、喜欢和偏爱企业的市场定位,要在消费者心目中建立与该定位相一致的形象。其次,企业通过一切努力,深入地了解目标消费者,稳定目标消费者的态度,加深目标消费者的情感,以此巩固企业市场形象。最后,企业应注意目标消费者对其市场定位理解出现的偏差,或由于企业在宣传上的失误而造成目标消费者对市场定位的模糊认识和误会,应及时纠正,使市场定位与市场形象保持一致。

5.3.3 市场定位策略

市场定位作为一种竞争战略,显示了一种产品或一家企业在行业中的竞争态势,是一种面向社会和消费者的承诺。企业需要通过对目标市场的调查研究,知悉消费者的需求情况以及需求获得满足的程度等信息,还要对竞争对手有充分的分析,了解他们的定位和相关营销策略的实施效果。在实践中,企业可以选择以下几个市场定位策略:

1）填空补缺式定位

填空补缺式定位又称回避性定位或创新式定位,是指企业为避开强有力的竞争对手,将产品定位在目标市场的空白或是"空隙"部分,寻找新的尚未被竞争者发掘或占领,但为许多消费者所重视的位置,根据自身特点和优势发展目前市场上没有的某种特色产品。企业把产品定位于目标市场上的空白处,可以避开竞争,迅速在市场上站稳脚跟,并能在消费者或用户心目中迅速树立一种形象。这种定位方式风险较小,成功率较高,常常为多数企业所采用。但采用这种方式必须确定:①市场空白形成的原因是什么,是潜在需求的缺乏,还是竞争对手无暇顾及;②这一市场"空隙"是否有相应数量的潜在消费者,即市场规模是否足够大,企业是否有利可图;③企业是否有足够的技术力量去开发目标市场的产品。如果有能力,那将独领风骚,获得可观的经济效益,否则只能望洋兴叹,无能为力。

2)针锋相对式定位

针锋相对式定位又称竞争性定位或迎头定位,这种战略是把目标市场定在与竞争者相似的位置上,同竞争者争夺同样的目标顾客,抢夺市场份额,实施这种策略的企业除了在产品、价格、分销及促销等各个方面和竞争对手的区别不大,一般还要具备一些条件:①与企业条件相符合的市场已被竞争者占领,但该市场容量足够吸纳两个竞争者的产品;②这种定位与本企业的信誉和特点相适应;③本企业实力比竞争者雄厚,拥有更多的资源,能生产比竞争者质量更优或成本更低的产品。采用这种定位策略的企业事先应做好充足的准备,因为存在较大的风险,成功了,企业可以独占鳌头;但一旦失败,企业可能会损失惨重,或者与竞争者两败俱伤。

营销链接 5-7

百事可乐与可口可乐,是竞争? 还是彼此成就?

美国可口可乐与百事可乐公司是两家以生产、销售碳酸型饮料为主的大型企业。可口可乐自1886年创建以来,以其味道独特扬名全球,使晚于其"出生"的百事可乐在第二次世界大战以前一直处于难以望其项背的境地。

第二次世界大战后,百事可乐采用了迎头定位策略,专门与可口可乐抗衡,把自己置身于"竞争"地位。作为碳酸饮料市场双雄,可口可乐与百事可乐这对"冤家"进行了上百年的竞争与厮杀,在这百年间,双方的态势,不是西风压倒东风,就是东风压倒西风,通过这场旷日持久的饮料大战,可乐饮料引起了越来越多消费者的关注,当大家对百事可乐与可口可乐之战兴趣盎然时,双方都是赢家,因为喝可乐的人越来越多,两家公司都获益匪浅。

这两大王牌饮料斗争了近百年,不但没有垮掉,彼此反而越做越大,据英国发布的"2020全球最有价值的软饮料品牌25强"排行榜,可口可乐品牌价值为379.35亿美元,名列第一位,名列第二位的百事可乐价值为189.22亿美元。相信两者的较量还会继续下去!

(资料改编自:前瞻产业研究院.龙头之争:可口可乐 VS 百事可乐 谁才是碳酸饮料行业"C位"[EB/OL].(2020-11-23)[2021-04-01].搜狐网.)

3）重新定位

重新定位也称二次定位或再定位，是指随着企业的发展、技术的进步、市场环境的变化，企业对过去的定位作修正，改变目标顾客对其原有的印象，以使企业拥有比过去更多的适应性和竞争力。一般来说，企业在遇到下列情况时就需要考虑重新定位：①企业的经营战略和营销目标发生了变化；②原有定位附近出现了强大的竞争者，企业面临激烈的市场竞争；③消费者偏好发生了变化，企业需要适应目标顾客的新需求。企业在重新定位前必须慎重考虑两个因素：一是重新定位的成本，即企业的市场定位从一个分市场转移到另一个分市场时所付出的全部成本有多大；二是重新定位的收益，即企业在新的市场位置上营业空间会有多大。这取决于新的市场上的顾客数量和竞争状况，以及价格承受能力等条件。

5.3.4 市场定位的方式

在日益激烈的市场竞争中，企业要想突出自身产品的特色与优势，吸引更多消费者的关注，树立独特的产品形象和企业形象，取得竞争的胜利，获得更多的市场份额，还需要使用一些具体的定位方法，在实践中，企业可以通过以下几种方式来获得差异化优势：

1）产品定位

构成产品内在特点的因素很多，如属性、功能、价格、质量等都可作为定位的依据。

（1）属性定位

对新产品来说，强调某一种对手所欠缺的属性，对新产品的市场投放效果会有很大的帮助。"泰宁诺"止痛药的定位是"非阿司匹林"的止痛药，说明此药的成分与以往止痛药有本质的差别。

（2）品质定位

产品定位是指产品通过自身良好的品质进行定位，品质定位的关键是改良商品的质量，以接近消费者的理想商品形象，运用多种方式让消费者体验产品的优势，给他们留下明确、清晰的印象，以维护自己的产品地位和形象。如人们提到奔驰、宝马汽车，就会想到它们的高品质。

（3）价格定位

大多数情况下，价格是影响消费者做出购买决策的重要因素，选择价格定位，可以很好地突出企业的优势。价格定位一般有三种情况：一是高价定位，即以比竞争者更高的价格进行定位，采用这种定位的企业一般都会借助良好的品牌优势、质量优势和售后服务优势。二是低价定位，即以低于竞争者的价格将产品投放市场。实施这种定位的企业要么具有绝对的低成本优势且产品销量大，要么是出于在竞争中取胜、树立品牌形象等战略性的考虑。三是市场平均价格定位，即用市场同类产品的平均价格水平定位。

（4）功能定位

根据产品能满足的需求或提供的利益、解决问题的程度来定位。如海飞丝洗发水定位为有效去屑。一般来说，产品的功能从心理与行为的角度可以分为两大类，一类是产品的基本功能；另一类则是产品的心理功能，即产品唤起消费者高层次需求或满足消费者高层次需求的功能。随着市场经济的发展，人们对产品的心理功能越来越重视。因为它能满足人们对审美的需要，能提高消费者个人的身份感，起到一种象征社会地位和个人品格的意义等。此外，企业若打破消费者的传统观念，创造出产品的新用途，让消费者重新去认识产品的用途，可以为企业赢得更广泛的市场，开创出一片新的天地。例如，2004 年 12 月，吉列公布其最新的剃刀——女用 Venus Vibrance 剃刀。女士用感应剃刀专门设计了较宽的刀柄，与男士用剃须刀相比更易于在洗浴时使用。因为欧洲女性汗毛较重，用化学药品除毛易损伤皮肤，于是女性刀片的出现倡导了一种美容新方法，受到众多女性的青睐。它具有女性化外观、淡雅的颜色和原创的感应刀片技术。在最初上市的 6 个月中，共售出 760 万件，包括替换刀片在内的销售额约达 4 000 万美元，远远超出了预计额。

2）服务定位

在产品同质化时代，消费者往往难以分辨出核心产品与服务之间的差异，只能将预期得到的服务以及服务的价值作为选购的标准之一。因此，在日益激烈的市场竞争中，服务因素逐渐成为竞争的新焦点。商家们已经充分认识到：要在 21 世纪消费者主导的市场竞争中生存，服务已成为赢得消费者、留住顾客的竞争优势。于是，世界各地都在兴起一场"以消费者为中心""以消费者满意为导向"的服务革命，"蓝色巨人"IBM 一直坚持"IBM 就是服务"的经营理念，致力于创造更多的顾客价值，从而赢得了广大消费者的信赖。海尔公司也一直以"真诚到永远"的高品质服务质量在中国的家电行业独占鳌头。

3）情感定位

情感定位是从消费者购买商品时所具有的购买动机来对产品进行分析定位的。心理定位是指企业从顾客需求心理出发，积极创造自己产品的特色，以自身最突出的优点来定位，从而达到在顾客心目中留下特殊印象和树立市场形象的目的。在一定水平的产品功能和属性的支撑下，这种定位已成为消费者购买决策的主要推动力。因此，在各种定位要素中融入某种让人心动的人情味，是情感定位的关键，可以激起消费者的心理共鸣。这种定位应贯穿于产品定位的始终，无论是初次定位还是重新定位，无论是填空补缺式定位还是针锋相对式定位，都要考虑顾客的需求心理，赋予产品更新的特点和突出的优点。例如，优乐美奶茶"捧在手心里的爱"就是一种情感定位。

4）档次定位

档次包括低档、中档和高档，企业可根据自己的实际情况任选其一，也可以针对不同的产品选择不同的档次进行定位。如白酒企业中选择高端定位的有茅台、五粮液、水井坊等,中端的有古井贡酒、郎酒、劲酒等,二锅头等就属于低端的定位。同一品牌的红酒根据出产的年份、所选用的原材料的不同可以划分为不同的等级,表明红酒的品质和档次,并以此作为档次定位的依据。

5)使用者定位

用目标使用群来为产品定位。如同样是大众公司的汽车,"辉腾"定位于成功、低调的人士;"polo"定位于年轻、充满活力的人士;"帕萨特"定位于成熟、稳重的商务人士;"尚酷"定位于有激情、运动型的人士。

6)竞争者定位

竞争者定位是暗示自己的产品比竞争者优异或与竞争者有所不同,产品可定位于与竞争直接有关的不同属性和利益。例如七喜"非可乐"的定位暗示了"可乐"类饮料含有咖啡因的不利;而百事可乐"年轻、活力"的定位也常常暗讽对手的"老态"。

7)多重因素定位

多重因素定位是将产品定位在几个层次上,或者依据多重因素对产品进行定位,使产品给消费者的感觉是产品的特征很多,具有多重作用或效能。一些护肤品可既以产品成分定位,如成分是天然植物原料还是化学成分,又以功能定位,如美白、防晒、保湿、抗皱等,还可以进行使用者定位,如适用对象是儿童还是年轻人或中老年人等。采用这种方式,跟产品本身有较大的关系,产品一定要有充分的内容,把"全"作为产品的竞争优势,这是其他竞争者一时无法达到的。

营销链接 5-8

钻石恒久远,一颗永流传

天然钻石作为石头,它的工业用处实在很少,可以说,如果没有戴比尔斯公司,天然钻石不会有今天。钻石在被发现以后的很长一段时间里只是皇家和贵族炫耀财富的饰品,产地固定而且产量稀缺。19世纪后期发生改变,因为南非居然神奇地发现了一座钻石矿,产量有几千万克拉。这一下不得了,那些投资钻石的商人彻底慌了。如果这些钻石进入市场,钻石的价值将大打折扣。1888年创建的大名鼎鼎的戴比尔斯公司,拉开了钻石营销的世纪大幕。

戴比尔斯一咬牙买下了整个钻石矿,之后小心翼翼地控制钻石出量,垄断了整个钻石的供货市场。最高时候戴比尔斯掌控着市场上90%的交易量。

如果买了钻石的人要出售掉,钻石的价格体系也会崩溃,所以要想稳定价格除了让别人买,还得不让他卖钻石。戴比尔斯对这个超级难题的解决方案是:把爱情同钻石紧紧结合在一起。因为:钻石=美好+永恒;而爱情=美好+永恒;所以:钻石=爱情。

从此钻石被定位为永恒、高贵、神圣。然后戴斯比尔借助电影情节和电影明星的宣传,在报纸杂志上登新闻故事和照片,强化钻石和浪漫爱情的联系。新闻故事着力于描述名人送给他们爱人钻石的大小,照片则着眼于知名女人手上钻石戒指的闪亮特写,时装设计师在访谈中说钻石是时尚的潮流。

1950 年,戴比尔斯更提出了广告语,"A DIAMOND IS FOREVER"——钻石恒久远,一颗永流传。通过这个营销,戴尔比斯一石三鸟:让男人都认为只有更大更美的钻石才能表达最强烈的爱意;让女人都认为钻石是求爱的必需;让人民认为钻石都代表着永恒的爱情。

当把一种商品提升到文化乃至习俗的高度,你拥有的就是宗教般狂热和虔诚的信徒。2011 年访华的南非副总统莫特兰蒂面对央视采访时说了这么一段话:"钻石只是人们虚荣心的产物,它只是碳而已,价格上涨并不是因为钻石会枯竭,而是人为造成的供不应求的局面。"

可以想象,当一个男人把关于钻石的种种都告诉自己的妻子时,他最可能遇到的情景就是妻子幽幽地说:"所以呢,你觉得给我看了这个,钻石就不用买了,是吧?"而男人一定会立刻摇头,斩钉截铁地说:"哪能啊,买,当然要买,咱还得买个大的,我这就是跟你说说。"这就是钻石的战略定位:在消费者心中,钻石与神圣永恒的爱情一样,是至高无上的代表。

(资料改编自:知乎)

5.3.5　定位失误

科特勒一再强调清晰而强势的竞争定位的重要性,他警告说,重大的定位失误会毁掉企业的市场营销战略。

1)定位过低

顾客对企业或其产品只有一个模糊的印象,并没有真正感觉到它有什么特别之处。由于毫无特色,该产品容易在拥挤的市场上被淹没。

2)定位过高

顾客对企业、产品或品牌的了解十分有限。例如,万宝龙的一支钢笔能卖到几千英镑,但是对该公司来讲,重要的是要让消费者知道,万宝龙也有售价不到 100 英镑的钢笔。

3)定位混乱

频繁变换和前后矛盾的信息,都可能导致顾客对公司的定位感到困惑,例如,零售商塞恩斯伯里在 20 世纪 90 年代痛失市场领导地位的原因主要是:它在是否发放会员卡以应对竞争对手特易购推出的会员卡促销行动,以及是否需要相对于其他竞争对手调整价格水平这两大决策上摇摆不定。

4)定位怀疑

顾客可能并不信任企业、产品或品牌的宣传。将自己定位为"现代女性和家庭首选的服饰商店"的 Home Stores 没有因为定位而获得现代女性的青睐,因为该市场的统治地位一直由马莎百货占据,顾客更加信任马莎百货,而不选择 Home Stores,这就是顾客的定位怀疑。

本质上,定位的核心在于理解消费者如何比较市场上各种可供选择的产品或服务,并制订战略向消费者说明,与现存或潜在竞争对手相比,公司所提供的产品和服务在顾客看重的方面有多么不同。与市场细分相结合,竞争定位是制订有效营销战略的关键。

营销工具

1.定位图

定位图是一种直观的、简洁的定位分析工具,一般利用平面二维坐标图的品牌识别、品牌认知等状况作直观比较,以解决有关的定位的问题。其坐标轴代表消费者评价品牌的特征变量,图上各点则对应市场上的主要品牌,它们在图中的位置代表消费者对其在各关键特征因子上的表现的评价。如图 5-5 所示,图上的横坐标表示特征变量1,纵坐标表示特征变量2,图上各点的位置可以显示各产品、品牌在顾客心目中的印象及之间的差异,在此基础上作出定位决策。

例如,绘制咖啡的定位图,图 5-6 中的横坐标表示咖啡口感香醇程度,纵坐标表示口味的浓淡程度。而图上各点的位置反映了消费者对其口感和味道的评价。如 A 为星巴克,消费者认为其口感较香醇,味道较浓郁;B 为雀巢,消费者认为其口感虽然香醇但口味较淡;而 C 为麦斯威尔,消费者认为其口感一般,不浓不淡。

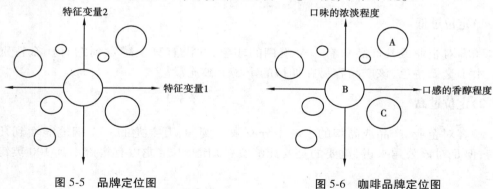

图 5-5　品牌定位图　　　　　　图 5-6　咖啡品牌定位图

如果需要做更复杂的分析(两个以上的特征变量),可用其他的定位工具,如排比图和多元分析的统计软件。

2.排比图

排比图是将多个特征因子按照重要程度排列出来,在每个因子上分别比较各品牌的表现,最后在此基础上寻找市场空当进行定位。排比图最大的特点是适应多因素分析,有助于在纷繁的变量中寻找定位。如图 5-7 所示,在排比图左侧是产品的特征因子,其重要程度由上而下递减,用字母 D、E、F、G、H 代表四个普洱茶品牌的比较对象,在相应每一特征因子的横线上依各自在该方面表现的相对强弱而排列,强弱程度从左至右递增。如在"口感"这一变量上,D 品牌表现最佳,被公认为口感最好,G、

F、H 三种品牌则口感相近且都为一般,而 E 则最差,排在最左边。

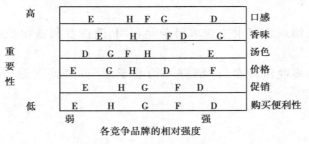

图 5-7 排比图

绘制排比图最关键的是特征因子的选择,特征因子是以消费者为导向的,即那些目标顾客认为最重要、能影响他们决策的要素。在消费者的需求差异越来越大而同时产品之间的同质性越来越高的今天,作为定位基础的特征因子也越来越多,这使得选择关键特征因子的难度越来越大,多因素分析的排比图可降低选择因子难度,还能更全面地进行分析。但排比图的多个因子是平行排列的,对各因子之间的关系表现得不够清楚,因此,排比图较适合那些从单因子出发的定位。

重要概念

市场细分　无差异营销　差异营销　集中营销　目标市场　市场定位

同步训练

单项选择题:

1.市场细分的依据是（　　　）。
　A.产品类别的差异性　　　　　　　　B.消费者需求与购买行为的差异性
　C.市场规模的差异性　　　　　　　　D.竞争者营销能力的差异性

2.不属于市场细分有效条件的是（　　　）。
　A.差异性　　　　B.可衡量性　　　　C.可盈利性　　　　D.反应差异

3.企业希望开拓和占领为自己带来最大经济效益的细分市场叫（　　　）。
　A.市场细分　　　B.市场定位　　　C.目标市场　　　D.消费者市场

4.同质性较高的产品,宜采用（　　　）。
　A.产品专业性　　B.市场专业化　　C.无差异营销　　D.差异营销

5.定位是指（　　　）。
　A.生产　　　　　B.交换　　　　C.分配　　　　D.促销

判断题:

1.人类的欲望是市场营销的基石。　　　　　　　　　　　　　　（　　　）
2.从营销理论的角度看,市场就是买卖商品的场所。　　　　　　（　　　）

3.市场营销学是一门建立在经济学、行为科学和现代管理学等基础上的应用性、边缘性学科。 （　　）

4.社会市场营销观念要求企业求得企业利润、消费者利益和经销商利益三者之间的平衡与协调。 （　　）

5.自古至今许多经营者奉行"酒好不怕巷子深"的经商之道，这种市场营销管理哲学属于生产观念。 （　　）

简答题：

1.什么是市场细分？消费者市场细分的主要依据是什么？
2.市场细分对企业市场营销有何积极意义？
3.什么是目标市场？企业选择目标市场的模式有哪些？
4.决定企业选择特定目标市场的关键因素是什么？
5.什么是市场定位？企业市场定位的战略有哪些？

案例分析

拼多多，从下沉市场颠覆传统电商的破局者

品牌市场定位要么第一，要么唯一。拼多多能在巨头垄断市场的情况下脱颖而出，遵循的就是这一法则。从巨头摸不到的三、四线及以下城市入手，主打低价、社交电商，在本质上与巨头打起了差异战，成功突围而出。

传统的电商讲究的是多快好省，目的是让用户能够快速地找到自己心仪的商品并完成购买，注重的是效率、品质；上拼多多的人以三、四线城市或者有闲暇的人为主，他们有时候根本不知道自己想要什么、需要买什么，只是闲逛，看到喜欢的、合适的再拍下来，并分享到好友圈，让好友一块拼单且以低价买下商品，对于商品质量并不特别注重，只要能用就好，人们想拥有一种网上逛街购物的感觉，而拼多多恰好满足了这类人的需求。

拼多多早期依托微信流量红利进行"社交裂变"，从分享拼团的社交电商模式启动，用社交关系主动匹配下的社交零售和分享经济替代传统的流量分发和搜索零售，在渠道和流量上，降低获客成本；在商品匹配上，通过拼单了解用户，用算法进行精准推荐；把商品和人联系在一起，并将娱乐社交的元素融入电商运营中，在日启动次数和日使用时长上的成绩突出，增加用户的黏性和活跃度。

目前拼多多进入新的发展历程，业务路径已经开始变化，向C2B和C2M电商演进，通过"百亿补贴"、节目赞助等方式出圈，培养用户习惯，扩大市场份额。根据拼多多发布的战略，留存和复购第一，GMV第二，这直接体现了拼多多对用户留存、活跃度和用户黏性的重视。拼多多目前没有购物社区方面的运营，在2020年2月底新上线的拼小圈，和朋友圈形式相似，位置显眼，是拼多多对电商领域社交关系链的探索。拼多多进军直播业务后强调将直播作为免费工具提供给商家和个人，拼多多的直播在浏览商品时即可进入，分散且低调，用户因为对商品感兴趣所以看直播，主播通过打赏和分佣的方式获取收益。

思考与分析：

1.拼多多是如何进行市场细分的？

2.拼多多公司的定位成功吗？有哪些值得其他企业学习的地方？

（资料改编自：Miaohous.产品分析：拼多多,从下沉市场颠覆传统电商的破局者 [EB/OL].(2020-04-21)[2021-04-01].人人都是产品经理.）

营销实训

1.假定你是某果汁型饮料的市场营销经理,针对你所经营的产品,分析研究"谁是你的客户",找准你的目标市场,实施市场定位策略。以实地调查为主,配合二手资料调查,并回答以下问题：

（1）当前客户的基本资料：年龄、性别、收入、文化水平、职业、家庭大小、民族、社会阶层、生活方式。

（2）他们来自何处？ 本地、国内、国外、其他地方。

（3）购买内容？ 核心产品、有形产品、附加利益。

（4）购买频率？ 每天、每周、每月、随时、其他。

（5）购买量？ 按数量、金额。

（6）付款方式？ 赊购、现金、刷卡、签合同。

（7）了解企业、产品的渠道是什么？ 网络、广告、报纸、广播、电视、口头。

（8）客户对公司、产品、服务的感受？

（9）客户期待企业能够或应该提供的好处是什么？

（10）市场容量的大小？ 按区域、人口、潜在客户。

根据以上资料,选择有效的细分标准细分市场,确定目标市场,然后再确定这一产品的市场定位,并拟写市场定位建议书。

2.列举三种不同品牌的保健品,分析它们各自的定位战略以及每一种定位是如何传达给目标市场的消费者的。

模块四

完成市场营销组合策略

项目 6
产品策略

【案例引导】

"中国李宁"引领新国潮

大家对国货品牌都有一个固定的印象,款式老套、设计土俗、不好搭配衣裤,这都是大家对国产运动品牌"避而远之"的原因。但今非昔比,国产运动品牌早已跟上了时代的步伐,设计新颖,加入了很多国际潮流元素,配色也越来越大胆,不再沉闷单调,非常符合潮流的街头元素。

李宁的"国潮"改变了"李宁"的气质。其真正的破局点,不在于潮,而在于国。否则,就只是一场秀而已。能快速得到Z世代认同,又不被昔日的老用户所抛弃,恰恰在于"李宁"在昔日和当下,都扮演着国字号的"潮牌"。

"李宁"打出的"国潮"基于国而兴于潮。如"国潮"兴起于运动品牌一般，"李宁"的品牌气质恰恰与"国"休戚相关。

在谈及为何会想到将"中国李宁"印在胸前时，李宁本人表示，我过去比赛就是代表中国，介绍我的时候就说"China-LiNing"，没有任何多余的语言，所以我们想，能够把中国的文化、体育跟时尚结合，就像一个中国印章一样，写上"中国李宁"就够了。当时"中国李宁"还未成为新的系列或者子品牌，做中国的"李宁"也就更具有文化意义和精神意义。

然而，这一切可以追溯得更远。在新中国体育刚刚开始争锋世界的年代，"李宁"两个字就是国人的骄傲：1982 年，李宁在第 6 届世界杯体操比赛中夺得男子全部 7 枚金牌中的 6 枚；1984 年的第 23 届洛杉矶奥运会，李宁又获得自由体操、鞍马和吊环三项冠军，个人拿下三金二银一铜，是该届奥运会获得奖牌最多的运动员。

抛开李宁个人成就，厚重的"民族象征"本就是"李宁"这个品牌兴起的基石。

1990 年，第十一届亚运会在北京召开，"李宁"成为首家赞助国际体育比赛的中国体育品牌；从 1992 年巴塞罗那奥运会到 2004 年雅典奥运会，中国代表团上台领奖就没穿过其他牌子的衣服，"李宁"成了标配。

在"80 后"们热衷运动时尚的时代，"李宁"本身就代表着"国潮"——一个国家在体育领域的时尚潮流。

这种成功模式，在李宁归来后再度鲜明起来。

外界往往认为纽约时装周首秀是"中国李宁"的起点。然而在 2017 年 10 月底，李宁公司官方微信公众号中就提出了"中国李宁"，随后品牌在微博中创建#中国李宁#和#中国·李宁·原创#两个话题。"蓄谋已久"的"中国李宁"即使没有时装周也会爆发，因为这个潮牌真正的首秀场地是"情怀"。

于是，在纽约时装周时，这种情怀一下子就感动了 Z 世代。汉语的方块字属于中国风，古典的红黄搭配的中国队运动服，再加上服装上的印花——洛杉矶奥运会李宁参加吊环与鞍马比赛的历史图片，以及李宁比赛服号码等都告诉所有人，这是独一无二的"李宁"。

潮牌的初衷，本就是独一无二，结果李宁自己再次成为"中国李宁"的独有超级 IP 和差异化"护城河"。国潮，恰恰在国学热、汉服热以及民族自豪感的支撑下兴起，"中国李宁"刚好押中了上述痛点，成就了世代情怀。

所谓世代，即是传承。世代情怀的好处，可让品牌不会随着第一代消费者一起慢慢变老……比"李宁"晚 5 年出生、同是"80后"们回忆的美特斯·邦威,作为快时尚品牌,暂时还没有找到这份幸运。

2021年3月,有网友晒出带有李宁的标签的图片,上面显示:该面料采用新疆优质长绒棉。此前,H&M一份"停用新疆棉花"声明近日引发中国网友不满。事实上,近两年发表过与新疆棉花"切割"言论的外国企业还有不少。其中包括BCI成员巴宝莉、阿迪达斯、耐克、新百伦等。目前查询发现,耐克官方声明无法打开,网友纷纷表示:中国市场不欢迎恶意中伤者!

光明网 V
3月25日 09:49 已编辑
【#李宁把新疆棉写在标签上#】有网友晒出图片李宁的标签显示:该面料采用新疆优质长绒棉👍
此前,H&M一份"停用新疆棉花"声明近日引发中国网友不满。事实上,近两年发表过与新疆棉花"切割"言论的外国企业还有不少。其中包括BCI成员巴宝莉、阿迪达斯、耐克、新百伦等。目前查询发现,#耐克官方声明无法打开##耐克#网友纷纷表示#中国市场不欢迎恶意中伤者#!收起全文 ∧

思考与分析:
1."中国李宁"与"李宁"最大的区别是什么?
2.结合案例讨论品牌如何焕发新的生机?
(资料来源:张书乐.被"撕裂"的李宁,重新定义"国潮"[J].销售与市场(营销版),2019(10):40-48.)

【情景创建】

将全班同学按5~6人分为若干小组,每组选出一名组长。各小组选择自己熟悉并感兴趣的产品类型,并为该类型的产品推出相关的新产品,让学生实际体验产品策略的制订过程。

【任务分解】

任务:让学生实际体验产品策略的制订过程
活动1:通过调查分析,界定这一新产品的目标市场及主要的顾客需求;

活动 2：界定并明确表述新产品的基本属性；

活动 3：为新产品制订品牌策略和包装策略；

活动 4：设计新产品的上市销售计划。

任务 6.1 产品概念

6.1.1 产品概念

现代营销观念认为："顾客导向"是企业经营的基点,若企业不能生产出满足消费者需要的产品,其他策略与战术再高明也要失败。产品策略是企业营销组合策略中最重要,也是最基本的构成要素,是其他营销组合因素的基础。企业能否制订和实施正确的产品策略对企业营销成败关系重大。营销人员在此阶段的主要工作任务就是根据产品的整体概念,对市场上的同类竞争产品和企业的产品组合进行研究分析,并对其产生的市场效应做客观评价,以协助企业制订切实可行的产品组合策略。

产品是指能够提供给市场以满足需要和欲望的任何东西。产品在市场上包括实体商品、服务、经验、事件、人、地点、财产、组织、信息和创意。

关于产品的概念,有狭义和广义之分。狭义的产品概念局限于某种物质的形态和具体的用途,一般被理解或表述为:由劳动创造,具有价值和使用价值,能满足人类需求的有形物品。广义的产品概念具有极其宽泛的外延和深刻的内涵,一般被表述为:是指能够通过交换满足消费者或用户特定需求和欲望的一切有形物品和无形服务。其中,有形物品包括产品实体及其品质、款式、特色、品牌和包装等;无形服务包括使顾客的心理产生满足感、信任感以及各种售后支持和服务保证等。

6.1.2 产品分类

根据传统惯例,营销人员以产品的各种特征为基础将产品分成不同的类型。

1)按产品耐用性和有形性分类

（1）非耐用品

非耐用品属于有形产品,消费时,它一般具有一种或一些用途:如啤酒和肥皂等。由于这类产品消耗快,购买频率高,因此与之对应的营销战略是:使消费者能在许多地点购买到这类产品;售价中包含的盈利要低;要大力做广告宣传,以吸引消费者作一番尝试,并促其建立偏好。

（2）耐用品

耐用品属于有形产品，通常有许多用途：如冰箱、机床和服装等。耐用品一般需要较多地采用人员推销和服务的形式，它应当获得较高的利润，需要提供较多的销售保证条件。

（3）服务

服务是无形、不可分离、可变和易消失的。作为结果，他们一般要求更多的质量控制、供应者信用能力和适用性。例如理发和修理。

2）按购买者的购买习惯进行分类

（1）方便品

方便品指顾客经常购买或即刻购买，并几乎不做购买比较和购买努力的商品。这类产品包括烟草制品、肥皂和报纸等。方便品还可进一步细分为日用品、冲动品和急用品等。

（2）选购品

选购品指消费者在选购过程中，对产品的适用性、质量、价格和式样等基本方面要做有针对性比较的产品。这类产品包括家具、服装、旧汽车和重要器械等。选购品可以进一步分为同质选购品和异质选购品。

（3）特殊品

特殊品指具有独有特征或品牌标记的产品，对这些产品，有相当多的购买者一般都愿意为此做特殊的购买努力。这类产品通常包括特殊品牌和特殊式样的花色商品，小汽车、摄影器材及男式西服等。

（4）非渴求商品

非渴求商品指消费者未曾听说过或即使听说过一般也不想购买的产品。新产品如烟尘检查仪和食品加工器就属于此类产品，消费者通过广告宣传才了解了它们。传统的非渴求商品有人寿保险、墓地、墓碑以及百科全书。

3）根据工业品如何进入生产过程和相对成本进行分类

（1）材料和部件

材料和部件指完全要转化为制造商所生产的成品的那类产品。它们可以分为两类：原材料以及半制成品和部件。

（2）资本项目

资本项目指部分进入产成品中的商品。它们包括两个部分：装备和附属设备。

（3）供应品和服务

供应品和服务是短寿命的商品和服务项目，它们促进了最终产品的开发和管理。

营销链接 6-1

海底捞的极致服务文化

关于海底捞，您听说过哪些传说？

 一对情侣去海底捞吃饭，两人不知怎么地吵架了，饭也吃得很不愉快，结账的时候服务员竟然送上了一束花和一张贺卡，意思是希望两人和好，高高兴兴地吃完饭。

 客人想把剩下的切片西瓜打包带走，服务员说，对不起，打开的西瓜不能打包。临走时，服务员竟提来一整个西瓜："对不起，打开的西瓜不能打包，给您一个没打开的。"

 一位客人去海底捞吃饭，嘴里随便叨了一句要是有冰激凌就好了，结果没一会儿，服务员递给她了一枚可爱多甜筒。

人类已经无法阻止海底捞了？！

深度服务
——您能得到哪些服务？

就餐前	就餐中
• 当来到海底捞的门前的时候，专门的泊车服务、免费擦车 • 走到海底捞餐厅时，如果人很多，那么您将得到免费的瓜子、茶水、水果、点心；免费的报纸、杂志、上网、扑克、跳棋、军棋；免费的擦鞋、美甲、儿童专区，专人陪玩	• 给戴眼镜的朋友，送来擦镜布 • 微笑的服务员，近在身边（每桌都至少有一个服务员） • 推荐半份菜，不推荐酒水 • 服务员定时为顾客送毛巾、续饮料 • 服务员可以帮忙下菜、捞菜、剥虾皮 • 服务员熟悉客户的名字，甚至记得一些人的生日、纪念日 • 洗手间专人服务（水龙头、洗手液、毛/纸巾），提供美发护肤用品 • 餐厅设置"电话亭"，就餐客人可以在里面享受免费电话

人性化，就是最大的特点！

思考与分析：

结合海底捞的服务文化,试分析其产品概念层次及其成功原因。

6.1.3　产品整体概念

关于产品整体概念,学术界曾用核心产品、形式产品和延伸产品（附加产品）三个层次内容加以表述。但近年来,以菲利普·科特勒为代表的北美学者提出产品的整

市场营销实务

体概念包括核心产品、形式产品、期望产品、延伸产品和潜在产品五个层次内容。他们认为这样做能够更深刻且有逻辑地表达产品整体概念的含义(图 6-1)。

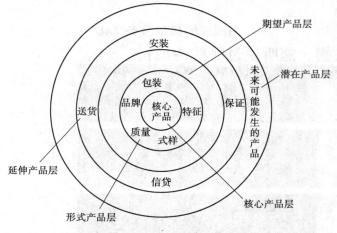

图 6-1 整体产品概念的五个层次

1)核心产品

最基本的层次是核心利益,即核心产品,是指向消费者提供的基本效用或利益,是消费者真正要买的东西,是产品整体概念中最基本、最主要的内容。比如,在酒店,顾客真正要购买的是"休息与睡眠"。营销者必须要认识到他们自己是利益的提供者。

2)形式产品

在第二个层次,营销者必须将核心利益转化为基础产品,即形式产品。它是指产品的本体,是核心产品借以实现的各种具体产品形式,是向市场提供的产品实体的外观。形式产品由产品质量(品质)、特色(特征)、式样、品牌和包装五个方面的有形因素构成。如一个酒店的房间应包括床、浴室、毛巾、桌子、衣橱、卫生间等。

3)期望产品

在第三个层次,营销者准备了一个期望产品,即消费者购买产品时通常期望得到的与产品密切相关的一整套属性和条件。例如,顾客期望干净的床、新的毛巾、工作台灯和相对安静的环境。

4)延伸产品

在第四个层次,营销者准备了一个附加产品(延伸产品),即包括增加的服务和利益。例如,酒店能增加它的产品,包括电视机、网络、鲜花、迅速入住、结账快捷、美味晚餐和良好房间服务等。今天从本质上说,竞争发生在产品的附加层次,但在欠发达国家,竞争主要发生在期望产品层次。产品的附加层次要求营销人员必须正视购买者的整体消费系统,即用户在获得、使用、修理和处理产品上的行为方法。

延伸产品是指消费者购买形式产品和期望产品时,附带所获得的各种附加服务和利益的总和,它包括产品说明书、提供信贷、免费送货、保证、安装、维修、技术培训等,不同企业提供的同类产品在核心和形式产品层次上越来越接近。

5)潜在产品

潜在产品是指现有产品最终可能实现的全部附加部分和新转换部分,或指与现有产品相关的未来可发展的潜在性产品。在这里,公司用新的方法满足顾客并区分他的供应品。

根据整体产品的概念,如果产品物质部分的功能相同,而包装、特点及随产品所提供的服务等有好坏的差别,就会直接影响到企业产品的销售。因此,在以顾客为导向的营销观念的指导下,企业必须根据整体产品的概念,在研究消费者不同需求的基础上,致力于提供不同的形式产品与延伸产品。

知识链接 6-1

产品层级的分析

根据产品概念涵盖面的大小,我们可将产品分为七个层级,即从最基本的需要类型开始(涵盖面最大的层次)到具体的产品项目(涵盖面最小的层次),每个层级都包含着一组相互关联的产品,我们以轿车为例,来分析一下这七个层级的含义:

1.需要类型:指产品所应满足的基本需要的种类。如交通、出行。

2.产品门类:用以满足某一需求种类的广义产品。如对于出行代步的需求可用各种交通工具来加以满足,"交通工具"就是一个产品门类。

3.产品种类:产品门类中具有某些相同功能的一组产品,如在交通工具中"汽车"就是一个产品种类。

4.产品线:同一产品种类中,密切关联的一组产品,它们有基本相同的功能和作用,以具有同样需求的顾客群体为市场,并以基本相同的方式和渠道进行销售,如在汽车这一产品种类,"轿车"就可构成一种产品线。

5.产品类型:在同一产品线中,可以按某种性质加以区别的产品组,其可能由一个或几个产品项目所构成,如在轿车中,可有"微型轿车""普通轿车"和"豪华轿车"等不同的类型。

6.产品品牌:用以命名某一个或某一系列产品项目的产品名称,其主要用于区别产品的特点或渊源,如"丰田""福特""桑塔纳"都是轿车的品牌。

7.产品项目:是指某一产品线或产品品牌中,一个具体明确的产品单位,其主要以品种规格来加以区分,如在"桑塔纳"轿车中有"普通型"桑塔纳和桑塔纳2000型等具体品种。

产品层级一方面反映了产品概念的涵盖面,另一方面反映了其所针对的顾客需求的个性化程度。越是接近"需求类型"层次,顾客需求的共性就越突出,越是接近"产品项目"层次,顾客需求的个性化就越明显,所以产品层级原理,是一个对市场逐步"狭化"的过程。企业可依此进行市场细分,选择目标市场,并建立产品的个性特色。

产品层级与其他产品有联系。产品层级从基本需要开始,一直延伸到能够满足这些需要的一些具体项目。我们将其界定为七个层级(在这以人寿保险为例):

1.需求族。体现产品门类的核心需求。例如:安全。

2.产品族。能满足某一核心需要的所有各种产品。例如:储蓄和收入。

3.产品种类。产品集合中被认为具有某些相同功能的一组产品。

4.产品线。同一产品种类中密切相关的一组产品。它们以类似方式起作用,或出售给相同的顾客群,或通过同类的销售网点出售,或在一定的幅度内作价格变动。例如:人寿保险。

5.产品类型。指同一产品线中分属于若干可能的产品形式中的那些产品项目。例如:有期限人寿保险。

6.品牌。指与产品线上一种或几种产品项目相联系的产品名称,用以识别产品项目的来源和特点。

7.项目(或称库存单位或产品实体)。一个品牌或产品线内的明确的单位,它可以依据尺寸、价格、外形或其他属性加以区分。

(资料来源:百度百科)

任务 6.2 产品组合

现代企业为了更好地满足目标市场的需要,扩大销售,分散风险,增加利润,往往生产经营多种产品,这些产品在市场上的相对地位以及对企业的贡献有大有小。随着外部环境和企业自身资源条件的变化,各种产品会呈现新的发展态势。因此,企业如何根据市场需要和自身能力决定生产经营哪些产品,并明确各产品之间的配合关系,对企业的兴衰有着重要的影响。因此,企业需要对其产品组合进行研究和选择。

6.2.1 产品组合及相关概念

1)产品组合、产品线和产品项目

(1)产品组合

产品组合是指企业生产经营的全部产品的总和,是企业提供给目标市场的全部产品线和产品项目的组合或搭配,即企业的经营范围和产品结构。公司的产品组合还具有一定的宽度、长度、深度和黏度。

(2)产品线

产品线又称产品大类,是指产品在技术上和结构上密切相关,具有相同的使用功能,虽规格不同但满足同类需求的一组产品。

(3)产品项目

产品项目是指产品线中各种不同的品种、规格、质量、价格、技术结构和其他特征的具体产品,企业产品目录上列出的每一个产品都是一个产品项目。

产品项目、产品线与产品组合的关系如图 6-2 所示。

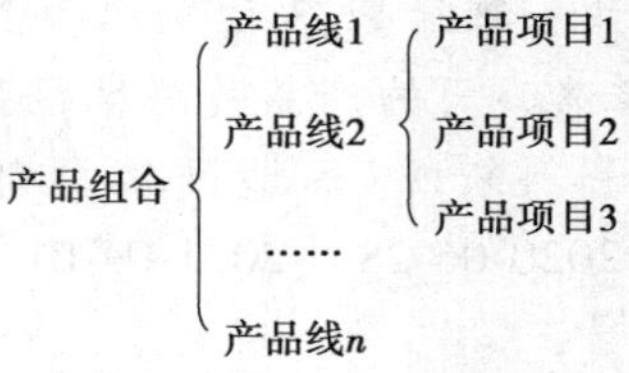

$$产品组合 \begin{cases} 产品线1 \begin{cases} 产品项目1 \\ 产品项目2 \\ 产品项目3 \end{cases} \\ 产品线2 \\ \cdots\cdots \\ 产品线n \end{cases}$$

图 6-2　产品项目、产品线与产品组合的关系

2)产品组合的广度、长度、深度与相关性

通常人们从产品组合的广度、长度、深度和相关性四个方面来描述企业的产品组合情况。

（1）产品组合的广度

产品组合的广度,也称宽度,是指企业所拥有的产品线的数量。产品线越多,说明企业的产品组合就越宽,否则就越窄。

（2）产品组合的长度

产品组合的长度是指企业所有产品线中所包含的所有产品项目的总和。以产品项目总数除以产品线数目即得出产品线的平均长度。

（3）产品组合的深度

产品组合的深度是指每一条产品线中每一品牌所包含的具体的花色、品种、规格、款式的产品的数量。

（4）产品组合的相关性

产品组合的相关性,亦称关联性,是指各条产品线之间在最终用途、生产条件、分销渠道以及其他方面相互关联的程度。

营销链接 6-2

宝洁公司的产品组合分析

宝洁公司(P&G)是美国消费日用品生产商,全球最大的日用品公司之一。总部位于美国俄亥俄州辛辛那提,2018 年宝洁营收为 668.32 亿美元,在 500 强榜单中排名第 18 位。

其产品组合具体可见下表:

	产品组合的宽度				
	洗发护发	护肤美容	个人清洁	口腔护理	织物和家居护理
产品线长度	飘柔 海飞丝 潘婷 沙宣 伊卡璐	玉兰油 SK-II 封面女郎	舒肤佳 玉兰油 激爽	佳洁士 欧乐 B	碧浪 汰渍 熊猫

宝洁公司有 6 个产品线:洗发护发、护肤美容、个人清洁、口腔护理、织物和家居护理。产品品目总数 16 个。平均长度:总长度(16)除以产品线数(6),结果为 2.6。

通过计算每一品牌的产品品种数目,可以算出宝洁公司的产品组合的平均深度。

如:佳洁士牌牙膏,3 种规格和 2 种配方,佳洁士牌牙膏的深度为 6。

宝洁公司的产品关联度很强,几乎都是洗化护理行业的产品。

(资料来源:落地网策划部.案例分享:海底捞模式——把服务做到极致[EB/
OL].(2020-06-28)[2021-04-01].百度文库.)

6.2.2 产品组合的评价

1)波士顿矩阵法

波士顿咨询集团是美国一流的管理咨询公司,在 20 世纪 60 年代初期,首创和推
广了"市场增长率—相对市场市场占有率矩阵"分析方法,由于该方法构造了一个四
象限的分析矩阵,因此称为波士顿矩阵法(Boston Consulting Group),或简称为 BCG
法。该方法利用两阶矩阵,共分四个战略决区,如图 6-3 所示。矩阵图中的纵坐标代
表市场增长率,即产品销售的年增长速度,一般以 10% 为高低分界线,10% 以上为高增
长率;10% 以下为低增长率。矩阵图中横坐标代表相对市场占有率,它表示企业某产
品的市场占有率与同行业最大竞争者的该产品市场占有率之比,一般以 1.0 为分界线
分为高低两个部分,1.0 以上为高相对市场占有率,1.0 以下为低相对市场占有率。如
果相对市场占有率为 0.4,则表示本企业的市场占有率是同行业最大竞争者市场占有
率的 2 倍,则本企业是市场的领导者。

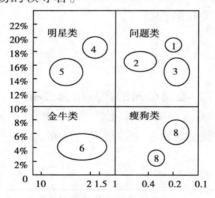

图 6-3 波士顿矩阵模式

2)产品组合的分析与评价

波士顿矩阵图中的圆圈代表产品线或产品项目(以下简称为产品单位),圆圈的
位置是由产品单位的市场增长率和相对市场占有率所确定的;图中每个圆圈表示一
个产品单位,圆圈的大小表示每个产品单位销售额的多少。波士顿矩阵图把企业的
产品单位分为 4 种不同的类型:

(1)明星类(Stars)

明星类产品单位具有高市场增长率和高相对市场占有率的特点,它是企业当前
经营比较成功、具有市场领先地位的产品单位。

（2）金牛类（Cash cows）

金牛类产品单位具有低市场增长率和高相对市场占有率的特点。当某产品的年市场增长率下降到10%以内，但它继续保持较高的相对市场占有率，这时，明星类产品就成了金牛类产品。这类产品能给企业带来大量的现金流。

（3）问题类（Question marks）

问题类产品单位具有高市场增长率和低相对市场占有率的特点。企业的大多数产品都是从问题类开始。这类产品的存在具有两种原因：一是这类产品的市场需求发展很快，而企业过去对这些产品的投资少，因而市场占有率小；二是企业的这类产品与竞争对手的同类产品相比，缺乏竞争优势。因此，如果企业要进一步发展问题类产品，则需要投入大量的资金，添置厂房、设备和人员，以此跟上迅速成长的市场需要，赶超市场领导者。

（4）瘦狗类（Dogs）

瘦狗类产品单位具有低市场增长率和低相对市场占有率的特点。一般来说。瘦狗类产品的利润很低甚至亏损，发展前途暗淡。瘦狗类产品一般是指进入了衰退期的产品，或者是指其企业缺乏竞争优势，经营不成功的产品。

上述4类产品单位在矩阵图中的位置不是固定不变的。任何产品都有其生命周期，随着时间推移，这4类产品单位在矩阵图中的位置也会发生变化。

3）确定产品投资策略

（1）发展策略

发展策略的目的是扩大产品单位的市场占有率。

（2）维持策略

维持策略的目的是保持产品的现有地位，维持现有的市场占有率。一般处于成熟期的产品，大都采用这种策略。

（3）缩减策略

缩减策略适用于处境不佳的金牛类产品及那些目前还有利可图的问题类和瘦狗类产品。对这类产品单位应减少投资。

（4）放弃策略

放弃策略的目的是处理和变卖某些产品单位，以便将有限的资源转移到那些经营效益好的产品单位上，从而增加盈利。放弃策略适用于那些没有发展前途的或妨碍企业增加盈利的问题类和瘦狗类产品。

6.2.3 产品组合决策

1）扩大产品组合策略

扩大产品组合策略包括扩大产品组合的宽度和增加产品组合的深度两方面的内容。扩大产品组合的宽度是在现有的产品组合中增加新的产品线。增加产品组合的深度是在现有产品线内增加新的产品项目。

2）产品线延伸策略

产品线延伸是指部分或全部改变企业现有产品线的市场定位，即将企业的产品线延长超出现有的范围。产品线延伸策略可分为向上延伸策略、向下延伸策略和双向延伸策略三种类型。

（1）向上延伸策略

向上延伸策略是指企业现在生产中档或低档产品，决定将在现有的产品线内增加高档或中档的同类产品项目，将进入高档、中档产品市场。

（2）向下延伸策略

向下延伸策略是指企业现在生产高档或中档产品，决定将在现有的产品线内增加中档或低档的同类产品项目，将进入中档或低档产品市场。

（3）双向延伸策略

双向延伸策略是企业现在生产中档产品，决定将在现有的产品线内同时增加高档和低档的同类产品项目，将同时进入高档和低档产品市场，从而扩大企业的市场阵地。

3）缩减产品组合策略

缩减产品组合策略包括缩减产品组合的宽度和降低产品组合的深度两方面的内容。缩减产品组合的宽度是在现有的产品组合中删除那些获利小、发展前景不好的产品线。降低产品组合的深度是淘汰现有产品线内某些市场前景不好、获利小甚至亏损的产品项目。

4）产品线现代化策略

在某些情况下，虽然产品组合的宽度、深度都很恰当，但产品式样可能已经过时，这就应当通过采用新的技术和制造工艺，改变产品面貌，使产品线现代化。

任务 6.3 产品生命周期

在不断变化的市场中，经久耐用、货真价实的产品并不会永远畅销。在买方市场条件下，任何产品都要经历一个由兴盛到衰退的演变过程。产品市场生命周期理论对于企业正确制订产品在不同阶段的营销策略，改进老产品、发展新产品，巩固企业的市场地位意义重大。企业营销人员在此项目实施中的主要工作任务就是协助企业营销部门判断各类产品所处的市场生命周期阶段，并根据各阶段的特点与表现正确制订、执行产品的营销策略，以便在激烈的市场竞争中通过产品的销售推广，不断巩固、提高企业的市场地位。

6.3.1 产品生命周期概念

1) 产品生命周期的概念

产品从投放市场到退出市场同其他事物一样,有出生、成长、成熟到衰亡的过程,市场营销学将产品在市场上的这一过程用产品生命周期加以描述。产品生命周期是指产品从研制成功投入市场开始,经过成长和成熟阶段,最终到衰退被淘汰退出市场为止的整个市场营销时期。产品市场营销时期的长短受消费者的需求变化、产品更新换代的速度等多种因素的影响。因此,不同产品有着完全不同的生命周期。

产品生命周期与产品的使用寿命概念不同,前者是指产品的市场寿命或经济寿命,产品在市场上存在时间的长短主要受市场因素的影响;而后者是指产品从投入使用到产品报废所经历的时间,其长短受自然属性、质量、使用频率和维修保养等因素的影响。市场营销学所研究的是产品的市场生命周期。

2) 产品生命周期各阶段及其特点

由于受市场因素的影响,产品在其生命周期内的销售额和利润额并非均匀地变化,不同时期或阶段,产品有着不同的销售额和利润,从这个角度,产品的生命周期可以以销售额和利润额的变化来衡量。按照销售额的变化衡量,典型的产品生命周期包括介绍期、成长期、成熟期和衰退期四个阶段,呈一条"S"形的曲线,如图6-4所示。

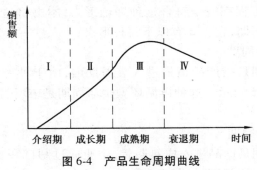

图6-4 产品生命周期曲线

3) 典型产品生命周期的四个阶段分别体现出不同的特点

（1）介绍期

介绍期又称引入期、试销期,是指新产品刚刚投入市场的最初销售阶段。其主要特点：①产品设计尚未定型,花色品种少,生产批量小,单位生产成本高,广告促销费用高;②消费者对产品不熟悉,只有少数追求新奇的顾客可能购买,销售量少;③销售网络还没有全面、有效地建立起来,销售渠道不畅,销售增长缓慢;④由于销量少、成本高,企业通常获利甚微,甚至发生亏损;⑤同类产品的生产者少,竞争者少。

（2）成长期

成长期又称畅销期,是指产品在市场上迅速为顾客所接受,销售量和利润迅速增长的时期。其主要特点：①产品已定型，花色品种增加，生产批量增大；②消费者对新产品已经熟悉，销售量迅速增长；③建立了比较理想的销售渠道；④由于销量增长，成本下降，利润迅速上升；⑤同类产品的生产者看到有利可图，进入市场参与竞争，市场竞争开始加剧。

（3）成熟期

成熟期又称饱和期，是指产品销量趋于饱和并开始缓慢下降、市场竞争非常激烈的时期。通常成熟期在产品生命周期中持续的时间最长。根据这阶段的销售特点，成熟期可以分为成长成熟期、稳定成熟期和衰退成熟期三个时期。三个时期的主要特点：①成长成熟期的销售渠道呈饱和状态，增长率缓慢上升，有少数消费者继续进入市场；②稳定成熟期的市场出现饱和状态，销售平稳，销售增长率只与购买人数成比例，如无新购买者则增长率停滞或下降；③衰退成熟期的销售水平开始缓慢下降，消费者的兴趣开始转向其他产品和替代品。

（4）衰退期

衰退期又称滞销期，是指产品销量急剧下降，产品开始逐渐被市场淘汰的阶段。其主要特点：①产品需求量、销量和利润迅速下降，价格下降到最低水平；②市场上出现了新产品或替代品，消费者的兴趣已完全转移；③多数竞争者被迫退出市场，继续留在市场上的企业减少服务，大幅度削减促销费用，以维持最低水平的经营。

4）非典型的产品生命周期

典型的产品生命周期是一种理论抽象，是一种理想状况，在现实经济生活中，并不是所有产品的生命历程都完全符合这种理论形态，本书将这种产品的生命周期称为非典型的产品生命周期，它主要有以下几种形态：

（1）再循环型生命周期

再循环型生命周期是指产品销售进入衰退期后，由于种种因素的作用而进入第二个成长阶段，如图 6-5 所示。这种再循环型生命周期是市场需求变化或企业投入更多促销费用的结果。

（2）多循环型生命周期

多循环型生命周期是产品进入成熟期后，企业通过制订和实施正确的营销策略，使产品销量不断达到新的高潮，如图 6-6 所示。

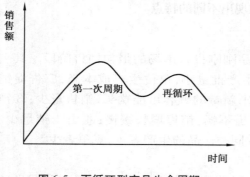

图 6-5　再循环型产品生命周期

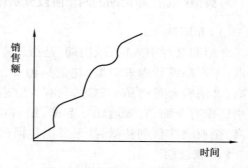

图 6-6　多循环型产品生命周期

5)产品种类、产品形式和产品品牌的生命周期

产品种类是指具有相同功能及用途的所有产品(如电视机)。产品形式是指同一类产品,辅助功能、用途或实体销售有差别的不同产品(如彩色电视机)。产品品牌则是指产品(或服务)具有特定的名称、术语、符号、象征或设计,或是它们的组合可用以识别不同企业生产的同类产品(如海信电视)。产品种类具有最长的生命周期,有的产品种类的生命周期的成熟期可能无限延续;产品形式的生命周期次之,一般表现出比较典型的生命周期过程,常常经历四个阶段;而具体产品品牌的生命周期最短,且不规则,它受市场环境、企业营销决策、品牌知名度等多种因素的影响,品牌知名度高,其生命周期则长,反之,其生命周期则短。

6.3.2　不同产品生命周期阶段的营销策略

1)介绍期的营销策略

(1)快速撇脂策略

快速撇脂策略是采用高价格、高促销费用的方式推出新产品,以求迅速扩大销售量,取得较高的市场占有率,快速收回投资。企业采取这种策略应具备的条件是:①新产品有特色、有吸引力,优于市场原有同类产品;②有较大的潜在市场需求;③目标顾客的求新心理强,急于购买新产品,并愿意为此付高价;④企业面临潜在竞争的威胁,需及早树立名牌。

(2)缓慢撇脂策略

缓慢撇脂策略是采用高价格、低促销费用的方式推出新产品,以求获得更多的利润。企业采取这种策略应具备的条件是:①市场规模相对较小,现实的和潜在的竞争威胁不大;②新产品具有独特性,有效地填补了市场空白;③适当的高价能为市场所接受。

(3)快速渗透策略

快速渗透策略是采用低价格、高促销费用的方式推出新产品,以争取迅速占领市场,取得尽可能高的市场占有率。采取这种策略应具备的条件是:①产品的市场容量很大;②消费者对产品不了解,且对价格十分敏感;③企业面临潜在竞争的威胁;④单位生产成本可随生产规模和销量的扩大而大幅度下降。

(4)缓慢渗透策略

缓慢渗透策略是采用低价格、低促销费用的方式推出新产品。低价可以促使市场迅速接受新产品,低促销费用则可以降低营销成本,实现更多的利润。采取这种策略应具备的条件是:①产品的市场容量大;②消费者对产品已经了解,且对价格十分敏感;③企业面临潜在竞争的威胁。

2)成长期的营销策略

成长期旺盛的市场需求与高额的利润会引来竞争对手的参与。因此,该阶段的

企业营销重点是扩大市场占有率和巩固市场地位,企业可采取以下几种市场营销策略。

（1）产品策略

在该阶段,消费者在购买时有一定的选择余地,企业为了扩大销售,使现实的购买者增加购买,使潜在的购买者实施购买,应采取创名牌的产品策略。企业可通过改进和完善产品,提供优良的售后服务等措施,提高产品的竞争力,使消费者产生信任感。

（2）价格策略

企业根据市场竞争情况和自身的特点灵活作价。选择适当的时机降低产品的价格,既可以争取那些对价格比较敏感的顾客来购买,又可以冲击竞争对手。

（3）渠道策略

巩固原有的销售渠道,增加新的销售渠道,开拓新的市场,扩大产品的销售范围。

（4）促销策略

加强促销环节,树立强有力的产品形象。促销的重心应从介绍期的建立产品知名度转移到宣传产品的特殊性能、特色和提高产品及企业的形象和声誉上。主要目标是建立品牌偏好,维系老顾客,争取新顾客。

3）成熟期的营销策略

处于成熟期的产品,企业只要保住市场占有率,就可获得稳定的收入和利润。成熟期的营销重点是稳定市场占有率,维护已有的市场地位,通过各种改进措施延长产品生命周期,以获得尽可能高的收益率。为此,企业可以采取以下三种策略。

（1）市场改良策略

这种策略不需要改变产品本身,而是通过发现产品的新用途、改变销售方式和开辟新的市场等途径,达到扩大产品销售的目的。

（2）产品改良策略

这种策略是以产品自身的改进来满足消费者的不同需要,以扩大产品的销量。整体产品概念中的任一层次的改进都可视为产品的改进。产品改良可从下列几方面着手:①质量改良,即对产品功能、特性的改进。②特色改良,即扩大产品的使用功能,增加产品新的特色,如尺寸、重量、材料、附件等,以此扩大产品多方面的适应性,提高产品使用的安全性、方便性。特色改良具有花费成本少、收益大、企业形象创新等方面的优点,但也有容易被模仿的缺点,因此企业只有率先革新才能获利。③式样改良,即改变产品的外观、款式等有形部分,增强其美感,提高产品对消费者的吸引力,以此扩大销售。④附加产品改良,即适当增加服务的内容来提高产品的竞争力,扩大产品销售,该方式具有积极的促进作用。

（3）市场营销组合改良策略

这种策略是指通过改变市场营销组合的因素以刺激销售,从而达到延长产品成长期、成熟期的目的。常用的方法有:通过特价、早期购买折扣、补贴运费、延期付款等方法来降低价格,吸引消费者,提高产品的竞争力;改变销售途径,扩大分销渠道,广设销售网点;调整广告媒体组合,变换广告时间和频率,采取更有效的广告形式;开展多样化的营业推广活动；扩大附加利益和增加服务项目等。

4）衰退期的营销策略

在这一时期，企业既不要在新产品未跟上来时就抛弃老产品，以致完全失去已有的市场和顾客，也不要死抱住老产品不放而错过机会，使企业陷于困境，企业可以采取以下几种营销策略。

（1）维持策略

维持策略是指企业继续沿用过去的策略，仍按照原来的细分市场使用相同的销售渠道、定价及促销方式，直到这种产品完全退出市场为止。

（2）集中策略

集中策略是指把企业能力和资源集中在最有利的细分市场、最有效的销售渠道和最易销售的品种上，这样既有利于缩短产品退出市场的时间，同时又能为企业创造更多的利润。

（3）收缩策略

收缩策略是指企业大幅度降低促销水平，尽量减少销售和推销费用，以增加目前的利润。这样可能导致产品在市场上的衰退加速，但又能从忠于这种产品的顾客中得到利润。

（4）放弃策略

放弃策略是指企业对衰退比较迅速的产品，应该当机立断，放弃经营。企业可以采取完全放弃的形式，将产品完全转移出去或立即停止生产；也可采取逐步放弃的方式，使其所占用的资源逐步转向其他产品。

任务 6.4　品牌、包装策略

品牌是产品战略中的一个主要课题。开发一种有品牌的产品需要大量的长期投资，特别是用于广告、促销和包装上。制造商最终也认识到拥有自己品牌的公司的威力，日本与韩国的公司为建立品牌慷慨地花费，比如：索尼、丰田、金星、三星等。这些公司即使不在国内生产这些产品，该品牌名字也能继续使消费者保持忠诚。

品牌是产品内涵的一种外在形式。企业正确地设计品牌并予以注册登记，不仅有利于产品的推广销售，而且可以提升产品的市场价值。因此要重视品牌的设计和品牌策略的运用，企业应着力打造品牌并加强对其品牌的保护。企业营销机构或营销人员在该阶段的主要工作任务就是通过分析名牌来认识品牌的设计要求，理解企业的品牌化战略，并根据产品特征和企业的竞争战略合理选择、制订有利于提升企业产品形象的品牌策略。

6.4.1 品牌的概念与作用

营销者常说："品牌工作是一门艺术和营销的奠基石。"美国市场营销协会对品牌的定义如下：

所谓品牌是指用来识别卖主的货物或劳务的某一名称、名词、图案或其组合。这是美国市场营销协会对品牌的定义。品牌是一个复合的概念，它由品牌名称与品牌标志两部分组成。品牌名称是指品牌中可以用语言称谓表达的部分，而品牌标志则是通过某些符号、图案或特定颜色来被人们识别但不能用语言称呼的部分。

品牌名称是品牌中可以读出声来的那一部分，是品牌中能用语言称呼的部分。如"海尔"（家电）、"波司登"（羽绒服）、"海底捞"火锅等。它主要产生听觉效果。品牌标记则是品牌中用以识别但不可念出声来的另一部分，如符号、图案、色彩或字母。如"奥迪"小轿车的四个圆环套，"苹果"的被咬了一口的苹果，"花花公子"的兔子图形。品牌在政府有关部门注册登记后即受法律保护并享有专用权，称为商标。品牌是一般的商业用语，商标则是法律性用语。中国商标制度实行"自愿注册原则"和"申请在先原则"。未注册的品牌不受法律保护。

根据营销学者菲利普·科特勒所下的定义，品牌就是一个名字、称谓、符号或设计，或者是上述的总和，其目的是要使自己的产品或服务有别于竞争者。一般来说，这种说法并没有错，但随着生产技术及营销渠道的演进，消费者有了更多的产品可供选择，在这种情况下，如何突出自己的产品便成为供应商最大的挑战，而如何设计出一套具有现代感的商标，已远比强化产品的异质性更重要，当今成功品牌讲求的是个性，就像电影明星、运动偶像或虚构出来的英雄一样。可口可乐、戴森、IBM 和奥特曼都一样出名。换言之，品牌是用以辨别不同企业、不同产品的文学、图形或文字的有机结合。它包括品牌名称、品牌标志和商标。所有的品牌名称、品牌标志和商标，都是品牌或品牌的一部分。

"商标"是一个静态、单一的概念，而"品牌"是一个动态、多元的概念。前者强调的是法律保护，而后者强调的是经营策略。因此，"品牌"含有商标，但绝不仅仅是个商标而已。品牌经营除了注册商标、获得法律保护外，还有它丰富的操作内涵，并形成了相应的研究领域。

1）品牌的概念

品牌的要点，是销售者向购买者长期提供的一组特定的特点、利益和服务。最好的品牌传达了质量的保证。然而，品牌还是一个更为复杂的符号标志。一个品牌能表达出六层意思：

（1）属性

一个品牌首先给人带来特定的属性。例如，梅赛德斯表现出昂贵、制造优良、工艺精良、耐用、高声誉等特性。

（2）利益

属性需要转换成功能和情感利益。属性"耐用"可以转化为功能利益："我可以几年不买车了"。属性"昂贵"可以转换成情感利益:"这车帮助我体现了重要性,赋予我令人羡慕的资本。"

（3）价值

品牌还体现了该制造商的某些价值感。梅赛德斯体现了高性能、安全和威信。

（4）文化

品牌可能象征了一定的文化。梅赛德斯意味着德国文化:有组织、有效率、高品质。

（5）个性

品牌代表了一定的个性。梅赛德斯可以使人想起一位不无聊的老板（人）,一头有权势的狮子（动物）,或一座质朴的宫殿（标的物）。

（6）使用者

品牌还体现了购买或使用这种产品的是哪一种消费者。我们期望看到的是一位55岁的高级经理坐在车的后座上,而非一位20岁的女秘书。

如果一家公司把品牌仅看作一个名字,它就忽视了品牌内容的关键点。品牌的挑战是要深入开发一组正面联系品牌的内涵。营销者必须决定对品牌的认知如何锁定。错误之一是只促销品牌的属性。首先,购买者感兴趣的是品牌益处而不是属性。其次,竞争者会很容易地复制这些属性。最后,当前的品牌属性在将来可能毫无价值。仅宣传这个品牌的一个优势具有很大风险。假定梅赛德斯吹捧它的主优势是"高性能",再假定几个竞争品牌体现了同样高或更高的性能。或假定汽车购买者开始认为高性能不如其他优势重要。因此,梅赛德斯应需要有更大的自由度来调整新的优势定位。

一个品牌最持久的含义应是它的价值、文化和个性,它们确定了品牌的基础。梅赛德斯表示了高技术、绩效、成功。这就是梅赛德斯必须采用的品牌战略。如果梅赛德斯的名字在市场廉价销售,这就是错误。因为这冲淡了梅赛德斯多年来所建立的价值观和个性。

2）品牌的作用

（1）有利于消费者指认产品

一个产品会有很多属性,但消费者一般都是通过品牌来归纳这些属性的。当顾客需要这些属性时,他就会直接指认要购买××品牌的产品。

（2）有利于保护企业的利益

品牌经注册变成商标后,产品的独特性和特定性就会受到法律的保护,不受竞争对手的仿制侵犯。

（3）有利于保持老客户

消费者一旦对某种产品的属性产生偏好以后,就会形成"品牌忠诚"现象,即在相当长的时间内保持对这一品牌的购买选择。

（4）有利于企业实行市场细分化战略

企业可以通过多品牌策略,对不同目标市场的产品实行不同的品牌,从而有利于实行市场细分化的运作。

（5）有利于树立企业形象

品牌总是与企业形象联系在一起的，良好的品牌有利于使消费者对企业产生好感，当品牌与公司名称一起出现在包装上时，宣传品牌的同时也宣传了企业本身。

3）品牌与商标的关系

品牌与商标是一对非常容易混淆的概念，两者既有联系，又有区别，品牌并不完全等同于商标，或者说品牌有别于商标。品牌如果经工商有关部门注册，便具有法律效力，成为受法律保护的品牌，这就是商标。商标所有者在商标注册范围内对其商标享有独占使用权，并禁止其他企业或个人未经许可使用同其商标相同或相似的品牌。因此，商标与品牌是不同的，它们之间的区别就在于是否经过了法律程序。

品牌是市场概念，是产品和服务在市场上通行的牌子，它强调与产品及其相关的质量、服务等之间的关系，品牌实质上是品牌使用者对顾客在产品特征、服务和利益等方面的承诺。而商标属于法律范畴，是法律概念，它是已获得专用权并受法律保护的品牌。

6.4.2　品牌策略的运用

企业在运用品牌策略时，有三种可供选择的决策：

1）品牌化决策

品牌化是有关品牌的第一个决策，即决定该产品是否需要品牌。

（1）使用品牌

大多数企业采用品牌是为了实施名牌战略，它在市场营销中有以下作用：

就产品而言，品牌是"整体产品"的一部分，它有助于企业在市场上树立产品形象，并成为新产品上市和推广的主要媒介；就价格而言，企业通过品牌建立较高的知名度、美誉度，有利于其制订较高价格。品牌是产品差别化的重要手段，著名品牌不仅比无品牌价高利大，而且价格弹性小。就分销而言，由于品牌具有辨认作用，一方面，著名品牌更容易渗透和进入各种销售渠道；另一方面，企业也便于处理订货业务，办理运输和仓储业务。就促销而言，品牌是制作各种促销信息的基础，无品牌的产品，就像一个无名无姓的人，别人难以称呼，有关它的一切也不便流传。

（2）不使用品牌

并不是所有的产品都必须使用品牌，在一般情况下，企业多考虑不用品牌。同性质的产品，如电力、煤炭、钢材、水泥等，只要品种、规格相同，产品不会因为生产者不同而出现差别。人们不习惯认牌购买的产品，如食盐、食糖、食用油、大多数农副产品、原材料和零部件等。生产简单，无一定技术标准的产品，如土纸、小农具等。临时性或一次性生产的产品，使用品牌或不使用品牌。目前，市场上的大部分产品都使用品牌，有的产品，国家法律规定，若未使用品牌就不能上市。但是，也有一些产品由于生产过程的普遍性，在制造加工过程中不可能形成一定的特性，不易同其他企业生产的同类产品相区别,例如电力,任何方式发出的电总是相同的,这就不需要使用品牌。另外,有的产品在生产过程中,企业无法保证其生产的所有产品都具有相同的质量,例如蔬菜、矿石等,因而国内一般也不使用品牌。但是,大多数企业,只要有可能,总是希望为自己的产品设计品牌。目前在国外,即便是水果、食盐、食糖、煤油等产品也普遍开始使用品牌。使用品牌,可以为企业带来很多利益。第一,使产品容易辨认;第二,经注册的商标可以防止别人仿制,受到法律保护;第三,可以暗示产品质量的优良,使顾客经常重复购买。

2)品牌归属决策

当企业决定自己的产品需要品牌后,还要进一步决定这一品牌由谁负责、归谁所有,即品牌归属决策。对此,生产者有三种选择:

(1)使用生产者品牌

即使用自己的牌号来推销产品。生产者使用自己的品牌,虽然要花费一定的费用,但可以获得品牌带来的全部利益,享有盛誉的生产者将自己的品牌借给他人使用,可以获得一定的特许使用费。如美国清教徒时装公司在 20 世纪 70 年代初,生产 40 多种服装但销路不畅。后来这家公司的牛仔裤类使用了卡尔温克雷因设计师的品牌,并按销售额支付 15%的特许使用费,其销量迅速上升,牛仔裤的税前利润达 13%。

(2)使用中间商品牌

在市场上,一方面,由于资金能力薄弱,市场经验不足的企业,为集中力量更有效地运用其生产资源与设备能力,宁可采用中间商品牌;另一方面,由于顾客对所需的产品都不是内行,不一定有充分的选购知识,所以顾客除了以生产者品牌作为选购的依据,还常依据中间商品牌。例如,著名的零售企业沃尔玛创立了自己的品牌"惠宜","惠宜"在中国已覆盖糕点、饼干、大米、面粉、食用油、液体奶、果汁纯净水、调味酱料、啤酒、白酒、冷藏面、坚果、凉果、肉干、冷藏冷冻食品等众多商品品类,2020 年又上市 100 多款新品。中间商设立自己的品牌会带来的问题:

①必须花费较多的费用,以推广其品牌。

②中间商本身不从事生产,必须向厂家大量订货,这就使大量资金积压。

③中间商还要承担各种风险,消费者对某一种中间商品牌的产品不满,往往影响其他品牌的销售。

但使用中间商品牌也有有利方面:

①中间商有了自己的品牌不仅可控制定价,而且在某种程度上可控制生产者。

②中间商可以找一些无力创立品牌或不愿自设品牌的厂家以及一些生产能力过剩的厂家,使其使用中间商的品牌制造产品,由于减少了一些不必要的费用,中间商不仅可以降低售价,提高竞争能力,还能保证得到较高水平的利润。

(3)混合品牌

采用这种做法有三种方式:

①生产者在部分产品上使用自己的品牌,部分产品使用中间商品牌。这样,既能保持企业的特色,又能扩大销路。

②为了进入新市场,企业先使用中间商的品牌,取得一定市场地位后再使用自己的生产者品牌。

3)品牌数量决策

(1)使用统一品牌

这种做法是指企业的各种产品使用相同的品牌推向市场。使用统一品牌使推广新产品的成本降低,不必为创造品牌的接受性与偏爱性而支付昂贵的广告费用,可以降低营销费用。但是,使用统一品牌,必须保证各种产品在质量、产品形象上一致。太大的差别,容易混淆品牌形象。如一家食品企业,在统一品牌下既生产糕点,又生产宠物食品,就不利于品牌形象的统一。使用统一品牌营销风险大,在同一品牌下,某一个或某几个产品项目出现问题,会波及其他产品项目。

(2)使用个别的统一品牌

在产品组合中,对产品项目依据不同的标准分类,分别使用不同的品牌。这里通常有两种做法:按产品系列分类,如健力宝集团,饮料类用"健力宝",服装类用"李宁";按产品质量等级分类,如美国 A&P 茶叶公司,一等品用"Annpage",二等品用"Sultan",三等品用"Iana"。

(3)使用统一的个别品牌

这种方法通常将个别品牌与企业的名称标记联用。这样,在产品的个别品牌前冠以企业统一品牌,可以使新产品正统化,享受企业已有的声誉;在企业统一品牌后面跟上产品的个别品牌,又能使新产品个性化。例如美国通用汽车(GM)公司生产的各种小轿车,既有各自的个别品牌,如"卡迪拉克"(Cadillac)、"别克"(Buick)、雪佛兰(Chevrolet)。前面又加 GM 两个字,以示系通用公司产品。

4)使用统一的品牌或不同产品使用不同的品牌

(1)不同产品使用不同的品牌

同一个企业的不同产品,分别采用不同的品牌。首先,这种方法便于企业扩充不同档次的产品,适应不同层次的消费需求;其次,避免把企业的声誉系于一种品牌上,从而分散了市场的风险;再次,各种产品分别采取不同品牌,可以刺激企业内部的竞争;最后,这种方法还可以扩大企业的产品阵容,提高企业的声誉。

(2)使用统一的品牌

企业对其所经营的全部产品都采用同一种品牌。这种策略既可节省企业的促销费用,又有利于集中广告效果。另外,这种策略可有利于企业利用原有产品的声誉,扩充本企业的产品系列,为新产品顺利地进入市场创造一种有利的条件。

(3)同一产品采用不同品牌

企业对其所经营的同一种产品,在不同的市场采用不同的品牌。这种策略可以针对不同国家、不同民族、不同宗教信仰的地区,采用不同的色彩、图案、文字的商标,从而适应不同市场的消费习惯,避免由于品牌不当而引起的市场抵触。

营销链接 6-3

海尔智家年报:高端品牌成绩亮眼将多元化做到极致

从造产品到造品牌,海尔智家一路积极探索,钻研创新,不断打破并塑造市场格局,通过纵向创新和横向扩张,在智能家居领域创出一片蓝海。海尔智家2019年年报的整体业绩稳健,再一次证明了海尔智家的转型实力。其中,高端品牌卡萨帝的斐然成绩是海尔智家生态品牌转型之路的一大硕果。

一、卡萨帝持续领跑高端市场

2019年,海尔智家国内市场份额各品类持续提升,通过打造智慧家庭生态品牌,实现营收净利双增、第四季度国内家电业务双位数增长。2019年海尔智家创建体验云生态品牌,以生态覆盖行业,生态价值赋予健康场景,同年生态收入达48亿元,同比增长68%,彰显其品牌转型实力,俨然成为智能家居行业的引领者。

海尔智家旗下的高端品牌卡萨帝销售业绩斐然,持续高速领跑高端品牌。2019年,卡萨帝净收入高达74亿元,同比增长30%,其中,卡萨帝在万元以上的冰箱、滚筒洗衣机市场份额分别高达40%、75.5%,保持领先和上升地位。卡萨帝凭借其设计感和智能制造,一直以来都处于高端家电市场的头等地位,并持续领跑家电高端市场。

2020年一季度受疫情影响,国内家电市场整体零售额有所下滑,海尔智家的市场格局依然稳固,占据行业榜首地位,整体业绩优于预期,表现出较强的抗风险能力。

与此同时,海尔智家的海外市场规模高增,实现销售收入941亿元,同比增长22%,占据47%的海外市场份额,坚持自主创牌,在北美、欧洲市场收入分别增长9.7%、267%,远超同行业其他品牌,用户覆盖全球,可见其全球化布局效果显现,海外市场现已成为海尔智家重要的战略阵地。

二、智家:重新定义生活方式

从一开始对卡萨帝品牌的陌生到后来的了解和欣赏,用户口碑正在发生着巨大的转变。在626万字的用户口碑词频分析里,用户对卡萨帝的印象从以前的"太贵"到后来的"小贵",再到现如今的"值得",卡萨帝的用心品质赢得了消费者"物超所值"的褒奖。

现在,科技、精致、艺术和高端已成为围绕卡萨帝品牌的关键词。卡萨帝正走进越来越多家庭中,以其高端智慧产品给消费者带来了独特的场景化体验,获得越来越多用户的青睐和认可。

卡萨帝以用户需求为中心,为家庭提供一站式智慧生活解决方案,通过"5+7+N"智慧家庭,向用户推出全场景生态布局,引领场景替代产品,精准抓住消费者特点,实现情感交互,为用户带来个性化创新体验,并推进智慧家庭网络布局的全面落地,重新定义健康生活方式。

同时,"智家云脑"赋能智慧生活,利用大数据模型算法进行意图预测和主动决策,并基于用户习惯进行深度学习,进行自感知迭代,现已落地应用于多个健康生活场景,致力于让用户体验一站式健康服务。用户也能自己定制个性化"健康家庭"方案,享受无处不在的人机交互带来的快捷、安全、智能的生活体验。

海尔智家上线的体验云众播平台,涵盖了场景体验、交互和迭代众多模式,用户可以隔空体验从玄关到阳台、厨房、客厅、浴室、卧室6大生活空间里的19大健康场景,通过场景体验和用户交互,丰富用户的购物场景。在上海落地的海尔智家001号体验中心能够让用户"零距离"体验并定制个性化健康全场景,通过触点网络打造有温度的情感交互的生态圈。

三、钻研沉淀,释义新时代工匠精神

卡萨帝自创立以来,从不做追随者,只做行业的引领者。

在品牌创新和节能环保等多领域,卡萨帝都斩获各类国际大奖,引领行业产品发展和技术创新方向。卡萨帝的多款产品都获欧洲最有经验的认证机构之一——VDE认证、德国顶级认证机构TUV认证,卡萨帝鼎级云珍冰箱还曾获美国权威机构SIEMIC(信科)认证。这些都体现了卡萨帝长久沉淀的实力,无论是工艺还是创意,卡萨帝一直以来都是业界的佼佼者。

匠心传承离不开磨砺沉淀、专注和潜心钻研。卡萨帝以其14年的专注和积累,重新诠释创新,持续投资未来。其"法式对开门"冰箱发明的大格局、抽屉式设计改写了世界冰箱行业。卡萨帝一直在品类创新的路上前进,向全球源源不断输出原创科技,努力做让世界看得到的中国"智造",并且将创新产品量产上市,为更多高端家庭提供生活方式解决方案。

卡萨帝在研发端以用户需求为导向,找准高端定位并将多元化做到极致。在高端家电品牌的塑造之路上,卡萨帝的目标不局限于销量,而是致力于提升用户生活体验的维度和高度,用创新引领,不断挖掘消费者潜在需求。为满足用户对于品质生活的追求,卡萨帝深耕品质消费,围绕高端用户主动提供场景生态,体现了卡萨帝服务于高端智慧家庭的巨大差异化优势。

卡萨帝在塑造全球高端家电品牌上的钻研沉淀,不仅彰显其格调不凡的品牌态度,也释义了追求极致卓越的新时代工匠精神。

四、勇于承担社会责任,交出完美抗疫答卷

在抗疫阻击战中,海尔智家是行业内最早响应的企业,成立海外疫情防控小组,借全球化资源筹集防疫物资,全链条参与此次抗疫活动。海尔智家身先士卒地走在抗疫活动前列,充分展现了全球化社会责任担当。在复工方面,海尔智家制订防控疫情管理手册,进行事先场景压力测试,确保健康有序复工,被各地政府称为复工的"企业样板"。从抗疫到复工,海尔智家都始终领先行业,从容交出完美的抗疫答卷。

在疫情期间,用户对健康家电的需求明显提升,作为智慧健康净生活时代的创造者,海尔智家短时间推出行业内首个家庭防护场景方案,通过场景体系和生态让家庭享受特殊时期的定制服务,实现从健康家电到健康家庭的引领。

卡萨帝也迅速推出生态软风创新成果,满足疫情前后不同用户群体对健康空气、高端空调和智慧AI等多重需求。对卡萨帝来说,对疫情的反应迅速源自它意识超前的战略眼光。事实上,卡萨帝的产品一直是超前用户需求的,例如空气洗、冰箱杀菌等,卡萨帝很早就将"健康式"创新纳入其高端布局之路,以长远眼光布局未来。

疫情特殊时期,我们看到了卡萨帝应对考验的灵活表现,也看到了海尔智家的转型实力和变革决心。现如今卡萨帝的辉煌业绩,更大程度上得益于海尔智家全球化、高端化、生态化的布局,随着布局的逐步深入,卡萨帝的品牌优势会进一步凸显,我们期待目睹卡萨帝未来更精彩的表现。

思考与分析:

1.海尔集团使用的是什么品牌策略?

2.试阐述卡萨帝作为海尔的高端品牌取得成功的原因有哪些。

(资料来源:盘和林经济观察)

营销链接6-4

美的品牌化策略触礁

美的宣布推出高端品牌家电,还未上市却遭到质疑,美的的技术和设计能力都显得准备不足。2018年,美的创始人何享健曾表示美的高端品牌COLMO将很快上市,涉及燃气灶、吸油烟机、烤箱、冰箱和洗衣机等6类家电。对此,业内人士认为,家电企业都想转型高端,但由于技术门槛高,能成功的品牌极少。

2019年,美的集团董事长方洪波在内部会议上直言,美的的产品力依然存在很大的差距。"集团层面对高端品牌不重视,一直放养是主要原因,而事业部层面运作子品牌各自为政,与美的品牌纠缠不清。卡萨帝从一开始便是独立运作,除制造外其他一切与海尔严格切割。卡萨帝从海尔的强势品类冰洗起步,而美的在冰洗上实力弱于海尔。"

他还坦言:"美的的产品力依然存在很大的差距,我们要有自知之明,这就是我们的危机。品牌力亟待提升,消费升级已经成为中高端家电行业竞争的主要驱动力,不是规模,不是成本,也不是渠道。我们的盈利能力波动非常大,背后的本质原因是OBM(自主品牌)转型化。全球经营举步维艰。"

其实美的在七八年前曾推出高端品牌凡帝罗,名字很欧化,但不少消费者使用后却没有觉得和美的品牌的产品有太多区别,导致该品牌没能在业内有很好的口碑,销售也没有大卖。

而白色家电巨头海尔推出的高端品牌卡萨帝经过十年的发展,如今已成为高端家电品牌的代名词。售价3万一台的卡萨帝洗衣机、冰箱,都受到市场热捧。数据显示,卡萨帝冰箱在1.5万元以上的市场占比36.8%,在1万元以上的市场占比34.7%,均赶超德系、日系、韩系家电品牌。2017年卡萨帝销售过百亿,2018年目标翻番。卡萨帝原创的核心技术是让卡萨帝成功的不二法宝。

"能像海尔高端品牌卡萨帝一样成功的企业太少了。"独立家电产业观察家张颖表示,"发力高端,美的在技术、设计以及品牌影响力方面还需要时间沉淀,没有核心技术,高端转型之路注定会很坎坷。"

思考与分析:

1.美的为什么要推出新的高端品牌?

2.美的如何才能真正建立起属于自己的高端品牌?

(资料来源:聪慧家电网)

6.4.3　产品包装及其作用

包装是商品实体的主要组成部分,包装策略是产品策略的重要组成部分。包装在营销中的促销作用正在不断加强,包装的方法和技术也在不断更新,合适的包装可以使产品魅力大增。企业营销机构或营销人员在该阶段中的主要工作任务就是通过包装实物和相关实例的分析,一方面深刻理解包装的功能作用,另一方面能够协助企业制订切实可行的包装策略,以提升产品价值,促进产品销售,增加企业利润。

许多营销人员把包装称为第5个P,也将其视为产品战略中的一个要素。我们将包装界定为:包装是指设计并生产容器或包扎物的一系列活动。产品包装是指产品的盛器或外部包扎物。包装的材料有纸、木、金属、草编制品、塑料、玻璃等。近年来,随着包装材料工业的兴起,包装材料的种类越来越多。包装不仅指与产品直接接触的各种销售包装,而且还有外部包装,即运输包装。包装按其在流通过程中作用的不同,可分为运输包装和销售包装。运输包装又称外包装或大包装,是指为了适应储存、搬运过程的需要所进行的包装,主要有箱、袋、包、桶、坛、罐等包装方式。销售包装又称内包装或小包装,是指为了消费者携带、使用、美化和宣传产品的包装。这类包装不仅能保护产品,而且能更好地美化和宣传产品,吸引消费者,方便消费者。

包装在企业营销过程中,具有重要的作用:

1）保护产品的使用价值

绝大多数产品,在进入消费过程之前,都有防碰、防湿、防火、防虫蛀霉烂的要求。这就需要对产品进行一定的包装,从而防止它们残损变质。良好的产品包装,不仅有利于向消费者提供优质的产品,同时又能减少企业的经济损失。

2）便利产品的运输和储存

很多产品的外形呈液态、气态或粉状,没有固定的形状,即使是某些固态产品,由于形态比较特殊,如不加以包装就无法运输。此外,很多产品易碎、易燃、有毒,如不严加包装,势必引起意外事故或污染环境。还有,良好的包装也有助于便利运输和加快交货时间,能防盗防窃。

3）有利于促进销售

良好的包装在产品销售过程中有积极的促销作用。它能改进产品的外观,提高顾客的视觉兴趣,同时又能方便顾客的购买。良好的产品包装,还能起到广告作用,而且这种包装广告能随购买者一起进入家庭,向更多的人宣传。

4）增加企业的盈利

良好的包装,能增加产品的身价,满足顾客的某种心理要求,使顾客乐于按较高的价格购买产品,从而增加企业的利润。此外,包装材料本身也包含着一部分利润,为企业增加收入。

6.4.4　产品包装策略的运用

1）类似包装

类似包装即企业所有产品的包装,在图案、色彩等方面,均采用统一的形式。这种方法,可以降低包装的成本,扩大企业的影响,特别是在推出新产品时,可以利用企业的声誉,使顾客首先从包装上辨认出产品,迅速打开市场。

2）组合包装

组合包装即把若干有关联的产品包装在同一容器中。如化妆品的组合包装、节日礼品盒包装等,都属于这种包装方法。组合包装不仅能促进消费者的购买,也有利于企业推销产品,特别是推销新产品时,可将其与老产品组合出售,创造条件使消费者接受、使用。

3）附赠品包装

这种包装的主要方法是在包装物中附赠一些物品,从而引起消费者的购买兴趣,有时,还能引发顾客重复购买的意愿。例如冷酸灵旗下的汪汪特工队系列儿童牙膏附赠一个汪汪队系列同款小玩偶,顾客购买一定数量之后就能集齐一整套汪汪特工队系列玩偶。

4)再使用包装

这种包装物在产品使用完后,还可有别的用处。这样,购买者可以得到一种额外的满足,从而激发其购买产品的欲望。如设计精巧的果酱瓶,在果酱吃完后可以作茶杯之用。包装物在继续使用过程中,实际还起了经常性的广告作用,增加了顾客重复购买的可能。

5)分组包装

分组包装即对同一种产品,可以根据顾客的不同需要采用不同级别的包装。如用作礼品,则可以精致地包装,若自己使用,则只需简单包装。此外,对不同等级的产品,也可采用不同包装。高档产品,包装精致些,表示产品的身份;中低档产品,包装简略些,以减少产品成本。

6)改变包装

当某种原因导致产品销量下降、市场声誉跌落时,企业可以在改进产品质量的同时,改变包装的形式,从而以新的产品形象出现在市场,改变产品在消费者心目中的不良地位。这种做法,有利于迅速恢复企业声誉,重新扩大市场份额。

6.4.5 产品包装说明

产品的包装说明是包装的重要组成部分,它在宣传产品功效、争取消费者了解、指导人们正确消费方面有重大作用。

1)包装标签

包装标签是指附着或系挂在产品销售包装上的文字、图形、雕刻及印制的说明。标签可以是附着在产品上的简易签条,也可以是精心设计的作为包装的一部分的图案。标签可能仅标有品名,也可能载有许多信息,能用来识别、检验内装产品,同时也可以起到促销作用。通常,产品标签主要包括:制造者或销售者的名称和地址、产品名称、商标、成分、品质特点、包装内产品数量、使用方法及用量、编号、贮藏应注意的事项、质检号、生产日期和有效期等内容。值得提及的是,印有彩色图案或实物照片的标签有明显的促销功效。

2)包装标志

包装标志是在运输包装的外部印制的图形、文字和数字以及它们的组合。包装标志主要有运输标志、指示性标志、警告性标志三种。运输标志又称为唛头(Shipping Mark),是指在产品外包装上印制的反映收货人和发货人、目的地或中转地、件号、批号、产地等内容的几何图形、特定字母、数字和简短的文字等。指示性标志是根据产品的特性,对一些容易破碎、残损、变质的产品,用醒目的图形和简单的文字做出的标志。指示性标志指示有关人员在装卸、搬运、储存、作业中引起注意,常见的有"此端向上""易碎""小心轻放""由此吊起"等。警告性标志是指在易燃品、易爆品、腐蚀性物品和放射性物品等危险品的运输包装上印制特殊的文字,以示警告。常见的有"爆炸品""易燃品""有毒品"等。

3) 包装的设计原则

古语云:"人靠衣装马靠鞍,狗配铃铛跑得欢。"对产品而言,也需要包装。重视包装设计是企业市场营销活动适应竞争需要的理性选择。根据包装设计的规律我们可以将包装设计的原则总结为:科学、经济、可靠、美观。

①科学原则是指包装设计必须首先考虑包装的功能,达到保护产品、提供方便和扩大销售的目的。既要符合人们日常生产与生活的需要,同时还要符合广大群众健康的审美观和风俗爱好。包装设计绝不能是华而不实的形式主义产物,也不能单纯地强调三大功能而忽视其他方面。

②经济原则要求包装设计必须符合现代先进的工业生产水平,做到以最少的财力、物力、人力和时间来获得最大的经济效果。这就要求我们的包装设计有利于机械化的大批量生产;有利于自动化的操作和管理;有利于降低材料消耗和节约能源;有利于提高工作效率;有利于保护产品、方便运输、扩大销售、使用维修、储存堆垛等各个流动环节。所有这一切都是经济原则所包含的内容。我国是一个社会主义国家,生产的目的是提高广大人民的生活水平。因此,包装设计的经济原则关系到国家经济和个人利益,应予以高度重视。

③可靠原则是要求包装设计在保护产品上可靠,不能使产品在各种流通环节上损坏、污染或被偷窃。这就要求对被包装物要进行科学的分析,采用合理的包装方法和材料,并进行可靠的结构设计,甚至要进行一些特殊的处理。例如,集装箱的底部木板就必须进行特殊的杀菌、杀虫处理等。

④美观原则是广大消费者的共同要求。包装设计必须在功能与物质和技术条件允许的条件下,为被包装的产品创造出生动、完美、健康、和谐的造型设计与装潢设计,从而激发人们的购买欲望,美化人们的生活,培养人们健康、高尚的审美情趣。

科学、经济、可靠、美观四者是密切相关的,我们不能忽视其中的任何一方。在提高包装设计的科学、可靠功能时,不能忘记包装设计的经济效果和社会效果;在提高包装设计的经济效果时又不能单纯地追求利润价值,而要考虑到包装对人们生活各个环节所带来的影响,如对环境和对人们心理所造成的影响等;在考虑包装设计的美观时,除了使包装造型和装潢服从包装功能的需要外,还要照顾到消费者现有的欣赏水平和习俗爱好以及禁忌色彩。只有四者有机地结合,让它们在设计和生产过程中协调一致,才能使包装既在各个方面都表现出富有创造性的设计思想,又能更好地为生产、生活服务。

知识链接 6-2

部分国家对图案的禁忌

符合目标市场所在国的风俗习惯要求,注意避免使用忌讳的图案,避免消费者因此产生误解和厌恶。

如巴基斯坦、肯尼亚等国禁止用数字做商标。

埃及把鳄鱼作为图腾图形,被视为神圣不可侵犯的东西。

美国人禁用象作为商标图形。

印度把玫瑰花作为悼念品,不能作为商标注册。

(资料改编自:佚名.品牌策略案例实例[EB/OL].(2018-05-26)[2021-04-01].道客巴巴.)

营销链接 6-5

"奶白兔"雪糕貌似"大白兔"被下架，牵出冠生园之争

2020年3月，一款大白兔冰激凌火爆美国，国内消费者呼唤本土"大白兔"创新产品，不久，一款外观近似大白兔奶糖的"奶白兔"奶糖口味雪糕，出现在某电商平台。这款雪糕的标称企业为"宁波冠生园"，让一些消费者误以为是拥有大白兔品牌的上海冠生园推出的新产品。

这款"奶白兔"雪糕随后被下架，商标专家指出，"奶白兔"的包装、装潢与"大白兔"的包装、装潢，"宁波冠生园"的名称、字号与上海冠生园均较为接近，可能构成违法情形。此事也牵扯出上海冠生园与宁波冠生园的商标纠纷，而上海冠生园在商标维护上付出了不少心力。

"奶白兔"雪糕貌似大白兔奶糖已下架

2020年3月底，有网友在社交平台晒出"宁波冠生园"生产的"奶白兔"奶糖口味雪糕。4月12日，新京报记者在盒马鲜生App上搜索到这款雪糕在正常售卖。有媒体称，这款雪糕在盒马鲜生线下门店同样有售。

从商品包装来看，这款"奶白兔"奶糖味雪糕，规格为每盒为70克×5支装，单个产品外形似奶糖，包装主要采用蓝白红配色，主形象则是一只直立奔跑的兔子。整体上与大白兔奶糖较为相似，导致许多消费者认为是大白兔品牌的创新产品，有网友表示，"很开心能看到从小陪伴到大的零食能有更多的创新""看到包装时，本以为是大白兔奶糖出的冰激凌，但雪糕口味与大白兔奶糖的味道并不相同"。

不过，这款"奶白兔"雪糕不久即被下架，4月15日，新京报记者在盒马鲜生App已经搜索不到这款雪糕。盒马鲜生相关负责人曾向界面新闻表示，该款商品为试卖商品，下线属于正常动作。目前，这款"奶白兔"雪糕已经从盒马鲜生线上和线下门店全面下架。

奶白兔 奶糖口味雪糕 350g/盒
70g*5支

经典奶白兔奶糖口味，儿时的味道

¥16.80/袋

— 详情·DETAIL —

"宁波冠生园"与上海冠生园无关。

"奶白兔"雪糕包装上标有"宁波冠生园"字样，其标称委托方为宁波冠生园食品有限公司，被委托方则为宁波冠生园雪山食品有限公司。工商信息显示，宁波冠生园食品有限公司成立于1999年11月，经营范围包括预包装食品的批发、零售，普通货运以及冷库的冷藏服务。

天眼查信息显示，宁波冠生园食品有限公司仅有两位自然人股东，分别持股51%、49%，而宁波冠生园雪山食品有限公司为其控股子公司，持股比例为61.74%，其余股份则由另外两位自然人持有。而拥有"大白兔"品牌的上海冠生园食品有限公司旗下虽有众多子公司，但其中并无宁波冠生园的名字。

4月15日，新京报记者致电宁波冠生园，一位工作人员称，公司与上海冠生园没有关系，而所生产的"奶白兔"雪糕也与上海冠生园没有关系，但对于销售情况等不知情。而也有媒体称，上海冠生园的母公司光明集团相关负责人表示，宁波冠生园、宁波冠生园雪山食品有限公司与上海冠生园均为独立运营的公司，不存在隶属关系。

专家指"奶白兔"可能侵权"大白兔"。

4月15日，中华商标协会副秘书长臧宝清告诉新京报记者，从中国商标网查询可知，"大白兔"文字及图形商标未在3013（雪糕所在群组）取得注册，但已经提出了注册申请；有宁波的自然人在该群组申请"奶白兔"商标，但已经被驳回。

臧宝清认为，从目前了解的事实看，虽然雪糕和奶糖在类似商品和服务区分表上不在同一群组，但原料、消费对象等密切相关。首先"奶白兔"雪糕与"大白兔"文字、图形均较为接近，考虑到"大白兔"的知名度、标志的近似度和商品的相关性，易导致公众混淆，可能构成违反商标法所列情形。

此外,臧宝清表示,"奶白兔"使用的商品包装、装潢与"大白兔"的包装、装潢,"宁波冠生园"的名称、字号与上海冠生园均较为接近,引人误认为是他人商品或者与他人存在特定联系,考虑可能构成违反不正当竞争法所列情形。

上海冠生园曾告赢"宁波冠生园"。

实际上,这并不是宁波冠生园与上海冠生园的第一次"交锋"。天眼查以及宁波当地媒体报道信息显示,早在2014年1月,宁波海曙法院曾受理上海冠生园食品诉宁波冠生园侵害商标权纠纷,法院经过调查,确认宁波冠生园存在侵权行为,但败诉的宁波冠生园始终不认为自己的行为构成侵权,还对上海冠生园的诉请表示费解。

公开信息显示,冠生园品牌创始人是民国初期到上海经商的广东人冼冠生,最早经营粤式茶食、蜜饯、糖果。1925年前后,上海冠生园在多地开设分店,在武汉、重庆投资设厂。1956年,因公私合营,冼氏控股的冠生园股份有限公司解体,上海总部"一分为三",各地分店企业都隶属各地,与上海冠生园再无关系。1996年,上海的工业冠生园和商业冠生园"两园"合并,统一上海冠生园字号,成立冠生园(集团)有限公司。

而"冠生园"在商标维权之路上也倾注了心力。工商信息显示,上海冠生园涉及的侵害商标纠纷诉讼有二三百起。2012年2月,上海冠生园诉被告苏州市冠生园食品厂侵犯商标专用权一案胜诉。南京中院判决被告停止生产、销售侵害原告拥有注册商标专用权的商品;停止不正当竞争行为;赔偿原告经济损失以及为维权支出的合理费用50万元;在相关媒体刊登启事,消除侵权影响;规范使用企业名称。

北京市律师协会商标法律专业委员会主任、北京东卫律师事务所高级合伙人刘晓飞曾认为,食品领域品牌非常重要,也非常容易受到不法商贩的关注和抢注,因此正规企业应该积极维护自身合法权益。

思考与分析:

1.深受消费者喜爱的"奶白兔"雪糕为何遭下架?

2.本案例给你什么样的产品包装策略启示?

(资料来源:夏丹."奶白兔"雪糕貌似"大白兔"被下架,牵出冠生园之争[EB/OL].(2019-04-15)[2021-04-01].新京报.)

任务 6.5　新产品的开发

新产品开发是企业持续发展的前提,也是企业竞争取胜的重要法宝。新产品的开发既能给企业带来有利的市场机会,也会给企业带来一定的经营风险。企业营销人员在此阶段的主要工作任务就是通过市场上同类产品的对比分析和信息搜集,为企业新产品的开发提供有价值的创意,以协助企业开发消费者渴求的、具有强势竞争力的新产品。同时根据新产品的特点和营销对象选择适宜的推广策略,以实现新产品在销售市场上的顺利扩散。

6.5.1　新产品的概念和特点

在现代市场中,各企业之间的竞争不断加强,这种竞争不仅表现在价格、促销等方面,而且越来越多地从产品本身表现出来,企业要在激烈的市场竞争中站住脚,必须不断地更新产品。同时,由于生活水平的不断提高,消费者的购买需求也在日益迅速地发生变化,消费者也要求企业不断地推出新产品,以满足他们的需求。

1)新产品的概念

新产品是指只要产品整体概念中的任何一部分有变革或创新,并且给消费者带来新的利益、新的满足都可被认为是一种新的产品。按照这一原则,新产品大致有以下几类:

（1）全新产品

全新产品即采用新原理、新结构、新技术、新材料制成的前所未有的新产品。譬如第一次出现的电话、飞机、盘尼西林、电子计算机等产品,都是全新产品。全新产品的发明,是同科学技术的重大突破分不开的。它们的产生,一般需要经过很长时间,花费巨大的人力和物力,绝大多数企业都不易提供这样的新产品。全新产品从进入市场到为广大消费者所接受,一般需要较长的时间。

（2）换代新产品

换代新产品是指在原有产品的基础上,部分采用新技术、新材料制成的性能有显著提高的新产品。如普通热水瓶改成气压式热水瓶、黑白电视机改成彩色电视机等。换代产品的出现,也是伴随科学技术的进步而来的,但其发展的过程,较之全新的产品要短些,市场普及的速度和成功率也相对更快、更高。

（3）改进新产品

改进新产品是指对原有产品在性能、结构、包装或款式等方面做出改进的新产品。如给纸烟加上过滤嘴,在普通牙膏中加入某种抗敏感药物,在服装的尺寸比例方面做出某些调整以适应新的审美时尚等。这类产品与原有产品的差距不大,进入市场后亦比较容易为市场接受。但是,由于这种创新比较容易,企业之间的竞争也就更加激烈。

（4）仿制新产品

仿制新产品是指企业仿照市场上已有的产品生产的新产品。如市场上出现的新牌号的电视机、手机等大都是模仿已有的产品生产的。这类产品对市场来说，并不是什么新产品，但是对企业来说却是企业以前从未曾生产和销售过的。因此，对企业来说仍然是新产品。从市场竞争和企业经营上看，在新产品的发展中，部分仿制和全面仿制是不可避免的。仿制产品能缩短产品开发时间，降低设计成本，同时又能保证市场接受。但由于仿制产品需要付出一定的代价购买专利，企业从中得到的收益不一定很大。

（5）重新定位产品

重新定位产品是指对现有产品开发新用途，或者为现有产品重新寻找消费群，使其畅销起来。比如，阿司匹林就是由医治感冒头疼发热变为治疗血管阻塞、中风和心脏病的良药；又如，飞鹤奶粉在定位理论的帮助下，重新找到了品牌定位——更适合中国宝宝体质。有了明确、落地有效的定位，加上企业 50 多年的厚实基础和团队高效的执行力，飞鹤奶粉以年销售额 68 亿元的成绩成为本土品牌中销量第一的品牌，实现了对洋品牌的绝对逆袭。

2）新产品应具备的特点

新产品本身所具备的特点，是它能否被消费者接受的重要条件。一般来说，一个成功的新产品，应具备以下几个特点：

（1）优越性

同老产品相比，新产品一定要为使用者带来新的利益，这种利益越多，产品就越易为消费者接受。产品只有具备了一系列的优点，才会为使用者带来新的利益。如加上过滤嘴的香烟，能消除一定量的尼古丁，彩色电视机能给观看者更多的色彩上的愉悦感。

（2）适应性

新产品如果同消费者的习惯以及人们的价值观念比较接近，就容易为市场所接受；反之，新产品如与消费者的习惯和观念相抵触，就难以在市场上取得成功。因为要改变人们久已形成的习惯和观念，不是短期内能办到的。如目前我国市场上中老年服装的开发就很难，这些服装之所以单调、缺少新的突破的一个很重要的原因就是我国中老年市场的消费者一般比较保守持重，不习惯穿着色彩鲜艳的服装。

（3）易用性

新产品的使用方法要力求简便易学，如果与同类老产品相比，新产品的使用过于复杂，产生诸多的不便，就很难为消费者接受。目前我国市场上的一些多保险门锁就存在这个问题。另一方面，作为新产品，在外形和功能方面可以独具特色，但是其零部件却应力求标准化、通用化，以便消费者修理和更换，也有利于产品的普及。

（4）获利性

企业革新产品，一方面是为了满足消费需求；一方面也是为了增加盈利，获得更大的经济效益。因此，当企业在研究创新产品时，必须注意其成本和价格既能被市场接受,又能使企业获利。当然,很多产品在开发初期,是盈利很少甚至亏损的。但在一段时间之后,这种局面就必须改变,如果长期亏损,说明这是一种失败的产品,是无法在市场推广的。

相关研究分析,所有新产品中只有 10% 是真正属于创新或新问世产品。由于它们对公司和市场来说都是新的,因此,这些产品包含了非常高的成本和风险。大多数公司实际上着力于改进现有产品,而不是创造一个新产品。

3)开发新产品的意义

开发新产品,无论对社会还是对企业本身都有重要意义。

①开发新产品,有利于及时地适应和满足消费需求的新变化。随着社会经济的发展,消费者的购买水平不断提高,消费需求的个性也越来越突出。首先,消费倾向从过去的模仿消费发展成攀比消费,近来又趋向于标新立异,新的需求在不断涌现。其次,消费需求的变化周期也越来越短。很多产品从原来的几年、几十年一贯制,到现在一两年,甚至几个月就发生变化。因此,企业只有不断地创新产品,才能不断地适应这种需求变动的趋势。

②开发新产品,有利于企业在激烈的市场竞争中立于不败之地。不管一个企业的市场地位多么牢固,如果不注意经常改进产品,肯定要被淘汰。在目前的市场上,企业之间的竞争不仅表现在价格、促销手段方面,还大量地表现在产品设计、包装等方面。目前消费者评价产品的标准也不仅仅从价格方面着手,而是更注重产品本身的质量、功效及其外观。只有可以引起消费者新的兴趣的产品,才会受到他们的欢迎。

③开发新产品,有利于减少企业的风险,稳定企业的利润。一个企业可能经营许许多多的产品,但主要盈利产品却是少数。这些产品数量不多,却为企业争得了大部分利润。在现代市场上,产品寿命周期越来越短,一旦企业的主要获利产品进入衰退期后,企业的利润就会大受影响。因此,企业只有不断地开发新产品,使自己拥有更多的拳头产品,从而减少原有产品一旦出现疲软而引起的风险。

6.5.2 新产品的开发策略

企业进行新产品开发时,只有采取正确的策略,才能使企业的新产品开发获得成功。总结国内外一些企业的经验,常用的新产品开发策略有以下几种:

1)挖掘顾客需求

满足顾客需求是新产品的基本功能。顾客需求有两种,一种是眼前的现实需求,另一种是潜在的需求,即消费者对市场上还没有出现的产品的需求。例如:坐长途汽车、出差、旅游时,常常因为找不到厕所而苦恼,对于这种特殊的潜在需求,企业就不能放过。日本一家企业看准这一"需求",推出了一种叫"纸尿袋"的新产品,可供人们外出找不到厕所时使用,结果大获成功。又如,专门为小户型家庭设计的可翻转式一体书桌床,这便于家里来客人时使用等。

企业开发新产品时,应该把力量放在捕捉、挖掘市场潜在需求方面,并要善于以生产促消费,主动为自己创造新市场,千方百计地去扩大市场。

2)挖掘产品功能

挖掘产品功能,实际上就是老产品新生的策略,即通过赋予老产品新的功能和用途,使老产品获得新生而重占市场。例如,防脱生发洗发液就是在清洁洗发的功能上增加了防脱生发的功能;又如,折叠伞就是在普通伞上增加了一个折叠功能,从而便于携带等。

3)开发边缘产品

随着市场竞争日趋激烈、边缘科学技术的蓬勃发展以及各学科、行业间的交流不断扩大,加上消费者的好奇心,边缘产品越来越显示出其旺盛的生命力。所以许多企业都在利用不同行业的协作和不同技术的协作来开发新的边缘产品。

边缘产品多是跨行业的多功能产品,如以纸代布的纸桌布,集洁齿与治牙痛为一体的药物牙膏,"浴用生药精"集洗澡与治病为一体,既可书写又可计时的电子笔等。这种新产品是各行业相互渗透的结果,能满足消费者的多种需求,因此,由此而开发的新产品有着广阔的市场。

4)利用别人优势的开发

凡是有成就的企业,都很善于利用别人的优势,为发展本企业的新产品服务。日本富士通公司利用国内外几十家企业在技术、设备、实验条件、人才、资金、厂房等方面的优势,研制成功具有世界一流水平的工业机器人,并获得多项专利。这一例子告诉我们,别人的优势不仅能用,而且还能大量用。利用别人的优势,使一个企业的成果变成几个企业的成果,等于推广了新产品技术,通过企业间横向联合,使社会效益得到提高。

利用别人的优势当然要花钱,但只要新产品开发成功,获得的利润远远超过购买技术的支出,就应该花钱买。这样,不但有利于企业提高经济效益,还有利于企业产品捷足先登击败竞争对手。因为通过购买现存的新技术可以节省大量研究时间,从而为产品尽快上市创造了有利条件。

5)满足好奇心的开发

一般人都有好奇心,只要是能满足好奇心又有一定使用价值的产品,一定会很受欢迎。如国外有一种"魔术钱包",装入硬币后打开能变成纸币,装入纸币也能变成硬币,其实这种"魔术"只是加了几个夹层而已。又如,一些化妆品瓶的新奇造型常使妇女爱不释手,促进了化妆品的销售。

总之,开发新产品首先应了解市场的现实需求与潜在需求,想顾客所想。其次是考虑竞争对手未考虑到的,注意别人容易忽视的地方,从而使产品"无孔不入"地得到开发。但是,开发新产品应切忌频繁转移阵地,打一枪换个地方,使开发的新产品难以获得预期的效果。

6.5.3　新产品开发的程序

1）新产品构思

开发新产品首先需要有充沛的创造性构思（也称创意、设想，俗称点子），搜集的新产品构思越多，从中选出最合适、最有发展希望的构思的可能性也越大。

企业能否搜集到丰富的新产品构思，不在于意外的发现和偶然的机会，关键在于企业必须有鼓励人们提建议、出点子的制度以及建立一种系统化的程序，使寻求来的任何新产品构思都能被产品开发部门所了解。

新产品构思的来源是多方面的，主要包括以下方面：

（1）顾客

企业营销人员可以通过观察和倾听顾客的需求，分析顾客对现有产品提出的批评和建议，形成新产品构思。

（2）竞争者

竞争产品、竞争者的成败可以为新产品构思提供借鉴，企业应博采众长，为我所用。

（3）企业营销人员

他们密切接触市场，了解顾客需求，熟悉竞争情况，最有发言权，往往成为新产品构思的最好来源之一。

（4）企业高级管理人员

他们所处的地位使他们最明确公司的发展方向及所需要的产品构思。

（5）经销商

经销商掌握顾客要求和市场竞争等方面的第一手资料，也能提供市场上有关新技术、新工艺、新材料等信息，对企业构思新产品往往会有很大帮助。

2）构思的筛选

筛选构思就是对大量的新产品构思进行评价，研究其可行性，挑出那些有创造性的、有价值的构思。一般要考虑以下因素：一是环境条件，即涉及市场的规模与构成、产品的竞争程度与前景、国家的政策等；二是企业的战略任务、发展目标和长远利益，这涉及企业的战略任务、利润目标、销售目标和形象目标等方面；三是企业的开发与实施能力，包括经营管理能力、人力资源、资金能力、技术能力和销售能力等方面。筛选的目的是剔除那些与企业目标或资源不协调的新产品构思（图6-7）。

3）新产品概念的形成与测试

新产品构思经过筛选后，需进一步发展形成更具体、明确的产品概念，这是开发新产品过程中最关键的阶段。产品概念是指已经成型的产品构思，即用文字、图像、模型等予以清晰阐述具有确定特性的产品形象。一个产品构思可以转化为若干个产品概念。

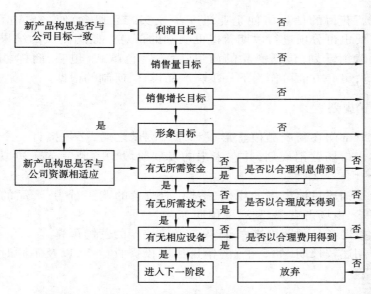

图 6-7　新产品构思的筛选过程

如一家食品公司获得一个新产品构思,欲生产一种具有特殊口味的营养奶制品,该产品具有营养价值高、特殊美味、食用简单方便(只需开水冲饮)的特点,为把这个产品构思转化为鲜明的产品形象,公司从三个方面加以具体化:

①该产品的使用者是谁?(婴儿、儿童、成年人还是老年人)

②使用者从产品中得到的主要利益是什么?(营养、美味、提神或健身等)

③该产品最适宜在什么环境下饮用?(早餐、中餐、晚餐、饭后或临睡前等)

这样,就可以形成多个不同的产品概念,如:

概念 1 为"营养早餐饮品",供想快速得到营养早餐而不必自行烹制的成年人饮用。

概念 2 为"美味佐餐饮品",供儿童作午餐点心饮用。

概念 3 为"健身滋补饮品",供老年人夜间临睡前饮用。

为了了解这些新产品在市场上的竞争状况,应对每一产品概念进行定位,以确定该产品在市场上的位置和竞争者的多少、远近和实力大小等,并据此制订产品或品牌定位策略。

企业要从众多新产品概念中选择出最具竞争力的最佳产品概念,就需要了解顾客的意见,进行产品概念测试。

概念测试一般采用概念说明书的方式,说明新产品的功能、特性、规格、包装、售价等,印发给部分可能的顾客,有时说明书还可附有图片或模型。要求顾客就类似如下的一些问题提出意见。

①你认为本饮品与一般奶制品相比有哪些特殊优点?

②与同类竞争产品比较,你是否偏好本产品?

③你认为价格多少比较合理?

④产品投入市场后,你是否会购买?(肯定买,可能买,可能不买,肯定不买)

⑤你是否有改良本产品的建议?

概念测试所获得的信息将使企业进一步充实产品概念,使之更适合顾客需要。概念测试视需要也可分项进行以期获得更明确的信息。概念测试的结果一方面形成新产品的市场营销计划,包括产品的质量特性、特色款式、包装、商标、定价、销售渠道、促销措施等;另一方面可作为下一步新产品设计、研制的根据。

4)初拟营销规划

新产品主管部门在新产品概念形成和通过测试之后,必须拟订一个把这种产品引入市场的初步市场营销规划,并在未来的发展阶段中不断完善。初拟的营销规划包括三个部分:

第一部分是描述目标市场的规模、结构、消费者的购买行为;产品的市场定位以及短期的销售量、市场占有率、利润率预期等。

第二部分概述产品预期价格、分配渠道及第一年的营销预算。

第三部分阐述较长期(如 5 年)的销售额和投资收益率,以及不同时期的市场营销组合策略。

5)商业分析

商业分析实际上是经济效益分析。其任务是在初步拟订营销规划的基础上,对新产品概念从财务上进一步判断它是否符合企业目标。这包括两个具体步骤:预测销售额和推算成本与利润。

预测新产品销售额可参照市场上类似产品的销售发展历史,并考虑各种竞争因素,分析新产品的市场地位、市场占有率,以此来推测可能的销售额。在推算销售额时,应将几种风险系数都考虑进去,可采用新产品系数法。预测销售额除了产品系数分析法,还应考虑不同产品的再购率,即新产品是一定时期内顾客只购买一次的耐用品,还是购买频率不高的产品,或是购买频率很高的产品。不同的购买率会使产品销售在时间上呈不同的销售曲线。

在完成一定时期内新产品销售额预测后,就可推算出该时期的产品成本和利润收益。成本预算主要指市场营销部门和财务部门综合预测各个时期的营销费用及各项开支,如新产品研制开发费用、销售推广费用、市场调研费用等。根据成本预测和销售额预测,企业即可以预测出各年度的销售额和净利润。审核分析该项产品的财务收益,可以采用盈亏平衡分析法、投资回收率分析法、资金利润率分析法等。

6)新产品的研制

这一步主要是将通过效益分析的新产品概念交送研究开发部门或技术工艺部门研制成为产品模型或样品,同时进行包装的研制和品牌的设计。这是新产品开发的一个重要步骤。只有通过产品研制,投入资金、设备和劳动力,才能使产品概念实体化,才能发现产品概念的不足与问题,继续改进设计,也才能证明这种产品概念在技术、商业上的可行性如何。如果因技术上不过关或成本过高等而被否定,这项产品的开发过程即会终止。

应当强调,新产品研制必须使模型或样品具有产品概念所规定的特征,应进行严格的测试与检查,包括专业人员进行的功能测试和消费者测试。功能测试主要在实验室进行,测试新产品是否安全可靠;性能质量是否达到规定的标准;制造工艺是否先进合理等。消费者测试是请消费者加以试用,征集他们对产品的意见。这两种测试的目的都在于对样品作进一步的改进。

7)市场试销

经过测试合格的样品即为正式产品,应投放到有代表性的小范围市场上进行试销,以检验新产品的市场效率,作为是否大批量生产的依据。当产品的成本很低,对新产品非常有信心,由比较简单的产品线扩展或模仿竞争者的产品时,企业可以不进行或进行很少量的试销。但是,投资很大的产品或企业对产品或营销方案信心并非很足时,就必须进行为时较长的试销。如美国利华(Lever USA)公司把它的产品"利华2000"条形肥皂向全世界推广之前,在亚特兰大试销了两年。

新产品试销前,必须对以下问题做出决策:

①试销地点的选择。选择试销的范围宽度,一般来说,应选择收入居于中等水平、具有代表性的地区。如果选择城市,选择三四个比较合适。

②试销时间的长短。从产品特征、竞争者情况和试销费用来考虑,如果是重复购买的产品,至少要试销一两个购买周期。

③试销所需要的费用开支。

④试销的营销策略及试销成功后进一步采取的行动等。

在试销过程中,企业要注意收集有关资料:

①在有竞争的情况下,新产品试销情况及销售趋势如何,同时与原定目标相比较,调整决策。

②哪一类顾客购买新产品,重购反应如何。

③对产品质量、品牌、包装还有哪些不满意。

④新产品的试用率和重购率为多少,这两项指标是试销成功与否的判断值,也是新产品正式上市的依据。

⑤如果采用几种试销方案,选择比较适合的方案。

8)商业化投放

新产品试销成功后,就可以正式批量生产,全面推向市场。这时,企业就要动用大量资金,支付大量费用,而新产品投放市场初期往往利润微小,甚至亏损,因此,企业在此阶段应在以下方面慎重决策。

(1)投放时机

企业必须分析何时是新产品推出的最佳时机,如节假日。如果新产品是用来替代本企业其他产品,那么应在原有产品库存较少的情况下投放市场;如果新产品具有较强的季节性,则应在消费旺季到来之前投放市场;如果新产品尚需改进,则应等到产品进一步完善之后再投放,切忌仓促上市。

(2)投放地区

企业需要决定在何地投放新产品。一般情况下,应先集中在某一地区市场开展广告和促销活动,拥有一定市场份额后,再向各地市场扩展。

（3）目标市场

目标市场的选择可以依据试销或产品开发以来所收集的资料。最理想的目标市场应是最有潜力的消费者（用户）群，通常具备以下特征：最早采用新产品的市场；大量购买新产品的市场；该市场的购买者具有一定的传播影响力；该市场的购买者对价格比较敏感。

（4）营销组合策略

企业要在新产品投放前制订尽可能完备的营销组合方案，新产品营销预算要合理分配到各营销组合因素中，要根据主次轻重有计划地安排各种营销活动。

6.5.4 新产品的市场扩散

新产品决定进入市场，企业的任务就是抓住时机进行推广，把新产品引进市场并使消费者普遍接受。新产品的市场扩散过程是指新产品在市场上取代老产品的过程，或者是指新产品逐步被广大消费者接受的过程。很明显，新产品的市场扩散强调的是企业在产品生命周期中的引入期和快速成长期的对策，其要点是根据新产品的特点和不同消费者的心理因素，以及消费者接受新产品的一般规律，有效地运用市场营销组合，加速新产品的市场扩散。

1）新产品特征与市场扩散

新产品能否为市场迅速接受取决于众多因素，但新产品所具有的特征显然是影响市场扩散程度的一个重要因素，某些产品如飞碟、呼啦圈等几乎在一夜之间就流行起来了，而某些产品如柴油发动机汽车则经历了很长的时间才被消费者接受。具体说来，新产品对其本身的市场扩散具有重大影响的特征主要表现在以下几个方面：

（1）新产品的相对优点

新产品相对优点越多，即在诸如功能性、可靠性、便利性、新颖性等方面比原有产品的优越性越大，市场接受得就越快。为此，新产品应力求具有独创性、新特性、新用途，尽可能多地采用新技术、新材料。

（2）创新产品的适应性

新产品必须与目标市场的消费习惯以及人们的价值观相吻合，例如个人计算机与中等阶层家庭的生活方式及价值观念高度一致，它就容易被该阶层的人群所接受；反之，则不利于新产品的市场扩散。

（3）与创新产品的认知程度相适应

一般而言，新产品的结构和使用方法简单易懂，才有利于新产品的推广，消费品尤其如此。

（4）创新产品的可传播性

这是指新产品的性质或优点是否容易被人们观察和描述，是否容易被说明和示范。凡信息传播较便捷、易于认知的产品，其采用速度一般比较快。例如，流行服装不用说明，即可知晓，因而流行较快；反之，某些除草药剂，因不能及时看到效果如何，市场扩散就会比较慢。

新产品的上述特征往往并不能一目了然地为消费者或用户所察觉。为此,企业应当认真做好各种促销工作。

2)消费者接受新产品的过程

人们对新产品的接受过程,客观上存在着一定的规律性。早在 20 世纪 30 年代,美国市场营销学者罗吉斯就对人们接受新产品的程序做过大量调查,总结归纳出消费者接受新产品的过程一般分为以下五个重要阶段:

（1）知晓

这是个人获得新产品信息的初始阶段。新产品信息情报的主要来源是广告,或者其他间接的渠道,如商品说明书、技术资料、别人的议论等。很明显,人们在此阶段所获得的情报还不够系统,只是一般性的了解。

（2）兴趣

兴趣是指消费者不仅认识了新产品,并且发生了兴趣。这时,他会积极地寻找有关资料,并进行对比分析,研究新产品的具体功能、用途、使用等问题。如果这些方面均较满意,将会产生初步的购买动机。

（3）评价

这一阶段消费者主要权衡采用新产品的边际价值。比如,采用新产品可获得利益和可能承担风险的比较,经过比较分析形成明确认识,从而对新产品的价值做出判断。

（4）试用

试用是指顾客开始小规模地试用创新产品。通过试用,顾客开始正式评价自己对新产品的认识及购买决策的正确性如何。满意者,将会重复购买;不满意者,将会放弃此产品。

（5）接受

顾客通过试用,获得了理想的使用效果,就会放弃原有的产品形式,完全接受新产品,并开始正式购买,重复购买。对于新产品的营销者,就应考虑如何让消费者顺利地通过知晓、兴趣、评价、试用阶段,最后接受新产品。有时,消费者在接受过程中产生故障时,企业就应及时地采取必要的措施。例如某电子洗碗机生产商发现许多消费者滞留在兴趣阶段,很多消费者主要因购置洗碗机需大量投资而犹豫不决,不愿意进入试用阶段。若采用每月支付少量费用的办法,这些消费者就会愿意试用电子洗碗机。所以生产商应当提出一项适宜的试用计划,让消费者做出接受的决定。

3)新产品的扩散过程

在实际生活中,不同顾客对新产品的反应有很大的差异。由于社会地位、消费心理、收入水平、个人性格等多种因素的影响和制约,消费者按上述模式接受新产品的过程,并不是同时进行的,而是有先有后,即不同消费者的知晓、兴趣、评价、试用到接受都是有先有后的。这就是所谓新产品的市场扩散过程。

新产品在同一目标市场的扩散过程的规律是:开始仅被极少数消费者接受,然后逐步再被多数消费者接受。在时间坐标上,不同类型的消费者接受的时间顺序是:逐新者—早期采用者—中期消费群—晚期消费群—落伍者消费群。

（1）逐新者

任何新产品都由极少数逐新者率先采用，这是一些敢于冒险的少数人，他们对新鲜事物有浓厚的兴趣，所以新产品一上市，他们就会积极购买和使用。这部分人只占全部采用者的2.5%。当逐新者感到新产品效果好时，他们的宣传就会使新产品被一批早期采用者接受。

（2）早期采用者

早期采用者往往是某些领域中的舆论领袖，他们总是在很多事情上有领先的想法。他们很容易受逐新者的影响，往往在新产品的引入期和成长期内采用新产品。这批人约占全部采用者的13.5%。

（3）中期消费群

新产品经过早期采用者的使用，被他们认可后，他们的宣传会影响到一大批能顺应社会潮流但又比较慎重的"追求时尚者"，即中期消费群。这部分人占全部采用者的34%左右。

（4）晚期消费群

新产品被中期消费群采用后，新产品的目标市场接受率已达到50%左右，这时新产品已开始影响一批多疑型消费者，即晚期消费群。这批人的特点是：他们从不主动采用或接受新产品，一定要到多数人都使用并且反应良好时才行动。这部分人占全部采用者的34%左右。

（5）落伍者消费群

新产品已被绝大多数人采用，逐步变为市场上的老产品。这时部分落伍者消费群才顺应社会潮流而采用这种产品。这部分人占全部采用者的16%左右。

上述新产品被消费者采用的过程和新产品的市场扩散过程表明，要使新产品尽快地被消费者接受、采用而达到市场扩散，并有较高的接受率，或者要使新产品的引入期缩短，尽快进入增长期，或者要使新产品消除进入市场后的种种障碍，就必须在新产品的研究开发中采取一系列措施，包括有关产品本身方面的措施，还包括有关包装、商标、说明书、广告、销售渠道、服务等方面的措施，以有利于加速消费者接受新产品。

营销链接 6-6

二胎时代　七座车走红？

2015年3月，广汽丰田重磅发布全新一代汉兰达，该车除标配的2.0T两驱精英版拥有五座版本之外，其他十款车型均只有七座版本。

无独有偶，长安福特也相继举行了全新锐界的媒体试驾会，正式拉开这款"全方位领先的七座SUV"的上市大幕。据厂家提供的配置表，该车同样只有标配的2.0L GTDi两驱精锐型为五座版本，其他六款车型也都是七座版本。

记者从广汽丰田嘉利德斯店了解到，现款汉兰达去年五座与七座版本的销量各半，而2013年五座版本销量更是占到65%~70%。而现款进口锐界则只有五座版本。

为什么这两款车型均将目标市场转向七座车？或许个中原因可以从广汽丰田和长安福特的高层言语中窥得一斑。

"SUV 市场经过紧凑型和小型两轮产品热潮之后，可望迎来中大型七座 SUV 的爆发。"广汽丰田执行副总经理李晖说。

长安福特相关负责人则明确表示，除整体消费升级、SUV 持续细分、"一步到位"的消费心态倾向等原因外，"二胎政策放宽带来的家庭结构变化预期，给中大型七座 SUV 带来了发展机遇"。

随着"二胎时代"的到来，汽车市场也悄然发生了变化。父母、夫妻加上两个孩子的"2+2+2"六口之家新模式，让五座车无法满足这一需求，而更实用、更宽敞、更舒适的七座车则成为众多二胎家庭的新宠。

记者近日走访福州车市发现，不仅是七座 SUV，甚至是原来以商务为主要功能的 MPV，这一两年的销量也是大幅增长，其中主要原因就是二胎家庭消费者的比例迅速增大。

为什么七座车突然受宠？购买七座车选择 SUV 还是 MPV？市面上越来越多的七座车，到底它们的车内空间尤其是第三排座椅是否舒适？本期，《非常车》与大家一起聚焦这些二胎时代突然走红的七座车。

消费调查：二胎家庭更注重空间及安全

近日，记者针对一些二胎家庭的调查发现，如果说原来汽车消费者更注重外形、动力、操控等个性化表达的话，那么进入二胎时代后的家庭的购车选择则更注重空间、舒适及安全配置等实用性指标。

准备要二胎的纪先生在接受记者采访时坦承，他将提高购车预算，购买空间更大的车辆，首选七座车，"因为家庭需要一辆大空间的车"。

大部分受访者认为，随着二胎家庭的增多，消费者对于车内空间及安全配置的要求将大幅提高。由于车内儿童增多，车内发生意外的概率也相应提高。消费者对车内的智能配置也有了相应要求，如儿童安全锁，车窗、天窗的防夹功能等。

用车成本：七座车也能享受高速假日免费

二胎时代到来，为什么是七座车受宠，而不是八座车或九座车受欢迎呢？

"七座车与五座车的用车成本差不多，可以多坐两个人，更加实用。"宝骏730车主卢先生的回答代表了许多七座车消费者的心声。

据了解，高速规定七座及七座以下轿车、小型客车为一类车，而八座至十九座客车为二类车。记者从闽高速信息网查询到，如果从"福州东"上高速，"太姥山"出口下高速，二类车单程要交240元，而一类车单程只要交120元。往返而言，仅仅福州到太姥山的来回高速费用，七座车就可以比八座车节省了240元。

而且，七座车和五座车一样，可以享受假期高速免费的优惠。明天就是清明假期了，如果开七座车回老家或去游玩，就可以省下不少银子呢。

中华联合保险公司周桂介绍，七座车的保险费用也和五座车差不多，仅在车损险、车上人员险等险种上有细微的差别。他以一辆30万元的新车为例，如第三者保额100万，车上人员险每座1万，加上车损、玻璃以及不计免赔，七座车仅比五座车多500元左右，而九座车的保险则会增加1300元以上。

广汽丰田嘉利德斯市场部经理赖苇说,全新汉兰达 2.0T 两驱精英版七座车与五座车的工信部综合工况油耗也是一样的,均为 8.2 升/百千米。

思考与分析:

结合该案例谈谈七座车所具备的新产品特点有哪些。

(资料来源:卫波.二胎开放全家出行 全新汉兰达为爱升级[EB/OL].(2015-12-14)[2021-01-01].汽车之家)

营销工具

家电产品开发评价表

要素	评价因素	拟开发机种	次对抗机种	主对抗机种	拟开发机种	次对抗机种	主对抗机种
(一)商品及市场因素评价(50%)							
商品市场因素(40%)	销售评价						
	流行时尚						
	格调						
	品质						
	风评						
	商品名						
	方便性						
	合计						
	总计						
商品性能因素(30%)	功率大小						
	音质(色)						
	机能性						
	失真率						
	特性(点)						
	操作性						
	线路结构						
	外壳材质						
	耐用性						
	稳定性						
	合计						
	总计						

续表

要素	评价因素	拟开发机种	次对抗机种	主对抗机种	拟开发机种	次对抗机种	主对抗机种
商品样式分析因素（30%）	气质						
	造型						
	色泽						
	线条						
	表处理						
	重量						
	体积						
	结构						
	包装						
	合计						
	总计						

（二）公司商品计划因素评价（20%）

（三）公司制造潜力因素的评价（10%）

（四）商品开发要因总评价（10%）

商品及市场因素评价：　　　　　　　（分）
公司商品计划因素评价：　　　　　　　（分）
公司制造潜力因素的评价：　　　　　　（分）
　　　　　总评分：　　　　（分）

续表

(五)开发产品的产销规范(10%)	开发速度(时效)
	商品了解表
	销售价格(批价)
	主要销售区
	上市日期
	生产数量
	开发方式

重要概念

产品　品牌　包装　生命周期　新产品

同步训练

单项选择题:

1.买电视机,商家提供送货到家并免费安装的服务,属于产品概念中的什么产品?
(　　)

　　A.核心产品　　　　B.形式产品　　　　C.期望产品　　　　D.延伸产品

　　E.潜在产品

2.海尔集团(Haier)生产的各种家电产品,既有各自的个别品牌,如"卡萨帝""统帅""斐雪派克"等。前面又加海尔两个字,以示系海尔集团产品。该品牌数量决策属于(　　)。

　　A.使用同一品牌　　　　　　　B.使用个别的同一品牌

　　C.使用统一的个别品牌　　　　D.使用不同品牌

3.超市酸奶的促销包装,将新推出的"森林牧场"系列酸奶与其经典款"初心"系列包装在一起进行销售的行为属于包装策略的哪一种?(　　)

　　A.类似包装　　　B.组合包装　　　C.附属品包装　　　D.再使用包装

4.苹果公司推出的新产品最新款 iPhone 12 Pro Max 适合采用哪种营销策略?(　　)

　　A.快速撇脂策略　　　　　　　B.慢速撇脂策略

　　C.快速渗透策略　　　　　　　D.缓慢渗透策略

5.在产品的市场生命周期理论中,产品在市场上迅速为顾客所接受,销售量和利润迅速增长的时期属于哪一个阶段?(　　)

　　A.导入期　　　B.成长期　　　C.成熟期　　　D.衰退期

判断题：

1.形式产品是消费者真正要买的东西,是产品整体概念中最基本、最主要的内容。

（　　）

2.重新定位产品不属于新产品的一种。（　　）

3."商标"是一个静态、单一的概念,而"品牌"是一个动态、多元的概念。（　　）

4.产品线越多,说明企业的产品组合就越广,否则就越窄。（　　）

5.波士顿咨询集团创造的"市场增长率—相对市场占有率矩阵"分析方法,简称为 BCG 法。该方法利用两阶矩阵,把企业的产品单位分为 4 种不同类型,分别是明星类、金牛类、问题类、瘦狗类。

（　　）

简答题：

1.如何理解整体产品概念? 它包括哪几个层次?

2.简述什么是企业的产品组合? 企业在营销实践中常用的产品组合策略有哪些?

3.什么是品牌? 它由哪几个部分构成? 品牌与商标之间的关系如何?

4.列举你生活中影响最深的一种商品的包装,联系产品本身对包装特色作评价。

5.产品生命周期分为哪几个阶段? 各阶段的特点和营销组合策略有哪些?

案例分析

被"撕裂"的李宁,重新定义"国潮"

对株洲"00 后"女青年李菁菁来说,"李宁"是一个传统运动品牌,是父辈们的热爱。而"中国李宁"则是另外一个品牌,是她的热爱。

"中国李宁"是"李宁"于 2018 年推出的运动时尚系列;然而在不同年龄段的族群里,这两个"李宁"已经完成了"撕裂"。

撕裂的结果很喜人。2019 年 3 月,李宁公司发布 2018 年财务业绩报告,营业收入达 105.11 亿元人民币,同比增长 18.4%,从 1990 年创立伊始,即将三十而立的李宁公司首次实现营收破百亿元。更关键的是,李宁公司通过品牌撕裂,做到了转危为安。

一、"李宁"老了：争百亿却失落了八年

2018年以前的"李宁"，在8多的时间里，一直给人一种"老夫"的感觉。

一个经常被引用的数据足以看出"李宁"的窘境：2011年之后"李宁"连续亏损3年，亏损额超过30亿元，市值一度蒸发约76%，本土行业老大的地位也被安踏取代。

这几乎和李宁本人的老态同步。2012年，当昔日纵横运动场的体操王子李宁出现在媒体前，许多他的忠实粉丝们感慨道："谢顶、皱纹、眼袋，我们心中那个英俊少年的形象瞬间被颠覆。"

2008年北京奥运会前后，本土运动品牌的龙头地位非"李宁"莫属。2009年，德银的数据显示"李宁"超越"阿迪达斯"成为内地体育市场占有率第二的品牌（11%），略逊于耐克（Nike）的13.2%。第二年，距离再次拉近："李宁"公司营业额达到了惊人的97.78亿元，直向百亿俱乐部冲刺。骄人的成绩让李宁公司喊出8年内成为中国的No.1的口号，但一语成谶：No.1没有达成，但进阶百亿俱乐部，确实用了8年。

随后，业绩急转直下，从骄人变成焦人。

消费者群体发生了变化。伴随"李宁"成长的1975—1985年出生的一代人，渐入中年，开始逐渐远离运动品牌，忠实粉丝不再。而"李宁"在1985—1995年出生的一代人中的形象又显得太过大龄，更像一个父辈的旗帜，这让李宁品牌在运动市场上逐步遭遇冰封。李宁并非没有注意到这种状况。早在2005年，李宁公司就聘请专业机构调查品牌现状。调查结果是，当时的消费人群中35~45岁的消费者占了50%。为了赢得年轻消费者的青睐，扩大消费人群，2010年第三季度，"李宁"将品牌消费人群定位为"90后"。与此同时，"李宁"更换了使用近20年的标志，并将口号从"一切皆有可能"更换为"让改变发生"。

当时有专家认为，换标换定位后的李宁公司的价格定位不适合"90后"。事实上，岂止是价格不合适，更重要的是"90后"们对李宁这个品牌的认知已经形成惰性。

电商潮起，李宁公司从2012年9月份开始，试图利用其线下渠道推广网上商城。店铺内购物小票上附上了李宁官方商城的信息和网址，网站上消费满980元再次购物全场5.5折的信息不断地推销着"李宁"的品牌形象。但是，"90后"并没有被折扣打动，比起安踏体育、361度、特步国际、匹克体育、喜得龙等年轻的国内运动品牌，价格还不是第一位的，关键依然是"李宁"的样式太过老气。同时，"李宁"的电商策略也让"90后"们很受伤。线上以售卖非当季商品和网络专供版为主。结果"90后"们更加不买账，他们感觉所谓网络专供版只是一个噱头，而非当季商品又让他们觉得自己像在淘旧货。至于价格，在收入逐步丰盈的国人看来，耐克、阿迪的价格也不再感觉很高，为何还要"李宁"？

结果，经销商们被打败了。"李宁"对线上和线下使用两种价格体系，让自己原有的分销商们变得非常被动。当年，李宁专卖店出现关店潮，大部分是分销商的特许经营店。

"李宁"的这一轮贴近"90后"的变革，给外部的观感就好像只是换了个新的标志而已。而其品牌重塑过程，更被业界称为"教科书式的失败案例"。

二、李宁归来:敢把品牌撕裂成两份

李宁本人的进退,成了李宁公司的一个标志。业界往往津津乐道两次火种与李宁公司"联系":1990年8月,李宁站在世界屋脊从藏族姑娘央宗手里接过亚运圣火火种,这一定程度上标志着他和他的公司开始起步;2008年北京奥运会开幕式他点燃奥运圣火,则让李宁这两个字的影响力达到巅峰,"李宁"成为当时国内当之无愧的第一运动品牌。

之后的衰落,没有人算在李宁本人头上,彼时他已经隐退多年。李宁事后回忆称,自己没有亲身参与"90后李宁"计划,但记得这在当时更像是一个口号,被强加于公司层面。但转折点却再次落在李宁身上。

"公司需要我,我就回来,毕竟我是创始人,又是大股东。"2015年,在李宁公司连续亏损三年后,已经"隐退江湖"多年,专注体育公益事业的创始人李宁,不得不亲自出马,出任CEO,打响一场品牌保卫战。

归来的第一件事,李宁宣布重启口号——一切皆有可能。标志性的转折点发生在2018年。机会很偶然,彼时,天猫China Day在纽约时装周官方日程中举办,计划邀请4个中国服装品牌走秀。起初,天猫China Day的负责人并没有把运动品牌纳入考虑范围,认为运动和时装关系不大。但早前"李宁"在天猫上推出的两款分别运用水墨画和青花瓷元素的中国风篮球鞋,均有不错的销量,又让天猫和"李宁"最终达成了共识。

另一个事实也在说明2015年李宁回归后,整个公司正在走向深度发力:一小时,34套走秀服饰,留给"李宁"设计团队只有一个月的筹备时间。设计师最终直接从现有货品中挑出一部分,却毫不违和地组成了一个"悟道"主题,并用"中国李宁"和"中国风"做主要元素登上秀场,"李宁"也成为中国首家亮相纽约时装周的运动品牌。

于是,从2018年2月7日那一天,"李宁"和"中国李宁"在消费者眼中成了2个彼此独立的品牌。2018年,更成了"中国李宁"这个系列大放异彩的年份。一年三次踏上了顶级时装周的秀场,显眼的汉字、被冠以"番茄炒蛋"昵称的黄红配色、中国风元素设计,开始颠覆"李宁"的老旧形象。

在定位上,"李宁"与"中国李宁"也主动进行了切割。通过对比不难发现,"中国李宁"T恤价格在300元左右,帽衫、卫衣、夹克等在500到900元,秋冬系列产品超过1 000元,而"李宁"T恤则在100元以下,帽衫、卫衣、夹克等多数不超过200元。

潮牌"中国李宁"必须比运动品牌"李宁"贵,否则何以潮。至于那句戏言"以前没钱穿李宁,现在没钱穿李宁",李宁本人则看得很淡:"如果没人愿意买,那么这些销售额从哪里来?"

撕裂的"李宁",本身就是对这句业界揶揄最好的反讽。而业绩则是更好的证明。在李宁公司2018年全年业绩公布会和2018年中期业绩发布会中,标志性的"中国李宁"四个大字都被放在了醒目的位置。而在2018年,"中国李宁"服装系列总销量超过550万件,鞋系列销量超过5万件,新品售罄率均超过70%,在"中国李宁"系列的带动下,李宁公司2018年运动时尚品类的零售流水也同比上升42%,领跑"李宁"旗下所有品类(篮球品类增速29%,训练品类增速20%)。

三、李宁国潮:去风口上抓住Z世代

一味将目标客户锁定在"90后",被视为之前"李宁"失利的关键。但"中国李宁"的定位依然是锁定模式——Z世代,即"95后"和"00后",为何会出现前后落差如此之大的境况呢?

大环境发生了变化。数据显示,2010年至2016年,服装鞋帽、针、纺织品类零售额增速整体放缓,而2017年在触底回升,同比增速为7.8%。与此同时,在全球具有万亿级市场的潮牌在中国强势崛起,也在大环境下形成了小气象。

早在2000年左右的时候,潮牌概念进入中国,并逐步孵化出一股潮牌文化的氛围。据称在当下潮牌主力消费人群Z世代们眼中,消费第一法则就是"颜值即正义"。而"李宁"适逢其会,按照潮牌消费群体所谓鄙视链的说法,处在鄙视链顶端的是Supreme、off-white等资深国际潮牌,而起步晚、资历浅的国潮则处于鄙视链的底端。

"李宁"再不济也是国内顶级的运动品牌,一旦成为国潮成员,立刻就成为国潮的领军者。甚至其中还具有一种历史渊源,"国潮"概念的出现,在许多潮牌爱好者眼中,可以追溯至2006到2011年间飞跃鞋与回力鞋在民间的走红,而上述两个品牌,恰恰是"李宁"这个本土运动品牌的老前辈。于是,起源于运动的"国潮",就和想要时尚的"李宁",有了"勾搭"的机会,"李宁"也由此站到了风口之上。

然而,登上时装秀场的"中国李宁"并非如此简单地走红。在Z世代眼中,仅仅是有元素还不够,潮牌不应该只是一种服饰,而应该是一种文化,并自带社交属性。

由此看来,"李宁"显然对"国潮"蓄谋已久。自重出江湖后,年过半百的李宁就亲自上阵为品牌站台。在李宁的带领下,公司全面开启"互联网+"战略,李宁本人也开通了微博,人们突然发现,这位年过半百的"吃瓜老李",转瞬就变成了爱刷微博的潮大叔,卖萌、写鸡汤、玩Cosplay样样皆能,一年时间吸粉就已近两百万。"20多年前我也号称潮人。"纽约时装周那天,李宁在社交媒体上轻松、自信。这一句话,本质上也说明了"李宁"与"国潮"并非偶遇,而是蓄谋已久。

秀后,前时尚集团总裁苏芒在微博转发了李宁的秀场图,并表示"李宁"完成了从运动品牌到国际潮牌的蜕变。业界的观感,说明了这一轮转型的起手式成功了。于是乎,当"中国李宁"在天猫开旗舰店后,2个月的时间,就积累了4万多粉丝,主流消费者为18~25岁、偏爱中国传统文化与时尚潮流的年轻人。

独立开来的线上渠道,让"中国李宁"能够以更快的方式覆盖到实体店所难以铺开的地区。更重要的是,当"中国李宁"出现在"李宁"门店中,无论线上还是线下,既不容易引发老顾客喜欢,也难以真正被Z世代所关注。

独立,成为必然。而尝到甜头的"李宁",很快又在电商推出了专供产品线"Counterflow-潮"系列,进一步扩大战果……

截至2018年12月31日,在中国市场,李宁销售点数量(不包含李宁YOUNG)共计6 344个,年度净增加82个。其中,零售业务点净减少35个,批发业务点净增加117个。

加大线下实体店的改造,尤其是面向Z世代已经不爱逛街的状态,将线下门店的零售业务适当收缩,则成为一种可供玩味的破局之法。

敢于破与立,才是"李宁"此次崛起的关键,在渠道上的潮,某种意义上也是"国

潮"的衍生。毕竟,于李宁和"李宁"而言,在30年的历程里,他们本身就在潜意识里代言着"国潮"。

四、李宁迭代:做一个跨界弄潮浪子

"李宁"很清楚,仅仅靠情怀,依然不长久。既然潮,就必须潮出想象。毕竟,"中国"前缀和中国风设计,更多的是俘获了消费者的国货心理,而非真的够潮。

李宁公司首席财务官曾华锋就敏锐地指出,潮牌需要有快速应对趋势的能力,"中国李宁是以时尚为主,时尚的东西经常变,前6个月流行这个,后6个月又流行什么?所以要推出很多新品,去年卖得好的产品,今年未必好"。

快速迭代和出人意料,成了"李宁"重新定义"国潮"的标配。自我定位很关键。"番茄炒蛋"服装主打复古风潮,复刻了李宁设计的1992年巴塞罗那奥运会中国代表团领奖服;令人惊艳的"嵩山"卫衣,用水墨画呈现壮丽的中国山水;2020春夏系列则以国球"乒乓球"为主题……

光致敬还不够,还可以"快闪",这同样是一种迭代,在线下场景对潮人们进行最有效的营销。2018年8月,为期十天的"中国李宁"快闪店Ning Space潮流空间登陆深圳万象天地,这是"中国李宁"系列在时装周后首次在国内完整呈现。2019年,风格各异的快闪店活动在全国铺开,如其在青岛、成都开设以"水墨山形"为主题的快闪店,并发售"少不入川"系列,受到当地消费者追捧。

快闪为落地预热。和"李宁"主品牌不同,李宁时尚店主要布局一、二线城市高端商圈,例如北京三里屯和SKP等,并且在商圈内位置选址中,李宁时尚店一般位于休闲潮流楼层而不是运动楼层,与adidas三叶草、高端运动时尚品牌FILA、休闲品牌Calvin Klein等毗邻。

效果显而易见,作为"中国李宁"系列独立门店,2018年11月开业的深圳南山万象天地店和12月开业的上海来福士店,2018年店铺月平均销售超过100万元。

不和"李宁"门店直接兼容,采取小步快走的方式,形成差异化的线下布局,既规避了和"李宁"本体的竞争,也顺便将线下引爆点聚合在较小的范围,形成"少而精",也让没有门店覆盖的其他地区的潮人们,有了一种线下"朝圣"、线上"收藏"之感。和"李宁"门店形成差异,成了"中国李宁"的必然选择:装修、灯光、道具……处处都在标榜着——这里不是"李宁"。

更多带有颠覆感的弄潮路数也在孵化中,亦不再局限于"中国李宁"这个框架。李宁电商上的专供产品线"Counterflow-溯"系列,将街头潮流和国风结合;李宁品牌也发力联名款,分别与红旗汽车、洛杉矶潮牌X-Large、涂鸦品牌OG Slick、健身品牌CHISELED、德邦快递、迪士尼进行了联手。结果,每一次联名,都给人以"这也能联名"的惊喜感。

但这并不是李宁的尽头,他更渴望在运动领域带出更大的浪潮。于是,潮男李宁把进军点定在了一个更具颠覆感的领域、专属年轻人的运动——电子竞技。2018年10月,"李宁"正式与EDG电子竞技俱乐部达成合作,成为EDG《英雄联盟》分部S8官方合作伙伴。2019年初,李宁母公司非凡中国更完成了对电子竞技俱乐部Snake的收购,随后又先后成为电子竞技俱乐部Newbee的官方赞助商以及电竞俱乐部QGhappy的官方合作伙伴。

"电竞中的竞技精神90%是和体育精神重叠的,那我为什么要花时间去争论剩下的10%甚至是5%呢。"李宁集团执行董事、非凡中国体育CEO李麒麟如是说。效果也颇为可观:2018年12月,"李宁"与EDG推出的联名款上线7分钟售罄,线下门店销售额增长了6倍。

2019年7月,"李宁"再次宣布和EDG的合作,要专为电竞用户设计出具有鲜明旗帜及代表性的服装、运动鞋等。于是乎,2019年,"李宁"首次提出"单品牌、多品类、多渠道"战略,与老对手"安踏"的"单聚焦、多品牌、全渠道"形成了强烈对比。

主导"国潮"风,并被联想、故宫、老干妈等纷纷效仿之后,"李宁"已经开始谋划王者归来,第一个目标就是抢走它第一宝座的"安踏"。但是,这并非简单的一场成功营销就能达成跨越的。

五、情怀未必是一种营销

但这样的状态持续不了多久,"李宁"已经开始谋划破题。

一个象征性的动作就是复刻。

2018年7月登上巴黎时装周时,"李宁"复刻了品牌创立后的第一款产品001。1991年,制鞋工艺上的误差让这款运动鞋出现了质量问题,为了公司的信誉和品牌形象,李宁没有选择低价出售,而是将这批产品全部销毁。这成了一个信号,001之前也曾在李宁品牌的多个时间节点上被复刻过。而此次,李宁希望再次唤醒人们对该品牌重视质量的回忆。就如同张瑞敏在1985年因质量问题怒砸冰箱而成就海尔数十年的质量口碑一般。

此外还需要有更多实质性的行动。

自1990年公司成立以来,"李宁"的供应链体系长期采用外包的方式。而在2019年,这个固化多年的模式终于被打破。

5月22日,李宁集团投资的广西供应基地正式启动,项目定位于涵盖原材料、运动鞋、运动服装等品类的研发制造。这是"李宁"首次自建工厂。未来,"李宁"还计划建立年产1 000万件运动服的生产项目,目标则是广西工厂的产能规模达到产品总量的1/3。

宏观上在努力,微观上也在发力。相关资料显示:2018年,"李宁"存货水平得到有效控制,拨备前的成本金额只增长了11%,存货的销售占比持续降低;应收账款则同比降低21.2%,致使应收账款周转天数下降了16天。

电商领域的探索上,"李宁"也在试图让自己更有故事,以便真正进化成多属性的IP:新开天猫跑步旗舰店、天猫篮球旗舰店等针对专业运动人群的线上店铺。同时,李宁电商在内容营销与事件性营销层面投入了更多的资源进行布局。在前端运营层面涵盖了包括直播、专访视频、产品故事、传统文化的包装,例如纽约时装周事件营销、巴黎时装周事件营销、"中国新轻年"主题的天猫欢聚日活动,以及部分核心话题商品与电商专供款的故事与文化精神层面的深挖,例如"悟道"等。

这依然是复刻,即昔日"李宁"的成功,是建立在李宁和各种奖牌故事的基础上,而今日"李宁"则想复刻这种成功,用事件性故事来让消费者有更多的代入感,最终选择贴身体验……

唯独在研发上,"李宁"或许在短时内难以用资本的力量进行破局,毕竟这是一个需要日积月累的迭代过程。李宁在 2017 年的年度业绩报告会上曾回答道:"我们会将主要资源投入到运动知识学习、科技研发和打造李宁品牌体验上来,积极寻找及拓展业务发展空间。"

是否真的如其所言,或许还要留待"国潮"的高烧略退后,用户自己的体验报告爆发,才能知晓。

思考与分析:

1.结合开篇案例分析"中国李宁"是如何一步步重新引领新国潮的。

2.假如你是李宁,你是去开发全新产品,还是进行产品的升级换代,为什么?

(资料来源:张书乐.被"撕裂"的李宁,重新定义"国潮"[J].销售与市场(营销版),2019(10):40-48.)

营销实训

以 5~6 人为一组,登录"市场营销专业综合实训与竞赛系统",完成新产品开发及生产相关操作。

1.产品研发

操作步骤:

步骤一:点击任务列表中的"产品研发"。

步骤二:选择研发的"型号"。

步骤三:点击"研发投资"按键。

2.产品下线入库

操作步骤:

点击任务列表中的"产品下线入库",点击"下线入库"按键。

3.租赁/购买厂房

操作步骤：

点击任务列表中的"租赁/购买厂房"，点击"租赁厂房"或者"购买厂房"按键。

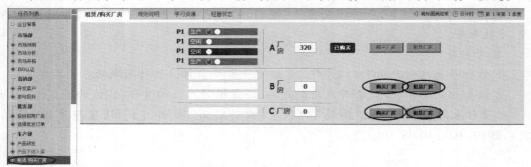

4.生产线购买

操作步骤：

步骤一：点击任务列表中的"生产线购买"。

步骤二：选择生产线的"类型，产品，位置"，点击"购买安装"按键。

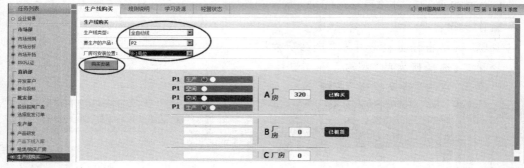

5.原料采购

操作步骤：

步骤一：点击任务列表中的"原料采购"。

步骤二：点击"下采购计划"按键。

步骤三：输入"采购数量"，点击"提交订单"按键。

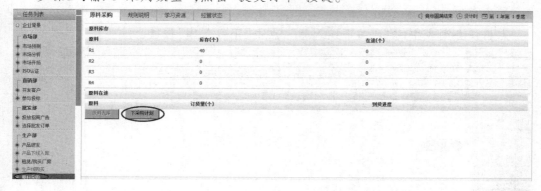

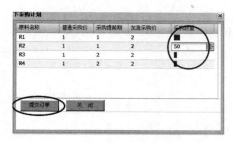

6.投入生产

操作步骤：

步骤一：点击任务列表中的"投入生产"，选择"产品型号与生产线"，点击"投入生产"按键。

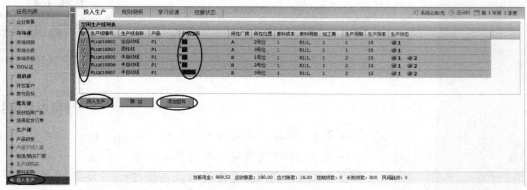

步骤二：点击"添加型号"按键，添加名字，选择产品，选择功能组合，点击"保存"按键。

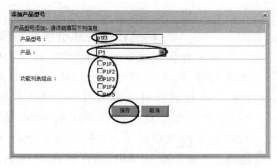

项目 7
价格策略

【案例引导】

格兰仕——从价格战到价值战

为了确立微波炉市场的霸主地位,1996—2003 年格兰仕共进行了 9 次大规模降价,降价幅度大,每次最低降幅为 25%。从格兰仕进入行业至今,微波炉的市场售价已由每台 3 000 元以上降到了每台 300 元左右,首打低价牌,牵引着美的等众多的竞争对手,将中国微波炉行业引上了一条自戕的道路。"买 500 送 500""买微波炉送电磁炉""光波炉大降价,千元直降至 600"……然而价格战是一把双刃剑,杀敌一千,自损八百,格兰仕在摧毁别人的投资价值的时候,也把自己逼到了墙角,自 1998 年起格兰仕的市场占有率上去了,利润却一个劲地下滑。2007 年美的微波炉经过两年多的卧薪尝胆,在国内市场占有率冲至创纪录的 43%,宣扬"价值竞争取代价格竞争,共享价值链"的美的深深震撼了格兰仕。现实处境促使格兰仕不得不一改长期坚持的"以不变应万变"的价格战策略,走入了"以变应变"的价值革新阶段。

放弃价格战,格兰仕首先关注消费者,创造需求,以健康、节能、环保的产品作为主打产品,其次专注光波技术,升级换代,再次,追求市场最大化,强化渠道。到 2009 年,格兰仕每年的技术投入保持在年销售额 3% 以上的水平,整个市场的销售重心已完成向中高端的转移。回顾过去,格兰仕为中国家电制造演绎了一个关于"价格战"与"价值战"的轮回经典。

思考与分析:

格兰仕的"价值战"指的是什么? 这是营销战的必然趋势吗?

【情景创建】

以 4~6 人的小组为单位,根据上述案例,分析产品的价格构成和作用,加深学生对产品定价和价格变动的因素的理解。思考非价格竞争手段的积极作用。

【任务分解】

任务:加深学生对定价基本程序的理解和对定价的方法和策略运用

活动 1:分析企业对产品的价格进行确定的过程

活动 2:分析企业的三种定价导向

活动 3:列举企业可供选择的几种定价策略

活动 4:分析企业的价格调整策略与企业面对竞争者调价时的应对措施

知识导入

任务 7.1   产品定价的程序

7.1.1   价格的含义和作用

1)价格的含义

狭义上说,价格是为产品或服务收取的货币总额。广义上说,价格是顾客为获得、拥有或使用某种产品或服务的利益而支付的价值。长期以来,价格一直是影响购买决策的重要因素。最近数十年,非价格因素越来越受到重视。但价格始终是决定企业市场份额和盈利性最重要的因素之一。

2)价格的作用

(1)价格直接影响企业盈利目标的实现

从一定意义上说,利润的大小不仅反映企业的经营效益,而且反映企业对社会的贡献能力。同时,不断获取更多的盈利也是企业生存发展的前提条件,因而盈利最大化是企业在经营过程中追求的目标。在更多的情况下,企业把追求盈利最大化作为一个长期定价目标,同时选择一个适应特定环境的短期目标来制订价格。这个定价目标尽管有时与长期目标存在某些偏离,但仍是在一定时期内实现长期目标必要和有效的手段。

(2)价格是市场竞争的重要手段

在市场营销中,技术、质量、服务等方面固然是企业竞争的重要因素,价格同样是不可忽视的参与竞争的有效手段。很显然,价格对产品的销路及整个企业的利润,都有"看得见"的影响。一般来说,在同一产品有众多供应者的条件下,价格相对低的产品,市场竞争能力就会提高。同时,价格也是竞争对手极为关注并会迅速做出反应的最敏感的因素。另外,制订价格时往往很难准确预测消费者和竞争者的反应,由此而导致的决策失误会使企业陷入困境和带来多方面的损失。因此产品定价既具有高度的科学性,又具有"微妙的"艺术性。

(3)价格能调节和诱导市场需求

价格是企业营销组合中的一个重要因素,定价是否合理,对企业市场营销组合将起到加强或削弱的作用。价格的高低往往直接影响产品在市场中的地位和形象,影响顾客对产品的接受程度,影响产品的销路。合理的价格对顾客的心理会产生良好的刺激作用,本身就具有促销功能。例如,在企业的营销产品组合中,尤其是那些具有消费连带与消费替代关系的产品,价格的高低与价格比例的合理性明显影响这些产品的市场需求。

7.1.2 产品定价的一般程序

产品被推向市场后,消费者最关心的一个问题就是产品价格。企业在制订产品价格时就应当综合考虑各方面因素,按照一定的程序进行定价。这个程序一般由七个步骤构成(图 7-1)。

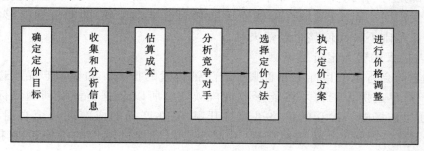

图 7-1 产品定价的一般程序

1)确定定价目标

企业在定价之前必须首先确定定价目标。定价目标以企业营销目标为基础,是企业选择定价方法和制订价格策略的依据。由于受到资源的约束,企业的规模和企业所采用的管理方法有差异,企业可能从不同的角度选择自己的定价目标。不同行业的企业有不同的定价目标,同一行业的不同企业也可能有不同的定价目标,同一企业在不同的时期、不同的市场条件下也可能有不同的定价目标。正如实现营销目标可以通过多种途径一样,企业的定价目标也有多种。

(1)以获取利润为定价目标

价格高于成本,获取经营利润,是任何企业开展经营活动的基本目标。而能否获取期望利润则在很大程度上取决于销售价格的制订。所以获取适当利润便成为最常见的定价目标。根据企业对利润的期望水平不同,利润定价目标又可分为适当利润定价(或称目标利润定价)和最大利润定价。

适当利润定价就是企业对某一产品和服务的定价足以保证其达到一个既定的目标利润额或目标利润率。采用这种定价目标的企业,一般是根据投资额规定利润率,然后计算出单位产品的利润额,把它加在产品成本上,就成为该产品的出售价格。

最大利润定价就是企业期望通过制订较高的价格,从而迅速获取最大利润的定价目标。采用这种定价目标的企业,其产品多处于绝对有利的地位。例如,企业新产品上市时希望快速收回投资获取高额利润,并取得同竞争者展开价格竞争的有利条件,而采用这种目标定价。当然最大利润定价也包括企业的产品和服务在某一特定情况下无法迅速回收投资,而此时的最大利润即表现为高于变动成本的最大边际收益。

根据时间长短,利润目标又分为短期利润目标和长期利润目标。在当前市场竞争不是十分激烈,而市场需求尚未得到较好满足的情况下,较高的价格水平可能有助于企业短期利润目标的实现。但较高的价格水平和盈利水平也可能迅速引至大量的竞争者,从而使企业在未来面临十分严峻的竞争局面,不利于实现企业的长期利润目标。因此,即使是以获取最大利润为定价目标,其价格的高低也应是适当的。企业应该着眼于长期利润目标,兼顾短期利润目标。因为从长期观点看,企业追求最大利润就会使其不断提高技术水平,改善经营管理,以求在竞争中取胜,这对企业、对社会、对消费者都是有利的。而企业如果只顾眼前利益,甚至不择手段地追求最高利润使企业信誉受损而不能发展,最终可能连短期利润也难以实现,即使侥幸能够实现,也会因为企业基础不牢而使整个经营失利。

(2)以扩大销售为定价目标

有时企业会将定价目标主要着眼于产品销售量的扩大。如在新产品刚进入市场的阶段,只有迅速扩大销售才可能形成规模效应。所以企业不宜将利润目标定得太高,而应通过市场能够接受的价格迅速打开市场;在产品的成熟期乃至衰退期,为了迅速地出清存货,进行产品结构变换,有时也会以能促进销售的价格策略来吸引消费者。

(3)以市场占有为定价目标

企业从占领市场的角度来制订商品的定价目标。市场占有率的高低,对价格的高低有很大影响。市场占有率包括绝对占有率和相对占有率,是反映企业市场地位的重要指标,影响企业的市场形象和盈利能力。与同类企业或产品比较,市场地位高,表明在竞争过程中,企业拥有一定优势。意味着企业生产和销售的规模大,即便在单位利润水平不高的情况下,企业仍具有较强的盈利能力;反之,市场占有率很低,则可能意味着企业没有明显优势,甚至可能处于十分危险的地位。即便单位利润水平很高,但在生产经营量有限的情况下,盈利能力仍是有限的。因此,许多企业经常采用价格手段,力图维持或扩大其市场占有率。在现有生产量和销售量基础上,仍具有较大的扩张潜力,成本也有一定的下降空间,而产品价格需求弹性较高的企业,更是经常采用降价手段,扩大自身的市场占有率。

但在采用这一定价目标时也必须慎重考虑,量力而行。因为运用低价策略扩大市场占有率,必然会使需求量急剧增加。为此,企业必须有充足的商品供应,否则,会造成潜在的竞争者乘虚而入,这反而会损害企业的利益。

(4)以改善形象为定价目标

企业以确立和改善企业形象作为制订商品的定价目标。价格是消费者据以判断企业行为及其产品的一个重要因素。一个企业的定价与其向消费者提供服务的价值比例协调,企业在消费者心目中就较容易树立诚实可信的形象;反之,企业定价以单纯的获利,甚至以获取暴利为动机,质价不符,或是质次价高,企业就难以树立良好的形象。比如,与产品策略等相配合,适当的定价也可以起到确立强化企业形象特征的作用。为优质高档商品制订高价,有助于确立高档产品形象,吸引特定目标市场的顾客;适当运用低价或折扣价则能帮助企业树立"平民企业"、以普通大众作为其服务目标对象的企业形象。又比如,激烈的价格竞争常常使企业之间"两败俱伤",从短期看可能会给消费者带来一定好处,但是破坏了市场供求正常格局,从长期看终究会给消费者带来灾难。在这样的情况下,如果有企业为稳定市场价格做出努力并取得成效,就会在社会上确立其在行业中举足轻重的领导者地位。

（5）以应对竞争为定价目标

企业通过服从竞争需要来制订商品的定价目标。一般来说,企业对竞争者的行为都十分敏感,尤其是对方的价格策略。事实上,在市场竞争日趋激烈的形势下,企业在定价前都会仔细研究竞争对手的产品和价格情况,然后有意识地通过定价目标去对付竞争对手。根据企业的不同条件,一般有下面四种情况:

①竞争力较弱的企业,可采用与竞争者的价格相同或略低于竞争者价格出售产品的方法。

②竞争力较强的企业,在需要扩大市场占有率时,可采用低于竞争者价格出售产品的方法。

③资力雄厚并拥有特殊技术或产品品质优良或能为消费者提供较多服务的企业,可采用高于竞争者价格出售产品方法。

④为了防止别人加入同类产品竞争行列的企业,在一定条件下,往往采用一开始就把价格定得很低的方法,从而迫使弱小企业退出市场或阻止对手进入市场。

在实际工作中,以上五种定价目标有时单独使用,有时也会配合使用。定价目标是企业定的,当然也要由企业灵活运用。

2）收集和分析与定价相关的信息

收集和分析与定价相关的信息是企业正确地制订产品价格的关键。主要包括以下方面:

（1）企业外部信息

政府经济政策市场供求情况,消费者购买力水平及变化趋势,以及竞争对手市场占有率、成本、质量和价格等。

（2）企业内部信息

产品成本、生产能力、质量、产品的市场占有率、产品研发情况、企业财务状况和企业所处客观环境等。

（3）信息的提炼与分析

将所收集到的企业内部信息进行加工整理,提炼出对产品定价最有影响的主客观因素,为定价目标的制订提供参考。

3）估算成本

在市场营销策划活动中,定价是一项既重要又困难且带有风险的工作。在估算成本时要考虑到其采购成本和费用、销售费用和税金以及所投入的人力、物力等。

4）分析竞争对手

除了成本与需求的因素外,还必须考虑到竞争对手。因为消费者不一定要买你的产品,他可以有很多选择。如果市场有相当多类似的产品,目标顾客群对你的产品需求就比较弱。

5）选择定价方法

选择定价方法是企业根据定价目标，对产品成本、市场需求、供给等因素进行分析，并运用价格决策理论对产品价格进行计算的方法。由于定价方法的选择是一个复杂的过程，在选择的过程中可首先从过去的成功案例中吸取经验，找出可控因素和不可控因素，由简到繁，制订方案。定价方法一般有成本加成法、目标收益法和边际成本法等。

6）执行定价方案

企业可根据自己的实际情况，选择适合的定价方案，有利于企业在激烈的竞争中占有一席之地。

7）进行价格调整

制订价格方案后，企业仍需要跟踪检查价格方法和策略的实施效果，看其是否符合企业战略和定价目标，并根据市场情况及时快速地对定价策略进行调整。

任务 7.2　定价的基本方法

实际工作中，企业的定价方法很多，一般来说，定价方法的具体运用不受定价目标的直接制约。不同企业、不同市场竞争能力的企业以及不同营销环境中的企业所采用的定价方法是不同的，就是在同一类定价方法中，不同企业选择的价格计算方法也会有所不同。因此，从价格制订的不同依据出发，可以把定价方法分为以下三类。

7.2.1　成本导向定价法

成本导向定价法是以产品成本为主要依据，综合考虑其他因素制订价格的方法。由于营销产品的成本形态不同以及在成本基础上核算利润的方法不同，成本导向定价有以下几种具体形式。

1）成本加成定价法

成本加成定价法是最简单的定价方法，是指在产品成本的基础上，加上预期利润额作为产品的销售价格。售价与成本之间的差额即利润。由于利润的多少是有一定比例的，这种比例人们习惯上叫"几成"，所以这种方法就叫成本加成定价法。在实际的运用过程中，成本加成定价法又可以分为以下几种：

（1）单位成本定价法

单位成本定价法是指以商品的单位成本为基础，加上预期利润，作为商品的销售价格。其计算公式为：

$$成本加成价格 = \frac{单位成本}{1 - 与其销售利润率}$$

例如,一杯冷饮的单位成本经计算为 6 元,冷饮店若希望这杯冷饮利润率达到 20%,则这杯冷饮的定价应该是多少元?

解:冷饮的成本加成价格 $= \dfrac{单位成本}{1-预期销售利润率} = \dfrac{6}{1-20\%} = 7.5(元)$

答:该冷饮店如果要达到 20% 的利润率,则单杯冷饮定价为 7.5 元。

采用这种定价方式,必须做好两项工作:一是准确核算成本,一般以平均成本为准;二是根据产品的市场需求弹性及不同产品确定恰当的利润百分比(成数)。因此,如果企业的营销产品组合比较复杂,具体产品平均成本不易准确核算,或者企业缺乏一定的市场控制能力,该方法就不宜采用。

(2)变动成本定价法

变动成本定价法也叫边际贡献定价法。即在定价时只计算变动成本,而不计算固定成本,在变动成本的基础上加上预期的边际贡献。由于边际贡献会小于、等于或大于变动成本,所以企业就会出现盈利、保本或亏损三种情况。这种定价方法一般在卖主竞争激烈时采用。其计算公式为:

单位商品价格=单位产品变动成本+单位产品边际贡献

这种定价方法,在产品必须降价出售时特别重要,因为只要售价不低于变动成本,生产就可以维持;如果售价低于变动成本,生产越多亏本就越多。

(3)目标利润定价法

企业根据目标利润的原则,首先确定一个目标利润,然后加上总成本,再除以总产量,就能得出销售单价。

$$销售单价 = \frac{总成本 + 目标利润}{预期总产量}$$

当然,目标利润定价的前提是产品的市场潜力很大,需求的价格弹性不大,按目标利润确定的价格肯定能被市场接受。

7.2.2　需求导向定价法

需求导向定价法是指企业以产品或服务的社会需求状态为主要依据,综合考虑企业的营销成本和市场竞争状态,制订或调整营销价格的方法。由于与社会需求有联系的因素很多,如消费习惯、收入水平、产品或服务项目的需求价格弹性等,企业对这些因素的重视程度不一,这就形成了以下几种具体的需求导向定价法。

1)习惯定价法

某些产品或服务在长期的购买使用中,消费者从习惯上已经接受了这种产品的属性和价格水平,企业在从事新产品、新品种开发之际,只要产品的基本功能和用途没有改变,消费者往往只愿意按以往的价格购买产品。经营这类产品或服务的企业不能轻易改变价格,减价会引起消费者怀疑产品的质量,涨价会影响产品的市场销路。

2）可销价格倒推法

产品的可销价格即为消费者或进货企业习惯接受和理解的价格。可销价格倒推法就是企业根据消费者可接受的价格或后一环节买主愿接受的利润水平确定其销售价格的定价法。其计算公式为：

出厂价格 = 市场可销零售价格 × (1 - 批零差率) × (1 - 销进差率)

例如,消费者对某牌号电视机可接受价格为 2 500 元,电视机零售商的经营毛利为 20%,电视机批发商的批发毛利为 5%。计算电视机的出厂价格。

解：零售商可接受价格 = 消费者可接受价格 × (1-20%)

= 2 500 × (1-20%) = 2 000(元)

批发商可接受价格 = 零售商可接受价格 × (1-5%)

= 2 000 × (1-5%) = 1 900(元)

答：该牌号电视机的出厂价格为 1 900 元。

一般在两种情况下企业可采用这种定价法,一种是为了满足在价格方面与现有类似产品竞争的需要,而设计出在价格方面能参与竞争的产品。另一种是新产品的推出,先通过市场调查确定出购买者可接受的价格,然后反向推算出产品的出厂价格。

3）理解价值定价法

理解价值定价法是指企业以消费者对产品或服务项目价值的理解度为定价依据,运用各种营销策略和手段,影响消费者对商品价值的认知,形成对企业有利的价值观念,再根据产品在消费者心目中的价值来制订价格。这种方法实际上是企业利用市场营销组合中的非价格变数,如产品质量、服务、广告宣传等来影响消费者,使他们对产品的功能,质量、档次有一个大致的"定位",然后定价。

所谓"理解价值"是指消费者对某种商品的价值的主观评判,它与产品的实际价值常常发生背离。例如在现实生活中,某些创新型产品,由于消费者对此缺乏比较的对象,一时对产品捉摸不透:企业的利润低,消费者可能会认为定价太高;企业的利润高,消费者反而认为价格便宜。这里就有一个消费者对产品的"理解价值"的问题。

例如某企业开发的产品是高质量、豪华型、全面服务的高位产品,只要经过促销宣传使消费者理解到这是一种"高消费"的产品,企业即使定价定得很高,还是能吸引那些对此有"认知"的消费者。当然利用这种定价方法,必须正确估计消费者的"理解价值",估计过高或过低对企业都是不利的。

7.2.3 竞争导向定价

竞争导向即以同类产品或服务的市场供应竞争状态为依据,根据竞争状况确定是否参与竞争的定价方法。在现代市场营销活动中,竞争导向定价已被企业广泛采用。

1）通行价格定价法

这是以行业的平均价格水平，或竞争对手的价格为基础制订价格的方法，也称为随行就市定价法。

在有许多同行相互竞争的情况下，每个企业都经营着类似的产品，价格高于别人，就可能失去大量销售额，造成利润的降低，而这样做又可能迫使竞争者随之降低价格，从而失去价格优势。在现实的营销活动中，由于"平均价格水平"在人们观念中常被认为是合理价格，易为消费者接受，而且能保证企业获得与竞争对手相对一致的利润，因此许多企业倾向与竞争者价格保持一致。尤其是在少数实力雄厚的企业控制市场的情况下，对于大多数中小企业而言，其市场竞争能力有限，更不愿与生产经营同类产品的大企业发生"面对面"的价格竞争，而靠价格尾随，根据大企业的产销价来确定自己的实际价格。

2）拍卖定价法

拍卖定价法是指卖方预先展示所出售的商品，在一定的时间和地点，按照一定的规则，由买主公开叫价竞购的定价方法。一般卖方规定一个较低的起价，买主不断抬高价格，一直到没有竞争对手回应的最后一个价格（即最高价格）时，卖主将货物出售给出价最高的买主。与通行价格法相反，拍卖定价法是一种主动竞争的定价方法。一般在艺术品、古董、房地产的交易中采用这一定价方法。

3）密封竞标定价法

密封竞标定价法是指买方引导卖方通过竞争取得最低商品价格的定价方法。这种定价法主要用于投标交易方式，一般用于建筑工程、大型设备制造、政府的大宗采购等。买方密封递价，公开招标，卖方则竞争投标。买方按价廉物美的原则择优选取，到期公布中标名单。中标的企业与买方签约成交。投标定价，主要以竞争者可能的定价为转移。定价低于竞争者，可增加中标机会，但不能低于边际成本，否则难以保证合理的收益。

任务 7.3　产品定价的策略

定价策略是企业为了实现预期的经营目标，根据企业的内部条件和外部环境，对某种商品或劳务选择最优定价目标所采取的应变谋略和措施。

7.3.1　新产品定价策略

定价策略常常随着产品生命周期的变化而变化。企业推出新产品时面对首次定价挑战，定价没有借鉴。企业新产品能否在市场上站住脚，并给企业带来预期效益，定价因素起着十分重要的作用，因此必须研究新产品的价格策略。

1) 撇脂定价策略

撇脂定价策略是一种高价格策略。撇脂定价指在新产品上市初始,价格定得高,以便在较短时间内获取高额利润,并尽快回收投资。这种价格策略因与从牛奶中撇去油脂相似而得名,由此制订的价格称为"撇脂价格"。

采用撇脂定价的优点:①新产品的独特性和优越性,使其高价也能为部分消费者所接受,在"理解价值"的范围内,利用求新心理、炫耀性心理、高价刺激需求,辅之以高质量,有利于树立名牌产品的形象。②价格在上市初期定高一点,留有调整价格策略的余地,使企业在市场竞争中居于主动地位。③高价格高利润,有利于企业筹集资金,扩大生产规模。

而这种方法的缺点表现在:①定价较高,对消费者不利,也不利于企业的长期发展。②新产品的市场形象未树立之前,定价过高,可能影响市场开拓。③如果高价投放而销路旺盛,厚利引来激烈的竞争,仿制品大量出现,会使价格惨跌。

因此作为一种短期的价格策略,撇脂定价策略适用于具有独特的技术,不易仿制,有专利保护,生产能力不太可能迅速扩大等特点的新产品,同时市场上要存在高消费或时尚性需求,以便短时间内获取高额利润,尽快回收投资。这种价格策略因与从牛奶中撇取油脂相似而得名,由此制订的价格称为"撇脂价格"。

营销链接 7-1

苹果:溢价产品的典型代表

苹果公司是典型的溢价定价者。无论是 Macbook 笔记本电脑、iPod 音乐播放器、iPhone 手机、iPad 平板电脑还是苹果手表,价格都要比竞争性产品高出很多。尽管价格如此昂贵,苹果的产品却长盛不衰。热情的顾客总是排长队抢购最新型号的产品。在绝大多数产品类别中,它价格最高却能夺取市场领先的份额,苹果是如何做到的呢?对苹果而言,成功从来不是因为价格,而是苹果用户的体验,许多技术型公司生产具备特定效用的产品。苹果不同,它创造"生活如此美好"的体验,问问苹果用户,他们会告诉你自己的苹果设备性能更好也更容易使用,他们热爱苹果干净简洁的设计和高贵的风格。然而,尽管取得了这些成功,苹果的溢价战略,却的确存在一定的风险,例如在一些市场,尤其是世界上快速增长的新兴市场,苹果的高定价使其很难与低价竞争者竞争,比如在中国,苹果如今的市场份额远低于快速增长的低价竞争者小米和华为。

(资料改编自:菲利普·科特勒,加里·阿姆斯特朗.市场营销原理与实践[M].楼尊,译.17 版.北京:中国人民大学出版社,2015.)

2) 渗透定价策略

渗透定价策略是一种低价格策略。渗透定价指在新产品投入市场时,以较低的价格吸引消费者,利用价廉物美迅速占领市场,取得较高的市场占有率。这种价格策略就像倒入泥土的水一样,从缝隙里很快渗透到底,由此而制订的价格叫"渗透价格"。

采用渗透定价策略的优点是：①由于价格较低，能迅速打开产品销路，扩大销售量，从多销中增加利润。②低价能阻止竞争对手介入，有利于控制市场。

而这种方法不足之处表现在：①由于投资回收期较长，如果产品不能迅速打开市场，或遇到强有力的竞争对手时，会给企业造成重大损失。②企业在市场竞争中价格回旋余地不大。因此作为一种长期价格策略，渗透价格策略一般适用于能尽快大批量生产、特点不突出、易仿制、技术简单的新产品。

营销链接 7-2

定价策略成就小米手机

2010年4月正式启动的北京小米科技有限责任公司，于2010年年底推出手机实名社区米聊，在推出半年内注册用户突破300万。2011年8月16日，小米公司通过媒体沟通会正式发布小米手机，这是小米公司专为发烧友级手机控打造的一款高品质智能手机。首款全球1.5双核处理器，搭配1G内存，以及板载4G存储空间，最高支持32G存储卡的扩展，超强的配置，小米手机却仅售1 999元，让人为之一震。第一次网上销售被一抢而空，更能说明高性价比对消费者的诱惑，这样的定价策略为小米手机提高市场占有率有很大的推动作用。

小米手机采用的定价策略有渗透定价、心理定价、捆绑定价，主要考虑了需求、竞争、心理等因素。小米手机以"为发烧而生"为宣言，加上高配置、高质感，在智能机市场中打响了名号。出乎意料的渗透定价策略迎合大量消费者，打开并迅速占领部分智能手机市场，扩大市场占有率。同时，利用心理因素刺激消费者的购买需求，通过心理定价和捆绑定价的策略，满足了人们渴望低价，冲动购买，侥幸的心理等，在消费者心中形成物美价廉的形象，从而提高销量。

（资料来源：中教畅享（北京）科技有限公司，市场营销综合实训与竞赛系统，教学资源服务.）

3）满意定价策略

满意定价策略是一种适中的价格策略。满意定价指在新产品上市之初，采用对买卖双方都有利的温和策略。它吸取上述两种定价策略的长处，采取比撇脂价格低，比渗透价格高的适中的价格，这样既可以避免撇脂定价策略因价格高而具有的市场风险，又可以避免渗透定价策略因价格低而带来的困难。因而既能保证企业获得一定的初期利润，又能为消费者所接受。

7.3.2 产品组合定价策略

当某种产品是产品组合的一部分时，企业需制订一系列价格，从而寻求一组能够使产品组合整体利润最大化的价格。可采用以下产品组合定价策略：

1）产品线定价

当企业生产的系列存在需求和成本的内在关联性时,为了充分发挥这种关联性的积极效应,采用产品线定价策略。在定价时,首先确定某种产品的最低价格,它在产品线中充当领袖价格,吸引消费者购买产品线中的其他产品;其次,确定产品线中某种商品的最高价格,它在产品线中充当品牌质量和收回投资的角色;最后,产品线中的其他产品也分别依据其在产品线中的角色不同而制订不同的价格。

2）备选产品定价

许多企业在销售与主要产品配套的备选产品或附件产品时,运用备选产品定价。例如,顾客购买个人电脑时,市场上可供选择的琳琅满目的备选产品(如硬盘、内存系统、软件、服务计划和电脑报等)也会不同程度地吸引消费者的关注。一位购买汽车的顾客可能会配置 GPS 装置、倒车雷达、蓝牙无线耳机和车载 MP3 等备选产品。汽车公司必须决定哪些项目应包括在基本价格之内,哪些作为备选产品。通用汽车公司的常用定价策略便是通过宣传较低价格的基本车型将人们吸引到展厅,而展厅里展示的主要是增加了各种可选属性的售价较高的产品。相比之下,顾客大多不会购买显得很不舒适和方便的经济型汽车。

3）附属产品定价

附属产品指与主要产品一起使用的产品。出售附属产品时,企业会运用附属产品定价法。典型的附属产品有剃须刀的刀片、打印机墨盒和隐形眼镜清洁液等。企业常会为其主要产品(剃须刀、打印机和隐形眼镜)低利定价,但在耗材上设定较高的利润率。例如,吉列公司低价出售剃须刀,主要通过销售可替换刀片赚钱。消费者只需付出不足 12 美元就可买到吉列融合剃须刀。但是,一旦购买了剃须刀,就不得不一直以 25 美元购买一包 8 片装的替换刀片。

4）一揽子定价

运用一揽子定价法,即把几种产品组合在一起,以低于各单价之和的价格进行搭配销售的定价策略。例如,麦当劳将汉堡、薯条和软饮料以套餐价格出售。比较典型的还有多件家具的组合、礼品组合、化妆品组合等。成套的定价,多种产品有赔有赚,但总体上保证企业赢利,而且使消费者感到比单价购买便宜、方便,从而促进销售。

7.3.3 折扣定价策略

折扣定价是一种在交易过程中,把一部分利润转让给购买者,以此来争取更多顾客的价格策略。常用的折扣定价策略有以下几种。

1）现金折扣

现金折扣也称付款期限折扣,即对现款交易或按期付款的顾客给予价格折扣。

买方如果在卖方规定的付款期以前若干天内付款,卖方就给予一定的折扣,目的是鼓励买方提前付款,以尽快收回贷款,加速资金周转。如美国许多企业规定提前10天付款者,给予2%折扣;提前20天付款者,给予3%折扣。

2)数量折扣

数量折扣是指卖方按买方购买数量的多少,分别给予不同的折扣,购买数量越多,折扣越大。鼓励买方大量购买,或集中向本企业购买。数量折扣在实际运用中又有如下两种方式。

（1）累计数量折扣

累计数量折扣,即规定在一定时期内,购买总数超过一定数额时,按总量给予一定的折扣。例如,很多百货商场对会员折扣给予区分,若每年消费额达到2万元,次年享受持卡8.5折优惠;若每年消费额未达到2万元,则次年享受持卡9折优惠。

（2）非累计数量折扣

非累计数量折扣,即规定顾客每次购买达到一定数量或购买多种产品达到一定的金额所给予的价格折扣。例如,近年许多服装品牌打出"一次性购买一件享受9折优惠、购买两件享受8折优惠、购买3件可享受7折优惠"的活动来吸引消费者。采用这种策略能刺激顾客大量购买,增加盈利,同时减少交易次数与时间,节约人力、物力等开支。

3)功能折扣

功能折扣也称交易折扣,指厂商根据各类中间商在市场营销中所担负的不同职能,给予不同的价格折扣。折扣的大小,主要根据中间商所承担的工作量的风险而定。如果中间商承担运输、促销、资金等职责,给予的折扣较大,反之则折扣较小。一般给批发商的折扣较大,给予零售商的折扣较小。使用功能折扣目的在于刺激各类中间商充分发挥各自组织市场营销活动的能力。

4)季节折扣

季节折扣是对购买过季商品或服务的消费者提供的一种价格折让。经营季节性商品的企业,对淡季来采购的买主给予折扣优惠,鼓励中间商及消费者提早购买,减轻企业的仓储压力,加速资金流转,调节淡旺季之间的销售不均衡。例如,除草机和园艺设备制造商在秋季和冬季向零售商提供季节折扣,以鼓励他们在春夏旺季来临之前尽早订货。季节折扣使企业在一整年都能够保持生产的稳定性。

5)复合折扣

企业在市场销售过程中,由于竞争加剧而采取将多种折扣同时给予某种商品或在某一时期销售的商品。如在销售淡季可以同时使用功能折扣、现金折扣和数量折扣的组合,以较低的实际价格鼓励客户进货。每当遇到市场萧条的情况,不少企业采用复合折扣度过危机。

7.3.4 心理定价策略

心理定价策略是指企业在定价时运用心理学原理,根据不同类型的顾客购买商品的心理动机来制订价格,引导消费者购买的价格策略。其主要策略有以下几个。

1)尾数定价

尾数定价也称奇数定价,即利用消费者对数字认识的某种心理给产品定一个以零头数结尾的价格。消费者一般认为整数定价是概括性定价,定价不准确,而尾数定价可使消费者产生减少一位数的看法,产生这是经过精确计算的最低价格的心理。同时,消费者会觉得企业定价认真,一丝不苟,甚至连一些高价商品也不贵了。

一般来说,产品在 5 元以下的,末位数是 9 的定价最受欢迎;在 5 元以上的,末位数是 95 的定价最受欢迎;在 100 元以上的,末位数是 98、99 的定价最畅销。当然,尾数定价策略对那些名牌商店、名牌优质产品就不一定适宜。

2)整数定价

整数定价即企业在定价时,采用合零凑数的方法制订整数价格,这也是针对消费者心理状态而采取的定价策略。因为现代商品太复杂,许多交易中,消费者只能利用价格辨别商品的质量,特别是对一些名店、名牌商品或消费者不太了解的产品,整数价格反而会提高商品的"身价",使消费者有一种"一分钱、一分货"的想法,从而利于商品的销售。如一件裘皮大衣如果定价为 5 999 元,可能问津的消费者少,就不如定价 6 000 元为好,因为顾客心理感觉 5 999 元只是 5 000 多元,没有超过 6 000 元,心理得不到满足,不易引起购买动机。

营销链接 7-3

飞天茅台酒定价

飞天茅台酒的市场指导价定价始终保持在 1 499 元,为什么是这个定价?偏偏比 1 500 元少一元呢?这种定价策略就是尾数定价法,又叫作九九定价法,一般都是为了让人感觉到价格不贵,因为 1 499 属于 1 400 元的范畴,比如 0.99 这种定价也会让人觉得不到一块钱,会产生廉价的心理,让消费者感觉到非常实惠。而整数定价法会让人感觉到价值很高,是一种非常高级的产品,无论是九九定价法还是整数定价法,都在向消费者传递一种价值的感觉,都是根据消费者心理来进行定价的。

3)声望定价

声望定价指企业针对消费者仰慕名牌商品或名店的声望所产生的"价高质必优"心理来制订商品的价格,故意把价格定得较高。价格档次常被认为是商品质量最直观的反映,特别是消费者识别名优产品时,这种心理意识尤为强烈。因此,高价与性能优良、独具特色的名牌产品比较协调,更易显示产品特色,增强产品吸引力,产生扩大销售的积极效果。特别是质量不易鉴别的商品最适宜采用此法,因为消费者有崇尚名牌的心理,往往以价格判断质量。如艺术品、礼品或某些"炫耀性"商品的定价就应保持一定的高价,定价太低反而卖不出去。

4)招徕定价策略

商品定价低于一般市价,消费者总是感兴趣的,这是一种"求廉"心理。有的企业就利用消费者这种心理,有意把几种商品的价格定得很低,以此吸引顾客上门,借机扩大连带销售,打开销路。采用这种策略,光从几种"特价品"的销售看企业不赚钱,甚至亏本,但从企业总经济效益看还是有利的。

营销链接 7-4

创意药局

日本松户市原市长松本清,本是一个头脑灵活的生意人。他经营"创意药局"的时候,曾将当时售价200元的膏药以80元卖出。由于80元的价格实在太便宜了,因此"创意药局"连日生意兴隆,门庭若市。由于他不顾赔血本地销售膏药,因此虽然这种膏药的销售量越来越大,但赤字却免不了越来越高。那么,他这样做的秘密在哪里呢?原来,前来购买膏药的人,几乎都会顺便买些其他药品,这当然是有利可图的。靠着其他药品的利润,不但弥补了膏药的亏损,同时也使整个药局的经营出现了前所未有的盈余。这种"明亏暗赚"的创意,以降低一种商品的价格而促销其他商品,不仅吸引了顾客,而且大大提高了知名度,有名有利,真是一举两得的创意!

(资料来源:许焱.经典的七大营销案例[EB/OL].(2017-12-14)[2021-04-01].百度文库.)

7.3.5 差别定价策略

差别定价是指市场营销者根据不同的顾客群、不同的时间和地点对市场进行细分,在分市场之间需求强度差异较大,商品不存在由低价市场流向高价市场的可能性时,对同一产品或服务采用不同的销售价格。这是相同的产品以不同价格出售的策略,目的是通过形成数个局部市场以扩大销售,增加利润。具体方法如下:

1)地理差价

地理差价指企业以不同的价格策略在不同地区营销同一种产品,以形成同一产品在不同空间的横向价格策略组合。差价的原因不仅是因为运输和中转费用有差别,还因为不同地区性市场具有不同的爱好和习惯,具有不相同的需求曲线和需求弹性。明显的例子就是沿海与内地的价格,国内市场与国外市场价格。像大城市著名酒店中对饮料的需求呈现的强度高于小城镇的街边饮食店,那么即使是同种饮料,前者的价格要明显高于后者。

2）时间差价

时间差价指对相同的产品，按需求的时间不同而制订不同的价格。这只能在时间需求的紧迫性差别很大时才能采用。例如，夜间实行廉价的长途电话费，旺季的产品在淡季廉价出售等。采用此种策略能鼓励中间商和消费者增加购货量，减少企业仓储费用和加速资金周转，从而保证企业处于竞争的最佳地位。

3）用途差价

用途差价指根据产品的不同用途制订有差别的价格。实行这种策略的目的是通过增加产品的新用途来开拓市场。如粮食用作发展食品和用作发展饲料时，其价格不同；食用盐加入适当混合物后成为海味盐、调味盐、牲畜用盐、工业用盐等，便于以不同的价格出售；另外如标有某种纪念符号的产品，往往会产生比其他具有同样使用价值的产品更为强烈的需求，价格也要相应调高。如奥运会期间，标有会徽或吉祥物的产品的价格，比其他未做标记的同类产品价格要高出许多。

4）质量差价

高质量的产品，包含着较多的社会必要劳动量，应该实行优质优价。当然这个价格差要使消费者接受，并非一件简单的事情。在现实的市场营销中，必须使产品的质量为广大消费者所认识和承认，成为一种被消费者偏爱的名牌产品，才能产生质量差价。因此，质量差价策略必须依靠其他营销因素的配合才能实现。对于尚未建立起声誉的高质量产品，不要急于和竞争者拉开过大的差价，而应以促销等多方面的努力，争取创立优秀品牌的产品形象；对于已经创名牌的优质产品，则可以以较大的差价提高产品身价，吸引那部分喜爱名牌产品的消费者。

营销链接 7-5

"大数据杀熟"？

2020 年 3 月一位有新浪微博用户爆料称，用 VIP 会员在某电商平台该购买商品时，价格比普通用户更高。例如，一瓶洗面奶，有的用户显示价格为 16.03 元，有的显示为 21.9 元，有的显示 24.9 元，还有的显示 31.7 元，甚至 35.64 元，最低价与最高差相差一倍多。之后，有网友进行验证发现即使是同一个用户，使用不同账号登录，显示的价格亦不同。这引发了该电商平台众多用户的吐槽，大家觉得自己被该电商"千人千面"的价格策略套路了。

大数据杀熟是指同样的商品或服务，老客户看到的价格反而比新客户要贵出许多的现象。经营者运用大数据收集消费者的信息，分析其消费偏好、消费习惯、收入水平等信息，将同一商品或服务以不同的价格卖给不同的消费者从而获取更多消费者剩余的行为。需要指出的是，对于"大数据杀熟"，《价格法》是明令禁止的。互联网时代，在大数据的帮助下，商家可以对消费者采取"一级价格歧视"，即商家对任何一个消费者都能按他所接受的最高价格出售，赚取最大垄断利润。我们所熟知的"大数据杀熟"行为就属于"一级价格歧视"。

（资料改编自：开甲财经.淘宝"大数据杀熟"翻车事件：一款洗面奶5个价，VIP比别人更贵一点［EB/OL］.（2020-03-09）［2021-04-01］.搜狐网.）

7.3.6　价格变动策略

任何价格行为不但会直接影响企业的利益，还涉及经销商、消费者和竞争者等各方面的利益。企业为某种产品制订价格以后，并不意味着大功告成。随着市场营销环境的变化，企业为了生存和发展，有时主动降价或者提价，有时又要应付竞争者的变价而相应地被动调整价格。宝洁公司是在面临联合利华强有力的价格竞争导致本企业的市场份额正在下降的情况下被迫实施企业降价的。

企业在定价之后，由于宏观环境变化和市场供求发生波动，必须主动地调整价格，以适应激烈的市场竞争。企业对原定价格进行调整可分为两种情形，一是调高价格，二是降低价格。对价格进行调整的必要性源于企业经营内外部环境的不断变化。

1）提价的策略

由于资源约束而产生严重的供不应求或发生通货膨胀时，企业不得不采用提高价格的办法来弥补成本的上升。在选择提价策略时必须明确以下几个问题。

（1）企业提价的原因

企业选择提高价格的原因很多，比较典型的有以下几种：

①生产经营成本上升。在价格一定的情况下，成本上升将直接导致利润下降。因此，在整个社会发生通货膨胀或生产产品的原材料成本大幅度上升的情况下，抬高价格就是保持利润水平的重要手段。

②需求压力。在供给一定的情况下，需求的增加会给企业带来压力。对于某些产品而言，在出现供不应求的情况下，可以通过提价来相对遏制需求。这种措施同时也可为企业获取比较高的利润，为以后的发展创造一定的条件。

③适应通货膨胀。在通货膨胀条件下，即使企业仍能维持原价，但随着时间的推移，其利润的实际价值也呈下降趋势。为了减少损失，企业只好提价，将通货膨胀的压力转嫁给中间商和消费者。

④创造优质优价的名牌效应。为了企业的产品或服务与市场上同类产品或服务拉开差距，作为一种价格策略，可以利用提价营造名牌形象。充分利用顾客"一分价钱、一分货"的心理，使其产生高价优质的心理定势。创造优质效应，从而提高企业及产品的知名度和美誉度。

（2）把握消费者对企业的提价行为可能的反应

面对价格上涨，消费者可能出现的反应大致可以归纳为以下几种：

①普遍都在提价，这种产品价格的上扬很正常。

②认为这种产品很有价值。

③认为这种产品很畅销，将来一定更贵。

④企业在尽可能牟取更多的利润。

（3）选择提价的时机和方法

提价的时机对于提价策略来说异常重要，时机选择不当会对提价策略造成很大的负面影响。企业在提价时最好选择以下时机：①产品在市场上处于优势地位；②产品进入成长期；③季节性商品达到销售旺季；④竞争对手产品提价。

在提价时，企业应尽可能多采用间接提价，把提价的不利因素减到最低程度，使提价不影响销量和利润，而且能被潜在消费者普遍接受。具体方法有：①采用延缓报价方法。公司在临到产品制成或者交货时才制订最终价格，通常价格要高于前一时期。生产周期长的产业，如房地产、工业建筑和重型设备制造业等，普遍采用延缓报价定价法。②使用价格自动调整条款。公司要求顾客按当前价格付款，并且支付交货前因通货膨胀而增加的全部或部分费用。通常，合同中的价格自动调整条款会事先规定，根据某个物价指数计算提高价格幅度。③减少折扣。④有规律地小幅度提价，而不是一次性大幅度涨价。⑤压缩产品分量，价格不变。⑥减少或者改变产品特点，以降低成本。⑦改变或者减少服务项目，如取消安装和免费送货服务等。⑧使用价格较为低廉的包装材料或促销更大包装的产品，以降低包装的相对成本。⑨缩小产品的尺寸、规格和型号。

2）降价的策略

降价是企业应对市场环境的变化时经常使用的手段。但在运用降价策略时，企业同样需要明确以下几个问题：

（1）降价的原因

企业选择降价策略的原因有多种，比较典型几种为：

①应付来自竞争者的价格竞争压力。在绝大多数情况下，反击直接竞争者价格竞争见效最快的手段就是"反价格战"，即制订比竞争者的价格更有竞争力的价格。

②调低价格以扩大市场占有率。在企业营销组合的其他各个方面保持较高质量的前提下，定价比竞争者低的话，能给企业带来更大的市场份额。对于那些仍存在较大生产经营潜力的企业，调低价格可以刺激需求，进而扩大产销量，对于降低成本水平的企业，价格下调更是一种较为理想的选择。

③市场需求不振。在宏观经济不景气或行业性需求不旺时，价格下调是许多企业借以渡过难关的重要手段。比如，当企业的产品销售不畅，而又需要筹集资金进行某项新产品开发时，可以通过对一些需求价格弹性大的产品予以大幅度降价，从而增加销售额以满足企业回笼资金的目的。

④根据产品寿命周期阶段的变化进行调整。这种做法也被称为阶段价格策略。在从产品进入市场到被市场所淘汰的整个寿命周期过程中的不同阶段，产品生产和销售的成本不同，消费者对产品的接受程度不同，市场竞争状况也有很大不同。阶段价格策略强调根据寿命周期阶段特征的不同，及时调整价格。例如，相对于产品导入期时较高的价格，在其进入成长期后期和成熟期后，市场竞争不断加剧，生产成本也有所下降，下调价格可以吸引更多的消费者，大幅度增进销售，从而在价格和生产规模之间形成良性循环，为企业获取更多的市场份额奠定基础。

⑤生产经营成本下降。在企业全面提高了经营管理水平的情况下,产品的单位成本和费用有所下降,企业就具备了降价的条件。对于某些产品而言,由于彼此生产条件、生产成本不同,最低价格也会有差异。显然,成本最低者在价格竞争中拥有优势。

（2）研究顾客对降价的反应

企业在进行降价调整前,必须慎重研究顾客对调整行为可能的反应,并在进行调整的同时,加强与顾客的沟通。消费者对企业的降价行为可能会有的反应为:①产品的质量有问题;②这种产品老化了,很快会有替代产品出现;③企业财务有困难,难以经营下去;④价格还会进一步下跌。

（3）选择降价的方法

降价最直截了当的方式是将企业产品的目录价格或标价绝对下降,但企业更多的是采用一些间接手段来降价。具体方法有:①实行各种折扣形式来降低价格。例如,数量折扣、现金折扣、回扣等形式。②变相的削价形式。例如,赠送样品和优惠券;实行有奖销售;给中间商提取推销奖金;允许顾客分期付款;赊销;免费送货上门;提高产品质量,改进产品性能,增加产品用途等。

营销链接 7-6

宝洁公司的价格调整

宝洁公司始创于 1837 年,是世界上最大的日用消费品公司之一。公司旗下有洗发护发用品、护肤美容用品、个人清洁用品、口腔护理用品、妇女保健用品、婴儿护理用品、食品、织物和家居护理用品、纸巾类产品等 9 大类产品。随着洗发水市场规模的发展,中国消费者对产品的需求在不断发生变化,飘柔品牌的目标消费者及定价策略也在不断变化。面对消费者需求和市场环境的不断变化,200 毫升的洗发露只卖 9.9 元,"飘柔家庭护理洗发露"系列产品给整个洗发水行业带来了一次冲击。因为迎合了低端消费者的廉价需求,"飘柔家庭护理洗发露"系列上市后大获成功,并迅速抢占市场。但宝洁公司一直把适时调整价格也作为一种定价策略。2019 年 4 月初,宝洁公司宣布上调旗下海飞丝、沙宣等洗护发、沐浴产品的出厂价,涨幅在 20%左右。当时市面上大多数商品也有涨价,都是由于原材料成本上升而提价。宝洁公司提价的理由也是如此。宝洁公司为了降低价格对消费者带来的冲击,采取了分批涨价的策略,顺便探探消费者的反应,过后宝洁各类品牌的大规模陆续提价。随着夏季的到来,宝洁公司也迎来了旺季,价格上调并没有给销售造成明显变化,宝洁可谓抓住了最好的时机。

（资料改编自微信公众号:取名字太难了）

3）价格调整的竞争反应

在竞争市场上,企业制订某种价格水平、采用某种价格策略的效果还取决于竞争者的反应。在竞争者的策略不会作任何调整的情况下,企业降低价格就可能起到扩大市场份额的作用;而若在企业降低价格的同时,竞争者也降低价格,甚至以更大的幅度降低价格,企业降价的效果就会被抵消,销售和利润状况甚至不如调整前。同样,在企业调高价格后,如果竞争者并不提高价格,则对企业来说,原来供不应求的市场可能变成供过于求的市场。鉴于此,企业在实施价格调整行为前,必须分析竞争者的数量、可能采取的措施及其反应的剧烈程度。

(1)竞争者对价格调整的反应

企业面对的竞争者往往不止一家,彼此不同的竞争位势,会导致不同的反应。比如,如果竞争对手认为其实力强于本企业,并在认定本企业的价格调整目的是争夺市场份额的情况下,必然会立即做出针锋相对的反应;反之则不反应,或采取间接的反应方式。一般而言,面临企业的降价行为,竞争对手的反应可能会有以下情况:

①如果降价会损失大量利润,竞争者可能不会跟随降价;

②如果竞争者必须降低其生产成本才能参与竞争的话,则可能要经过一段时间才会降价;

③如果竞争者降价导致其同类产品中不同档次产品间发生利益冲突的话,就不一定会跟随降价;

④如果竞争者的反应强烈,其一定会跟随降价,甚至有更大的降价幅度。

由于环境是复杂的,竞争者的反应又会对企业的价格调整产生重大的影响,因此企业在变价时必须充分估计每一个竞争者的可能反应。

(2)企业对竞争者价格调整的反应

在市场经济条件下,企业不仅自己可以用价格调整参与市场竞争,同时也会面临竞争者价格调整的挑战。如何对价格竞争做出正确、及时的反应,是企业价格策略中的重要内容。

①企业应变必须考虑的因素。为了保证企业做出正确反应,企业应该了解:竞争者进行价格调整的目的是什么?这种变价行为是长期的还是暂时的?如果不理会竞争者的价格调整行为,市场占有率会发生什么变化?如果做出相应的变价行为,对本企业存什么影响?竞争者和其他企业又会有什么反应?

②企业应变的对策。在同质产品市场上,如果竞争者降价,企业必须随之降价,否则顾客就都会购买竞争者的产品;如果某一个企业提价,其他企业也可能随之提价,但只要有一个不提价的竞争者,那么这种提价行为只能取消。

在异质产品市场上,企业对竞争者的价格调整的反应有更多的自由。因为在这种市场上,顾客选择产品不仅考虑价格因素,同时还会考虑产品的质量、性能、服务、外观等多种因素。顾客对较小价格差异并不在意的条件,使得企业面对价格竞争的反应有了更多的选择。

营销工具

大数据分析如何应用于电商行业

电商行业相对于传统零售业来说,最大的特点就是一切都可以通过数据化来监控和改进。通过数据可以看到用户从哪里来,如何组织产品实现很好的转化率,你投放广告的效率如何等问题。当用户在电商网站上有了购买行为之后,就从潜在客户变成了价值客户。我们一般都会将用户的交易信息,包括购买时间、购买商品、购买数量、支付金额等信息保存在数据库里,对于电商行业来说,数据分析工作是非常重要的,也确实能够带来实际效果。比如说利用数据分析做用户画像以进行精准化营销;利用数据分析来改进现有产品的结构,让用户有更好的购物体验;利用数据分析来管理用户的生命周期,提高用户的忠诚度,减少用户流失;根据用户的购买数据,挖掘用户的潜在需求,提供精准化服务,扩大影响力等。常用的数据分析方法包括RFM模型、关联分析、聚类分析等。

重要概念

价格 定价目标 成本导向 成本加成 目标利润 需求导向 可销价格 理解价值 撇脂价格 渗透价格 产品组合 折扣 尾数定价 整数定价 声望定价 招徕定价 提价 降价

同步训练

单项选择题:

1.以下不属于成本导向定价法的是(   )。
 A.成本加成法   B.目标收益定价法
 C.理解价值定价法   D.盈亏平衡定价法

2.分销渠道中的批发商和零售商经常采用的定价方法是(   )。
 A.反向定价法   B.理解价值定价法
 C.需求差异定价法   D.比较定价法

3.通行价格定价法属于(   )。
 A.成本导向定价   B.需求导向定价
 C.竞争导向定价   D.统一定价

4.美国杜邦公司每次推出新产品都将新产品的价格定得很高,以期及时获得较高的收益,这种定价策略称为(   )。
 A.撇脂定价策略   B.渗透定价策略
 C.中间定价策略   D.折扣定价策略

5.某商店经营以下四类产品,其中(   )类适宜采用整数定价。
 A.小食品   B.高档化妆品
 C.儿童服装   D.文具用品

6.同一地区或城市的影剧院因为座位的位置不同而价格不同,属于哪一种差别定价策略?(   )
 A.以顾客为基础的差别定价   B.以产品部位差别为基础的定价策略
 C.以产品形式为基础的定价策略 D.以时间为差别的定价策略

判断题：

1.边际贡献定价法的基本点是不求盈利，只求少亏。 （   ）

2.目标利润定价是需求导向定价法的一种。 （   ）

3.撇脂定价策略适用于对价格非常敏感的顾客。 （   ）

4.某品牌洗衣粉定价 17.9 元，采用的是尾数定价策略。 （   ）

5.南方航空公司针对暑假期间师生乘坐飞机实施优惠措施：乘坐南航国内航班的教师可以享受 25%的优惠，教师配偶和教师同时购票乘机也可享受同样的优惠，学生凭学生证可以享受 40%的优惠。该公司所采用的价格策略是招徕定价。 （   ）

简答题：

1.企业应如何选择定价目标？

2.消费者对某牌号洗衣机可接受价格为 2 800 元，洗衣机零售商的经营毛利是 20%，批发商的批发毛利是 5%。该洗衣机的成本应控制在多少元以内？

3.解释市场撇脂定价和市场渗透定价。为什么创新性的高科技产品的市场营销者在推出新产品时，会选择市场撇脂定价法，而非市场渗透定价法？

4.试述企业的价格调整策略。

5.简述企业定价的程序。

营销分析

顺丰的错位价格战

在国内快递行业中，价格战是一个经久不衰的话题。从 2007 年到 2017 年的十年，中国快递行业高速增长，与之相伴的，是行业价格战愈演愈烈，单票价格持续下滑，行业内快递平均单价从 2007 年的 28.5 元快速下滑至 2017 年的 12.3 元。各大快递企业为争夺市场份额主动降价，尤其是通达系，拼命打价格战，极端时平均单票收入甚至降至 1 元以下。不过在 2018 年之后，行业增速趋缓，同时消费者开始对快递服务质量提出更高要求，对价格的敏感度有所降低，快递行业价格战总体有所缓和。2019 年中国快递平均单价为 11.8 元，较上一年只下降 0.1 元。就在大家猜测快递行业价格战即将结束时，过去对价格战避之不及的顺丰，却突然发难，主动掀起新一轮价格战，打得其他快递巨头措手不及。当然，能取得如此战果，主要是靠顺丰所采取的差异化价格战打法。具体而言，在三个方面，顺丰的价格战打法显得尤为与众不同。

第一，时机上不同。当行业整体价格战告一段落时，顺丰展开价格战攻势，打出了时间差。更准确地讲，顺丰在 2019 年 5 月开始推出针对电商市场的特惠专配产品，才算是真正开始投身价格战，而当时通达系或多或少都有了调整价格的想法。

第二，节奏上不同。顺丰打价格战明显有更多主动权，所以打起价格战来更显从容。到 2020 年，顺丰平均单票收入依然高达 17.77 元，而行业单票价格已经下跌至 10.6 元。显然，相对行业整体，顺丰仍有很充裕的调整空间。

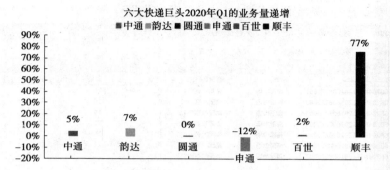

第三,效率上不同。顺丰在 2019 年 5 月推出"特惠专配",起到了立竿见影的效果,很快就带动公司经济快递收入规模及市场占有率加速提升。并致使顺丰整体业务量于 2019 年 8 月追上行业增速,10 月达到行业第一,在 2020 年,带动顺丰市场占有率同比提升 2.15 个百分点。

总之,顺丰迥异于平常的价格战策略,让这场顺丰主动挑起的战争,更像是一种针对部分快递企业的降维打击。

思考与分析:

1.上网查阅资料,分析顺丰快递采用了哪些价格策略。

2.解释不同定价策略的优缺点和使用的原因。

(资料来源:微信公众号驿站,作者刘旷)

营销实训

以 5~6 人为一组,登录"市场营销综合实训与竞赛系统",完成参与投标和价格制定相关操作。

1.参与投标

操作步骤:

步骤一,点击图一任务列表中的"参与投标",点击"投标报名"按键,选择报名"订单",点击"投标报名"按键。

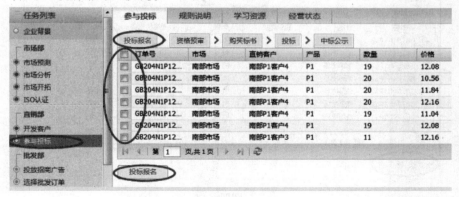

图一

步骤二,点击图二"资格预审"按键,点击"下一步"。

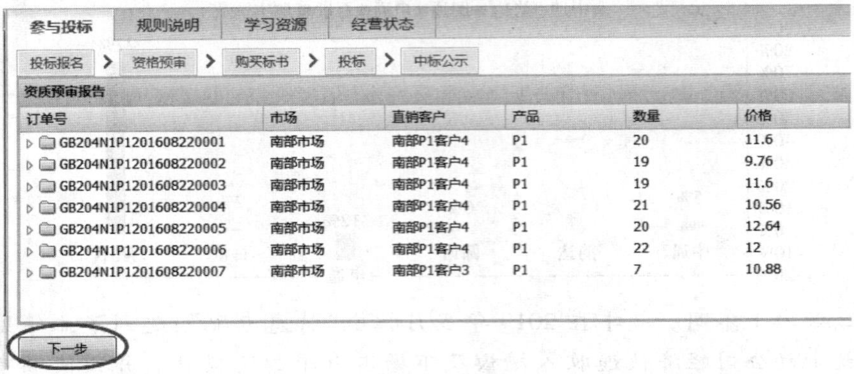

图二

步骤三,点击图三"投标",选择购买标书的"订单号",点击"购买标书"。

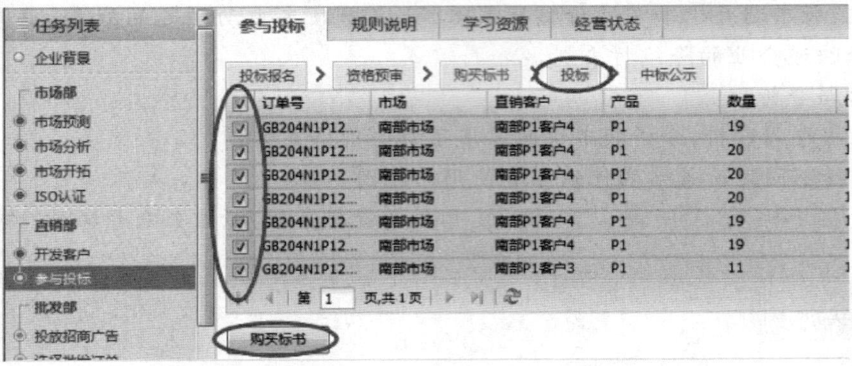

图三

步骤四,点击"投标"按键,输入"投标价格",选择投标"订单号",点击"投标"按键,点击"结束投标"按键(图四、图五)。

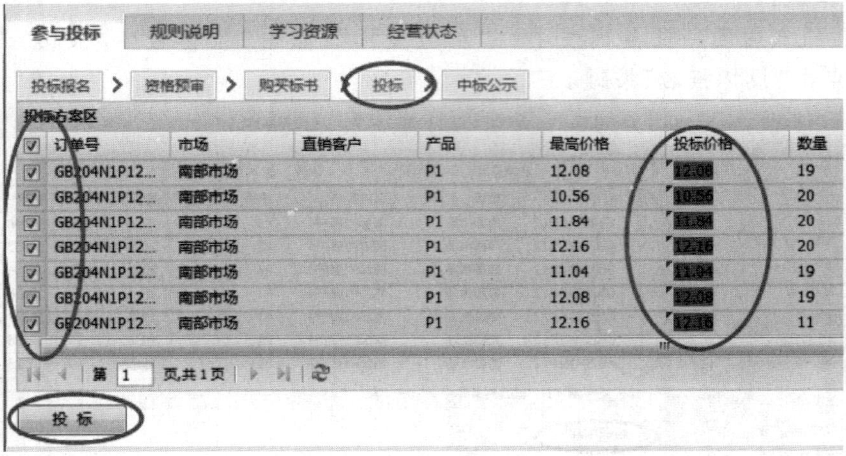

图四

图五

步骤五,点击"中标公示"查看中标小组。

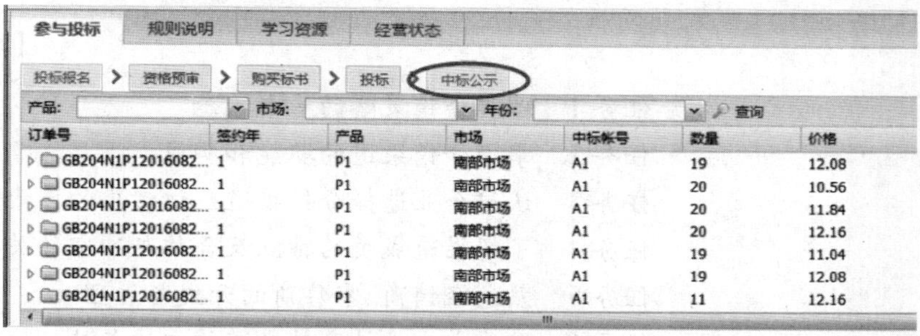

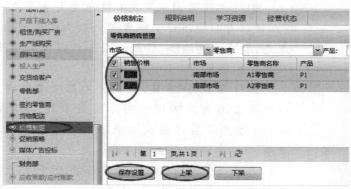

图六

2.价格制定

操作步骤:

步骤一,点击任务列表中的"价格制定"。

步骤二,填写制定"价格",选择定价"产品",点击"保存设置"按键,点击"上架"按键。

图七

项目 8
分销渠道策略

【案例引导】

当云茶遇上抖音
——培育壮大零售新业态发展直播经济

2021 年 3 月国家发展和改革委员会等 28 部委联合印发《加快培育新型消费实施方案》,该方案提出培育壮大零售新业态,发展直播经济,鼓励政企合作建设直播基地,加强直播人才培养培训。

2021 年 3 月 14 日,云南普洱茶抖音电商直播基地授牌仪式在云南省昆明康乐国际茶城举行,基地的正式授牌运营,助力普洱茶产业向现代数字化、电商化方向转型升级发展。

为进一步挖掘普洱茶的产业潜力,为广大普洱茶产业生态圈里的从业者助力,让从业者更健康地快速发展,云南普洱茶抖音电商直播基地应运而生。基地将在全方位助力普洱茶销售的同时,遵照抖音电商平台的相关规则,监督基地商家依法合规开展各项直播电商运营服务活动,通过"主播+电商+直播+集群"融合互通的全新模式,助力普洱茶产业与电子商务等互联网和数字经济新兴技术的融合发展,实现产业转型升级。同时为期三个月的"四季云南·绿色云品——春茶季活动"也在活动现场正式启动,活动将通过原产地直播、抖音线上销售等多种形式,助力春茶采摘和销售。

当天授牌活动中,还有云南多家知名茶叶品牌方、部分普洱茶茶企、商家及网红 IP 进行了入驻与合作签约。云南普洱茶抖音电商直播基地的相关话题"普洱江湖"也在活动期间进行概念发布。

该基地的落地,是地方政府、企业与抖音电商联合发展数字化产业带的又一实践。

思考与分析:

1.普洱茶的传统渠道有什么特点?

2.你认为大力发展直播经济将会给普洱茶的销售带来什么变革?

3.普洱茶在未来的发展中还有哪些渠道模式可以探索?

(资料改编自:徐俊.云南普洱茶建立抖音电商直播基地[EB/OL].(2021-03-16)[2021-04-01].中华合作时报茶周刊.)

【情景创建】

以 5~8 人的小组为单位,选择某个具体产品,在市场细分的基础上进行目标市场的选择和定位,加深学生对市场细分、市场定位的理解,提高实践能力。

【任务分解】

任务:加深学生对市场细分、市场定位的理解,提高实践能力

活动 1:对产品的市场进行细分

活动 2:分析细分后的每个子市场特征

活动 3:分析选择目标市场时要考虑的因素

活动 4:列举市场定位的方法

活动 5:模拟练习市场定位策略的使用

随着现代社会生活节奏的加快,人们对消费的便利和快捷的要求越来越高,人们不愿意为了买包盐而专门跑到几里外的小卖部,更不愿意商店朝九晚五营业待客,人们希望的是能够在有需求的时候,得到迅速、优质的满足。这对市场营销工作提出了更高的要求,怎样把商品送到消费者手中成了摆在企业面前的一道难题。企业和消费者在商品的生产和消费中总会存在各种各样的矛盾:生产和消费在时间、空间、数量、品种结构上的分离,商品所有权的转移和生产者、消费者之间的信息沟通,给消费者和生产者均带来了种种不便。要想解决流通领域内的这些矛盾,企业应该选择合适的通道,即分销渠道。分销渠道策略作为传统市场营销组合的一个重要组成部分,是产品或服务从制造商流向消费者所经过的各个中间商的组合,包括制造商、批发商、零售商及其他辅助机构,它们在产品从企业到最终消费者这一过程中发挥各自职能,有效地满足市场需求。研究分销渠道就是对市场营销中间商或其他中介机构的选择和管理,只有当分销商和生产企业通力合作,才能为消费者提供一个更为便利的购买渠道,合理、有效地实现企业的市场营销目标,这也是分销渠道策略的核心内容。

任务 8.1　分销渠道概述

8.1.1　分销渠道的含义和特征

1)分销渠道的含义

对分销渠道的描述有很多,美国市场营销协会(AMA)对此定义为"企业内部和外部代理商和经销商(批发和零售)的组织机构,通过这些组织机构,产品才得以上市销售"。美国市场学者肯迪夫和斯蒂尔则认为分销渠道是"当产品从生产者向最后消费者或产业用户移动时,直接或间接转移所有权所经过的途径"。而营销大师菲利普·科特勒的定义是"某种货物或服务从生产者向消费者移动时取得这种货物或服务的所有权或帮助转移其所有权的所有企业和个人。因此,分销渠道主要包括商人中间商(取得所有权)和代理中间商(帮助转移所有权)。此外,它还包括作为销售渠道的起点和终点的生产者和消费者,但是,它不包括供应商、辅助商等"。从这三个定义中可以发现,AMA的定义侧重于渠道的组织机构,而肯迪夫等学者的定义更倾向于表述产品从生产者向消费者转移的过程,科特勒的观点则较清楚地回答了什么是分销渠道这一问题。在这些概念的基础上,人们认为分销渠道也叫"销售渠道",是指产品服务从生产者向消费者转移的过程中,取得这种产品和服务的所有权或帮助所有权转移的组织和个人。它主要由生产者、商人中间商、代理中间商以及最终消费者构成,其中,分销渠道的起点是生产者,分销渠道的终点是消费者,中间环节是由批发商、零售商、代理商等组成的中间商。

分销渠道在整个市场营销中具有重要意义,其理由有四:其一,企业产品(或服务)必须通过分销渠道,才能从生产领域进入消费领域,实现其价值,因此在营销组合中,产品是营销的基础,价格是营销的核心,渠道是营销的关键,促销是营销的手段。其二,充分发挥渠道成员特别是中间商的功能,是提高企业经济效益的重要手段。当渠道成员与生产企业建立起一种契约关系,就不能轻易变动,这对企业的决策会是相对稳定的长期依据。从某种意义上说,一个分销系统是企业关键性的外部资源,它通常需要若干年来建立和维系,不是轻易可以改变的,这对企业是一笔无形资产,而良好的渠道网络会成为企业的竞争力。其三,良好渠道管理可降低市场费用,较大程度地影响产品的价格,在为消费者提供合理价格的产品的同时,也为企业扩大了经济利益空间。其四,分销渠道具有运输、储存、加工等功能,充分发挥这些功能,可以提高产品的价值,在适当的时间、地点,向消费者提供适当数量的产品。

2) 分销渠道的特征

在产品从生产者转移到消费者这一转移过程中,分销渠道体现了下列特征:

①分销渠道反映某产品(服务)价值实现全过程所经由的整个通道。其起点是制造商,终点是最终消费者或工业用户,是该产品从生产者到消费者的完整物流通道。

②分销渠道是由一系列相关经营组织或个人的组合,包括参加产品流通过程的、相互依存的、具有一定目标的各类型机构结合起来的网络体系。具体来看就是生产商、代理商、批发商和零售商等,他们常常被称为"渠道成员",这些成员之间有无数条商品分销渠道,最终构成四通八达的分销网络系统。

③在分销渠道中,产品或服务从生产领域转移到消费者领域的前提是所有权的转移,有时生产者可以直接,即一次性将产品转移给消费者或用户,但大多数情况下,生产者需要通过中间商多次购销或转移,才能使产品流向消费者,中间购销次数的多少,说明了分销渠道的层次和参与者的多少,表明了分销渠道的长短。

④在分销渠道中,除产品所有权转移方式外,在生产者与消费者之间还隐含其他的物质流动形式,如物流、信息流、货币流等。它们相辅相成,但在时间和空间上并非完全一致。

此外,在市场经济中分销渠道还是一个担负调研、购销、融资、储运等职能的多功能系统,分销渠道各个成员要在适宜的地点、价格、质量、数量提供产品和服务,满足目标市场需求,使产品经济、便捷地流向消费者及用户手中,并通过渠道成员的共同努力,开拓市场,刺激需求,抵御外来竞争,令分销渠道成为最终为消费者创造价值的协调运作网络系统。

8.1.2 分销渠道的作用和职能

市场营销的最终目的是当消费者有需求时,企业能够将其所需的数量产品和服务在合适的地点,以合适的价格提供给消费者。渠道策略研究的就是如何解决顾客和企业在空间分离、时间分离、所有权分离、产品供需数量、结构等方面的矛盾。随着社会生产规模越来越复杂,社会分工越来越细,生产的各个环节必然会出现不一致,这一现象反映在生产和消费之间,就是时间、数量、地点和所有权等的矛盾。分销渠道能在产品从生产者那里转移到消费者的过程中发挥作用,协调各个环节中的不一致现象。

1)促进销售,扩展市场

通过各种促销手段,以消费者喜欢的、富有吸引力的形式,把商品和服务的有关信息传播给消费者,实现刺激需求、开拓市场的目的。分销渠道成员也要采用一些与生产商相同的促销手段,比如人员推销、广告、营业推广、公共关系等,配合生产商一同开展促销活动,扩大活动的影响力,创造更多的需求和市场。

2)减少交易次数,节约社会总成本

有了中间商的参与,商品交换中交易次数减少,可以降低整个社会的总成本。如图 8-1 所示,甲乙丙丁 4 家生产企业,每家都向 5 个用户出售自己的产品,总计要发生 4×5＝20 笔交易。而在图 8-2 中当有一中间商介入,则只需发生 4+5＝9 笔交易。中间商的存在,大大减少了该公司的交易次数,也降低了成本和节约了时间。

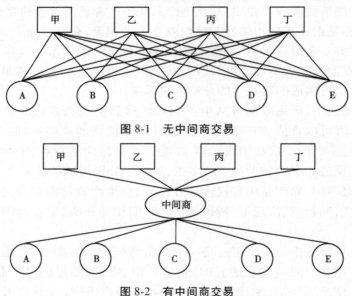

图 8-1　无中间商交易

图 8-2　有中间商交易

3)给消费者带来消费的便利

销售渠道中的中间环节可以通过各种手段调节生产和销售的时间、空间的不一致,使消费者在其需要的时间、地点购买需要的产品。并且,中间商还可以针对不同地区、不同层次的消费需求,把产品分成不同档次和不同品种规格等,以最合理、最有效的商品组合形式提供给消费者,使消费者以最经济的价格和最便利的方式买到所需商品,满足消费者的差异性需求。

4）洽谈生意

在分销渠道的成员之间，可以进行双向洽谈，按照互利互惠的原则，通过协商，达成有关商品的价格和其他条件的最终协议，实现所有权或持有权的转移。这种洽谈既可以是向前洽谈，寻找可能的购买者并与其进行沟通，也可以是向后洽谈，和生产者进行沟通、订货等。

5）物流运输

因为生产者和消费者在时间、空间以及主体上的分离，从产品离开生产线起，分销渠道就需要承担产品实体分配的职能，即通过储存和运输，使产品从生产者转移到消费者或用户手中。

6）信息传递

分销渠道的各个成员比生产者更直接地接触到市场和消费者，也最能了解市场的动向，掌握消费者的实际需求。因此，他们能较好地了解消费者对产品的意见及竞争者动态，这些信息对开发企业产品、制订企业经营战略非常有价值，是企业所不可缺少的。在信息化社会，这一职能的重要性愈加凸显出来。当企业难以依靠自身的力量去捕获市场信息的时候，渠道成员所提供的信息就成了企业把握市场的关键。

7）承担风险

分销渠道成员不仅和生产企业共享利益，还要在产品分销过程中共同承担商品销售、市场波动带来的风险。产品从生产者向消费者转移的过程中，往往会产生资金周转不足、商品损坏、供求变化等风险，渠道成员和生产者共同承担的话，将会大大降低生产者个人承担的比重，从而降低生产企业的经营风险。

8）融资

当消费者购买商品时，手里的资金也会流向生产者。渠道成员可以通过赊销、分期等方式向消费者融资。而生产者也可以通过向渠道成员融资来解决各成员对资金的获取与支用问题。

总之，销售渠道已成为现代社会中沟通生产和消费的必不可少的桥梁和纽带，中间商参与到产品从生产者到达消费者的过程，既保证了商品流通的顺利实现，又缩短了产品的销售时间，加快了资金周转，随着社会分工进一步加剧，商品经济进一步发展，分销渠道在营销过程中会越来越重要。

8.1.3　分销渠道的流程

1）实体流

实体流也称为物流，是实体产成品及劳务从制造商转移到消费者和最终用户的过程,主要包括产品运输和储存两个部分。对一个企业来说,物流的持续、有效是保证渠道正常运行的前提条件,每一层的渠道成员都需要备有存货,但存货量很关键,多了会增加备货成本,少了又会引起断货。所以,近年来人们越来越深刻地认识到物流的重要性,很多人把物流叫作"企业的第三利润源",合理组织物流,是提高企业分销渠道效率和效益的关键(图8-3)。

图 8-3　实体转移流程

2)所有权流

所有权流又称为商流,是指产品所有权或持有权从一个渠道成员转到另一成员手中的转移过程。这一流程通常伴随产品从生产领域向消费领域转移过程中的一系列买卖交易活动向前移动(图8-4)。

图 8-4　所有权转移流程

3)资金流

资金流又称为货币流,是指在分销渠道各成员间伴随所有权转移所形成的资金交付流程。例如客户向代理商支付货款、代理商扣除佣金、支付运费和仓储费后再付给生产商(图8-5)。

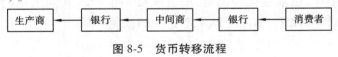

图 8-5　货币转移流程

4)信息流

信息流是指产品从生产领域向消费领域转移的过程中,各营销中间机构相互传递和加工信息的处理活动。这一流程对渠道的每一环节都非常重要。通常渠道中每一相邻的机构间会进行双向的信息交流,互不相邻的机构间也会有各自的信息流程(图8-6)。

图 8-6　信息转移流程

在上述几种流程中,实物流、所有权流是从生产者指向消费者的,资金流是从消费者指向生产商的,而市场信息流则是双向流动的。

8.1.4　分销渠道的类型

对于不同的企业来说,分销渠道的结构也会不同,例如联想集团采用"地区代理+二级分销+专卖店"的形式,而戴尔公司采用低成本的直销模式,这两家企业都是行业的佼佼者,渠道类型的选择却不同,这说明不同的企业需要根据自身的发展选用适合的渠道。从一个企业在分销渠道决策时所面临的选择来看,分销渠道大致可以分为以下几种:

1)根据是否有中间商的介入划分

根据是否有中间商的介入划分,分销渠道可分为直接渠道和间接渠道。

（1）直接渠道

直接渠道又叫零级渠道,是指产品从企业流向最终消费者的过程中不经过任何中间环节的分销渠道。直接渠道是最简单、最直接的渠道,是工业品如大型机器设备、专用工具等常采用的渠道类型。直接渠道主要采用定制、销售人员上门推销、通过设立门市部销售等形式。直接销售过去大多发生在生产者市场上,人们称之为 B to B 模式,但近年,随着网络和电子商务的发展,在消费者市场上的发展更加迅速,如通过电视、电话、互联网的直销、自动售货机等,称为 B to C 营销模式,尤其是网络销售近年来成为很多年轻人首选的购物渠道,销售产品由最早的图书、音像制品、通信产品和电脑产品已经慢慢发展到衣食住行各个方面,而购物的地域也不再局限于本地、本国,跨国购物也逐渐成为时下的流行。直接渠道有利于了解市场,减少费用,加强推销,控制价格和提供服务,增强企业竞争力,促进产品销售。但是直接渠道也存在缺点:

①生产者增设销售机构、销售设施和销售人员,也就相应增加了销售费用,同时也分散生产者的精力。

②由于生产者自有的销售机构总是有限的,致使产品市场覆盖面过窄,易失去部分市场。

③由于生产者要自备一定的商品库存,这就相应减缓了资金的周转速度,从而减少了对生产资金的投入。

④商品全部集中在生产者手中,一旦市场发生什么变化,生产者要承担全部损失。

营销链接 8-1

品牌竞争,渠道为王

又一家超级大白马上市了! 公牛集团上市首日大涨 44%,成交额 5 918.46 万元,股价封死涨停现报 85.61 元。很少有一家公司自提交招股书起,就赢得投资者们的一致好评。公牛集团就是这样一家企业。1 月 16 日,公牛集团进入网上申购阶段,此次公开发行股票 6 000 万股,对应发行市盈率 22.93 倍,发行价 59.45 元/股。

为什么一个做传统插线板的企业,让投资者如此痴狂? 它是如何将一门小小的生意,做到卖了 21 年,销售总额达 56 亿元的?

做技术出身的阮立平研究插座修理,积累了不少经验。他 1995 年下海经商,和卖插件的弟弟阮学平一起创办了慈溪市公牛电器有限公司。那时正是芝加哥公牛队如日中天的时候,喜欢打篮球的阮立平便把公司品牌取名为"公牛"。阮立平亲自设计产品,对生产严格把关,还开创性地增设按钮开关,至今,国内市场上 90% 的插座用的开关还是他最早设计的按钮型,简单实用又可靠。率先实施双重安全保护的公牛,产品美誉度与日俱增,销量也突飞猛进。

2001 年,在一次全国插座品牌监测活动中,公牛插座以超过 20% 的市场占有率夺取了全国第一的桂冠。

2000 年,公牛开始关注国外市场。阮立平将出口定位为与欧美巨头合作,如飞利浦、罗朗格和贝尔金等,学习对方的先进技术和管理模式。

通过合作,公牛的组织架构体系和质量管理体系逐渐完善。

2003 年,公牛又斥资 1 000 万元建成国际上最具权威性的安全实验与鉴定机构——美国 UL 国际专业组织认证的高标准实验室,该实验室可以做防雷测试、升温测试等,这在国内同行中都是绝无仅有的。

在合作学习的过程中,公牛自主创新能力不断加强。除此之外,公牛团队历经数月、几易其稿,设计出独有的全球第一款自锁式防脱插座,它代表了企业技术创新的高水平,随着技术不断加强、创新,公牛品牌逐渐走向国际市场。

2008 年金融风暴波及全球时,公牛却顶住了风暴,在美国西部的几家沃尔玛中,公牛插座的个别产品甚至卖断货。公牛强势崛起,国际电工巨头争相抛出橄榄枝。

面对鱼龙混杂的市场,公牛是如何拼杀出来,并做到行业龙头的?

一、用不坏的安全插座

"要珍惜品牌,首先要从质量开始,要做不坏的插座!"质量和安全是阮立平创业的初衷,坚持走高质量、高价格的差异化路线。公牛产品一问世,就备受欢迎,虽然价格贵了一倍多,但使用安全,质量有保证,公牛逐渐在消费者中建立了口碑。

二、牛奶可乐怎么卖,插座就怎么卖

核心即为"品牌竞争,渠道为王"。从一开始,公牛就绕开了商场,建立自己的分销、批发渠道,并不断细化。在全国 3 000 多个县级城市中,有一半的市场做到了县、镇、村三级渠道全覆盖。而在乡镇农村市场,为了有效提高销售额,公牛匠心独运,对渠道进行现代化升级,从不同类型渠道的分销策略、经销商策略、终端展示推广,到销售团队管理几个方面全面塑造使用现代营销竞争的模式。各地经销商分别统计好区域内的零售店,把插座放在卡车里,一家一家去派送,"你要我就给你",而不是"你要就来我这里买",就像可口可乐的送货员一样。

"牛奶怎么卖,可口可乐怎么卖,插座就怎么卖",经过 3 年的渠道合作,公牛插座的销售渠道和网点迅速突破超市、家电卖场、电子城、五金店和小卖店等多种属性的地方,形成 50 多万个销售点,几千辆汽车分区域穿梭其间。

从两万元起家到数十亿元年销售额,从小生意到大企业,阮立平和他的公牛心无旁骛地缔造着自己的品牌王国。一些小卖家可能无法做到像公牛插座那样,但我们可以学习公牛插座对产品极致追求、深耕细作的企业精神,把一个单品打造成爆款也能成功,甚至走得更远!

（资料改编自：中略咨询.一个插线板卖了 21 年,沃尔玛常断货,它凭什么这么牛?
［EB/OL］.（2016-10-13）［2021-04-01］.中略咨询网.）

（2）间接渠道

间接渠道是指企业通过若干中间环节,把产品销售给消费者或最终用户的渠道
类型,也就是说间接渠道指至少含有一层中介机构,是消费者市场上占主导地位的渠
道类型。相对于直接渠道,间接渠道有利于中间商建立庞大的销售网络,利用这样的
网络能使生产商的产品具有最大的市场覆盖面。另外充分利用中间商的仓储、运输、
保管功能,减少了资金占用和耗费,并可以利用中间商的销售经验,进一步扩大产品销
售。同时还能减少生产者花费在销售上的精力、人力、物力、财力。但是,间接渠道的流
通环节多,销售费用增多,也增加了流通时间;生产者获得市场信息不及时、不直接;而中
间商对消费者提供的售前售后服务,往往因没有掌握技术而不能使消费者满意。

2）根据中间环节层次的多少划分

根据中间环节层次的多少划分,分销渠道可分为长渠道和短渠道。

分销渠道的长度是指产品从企业到最终消费者（用户）的转移过程中所经历的中
间环节数。中间环节越多,渠道越长,反之,渠道越短,最短的渠道是不经过中间环节
的渠道。

分销渠道可以按其长度的不同分为 4 种基本类型（图 8-7）。

（1）零级分销渠道

这种分销模式就是上文中提到的直接渠道,因为没有任何中间环节,生产者和消
费者直接见面,产品流通费用较低,也有利于企业把握市场信息,但不利于企业开展
以规模化为基础的专业性分工,降低了整体效率。

（2）一级分销渠道

一级分销渠道是指生产者和消费者（或用户）之间只经过一层中间环节的分销渠
道。在消费者市场,其中间环节通常是零售商;在生产者市场,大多是代理商或经纪
人,这是最常见的一种销售渠道。这种渠道的中间环节少,产品分销渠道短,有利于
企业充分利用中间商的力量来扩大产品销路。但是,生产企业对中间商要能够进行
有效的控制,另外一些消费品会因消费的零散性和生产规模化难以协调统一,导致在
零售层面存在储存成本过高的现象。

（3）二级分销渠道

二级分销渠道是指生产者和消费者（或用户）之间经过两个层次中间环节的分销
渠道。在消费者市场,通常是批发商和零售商,在生产者市场则通常是代理商和批发
商,这是一种传统的也是常用的分销模式。

（4）三级分销渠道

三级分销渠道是指在生产者和消费者（或用户）之间经过三个层次中间环节的分
销渠道。在消费者市场,三层渠道常有两种形式:一种是在批发商和零售商之间设有
专业批发商,三者的关系为一级批发→二级批发（专业批发）→零售商;二是在批发商
之前有总经销商或总代理商,其关系是总代理（总经销）→批发商→零售商。一些技
术性强又需要广泛推销的消费品,多采用这种分销渠道,而生产者市场这种三层渠道

的情况已较少见。

通常我们把三层和三层以上的渠道称为长渠道,三层以下的称为短渠道,渠道的长与短只是相对而言,各有各的优势,企业要选用哪种分销渠道需要根据自身的产品、目标顾客、市场环境等做出选择。比如长渠道的渠道越长、分布越密集,就越能有效地覆盖市场,充分利用中间商的职能作用,高效开拓市场,分散市场风险。而短渠道则因流通环节少,产品流转销售速度快,市场信息传播和反馈及时,成本也较低,产品的最终价格就低,生产者和中间商较易建立直接、密切的合作关系,那么市场竞争力就得以增强。当然不论是长渠道还是短渠道,都有各自的不足:渠道长,中间环节多,市场信息反馈迟滞,市场控制性差,产品成本增加,失去低价优势,不利于市场竞争,生产者、中间商、消费者之间关系复杂,难以协调。而渠道短,企业承担的商业职能就更多,难以集中精力搞好生产,不利于拓展市场和扩大企业规模。

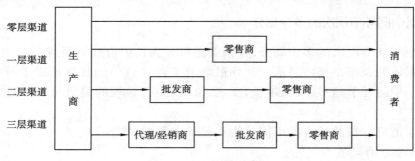

图 8-7 分销渠道层级

3)根据同一层次中间商数量的多少划分

根据同一层次中间商数量的多少,分销渠道可分为宽渠道和窄渠道。

分销渠道的宽度取决于产品流通过程中的每一个层次使用同类型中间商数目的多少。同类中间商多,产品在市场上的分销面广,称为宽渠道。如一般的日用消费品(牙膏、牙刷、香皂等),需要由多家批发商经销,又转卖给更多的零售商,触角越长,越能深入广泛的市场,接触到更多消费者,满足更多的消费需求。企业使用的同类中间商少,分销渠道窄,称为窄渠道,它一般适用于专业性强的产品或贵重耐用的消费品,通常由一家中间商统包,几家经销。它使生产企业容易控制营销,但市场分销面受到限制。

分销渠道的宽窄是相对而言的。根据产品性质、企业营销战略等因素的不同,企业可以选择不同的渠道宽度,一般来说,有三种分销策略供企业选择:密集分销、选择分销和独家分销(图 8-8)。

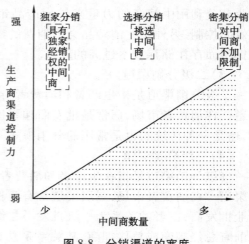

图 8-8 分销渠道的宽度

（1）密集分销

密集分销,也称广泛分销,指生产企业尽可能多地采用批发商、零售商等中间商去销售其产品,覆盖目标市场。运用这种分销策略的一般是食品、日用消费品等价格低但是购买频率高的生活必需品和便利品,以及工业品当中的一些标准件及通用小工具等。这类产品通常以大多数消费者为对象,而消费者又希望能轻而易举、随时随地买到这些产品,这对购买的便利性就有了较高的要求。

（2）选择分销

选择分销,是指生产企业在某一地区根据自己所设定的交易基准和条件精心挑选少数几个最合适的中间商推销其产品,这是一种介于密集分销和独家分销之间的分销形式。这种策略比较适用于电器、家具等价值高且购买频率较低的消费品,也就是人们常说的选购品和特殊品。它比密集分销的费用低,对中间商的控制相对容易,因此能较好地建立和中间商的合作关系。同时它又比独家分销更加灵活,且覆盖面要广一些,增加了购买的便利性。

（3）独家分销

独家分销,是指企业在某一地区仅选择一家中间商推销其产品。采用这种形式的双方需要协商签订独家经销合同,规定生产厂商不再在该地区发展经销商,同时也规定经销商不得经营竞争者的产品。独家分销是最容易对中间商形成控制的渠道,能够很好地树立品牌形象,有效地保护品牌,防止假冒伪劣产品出现。但是由于这种形式过于集中,渠道覆盖面很窄,因此存在一定的风险,只要中间商出现经营状况,就会迅速地对企业造成不利影响。

4）根据企业采用分销渠道的多少

对于企业来说,通常不会只采用一种类型的渠道,那么可以根据生产者所采用的渠道类型的多少,将分销渠道分为单渠道和多渠道,如图 8-9、图 8-10 所示。当企业的全部产品都由一条分销渠道销售,称之为单渠道。假设企业对同一或不同细分市场,同时采用多种渠道类型,则是多渠道。选择多渠道系统的企业可以通过两条以上的竞争性分销渠道销售同一商标的产品;还能够通过多条分销渠道销售不同商标的竞争性产品;以及通过多条分销渠道销售服务内容与方式有差异的产品,以满足不同消费者的需求。

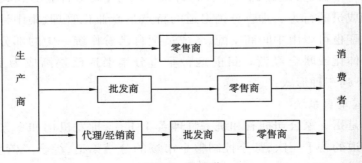

图 8-9　多渠道

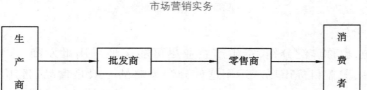

图 8-10　单渠道

8.1.5　分销渠道系统

　　传统渠道系统是由独立的生产商、批发商、零售商和消费者组成的分销渠道。渠道成员松散,各自为政,以追求自身的最大利益为目标。随着市场经济的发展,企业营销逐渐正规化,渠道也有了新发展,形成了整合渠道系统,渠道成员通过不同程度的业态一体化整合形成新的分销渠道。这种渠道成员间有了明确的分工,通力合作、优势互补,以严格的契约规范每个成员的行为,从而克服了传统渠道系统的弊端。目前常见的有垂直渠道系统、水平式渠道系统和多渠道营销系统三种形式(图8-11)。

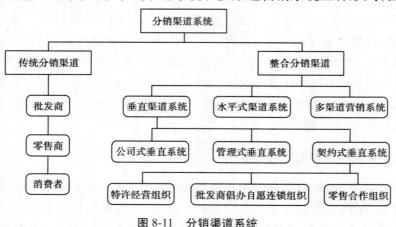

图 8-11　分销渠道系统

1)垂直渠道系统

　　垂直渠道系统是由生产企业、批发商和零售商所组成的纵向统一系统。该渠道成员或属于同一家公司,或是拥有一种特许经营关系,或是有能够和其他成员合作,从而控制渠道成员的行为。垂直分销渠道的特点是专业化管理、集中计划,系统可以由生产企业支配也可以由中间商支配,各成员把自己看作统一中的部分,为共同的利益目标选择一体化或联合经营。目前这种垂直分销渠道已逐渐成为主要的发展趋势,一般分为下列三种形式:

　　(1)公司式垂直系统

　　这种系统是指一家公司拥有和统一管理若干工厂、批发机构和零售机构,能够控制市场分销渠道的若干层次,甚至控制整个市场的分销渠道,综合经营生产、批发、零售业务。这种系统的特征是在同一个所有者的所有权控制下,可以保证整个渠道的统一协调,为着共同利益发展,保持系统的稳定。

（2）管理式垂直系统

这是指通过渠道中某个有实力的成员来出面组织协调整个分销渠道的销售管理业务,其业务涉及销售促进、库存管理、定价、商品陈列等。这个成员可以是生产企业也可以是中间商,渠道成员之间承认相互依赖的关系,并且愿意接受这家企业的统一领导。如柯达公司能够在商品陈列、促销活动和定价方面得到中间商的支持,而沃尔玛要求其供应商在每个货箱托盘上加贴电子标签。

（3）契约式（合同式）垂直系统

这种系统是指不同层次的独立制造商和经销商为了获得单独经营达不到的经济利益,而以契约为基础实行的联合体。它主要以契约或合同为基础,统一成员的活动,以获得比独立行动时更大的经济利益和销售成绩。因其集中了公司式垂直系统和管理式垂直系统高度集中和较独立的特点,近年来发展较迅速,目前主要有三种形式:

①特许经营组织,这是近年来发展最快和最令人感兴趣的零售组织。

②批发商倡办的连锁店,即批发商组织独立的零售商成立自愿连锁组织,帮助他们和大型连锁组织抗衡。

③零售合作组织,即零售商可以带头组织一个新的实体企业来开展批发业务和可能的生产活动。

2）水平式渠道系统

水平式渠道系统指在同一层次的若干生产商之间、若干批发商之间、若干零售商之间,由两家或两家以上的公司横向联合起来的渠道系统,它们以合作或合资的方式暂时或永久地组建新的渠道系统,以求发挥协同效应,共担风险,获取最佳效益。例如 iPhone 手机和中国联通公司建立联合销售;而联想公司在进军国际市场初期,缺乏对国外市场的了解,选择和一家香港的贸易公司成立了一家合资公司,利用其海外销售的优势,销售企业产品。

3）多渠道营销系统

多渠道营销系统指对同一或不同的细分市场采用多条渠道进行营销的系统。这种系统一般分为两种形式:一种是生产企业通过多种渠道销售同一品牌的产品,这种多渠道营销系统也称为双重营销,这种系统容易引起不同渠道间的冲突;另一种是生产企业通过多渠道销售不同品牌的差异性产品。采用多渠道系统能为企业带来三方面的好处:一是增加了产品的市场覆盖面,市场进一步细分,使顾客需求得到更好的满足;二是降低渠道成本,企业可以增加能降低销售成本的新渠道;三是实行顾客定制化销售,企业可以增加更适合顾客要求的渠道。

营销链接 8-2

解析营销渠道新模式：盒马鲜生超市+餐饮

盒马鲜生是阿里巴巴对线下超市的完全重构，以数据和技术驱动的新零售业态，旨在为消费者打造社区化的一站式新零售体验中心，用科技和人情味带给人们"鲜美生活"。

盒马是超市，是餐饮店，也是菜市场，但这样的描述似乎又都不准确，消费者可以到店购买，也可以在移动端下单，盒马最大的特点之一即为快速配送：门店附近3千米内，30分钟送货上门。盒马鲜生的运营模式为：

1."超市+餐饮店"的新业态

盒马鲜生采用了"超市+餐饮店"的运营模式，主要经营蔬菜、肉类、水果和海鲜等商品。消费者在店内选购海鲜等食材后，可以即买即烹，现场加工，现场食用。这种模式不但深受消费者的欢迎，提升了到店流的转化率和线下体验，而且通过生鲜品类和餐饮制作的深度结合，解决了生鲜经营中最难的损耗问题。除了保证食材新鲜之外，盒马鲜生也在倡导以新鲜的方式享受生活。盒马鲜生在线下门店中提供了各式各样的场景，引导消费者拍照与分享，创造新的生活观念和新鲜、有趣的做饭方式，增强消费者的黏性，培养他们的消费习惯。

2.线上线下双体验

盒马鲜生结合"传统商超+外卖+盒马鲜生App"，开创了互联网驱动、线下体验的复合模式。消费者既可以到实体门店购买商品，也可以在盒马鲜生App下单购买，这种模式为消费者带来全渠道的购物体验。从本质上说，盒马鲜生还是一种线下的零售超市，但线上App的加入，让它实现了线上线下的深度融合。线上可以保证食品的及时性，线下可以给消费者带来更丰富多样化的消费体验，以满足消费者差异化、个性化的消费需求。

3.强大的供应链

盒马鲜生最大的特点之一即为快速配送：门店附近3千米内，30分钟送货上门。盒马鲜生之所以能达到30分钟的配送时间，在于它采用了大数据、智能物联网、自动化等先进技术，实现了人、货、场三者之间的最优化配送，从供应链、仓储到配送都有自己完整的物流体系。

盒马鲜生将本应该置于后端的物流仓储作业前置到了门店，和门店共享库存和物流基础设施。在店内部署了自动化物流设备，门店的上方铺设了全自动悬挂链物流系统，这样能在第一时间分拣店中陈列的商品，并将其快速送到后场出货。

门店的后场更是一个交织的传送系统。在盒马鲜生后端，每个商品都有独特的电子标签。消费者在线上下单之后，拣货员根据订单前往仓储区拣货，用掌上电脑（PDA）扫码后放入专用拣货袋，并挂上输送带，然后进行配送。从商品供应到上架、打包、配送都通过智能设备去识别和作业，全数字化的供应、销售、物流过程保证了配送速度与消费体验。

4.线上线下数据互通

盒马鲜生支持盒马鲜生 App、支付宝和现金支付,不支持其他支付方。到店消费者只要绑定支付宝即可成为会员。支付宝的实名认证信息,让盒马鲜生构建了一个更加立体的消费者数据库,更好地开展客户关系管理和营销。

思考与分析:

1.简述传统零售模式与新零售模式的区别。

2.结合案例内容,试述如何在新环境下设计营销渠道?

（资料改编自:李忠美.新零售运营管理[M].北京:人民邮电出版社,2020.)

任务 8.2 中间商

随着市场经济的不断发展,产品由生产商直接销售给最终消费者或用户的情况越来越少,而中间商本身的发展速度和规模却非常迅速。中间商是那些在制造商与消费者之间"专门媒介商品交换"的人,是帮助和促使企业的产品进入市场,转移到消费者手中,满足消费需求,实现产品价值的主要营销中介。现在,分销渠道的决定权往往掌握在中间商手中,我们对分销渠道策略进行研究需要从中间商入手。

8.2.1 中间商的含义

中间商是指介于生产商与消费者之间,参与流通业务,促成买卖行为发生的经济组织或个人,主要包括代理商、批发商和零售商等。其基本职能是作为生产和消费之间的媒介,将产品从生产者手中流通到消费者手中,这也是将产品逐级分销出去,卖给最终消费者和顾客的过程。除了销售的主要职能,渠道还承担物流（配送、仓储、运输等）、售后服务（安装、调试、保养等）、促销、信息的沟通、市场调研等职能。使用中间商渠道对企业来说可以减少营销费用的支出,还能够使销售范围扩大到自己难以到达的地区,甚至一些和当地政府、组织、各行政职能部门的交流沟通工作都可以借助中间商的力量,因此,中间商渠道是现在很多企业,尤其是中小规模的企业常采用的分销渠道类型。

8.2.2 中间商的种类

中间商是一个统称,一般根据中间商在流通过程中的不同作用,可以分为批发商和零售商两大类。

1)批发商的含义与类型

批发商是指一切将产品或服务销售给为了转卖或因商业用途而进行购买的个人或组织的活动。一般情况下人们根据销售对象的购买动机和目的来判断一个中间商是否是批发商,其所从事的是否为批发业务,因为即使是同一家企业的同一项业务,

也会因对象的不同使企业开展不同的业务。比如,向食堂售卖大量的面粉属于批发,而卖给个人就属于零售。批发商主要有三种类型:

（1）商人批发商

商人批发商指自己进货,取得产品所有权后再批发出售的商业企业,也就是人们通常所说的独立批发商或专业批发商,是批发商中最主要的部分。商人批发商按职能和提供的服务是否完全又可分为完全服务批发商和有限服务批发商。

完全服务批发商,是指能向消费者提供市场营销各项服务功能的批发商。其提供的服务主要有保持存货、雇用固定的销售人员、提供信贷、送货和协助管理等。它具体又可分为综合批发商、产品线批发商、专用品批发商和工业品配销商。

有限服务批发商,是指为了减少成本费用,降低批发价格,只向消费者执行批发商的一部分职能和提供一部分服务的批发商。它又可分为:

①现购自运批发商,是指将经营有限的周转快的产品,卖给小零售商销售并收取现金,不赊销,一般不负责送货,顾客需要自备工具去批发商的仓库选购货物,即时付清贷款。

②承销批发商,是指按用户需要,直接向制造商订货并由制造商直接将商品运送到用户的批发商。从收到订单到将货物送交顾客期间,承销批发商拥有产品的所有权,并承担风险。他们通常经营煤、木材、大型设备等大宗、高成交额的商品。

③货车批发商,是指用货车将商品定期运送到用户的批发商,他们主要执行的是销售和送货的职能。通常货车批发商经营的产品是生鲜易变质的食品,如牛奶、面包、快餐等,客户一般为小食品店、餐馆、超市等。

④托售批发商又叫货架批发商,是指通过直接在零售商店内设置货架,陈列展示商品,商品售出之后零售商才付货款的批发商。这类批发商承担了送货、上架、持有存货和融资等多项业务,一般有专营非食品的家用器皿、化妆品、书籍、小五金商品等批发商。

⑤邮购批发商,是指利用邮购方式接受订货、发送货物的批发商。该类批发商主要服务于偏远地区的工业客户和小零售商,并以邮政或快递或其他运输方式交货。

（2）经纪人和代理商

代理商是指不取得产品的所有权,仅接受委托人的委托,在一定范围内以委托人的名义代理委托人从事采购和销售业务的商业单位。这类中间商没有产品所有权仅赚取佣金作为报酬,与商人批发商相比,资金投入少,风险小。另外,代理商的佣金费用比批发商的要少,并且通常要在企业收到货款才需支付,对于生产企业,特别是规模小、资金有限的小企业而言,这种形式更为有利。但是代理商的经营范围一般较小、专业性较强,所承担的职能没有批发商那么多。

①产品经纪人。产品经纪人是一种特殊的代理商,它的作用是为买卖双方牵线搭桥,协助谈判,由委托方支付给他们佣金。经纪人比一般的代理商更加灵活,可以是长期稳定的代理关系,也可以是一次性代理,它只负责介绍业务的买卖双方,帮助达成交易,不持有存货,不用卷入财务纠纷和承担风险。最为特别的是,经纪人的代理对象只是业务,而不是企业。常见的有保险经纪人、演艺经纪人、房产经纪人等。

②制造代理商。制造代理商是指在某一区域范围内为多家制造商代理销售业务

的代理商,是代理商中的主要形式。制造代理商代表一个或几个制造商分别签订有关定价、销售区域、订单处理程序、运输服务方法、质量保证及佣金比例等方面的正式书面合同。这类代理商了解制造商,精明能干,对于企业广泛销售产品很有帮助,在大多数领域都可采用,例如服装、家电等。

③销售代理商。销售代理商是在协议规定的时间、价格、销售条件等范围内,为某一委托人独家代理销售业务的代理商。销售代理商通常销售的是特定商品或全部商品,除了销售还为制造商提供商品展示、广告等业务。这种代理商在工业产品行业比较多见,比如机器设备、矿产、化工产品等领域。

④采购代理商。采购代理商是在同委托人签订长期协议的基础上,长期为其寻找、采购商品的代理商,此外还经常为委托人提供收货、验货、送货等服务。例如服装行业较多使用。

⑤佣金代理商。佣金代理商是指为委托人临时代理销售业务,对产品有控制力并参与产品销售协商的代理商。这种代理商常以一笔生意为单位同委托人建立代理关系,卖出产品后,扣除佣金和费用,再将余款交付委托人。

(3)自营批发商

自营批发商是指制造商及零售商自己设立的独立的办事机构,主要类型有销售机构和采购办事处。

①制造商的销售机构。是指制造商为了加强存货控制,改进销售和促销工作,所设立的销售分部和营业所。生产商销售机构的规模有大有小,独立程度也不同。有销售办事处,只承担部分营销职能。也有独立的销售公司,有自己的存货和庞大的销售网,几乎承担了全部的营销职能。

②零售商采购办事处。一些零售商为了节约采购成本,控制进货质量会选择在大的市场建立采购办事处。这些办事处可以通过大量的采购,为零售商争取到更低折扣价格和更多优惠,降低物流成本,从而提高产品的市场竞争力。

2)零售商的含义和类型

零售是指将产品或服务直接出售给最终消费者,使之用于非商业性用途的所有交易活动。这些交易活动是零星、频繁地进行的。零售商是将商品直接销售给最终消费者或用户的专业流通机构,它是连接制造商与消费者、批发商与消费者的重要中间机构。由于零售商处于市场终端,直接接触的是消费者,因此,对于消费者的需求及各类信息的掌握最直接,在促进产品顺利销售和推动社会生产方面有积极的作用。零售业是目前分销渠道中最发达的产业,在所有商品经济发达的国家里,零售业都是一个十分庞大的行业,拥有超过生产商与批发商的机构数量和众多的就业者。

知识链接 8-1

新零售

在 2016 年 10 月的阿里云栖大会上,马云第一次提出了"新零售"。他指出"纯电商时代很快会结束,未来十年、二十年没有电子商务这一说,只有新零售这一说,也就是说，线上线下和物流必须结合在一起，才能诞生真正的新零售。线下企业必须走到线上去，线上企业必须走到线下来，线上线下与现代物流合在一起，才能真正创造出新零售来"。

2016年11月11日，国务院办公厅印发《关于推动实体零售创新转型的意见》（国办发〔2016〕78号）（以下简称《意见》），明确了推动我国实体零售创新转型的指导思想和基本原则。同时，在调整商业结构、创新发展方式、促进跨界融合、优化发展环境、强化政策支持等方面作出具体部署。《意见》在促进线上线下融合的问题上强调："建立适应融合发展的标准规范、竞争规则，引导实体零售企业逐步提高信息化水平，将线下物流、服务、体验等优势与线上商流、资金流、信息流融合，拓展智能化、网络化的全渠道布局。"

新零售，英文是 New Retailing，即企业以互联网为依托，通过运用大数据、人工智能等先进技术手段，对商品的生产、流通与销售过程进行升级改造，进而重塑业态结构与生态圈，并对线上服务、线下体验以及现代物流进行深度融合的零售新模式。线上是指云平台，线下是指销售门店或生产商，新物流消灭库存，减少囤货量，新零售代表着一种新趋势，那就是从价格消费时代向价值消费时代的升级。

新零售的本质是零售，依然充当着商业中介，促进交易的"双向契合"，其根本目的是提高交易的效率，最大限度地满足消费者的需要，为消费者提供更优质的商品和服务。具有以下特征：

1."人"：以消费者为中心

在传统零售经验模式中，零售企业以企业效率为中心，更加关注商品。而新零售模式则强调以消费者为核心，企业的经营活动围绕消费者展开，且具有可识别、可到达、可交互的特征。只要企业多渠道、多触点地与消费者形成持续的互动，就能很好地把握核心消费人群的消费习惯、生活方式及潜在的消费需求，进而更好地为消费者服务。

2."货"：商品与服务融合

新零售模式注重提供专业化的商品和服务，且单品可见、库存可见。随着消费升级，消费者个性化、专业化的诉求将促进更多的垂直领域进行细分。在新零售环境下，企业将商品和服务进行高度融合是实现消费者价值最大化的最佳选择。

3."场"：线上线下无缝融合

新零售模式将打造线上线下深度融合的购物场景，通过运用物联网、大数据等技术实现 PC 端、移动端、实体门店的深度互动，为消费者提供多渠道消费体验，最终形成消费者与渠道或品牌，以及消费者与消费者之间的互动，通过差异化经营为消费者打造极致的消费体验。

4."圈"：构建商业共享经济

新零售强调优化供应链，协同创造价值，形成"商业恭喜经济"的形态。在新零售模式下，零售商之间通过相互合作实现优势互补和资源共享，从而打造和谐、共赢的商业生态。

（资料改编自：1.董永春.新零售：线上+线下+物流［M］.北京：清华大学出版社，2018. 2.李忠美.新零售运营管理［M］.北京：人民邮电出版社，2020.）

零售商的网点分布广，新组织形式层出不穷，总的来看可以分为三类：

（1）店铺零售

店铺零售又称为商店零售，特点是在店内零售产品与服务。最主要的类型有：

①专业商店。专业商店也称专营店、专卖店，它经营的产品通常为某一类或某几类商品，产品线较为狭窄但比较深，故产品的花色品种较为齐全。专业商店的特色是大多数产品的品牌规模较小，如品牌服饰专卖店，但也有经营同类产品的专业商店，以大型化为发展趋势，以成本求优势，如苏宁电器。

②百货商店。这种零售商是规模大、综合性、分部门经营的企业，其经营范围广泛，品种繁多，规格齐全，并且企业资金雄厚、经营能力强、信誉好。从某个角度来看，百货商店其实是很多专业商店的集合，一般每个类别的商品会成为一个独立的部门，由专门的采购员和营业员负责进货、盘点库存、制订销售计划等管理工作。近来，一些专门销售服装、鞋子、美容化妆品、礼品和皮箱的专用品百货商店也如雨后春笋般涌现。百货公司的出现曾经被誉为第一次商业革命，吸引了大量顾客，销售量十分可观。但现在随着竞争的日益加剧，以及折扣商店、工厂商店、网络商店等新兴零售形式的出现，它们的购物吸引力逐渐减弱，面对这些挑战，百货商店需要寻找更有效的途径来延长寿命。

③超级市场。超级市场指规模巨大、成本低廉、薄利多销、开架陈列、顾客自我挑选的自我服务式经营机构。顾客自我挑选是零售的又一次革命，将顾客由销售关系中的被动者变为主动者，大大提高了顾客的购物积极性，刺激了购买欲望。通常超级市场主要经营各种食品和家庭日常用品等，现在一些大型超市如家乐福、沃尔玛等也在精心设计装潢、陈列商品，努力地营造舒适、清洁的购物环境，建造停车场，增加新的经营项目，如化妆品、文具、服装等，为顾客带来更多的便利。

④方便商店。方便商店也叫便利店，一般是设在居民区附近的小型商店，营业时间长，有很多甚至是 24 小时营业，销售的商品周转较快但范围有限，以最基本的日常消费品为主，如食品、应急药品、牙膏、牙刷等，有的还提供即食性食品的加工设备，如开水、微波炉等，从便利消费的角度来看，这类商店有绝对优势。这类商店通常选用连锁经营模式，如日本著名的 7-11 便利店，昆明的健之佳便利店等。

⑤购物中心。购物中心（Shopping Center/Shopping Mall）是指多种零售店铺、服务设施集中在一个建筑物或一个区域内，向消费者提供综合性服务的商业集合体。这种商业集合体内通常包含数十个甚至数百个服务场所，业态涵盖大型综合超市、专业店、专卖店、饮食店、杂品店以及娱乐健身休闲等。

⑥折扣商店。折扣商店是以低于商品的正常价格，甚至低于成本的价格销售产品的零售形式。店址趋向于在租金低的地区，采用自助式售货，店内设备少，所提供的服务也少，主要面向那些收入不是很高的工薪阶层，这类消费者对价格比较敏感但对服务的要求不高。所销售的多为全国性品牌，其中有很多是厂商的积压、过季货品，虽然价格低，但是信誉好，质量也有保证。例如，Outlet（奥特莱斯）等。

⑦仓储式商店。仓储式商店是一种以大批量、低成本、低售价和微利多销的方式经营的连锁式零售企业。一般采用会员制，只向交纳会费的会员提供折价，销售的品牌范围有限，提供的服务也很有限，因卖场的一部分需要用作仓库，仅一部分可供展

销,要求场地较大,故多选址于房租比较低廉的地段,特别是一些城郊结合处,较为开阔的地方,由于成本低廉,商品价格便很有竞争力。例如麦德龙超市就属于这一类仓储式商店,以及沃尔玛集团的山姆会员店等。

⑧产品陈列室推销店。这类商店在 20 世纪 60 年代后期出现,并成为最热门的零售方式之一,它们通过展出商品目录和样品进行经营,主要用于品种繁多、加成高、周转快和有品牌的产品,如珠宝、定制服饰、机电产品等。商店发行商品目录,标明每种商品的定价及折扣率,顾客可用电话订货、网络订货,由店方送货上门,顾客支付运费,也可由顾客亲自上门验货提货。

(2)无店铺零售

无店铺零售是指不经过店铺销售产品,依靠人与人的相互接触和现代化的信息技术,直接向消费者出售商品的零售形式。由于科技发展、社会变迁、竞争加剧,越来越多的企业采用无店铺零售的方式出售产品,尤其近几年无店铺零售比商店零售发展得更快,其中比较常见的有直复营销、自动售货等。

①直复营销。直复营销是指一种为了在任何地方产生可度量的反应或达到交易而使用一种或多种广告媒体的互相作用的市场营销体系,这是美国直复营销协会(ADMA)下的定义。我们也可以理解为是消费者能够通过各种方式将自己的反应回复给企业的一种直接销售模式。直复营销是一种最直接、最经济的与最终消费者或用户建立联系的方式,近年来发展速度非常快,大有取代传统零售之势,主要包括直接邮购、目录营销、电话营销、电视营销、电子购物和其他媒体营销等形式。

②直接销售。直接销售是通过销售人员直接向顾客销售产品的零售方式,也就是常说的人员推销,主要有挨门挨户推销、逐个办公室推销和举办家庭销售会等形式。

③自动售货。自动售货是指使用由硬币控制的自动售货机器进行销售,这是第二次世界大战后出现的,它不受时间和地域的限制,又能大量节省劳动力,对一些小食品、饮料等商品的销售而言是一个很好的形式,近来,销售范围也在逐渐扩大,出现了票务、金融、保险等领域的自动售货机。

(3)零售组织

零售组织是由同一个所有者或不同所有者开办的若干店铺以联盟的组织形式来开展活动的零售商。这些参与组织的商店可以通过商店之间的联合,来避免过度竞争,进而提高商店的规模经济效益,达到节约成本的目的。常见的零售组织有连锁商店、特许经营组织和消费者合作社。

①连锁商店。它是指经营同类商品、使用统一商号的若干门店,在总部的统一管理下,采取统一采购或授予特许权方式,实现规模效益的经营组织形式。连锁组织内各成员由同一资本统一管理,实行标准化管理制度,各商店店名相同,经营的商品种类相同,商店的建筑、铺面的布置和商品的陈列也相同,在定价、促销、营销方式、广告宣传、销售服务等方面也有统一的规定。商店实行统一进货,降低了经销成本,商品售价也较低,加之经营灵活、分布广泛,因而有广阔的市场。连锁店的发展很快,经营类型很多,有百货商店、超级市场、饭店等。

②特许经营组织。特许经营是指特许经营权拥有者以合同约定的形式,允许被

特许经营者有偿使用其名称、商标、专有技术、产品及运作管理经验,从事经营活动的商业经营模式。这种零售组织与连锁商店类似,均是由特许专卖权授权者与接受特许权者之间建立契约关系所形成的组织。它的优点是大型生产或服务性企业不需要自己组建庞大的销售队伍,就可以大量销售自己的产品,而特许经营人不需要做广告,就可以有较高的知名度,需要的投资也少。采用特许经营组织比较多的是一些独特的产品、品牌、服务、专利等。如麦当劳、壳牌、可口可乐公司等都曾采用特许经营模式。

③消费者合作社。它是由消费者自愿联合,集资入股创办的一种流通组织,其目的是保护自己的利益不受商人剥削,它有明晰的产权,实行民主管理。合作社通过大量采购,降低了商品的售价,从而提高了成员的福利,是一种非营利性的零售商店。

营销链接 8-3

云南果农开辟网络销售渠道　零售批发双管齐下

云南素来以盛产鲜花、水果等特产著称,日前,云南的果农们也搭上了时下大热的电子商务这班车,开始开网店销售起他们的特色应季水果。网络渠道具有灵活、无时空限制、低成本的优势,云南果农充分利用这些优势,在网上零售与批发并举,收效甚好。

首先,网购水果市场大。2010 年 8 月底刚刚开始在网上卖蒙自石榴的品多滋特产专卖店,石榴品种较多,价格基本上在 10 元/斤(1 斤 = 0.5 千克)左右,据该店店主介绍,该网店曾卖出过一天 250 斤蒙自石榴的好成绩,超出实体水果店零售量。同时,销往省外的数量占大多数,江浙沪、广东、东北等地较多。通过网络吸引大量客户也不失为一种好途径。以品多滋特产专卖店为例,它在阿里巴巴也有推广,收效甚好,今年该店蒙自石榴以 7~8 元每斤的批发价格最好卖,已将几千斤石榴销往了全国各地。

其次,进口水果新销路。以往进口水果在消费者心目中留下的印象多为好吃但是很贵,如今,进口水果在网络上销路大好。云南与泰、越、缅等国贸易来往密切,以前在边境地区才能见到的进口热带水果,现在统统都能在网络上找到。在网上卖越南进口水果的西双版纳姑娘阿西介绍:"在中秋节前,我们把水果大都做了精美包装,很多外地买家买了一次后,又纷纷再订,说是送给亲戚朋友,一个客人都一次订了26 箱,其中十多箱我们帮他直接发到朋友家里。网上开店后,进口水果销量比以往增加一倍。"

最后,水果运输有风险。对于网络卖家来说,还有一项成本很难把握。多数快递公司虽然承接水果快递业务,但是不保价,即因途中任何原因造成水果损坏或变质,快递公司不承担赔偿。这样,很多时候网络卖家就承担了此项赔偿。希望今后该项缺陷能得以妥善解决。

（资料来源:HiShop.云南果农开辟网络销售渠道 零售批发双管齐下［EB/OL］.(2010-10-14)［2021-04-01］.hi 商学院.）

任务 8.3　分销渠道策略

分销渠道策略是指企业为了使其产品进入目标市场所进行的路径选择活动。它关系到企业在什么地点、什么时间、由什么组织向消费者提供商品和劳务。在现代市场环境下,任何企业要想获得更大的发展和更多的利润都应该重视分销渠道的构建,从渠道的设计、选择、管理等方面制订出适合企业实际情况的分销渠道策略。

8.3.1　影响分销渠道选择的因素

生产企业要在市场竞争中取得胜利,就必须正确地设计其产品的分销渠道。在设计的过程中必须综合考虑企业的主观愿望以及产品、市场、企业自身等因素,力求实现企业成本的最小化和利润的最大化。

1)产品因素

产品本身的性质是生产商在选择销售渠道时的首要依据,根据产品的特性不同,企业对分销渠道的要求也不同。

(1)产品价值大小

产品价值小的产品,分销渠道一般比较宽而且长,为的是追求规模效益,需要大批量的中间商合作扩展市场,增加销量。通常单价越高,分销渠道越短,越窄。因为在运输、储存、销售过程若出意外,会给企业带来较大损失。如一些价格较高的耐用消费品汽车、住宅等可采用较短、窄的渠道,而洗衣粉、香皂等一些价格较低的日用消费品则应采用长、宽渠道。

(2)产品的体积和重量

体积庞大、重量过重的产品,为了减少装卸、运输不便且运杂费较高等麻烦,可以减少销售的中间环节,如大型机器设备就需要采取运输路线最短、搬运次数最少的渠道。而体积小或重量轻的产品,则可选择较长的渠道。

(3)产品的易腐性

易腐烂、保质期短的产品,如新鲜蔬菜、水果、肉类等,要尽量避免多次转手或反复搬运过程中发生腐烂,造成损失,应该采取较直接的宽、短渠道销售。对那些不易腐烂的产品如办公用品则可以考虑使用中间商或相对较长的渠道进行销售。

(4)产品的技术复杂性

产品的技术含量高,技术性能复杂,对技术服务的要求也就越高,需要的渠道就越短,大多数厂商会直接向工业用户销售,便于提供各种售前售后服务。如一些精密仪器、设备。但在消费品市场上,由于消费者分布广,企业很难直接卖给消费者,往往需要对中间商进行培训和指导,再由中间商销售并提供各种技术服务。如电脑、打印机等。

（5）产品的生命周期阶段

一般介绍期的新产品，为节约成本，可采取短而窄的分销渠道；成长期产品，需要开拓新的细分市场，可以相应地增加分销渠道的长度和宽度；在成熟期，为了应对激烈的竞争，可以依据实际情况选择新的分销渠道或渗入竞争对手的分销渠道；而衰退期产品，应该减少渠道的数量，或者向新产品提供现有的渠道。

（6）产品的标准化程度

产品的标准化程度高，通用性强，采用较长、较宽的渠道的可能性更大。例如，牙膏、牙刷等日用品以及工业产品中的标准件，可以通过使用中间商来扩大市场覆盖面，提高市场占有率。而那些技术性较强或是非标准化的专用性产品，企业要根据顾客要求进行生产，选择较短、较窄的销售渠道，或者建立自己的直接销售渠道。

2）市场因素

企业在设计分销渠道时需要特别重视的另一重要影响因素是市场因素，具体来看影响渠道的市场特征主要有以下几个方面：

（1）市场的容量

通常顾客数量的多少，决定市场的容量的大小，市场容量较小的，可以采取较短和较窄的分销渠道，这样可以节约成本，还可以更直接地为顾客提供服务，也方便控制销售环节，如高档汽车。而目标市场容量较大时，企业可以选择长、宽渠道，因为潜在的购买者多、分布广泛，选择一定数量的中间商可以扩大产品销售的市场范围，如日用生活品。

（2）市场区域的范围

目标市场区域的范围较大，应选择较长而宽的分销渠道，若目标市场区域的范围较小，可选择较短而窄的渠道。例如，学校食堂里的月饼销售给在校学生，应该选择直接销售；若要面向校外市场，尤其是异地市场就需要寻找合适的中间商进行销售。

（3）顾客集中度

在顾客数量一定的条件下，如果目标顾客比较分散且存在于不同地区时，企业必须通过中间商才能将产品转移到顾客手中，应该使用较长、较宽的分销渠道，例如日常必需品；如果像高级服装、高级家具这样一些高档消费品的顾客相对集中在某一地区或少数几个地区内，企业就可以使用短而窄的销售渠道，甚至采用直接渠道。

（4）目标顾客因素

首先，生产商需要较多的中间商将产品销售给最终购买者，所以，无论最终购买者数目多少，都集中在某个地区或者集中分布在分销渠道，例如数码相机的目标顾客，主要集中在互联网，可以使用网络销售形式；其次从目标顾客的购买行为和习惯因素来说，一般的生活资料目标顾客，有的习惯每次购买少量产品而多次购买，购买频率较高，只能采取较宽而长的销售渠道，使销售中间商遍布购买者所在地，从而便于目标顾客购买。而有的目标顾客习惯一次性购买大批量产品，而购买的间隔时间长，则生产商采取直销等较短、窄的分销渠道销售就可以办得到，并且销售成本不会太高。例如同是香烟的购买者，有的习惯每次购买一包，有的习惯整条购买；最后目标顾客的忠诚度也是需要考虑的因素,购买者在需求品种、数量、要求等方面较稳定的话,生产商就可以直接销售而运用短渠道策略。反之顾客需求变化较大、较频繁,就只有采取长且宽的销售渠道。

（5）顾客的购买行为习惯

顾客购买不同的产品会有不同的习惯和购买量。如果每次购买的数量大,购买频率低,应选择较短、较窄的销售渠道。而对于购买量较少、购买频率较高的产品,应选择较长、较宽的分销渠道。例如面粉厂向学校食堂销售面粉选择的是直接渠道,因为其订购数量多,同时它会通过批发商向小餐馆供货,因为这些小商店的订购量少,采取过短的渠道容易浪费企业资源。企业应考虑和尊重消费者的购买习惯,为消费者选购适合的商品提供更多便利。

3）企业自身因素

企业自身因素是分销渠道选择和设计的立足点,渠道设计时应该把企业因素也考虑在内,渠道的设计要与企业自身的实际情况相符合。

（1）企业的规模和实力

企业的规模和实力是由企业人力、财力、物力、技术、信息等方面的因素共同决定的,规模大、实力强的企业能够自己组织队伍,承担销售、物流等职能,既有条件选择短渠道,也可以借助中间商的力量,建立自己的销售系统。而规模小、实力弱、资源匮乏的企业只能采用长渠道,对中间商提供服务有一定依赖性。

（2）企业的经营管理能力

经营管理能力较强的企业有较强的销售力量和经验,可以选择较短的渠道,甚至直销;而经营管理能力较差的企业,可以把工作重心放在产品的生产上,将产品的分销工作交给中间商去完成,待管理者获得足够的管理经验时,再对渠道做出改进和调整。

（3）企业的服务能力

具有较强的服务能力的企业,可以为最终顾客提供较多的服务,应该选择较短的分销渠道;而服务能力较弱的企业,则应采用较长的渠道,借助中间商的力量帮助企业更好地服务顾客。

（4）企业对分销渠道的控制能力

企业为了实现经营目标,会对分销渠道实行不同程度的控制。如果企业有较强的销售能力,对商品的零售价格能够很好地控制,有能力对消费者直接销售产品,可以选择较短的销售渠道。反之,难以对市场情况形成了解与较强控制的企业,渠道可适当长些,但要注意和中间商之间的协调合作关系,在考虑自身利益的同时兼顾中间商,共同谋取利益。

4）中间商因素

中间商作为渠道中最主要的成员,对渠道结构的影响是至关重要的。不同类型的中间商在执行分销任务时各自有优势和劣势,分销渠道设计应充分考虑不同中间商的特征。一般,从中间商的能力、选择中间商的成本和中间商所提供的服务这三个方面来综合考虑,选出适合企业自身情况的中间商。例如,中间商是一批进货量小的零售商,综合能力较弱,企业应该采取长渠道策略;如中间商是一些规模大而财力雄厚的批发商、大超级市场或连锁店,企业就可以选择较短的分销渠道。昆明地区的蔬菜生鲜超市就是一种综合能力很强的大型专业零售商,农民只要选择这样的中间商,就等于采用了较短的分销渠道,而传统的等着蔬菜批发商上门收菜,再转卖到各级批发市场、菜市场的模式就是一种较长的分销渠道。

8.3.2　分销渠道的设计

1)密集分销策略

密集分销策略是指通过选择较多的中间商来销售产品的方式。对于客户数量多,对购买便利性要求较高的产品,如一些日常生活用品适合采用此类策略。中间商层次多、数量多,对销售任务分担机会也就多,可以快速进入一个新市场,扩大市场覆盖面,而厂家对中间商容易形成主导地位。但是,企业付出的销售成本较高,中间商数量太多,容易导致竞争激烈、窜货与杀价现象,给企业带来渠道管理与控制的难度。

2)选择分销策略

选择分销策略指在一个目标市场上,依据一定的标准选择少数中间商销售其产品。对于一些选购品或特殊品,企业需要向顾客提供较多的服务,因此对中间商的挑选就非常重要,好的中间商能维护企业产品的良好信誉,有利于扩大销路,开拓市场。而中间商也可以获得较高利润,积极性较高,容易受到企业的管理和控制。

3)独家分销策略

独家分销策略指企业在一定时间、一定区域内只选择一家中间商分销商品的分销策略,例如一些具有独特价值的高价商品、特色商品等。采用这一策略的企业营运也可以简化,成本降低,还能够得到中间商最大限度的支持,建立起战略伙伴关系,共同进退,有利于企业控制中间商,也有利于强化产品形象。但是这种策略会使企业对中间商形成依赖,市场掌握在中间商手里,当中间商提出过分要求时,企业容易陷于被动。

营销链接 8-4

中国空调行业分销模式比较

1.美的模式——分销商主导模式

美的公司在国内每个省几乎都设立了自己的分公司,在地级市城市建立了办事处。在每一个区域市场,美的分公司和办事处通过当地的批发商来管理零售商。该模式可以从渠道融资,吸引经销商在淡季预付款以缓解资金压力,同时,在淡季向制造商预付款较多的经销商也能获得更多优惠。

2.海尔模式——直供,以零售商为主导模式

海尔基本上在全国每个省都建立了自己的销售分公司——海尔工贸公司。海尔工贸公司直接向零售商供货并提供相应支持,还将许多零售商改成了海尔专卖店。海尔也使用一些批发商,但是其分销网络的重点不是批发商,而是尽量直接与零售商交易,构建一个属于自己的零售分销体系。

在海尔的分销网络中,百货商店和零售店是其主要的分销力量,海尔工贸公司就相当于总代理商,批发商的作用很小。海尔的销售政策偏向于零售商,不但向他们提供很多服务和支持,而且保证零售商可以获得较高的毛利率。

3.格力模式——厂商股份合作制销售模式

格力公司在每个省和当地经销商合资建立销售公司,以格力为大股东,董事长由格力方出任,总经理由参股经销商共同推举产生。各经销商的利润来源不是批零差价,而是合资公司的利润分红。省级合资公司的毛利水平最高可达到10%以上。入股经销商须为当地空调大户,且格力产品占其经营业务的70%以上。各地级市经销商也成立了合资销售分公司,由这些合资分公司负责格力空调的销售工作。

4.志高模式——区域总代理制

广东志高空调股份有限公司采用的模式对经销商非常依赖。在各省寻找一个非常有实力的经销商作为总代理,把全部销售工作委托给总代理商。这个总代理可能是一家公司,也可能是由2~3家经销商联合组成,总代理可以发展多家批发商,也可直接向零售商供货。

思考与分析:

1.为什么这些企业采用了不同的分销渠道模式?

2.这些渠道模式有何异同点?

3.如果您是中间商,您会选择哪一个品牌成为您的合作伙伴?为什么?

(资料来源:佚名.案例:中国空调行业分销渠道模式比较[EB/OL].(2016-07-15)[2021-04-01].百度文库.)

8.3.3 分销渠道的管理

企业在进行渠道设计、选择渠道成员之后,分销渠道就已经建立起来了。但这一渠道还必须继续维护和加以管理,并根据外界环境的变化不断调整企业的渠道策略以适应新的市场环境,把对渠道成员,即中间商的选择、激励与定期评估当作企业营销活动中一项长期工作。

知识链接 8-2

中间商的选择——长尾猴、斑马和狮子的故事

长尾猴和斑马一起合作狩猎,长尾猴爬得高、看得远,容易发现目标;斑马跑得快,能及时捕获猎物。有一天斑马与长尾猴闹了别扭,于是愤愤不平地想,猴子这家伙太狡猾了,专门挑轻松的活干,却让我下苦力。斑马离开了长尾猴去找狮子搭档,

斑马认为他们可以一起奔跑,谁也不会偷懒。没想到有了收获以后,狮子把猎物分成三份,对斑马说,因为我是万兽之王,所以要第一份;我帮你狩猎,所以要第二份;如果你还不快逃走,第三份就会成为能丧命的原因。

选择和谁合作是一个关系到生死存亡的问题,中间商的选择亦是如此。

思考与分析:

为什么要利用中间商?中间商能帮助制造商做些什么?

1)选择渠道成员

渠道设计完成之后,企业就要根据整体营销目标选择渠道成员即中间商,合作伙伴选择的恰当与否,直接关系到产品的销售情况和企业的声誉,因此,企业必须充分考虑到中间商的信誉等级、经营范围、清偿能力、合作态度、从业人员的素质、社会影响力等因素,结合自身的实际,选择出适合的渠道成员。一般情况下选择渠道成员必须考虑下列条件。

(1)中间商的市场覆盖范围

中间商的市场覆盖范围应该与企业产品的目标市场相一致,才有利于企业产品顺利进入和开拓市场,这是选择中间商最关键的因素。这包括两方面因素:一是中间商的经营范围是否与企业产品的目标市场相符合;二是中间商的服务对象是否与产品的目标顾客相一致。例如,企业要想开拓云南市场,所选择的中间商的市场范围应该包含这个区域。

(2)中间商的产品策略

中间商承销的产品组合要有利于企业不断地扩大销路。企业在做出选择时不仅要调查中间商的"产品线"数量,还要看产品的组合关系。如果中间商经销的是与企业产品类似的竞争产品,应尽量避免使用,当然如果企业产品的竞争优势明显,选用此类中间商,可以使本企业积极投入到竞争中去,利用自身优势,更便捷地在竞争中取胜。

(3)中间商的服务能力

企业的经营服务项目通常比较多,除了传统的销售以外,还需要向顾客提供售前咨询和售后维护等服务项目,因此,企业选择中间商还要看其服务能力,有些项目如技术指导等对服务人员的素质要求较高,例如电脑、专业机器设备的中间商所能提供的服务项目与服务能力必须要与企业的服务要求相一致。

(4)中间商的地理区位

中间商的地理区位决定了企业产品的销售是否占据有利的位置。人流量大的地点对于一般消费品的零售中间商来说是最理想的区位。而在选择批发中间商以及大型机器设备等工业产品中间商时,则要考虑它所处的位置是否利于产品的批量储存与运输,交通便利性是首要考虑的问题。

(5)中间商的财务状况和信誉度

资金雄厚、财务状况良好的中间商是企业的首选,这决定着企业能否及时回收货款,确保了企业的资金安全,有时还能够帮助中间商进行资金的融通,加速企业的资金周转,提高资金的使用效率。而中间商的信誉度对企业的影响也很大,特别是对于一些新成立的企业,对渠道的依赖较大,若选择了信誉较差的中间商,一旦出现问题,企业的整个渠道策略乃至营销计划都将受到致命打击。

（6）中间商的合作意愿

如果中间商对与企业合作持积极的态度，往往乐意主动地推销其产品，甚至有些中间商希望企业也参与促销，扩大市场需求，也不会提出过于苛刻的要求和条件，给双方都带来益处。通常企业可以根据产品销售的需要确定与中间商合作的具体方式，然后再考察各中间商对合作的态度，选择出最理想合作伙伴。

（7）中间商的营销管理能力

中间商管理人员和员工队伍的素质、营销才能以及企业的政策、制度、计划和人事安排反映中间商企业的经营管理能力。而中间商促销产品的方式及能力也会直接影响销售规模。选择中间商前企业必须对其所能完成某种产品销售的市场营销能力和技术作全面的评价，特别是要考虑到中间商是否愿意承担一定的促销费用以及有没有必要的物质、技术基础和相应的人才等因素。

（8）中间商的储运条件

一些产品因其固有的特性，对产品的销售、物流等环节都有较为特殊和较高的要求，对于这些特殊产品中间商的选择会决定产品的销路。因此企业应对有需要专门运输设备、存储设备及温度保障等条件的产品，如冷冻食品、应季蔬果等，选择有专门经验的中间商。

2）激励渠道成员

分销渠道的结构是复杂的，而企业选择的渠道策略也是多种方式并存的，渠道之间既有合作又有竞争，企业要想保持渠道网络的畅通，保障企业营销计划的顺利实施，就必须加强对中间商的管理，协调成员矛盾。除了审慎选择中间商，还要经常激励中间商使之尽职。美国哈佛大学心理学教授威廉·詹姆士在《行为管理学》中表明：生产企业与中间商合作，是双方建立在各自满足利益基础上的互相选择，通过合同规定合作的条件，促使中间商努力扩大销售量。通常双方努力工作是为了共同利益，但中间商是独立的实体，更多时候考虑的是自己的利益，甚至在厂商和顾客中间常常会代表顾客，向厂商争取更多的利益，比起厂商的利益，他更关心的是顾客是否选择向他来购买商品，大多数中间商也不仅仅经销一家企业的产品。因此，为使中间商的销售工作达到最佳状态，企业要不断给中间商以激励来营造整个渠道系统的和谐，调动渠道成员的积极性。这不仅是渠道管理的重要手段，也是公司顺利实现营销目标重要环节。现在，对于大多数企业来说，激励中间商就是企业营销渠道构建维护的正常工作之一。

企业对渠道成员的激励，必须从了解中间商的需要与愿望入手，了解其利益所在。造成生产企业与其中间商合作及冲突的因素有很多，企业要提出切实可行的减少矛盾、加强合作的措施。渠道激励的方法有很多种，依据中间商的不同，可以分为针对总代理、总经销、批发商和零售终端的激励。依据激励实施的时间，可以划分为年度激励、季度激励和月度激励。企业要根据渠道设计目标制订适合的激励组合方案，以求得到中间商的最佳配合。

（1）销售权与专营权政策

向中间商授予独家经营权这种做法可获得中间商的积极合作，使中间商为了独享更多的利益,加大在广告、促销等方面的资金投入,虽然有减小市场覆盖面的风险,但对企业来说,这部分损失可以从中间商更多的销量中得到一定程度的弥补。如果中间商选择得当,愿意和企业成为好的合作伙伴,视企业利益为自己利益,共同进退,这会为企业的名誉增光添彩。

（2）促销支持政策

企业利用广告宣传推广其产品的行为,一般深受中间商的欢迎。企业也会直接派人协助中间商进行营业推广,比如安排产品的陈列、举办产品展销及操作表演等。对于技术性较强的产品,售前咨询和售后服务都需专业技术人员,企业可以为中间商的营销人员进行专门的培训,提供一些深造的机会,并根据中间商的销售业绩给予相应奖励,可以大大地调动一线工作人员的积极性。

（3）扶持中间商政策

中间商一般都期望生产企业能够给予他们一定的资金资助,这可促使他们放手进货,积极推销产品。企业可以采取灵活的付款方式,如售后付款或先付部分货款待产品出售后再结算等方式,帮助解决中间商资金不足和周转困难的问题。

（4）合理分配利润

企业要充分运用定价策略和技巧,通过物质或金钱的奖励来激发中间商的积极性,从而实现企业的营销目标。企业对各中间商的进货数量、信誉、财力等因素进行考察,给予不同的过程返利、销量返利和折扣,奖励渠道成员的业绩,比如销售竞赛、等级进货奖励、定额返利等都是常用的形式。另一方面,企业在制订定价策略时也应充分考虑市场的变化性和中间商的利益,根据实际情况做出适时的调整。

（5）提供市场信息

市场信息是企业开展市场营销活动的重要依据。企业应将其所掌握的市场信息及时传递给中间商,使他们心中有数,以便能及时调整和制订销售策略。当然信息的传递是双向的,中间商直接接触顾客,对消费者的信息掌握较多,企业应该经常性地邀请中间商座谈,交流市场信息,企业还可将自己的生产状况及生产计划告诉中间商,共同研究新的发展方向,制订和修改营销策略,也为中间商合理安排销售提供依据。

（6）与中间商结成长期的伙伴关系

任何领域都不可避免地存在产销矛盾,生产企业和中间商不断地协调相互间的关系,才能结成长期的合作伙伴关系。一方面,企业要调查目标市场上产品供应、市场开发和市场信息等方面的情况,还要知道中间商的需求是什么,再根据实际情况,制订必要的措施,协助中间商搞好经营管理,提高市场营销效果。另一方面,企业要了解自己能够满足中间商的需求的程度。以便企业与中间商进一步加强合作,结合双方的需求,建立一个有序的销售系统,与中间商共同规划销售目标、存货水平、促销推广计划等,让中间商明白,这是一个有效的销售系统,和企业在一起自己可以获利,共同谋得更大的发展。

3）评估渠道成员

企业对中间商的有效管理,还需要定期以一定的标准检查、评价中间商的绩效。因为及时掌握情况,发现问题,可以更有针对性地对不同类型的中间商开展激励和推动工作。当发现某一中间商的绩效过分低于既定标准,应立即查找原因,考虑可能的补救办法。通常企业只能要求工作成绩欠佳的中间商在一定时期内有所改进,因为放弃或更换中间商往往会给企业带来更坏的结果,如果局面仍得不到改善,企业应立即作出取消其中间商资格的决定,以免造成更大的损失。

对中间商的评估主要是中间商的渠道营销能力和中间商参与企业营销的热情两个方面,为此企业需要定期对渠道成员的工作进行检查:检查每位渠道成员完成的销售量和利润额;查明哪些中间商积极努力推销本企业的产品,哪些不积极;检查每位渠道成员同时分销多少种与本企业竞争的产品;统计每位中间商的平均订货量;检查每位中间商为产品定价的合理程度;检查每位渠道成员为消费者服务的态度和能力,以及他们是否令消费者满意;计算每位渠道成员的销量在企业整个销量中所占的比重;向顾客交货时间、对损坏和损失商品的处理、促销方面的合作情况;中间商对顾客提供的服务等。

4)调整渠道成员

如果市场环境发生了变化,中间商的表现达不到企业的要求,或者企业本身对中间商有新的要求,企业就需要对现有的分销渠道进行调整。企业主要从三个方面进行调整:一是调整某些渠道成员,比如在某一分销渠道模式里增减个别中间商,调整的内容包括功能、素质和数量方面的调整,这是渠道改进和调整的最低层次。二是调整某些分销渠道,主要指增减某一渠道模式,即对企业的某个分销渠道的目标市场重新进行定位,或者重新选定某个目标市场的分销渠道。以上两种调整,均需要做经济效益的分析。三是调整整个分销渠道,这是指改变整个分销渠道系统,是渠道改进和调整的最高层次。在整个渠道调整决策中难度最大的就是这种,因为调整涉及企业营销组合等策略的全局性变动,企业应该高度重视,如原来使用直销的企业决定开始使用分销渠道。

营销工具

1.经销商/专卖店资料登记表

名称/店名＿＿＿＿＿＿＿＿＿

地址＿＿＿＿＿＿＿＿＿

经营形态			资本额		法人代表	
员工	办事人员		结算日期		往来银行	
	临时人员					
	管理人员					
	合计					
经营产品的种类比例	产品	百分率(%)	产品	百分率(%)	产品	百分率(%)

续表

销售	销售方针		销售方法	
	月平均销售额		月平均费用	

摘要	
1.	
2.	
3.	

2.产品存货统计表

区域＿＿＿＿＿＿＿＿＿＿＿

经销商／专卖店＿＿＿＿＿＿＿＿＿＿＿

产品名称	存货地点	存货记录							
		日期	数量	日期	数量	日期	数量	日期	数量

3.产品进销存管理表

经销商／专卖店＿＿＿＿＿＿＿＿＿＿＿

产品名称＿＿＿＿＿＿＿＿＿＿＿

日期	摘要	凭单编号	进库数量	售出数量	结构数量	备注

4.产品库存周报表

经销商／专卖店＿＿＿＿＿＿＿＿＿＿＿

产品名称	规格	平均单价(元)	库存量(件)	库存额(元)	最大安全存量(件)	周销售记录	
						单价(元)	数量(件)

（资料来源：百度文库）

重要概念

分销渠道　垂直营销系统　水平营销系统　多渠道系统　密集分销　选择性分销　独家分销　批发商　零售商

同步训练

单项选择题：

1.分销渠道不包括(　　)。
　A.代理中间商　　　B.商人代理商　　　C.生产者和用户　　D.辅助商
2.(　　)主要用于分销产业用品。
　A.一层渠道　　　　B.二层渠道　　　　C.零层渠道　　　　D.三层渠道
3.批发商的主要类型是(　　)。
　A.经纪人　　　　　B.代理商　　　　　C.商人批发商　　　D.制造商销售办事处
4.(　　)对其经营的商品没有所有权。
　A.经纪人和代理商　　　　　　　　　　B.商人批发商
　C.制造商销售办事处　　　　　　　　　D.卡车批发商
5.大多数佣金商从事(　　)的代销业务。
　A.工业品　　　　　B.农产品　　　　　C.消费品　　　　　D.生活必需品

判断题：

1.批发商是厂商的重要渠道成员伙伴,选择一个通力合作的批发商对企业产品的市场开拓关系重大。　　　　　　　　　　　　　　　　　　　　　　(　　)
2.零售商居多而进货批量小,须采用长渠道;大零售商居多,进货批量大,可采用短渠道。　　　　　　　　　　　　　　　　　　　　　　　　　　　　(　　)
3.日常生活用品宜采用短渠道;选购品和特殊品可选择长渠道策略。　(　　)
4.分销渠道是指产品从生产者转移到消费者所经过的途径及相应的市场营销的中介机构。　　　　　　　　　　　　　　　　　　　　　　　　　　　　(　　)
5.无店铺零售的特点是无固定门店供顾客上门购物,可以降低经营费用,其形式为上门推销、电话电视销售、自动售货机、购货服务。　　　　　　　　　(　　)

简答题：

1.什么是分销渠道？它有哪些主要职能？
2.分销渠道的类型如何划分？
3.什么是中间商？它有哪些类型？
4.密集分销和选择分销各适应哪些产品？
5.设计分销渠道应考虑哪些因素？

6.如何选择渠道成员？

7.什么是新零售？

案例分析

中国移动的渠道

中国移动业务拓展目前主要依靠营业厅自办、社会渠道代办或合办、客户经理"一对一"、官方网站及手机客户端营销这四条营销渠道发展新用户和维系老用户。一方面依托原有系统遗留下来的自由渠道，努力发挥其销售功能和示范功能，同时加大对自由渠道的投资，体现自身服务领先的战略追求；另一方面，积极发展社会代经销渠道或合作，延伸产品的覆盖范围和市场控制力。

思考与分析：

1.目前中国移动营销渠道的结构是否合理，为什么？

2.能否结合新零售时代的特点给中国移动设计一种新的营销渠道？

营销实训（一）

以 5~6 人为一组，登录《市场营销专业综合实训与竞赛系统》，根据不同消费群体完成签约零售商的相关操作。

相关知识：

零售是一种通过零售商直接面对终端消费人群的销售方式。零售部需要选择合适的零售商签约进店，针对六类消费人群（习惯型、理智型、冲动型、经济型、情感型、不定型）的特性制订相应的价格和促销策略，并投放媒体广告，由系统模拟消费习惯促成交易。

制订针对零售消费人群的产品销售价格时，不能超过市场期望价格的两倍，一旦超过，将不会产生任何交易。

零售的六类消费人群遵循一定的成交顺序，只有当前一类消费人群成交结束后，才会进行下一类消费人群的成交。六类消费人群优先交易顺序为：

①习惯型；②理智型；③冲动型；④经济型；⑤情感型；⑥不定型。

每类消费人群的交易规则：

1.习惯型消费人群，属于媒体广告主导人群。按照本组本季度获得的媒体影响力与所有小组本季度获得的媒体影响力的总和的百分比分配订单。

2.理智型消费人群，属于企业综合指数主导人群。企业综合指数高者优先交易，如果综合指数相同，则比较价格；

3.冲动型消费人群，属于流行功能主导人群。由于流行功能有持续周期，并且开始流行的时间受到零售商的市场敏感度的影响，只有在流行功能流行持续周期内，才会产生冲动型消费人群的成交。在此期间，拥有此流行功能的优先成交；如果都拥有该流行功能，则比较该产品拥有的所有功能数量，拥有最多功能数量者优先成交；如果仍旧相同，则比较价格；价格再相同，比较企业综合指数；

4.经济型消费人群,属于价格主导人群。价格低者优先交易。如果价格相同,则比较企业综合指数;

5.情感型消费人群,受该产品历史优惠额度影响,该产品历史成交优惠额度最多的,优先成交;如果该产品历史成交优惠额度相同,则比较价格;价格再相同,则比较企业综合指数;

6.不定型消费人群,属于促销活动主导人群,没有促销就不会产生该人群的订单,本季度促销优惠额度大的优先成交,如果本季度促销优惠额度相同,比较企业综合指数。注意:①如果制定价格超过市场期望价,不定型消费人群不会产生交易;②促销活动将会对其他五类消费人群同样有效。

操作步骤:

步骤一,点击任务列表中的"签约零售商"。

步骤二,选择需要签约的"零售商",点击"签约"按键。

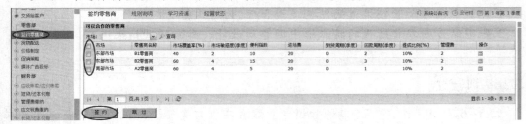

营销实训(二)

晓霞是某大型建材超市的采购经理,最近她遇到了一点烦心事,五金部遭到的客户投诉明显增多。经调查,晓霞发现顾客反映露华牌的水龙头存在外包装和实物不相符的情况,而对此事件,厂商和经销商之间相互推诿,都说是对方的责任,双方争执不下。可消费者的赔偿现在是由商场承担,而且下一年度的订货会马上就要召开,晓霞必须迅速地做出决定到底要不要继续采购该企业产品。如果放弃,将会失去一部分老顾客,如果继续,厂商和经销商之间的纠纷又该怎样协调? 对于将来的合作,商场又应该制订哪些新的标准和要求呢?

项目 9
促销策略

任务1 熟悉促销的概念、方式;理解促销决策步骤

任务2 根据促销目标、产品和目标市场特征等因素设计促销组合策略

任务3 掌握完成促销策划书撰写

【案例引导】

蒙牛"精选牧场奶"荣膺全球乳业创新大奖

2008 年三鹿奶粉的负面新闻在全国范围内引起轩然大波,乳品行业安全问题作为食品安全爆发点大规模进入公众视野,随后辐射到整个食品行业。食品安全事件的频频曝光,国人对国产品牌的信任度严重不足。2014 年中国质量协会、全国用户委员会液态奶消费者满意度测评结果显示,2014 年液态奶行业消费者满意度得分仅为 75.90 分(满分 100 分),纵观近三年测评结果,消费者对行业的整体满意度维持在相对稳定水平,但得分并不高,并未对乳品行业恢复信心。2014 年全国两会,"食品安全"从消费者关注的热点话题上升到国家层面。国务院总理李克强同志在政府工作报告中明确提出:"建立从生产加工到流通消费者全程监管机制、社会共治制度和可追溯体系。"

随着人均收入和消费水平的提高,消费者更加注重乳制品的安全、营养、口感、制作工艺等差异,乳制品的消费升级

是必然趋势。消费者对高品质牛奶有较大需求,我国乳品行业中高端市场有较大的发展空间。当时,在我国中高端纯牛奶市场,产品只有光明优+纯牛奶和现代牧业纯牛奶。蒙牛集团高层敏锐洞察到消费者及市场的需求,决定抢占先机开拓中高端市场。2013年12月18日蒙牛精选牧场纯牛奶上市。精选奶最大的优势在于采用欧洲先进的管理理念及技术,选用精选牧场的优质奶源。奶源100%全部来自蒙牛规模化集约化精选牧场。七大精选牧场实现了统一准入,统一饲料,统一评估,从奶源上保证精选奶的可靠品质。以"奶源"为核心优势的精选奶,如何捆绑产品优势做营销推广呢?蒙牛曾在2013年开展了"参观牧场"线上线下相结合的品质传播活动,以开放透明的态度通过线上告知,邀请消费者亲身实地参观蒙牛牧场,体验感知蒙牛高品质奶源,得到众多消费者的正面反馈和评价,实现希望用户对蒙牛奶源品质认可的初衷。然而,受到时间、空间以及成本等多重因素限制,实际参观牧场的消费者数量非常有限,此次活动的传播声量及参与度有一定局限性,还未找到最优的营销策略。

品牌负责人基于多年乳品行业营销经验,并受李彦宏先生有关传统企业拥抱互联网的讲话启发,明确锁定了营销推广的核心目标:充分利用互联网手段,突出精选奶"奶源"优势,使消费者真实了解该产品的源头,从而传递精选奶"安全"的品质保证。最终向消费者传达蒙牛真诚、透明沟通的态度,重塑蒙牛品牌安全形象,带动消费者主动购买,促进销售转化,有效提升销售额。

在确定促销目标后,项目组逐一约见国内知名的几家互联网媒体公司,与之深入沟通,对其提出需求,随后各媒体分别针对精选奶营销需求提出方案。百度项目负责人提出通过线上'可视化溯源'方式,突破传统企业产业链,完全实现全流程透明化、可视化,消费者所见即为最真实的安全奶源。借助百度最新研发的百度I耳目智能设备,即"云摄像头",可以打破时间和地域屏障,将蒙牛牧场搬到云端。这一解决思路双方在讨论中一拍即合。经过几次头脑风暴和细化方案后,项目马上进入执行阶段:经蒙牛与百度技术人员多次沟通及实地调查,在产业链的各道程序上精心选取位置及角度,安装诸多云摄像头,云摄像头拍摄到画面后会自动上传到云存储,达到实时直播的目的。消费者通过观看视频,追溯奶源生产及加工场景,缩短品牌与消费者距离,重新认识品牌。双方确定以百度移动端轻应用(LightApp)作为视频播放承接平台。其优势在于移动端用户量迅猛增长,贴合了碎片化时间下用户的使用习惯,随时随地即可简单便捷观看牧场实时直播。为了解决产品与"云端牧场"的关联问题,蒙牛决定更换全部精选奶包装,其产品包装上加印独有的"溯源"二维码,消费者通过扫描二维码即可直接打开移动端轻应用,实时观看牧场及工厂生产加工的真实场景。之后蒙牛想到在轻应用上增加"购买产品"版块,消费者产生购买意愿即可马上支付购买,缩短购买路径。购买途径分为线上和线下两条:线上则链接到蒙牛电商平台 1 号店及官网;线下则通过 LBS 定位技术对消费者定位,推送消费者附近可购买到该产品的卖场,有效带动销售转化,促进销量提升。此外,轻应用还增加"牧场公开课"版块,通过视频方式清晰直观告知消费者蒙牛的高品质奶源;通过知识问答、精彩活动等版块与消费者进行互动沟通。鉴于百度在市场占有率方面处于绝对领先地位,蒙牛选取百度作为主要传播媒体。百度为蒙牛制订了 PC 和移动双屏传播策略:为了覆盖 PC 端用户,蒙牛特意定制时效品专为主要广告形式,考虑到 9 月 3 日该项目将登场百度世界大会,蒙牛则借势百度世界大会,当天投放"一夜成名"广告,在百度全站进行全天所有广告资源轮播曝光。当日蒙牛精选牧场纯牛奶用户检索量突增,PC 端时效品专曝光量及视频观看量达到峰值,传播效果立竿见影。移动端则采用关键词、网盟及无线品专广告形式,无线端资源通过精准锁定目标人群及追踪潜在受众最大化为轻应用页面导入流量,引导用户观看云端视频直播。考虑到目标人群以 23~35 岁女性为主,投放少量百度音乐 App 大范围覆盖目标受众。

本次营销形成一条从产品到推广的全链式传播,有效提升品牌知名度及互动参与量:2014 年 8—11 月,执行总曝光 6.7 亿次,浏览量 92.4 万次,访客数 73.7 万次,视频观看平均停留时间 1 分 15 秒,超额完成预估 KPI(预估曝光量 6 亿次,预估浏览量 85 万次)。百度指数工具中用户搜索指数和关注度急速提升,推广期与十年老品牌特仑苏持平甚至赶超,用户对该项目的关注度极高。同时,此次营销在移动端为电商平台 1 号店和蒙牛官网带来近 12 000 次导流,PC 端为天猫旗舰店带来 66 000 次导流,有效提升销售转化。2015 年 6 月 24 日,在荷兰阿姆斯特丹召开的在第九届全球乳制品代表大会上,中国乳业领先品牌蒙牛的精选牧场纯牛奶,凭借云技术和二维码追溯系统、让消费者实时观看云端牧场等创新沟通模式,赢得世界乳业创新大奖——"最佳创新商业品牌"(Best New Brand or Business)。这也是本届大会唯一获奖的中国乳业品牌。

思考与分析：

1.案例中呈现的促销方式有哪些？

2.互联网对传统促销方式的改变有哪些？

（资料改编自：中国管理案例共享中心案例库。）

【情景创建】

以小组为单位，为某一品牌产品撰写一份促销方案，准备通过一系列促销方式的组合来扩大销售。方案要结合该类产品市场状况、品牌定位与目标受众特点，设计有效的沟通信息，选择恰当的沟通渠道和促销组合，预算合理。

【任务分解】

任务：让学生掌握如何制订促销策略

活动1：明确促销策略的背景、品牌定位及目标受众

活动2：设立明确的促销目标

活动3：根据目标受众的特点设计有效的沟通信息，并选择恰当的沟通渠道

活动4：为促销沟通活动编制总体预算

活动5：设计促销组合的元素

活动6：撰写促销策划方案

任务 9.1　促销组合策略

9.1.1　促销概述

1）促销的概念

促销是指企业利用各种有效的方法和手段,使消费者了解和注意企业的产品,激发消费者的购买欲望,并促使其实现最终的购买行为。

因此,促销的实质是卖方和买方之间进行营销信息沟通的过程,其目的在于赢得信任、诱导需求、刺激消费、促进购买。

2）促销方式

促销的基本方式如图 9-1 所示。

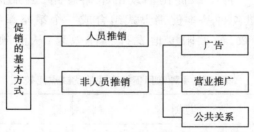

图 9-1　促销的基本方式

3）促销的作用

（1）传递信息,指导消费

市场交换活动中包括卖方和买方,销售要顺利进行,买卖双方就需要互相沟通。如果企业生产了认为适销对路的产品,消费者开始对它的用途、优点并不了解,买卖双方没有沟通信息,产品也不会畅销。企业可以通过传递产品信息,把分散的众多消费者与企业联系起来,为消费者提供商品情报,使消费者知道企业生产经营什么商品、有什么特点、到什么地方购买以及购买的条件等。这种沟通不仅可以激发消费者购买的欲望,还可创造需求,便于顾客选购,扩大销售。

（2）突出特点,激发兴趣

在市场上同类产品竞争激烈,有些产品之间只有细微的差别,而消费者往往不易觉察。企业通过促销活动,宣传本企业产品区别于竞争产品的特点,使消费者认识到本企业产品给消费者带来的特殊利益,形成对本产品的关注,从而提高他们对本企业产品的兴趣。

(3)形成偏爱,刺激需求

由于商品市场的激烈竞争,企业本身的产品销售业绩可能起伏不定,企业的市场份额呈现不稳定状态,有时甚至可能出现较大的浮动。通过有效地实施促销活动,企业可以及时得到市场信息的反馈,迅速采取相应对策,加强促销的目的性,使更多的消费者对企业产品由熟悉到偏爱,增加对本企业产品的光顾机会,从而激发顾客需求。

(4)塑造形象,稳定销售

促销的高投入,不仅会带来消费者的购买热潮,而且会在更广泛的社会范围内引起一定的反响。公众对促销企业及其产品必然会予以高度关注,从而稳定产品销售,巩固企业的市场地位,为企业未来的发展营造良好氛围。

9.1.2 促销组合与促销策略

1)促销方式的分类及其特点

所谓促销组合,是一种组织促销活动的策略思路,主张企业运用广告、人员推销、公关宣传、销售促进4种基本促销方式组合成一个策略系统,使企业的全部促销活动互相配合、协调一致,最大限度地发挥整体效果,从而顺利实现企业目标(表9-1)。

表 9-1　4 种常用促销方式的优缺点比较

促销方式种类	优点	缺点
人员推销	方式灵活、针对性强,能激发顾客的兴趣,促销效果快	费用高,优秀推销人员难以招聘到
销售促进	吸引力强、效果快,能改变消费者的购买安排	消费者可能存在顾虑,对企业和产品可能会有不信任感
广告	影响面宽、形式多样,吸引力较强	对立即购买的促成效果并不明显
公共关系	影响范围宽而深,能够得到消费者的信任	见效较慢,难度比较大

(1)人员推销

推销在促销组合中处于主力地位,旨在通知和说服消费者购买企业产品。人员沟通着眼于信息的双向沟通和面对面的情感交流。

(2)广告

广告具有公开展示、普及性、增强表现力、非人格化等性质,能够建立产品的长期形象,促进快速销售。广告是一种有效的促销方法,但是广告又是一个预算很大的促销形式,对企业来讲如何使用广告具有非常重要的意义。

（3）公共关系

通过有利的宣传树立良好的公司形象,并应对或阻止不利的谣言、新闻或事件,从而与公司的各个群体建立良好关系,例如,赞助、与政府及相关部门沟通等。

（4）销售促进

销售促进是指鼓励购买产品或服务的短期激励行为,例如免费样品派发、会员制、折扣等手段。

2）促销组合选择的影响因素

（1）促销的目标

企业在不同时期及不同的市场环境下都有其特定的促销目标,使得促销组合的选择也有差异性。例如,在一定时期内,有的企业的营销目标是在某一市场迅速增加销售量,扩大企业的市场份额;而另一些企业的总体营销目标是在该市场上树立企业形象,为其产品今后占领市场赢得有利的地位。显然,前者的促销目标强调的是近期效益,属短期目标,由此促销组合的选择和配置将更多地使用广告和销售促进;而后者属长期目标,需制订一个较长远的促销方案。因此,宣传报道、建立广泛的公众关系并实施与之适应的公共活动则显得非常重要。

（2）促销产品或者服务的性质与特征

不同的产品存在不同的性质与特征,这也就决定了消费者及其购买需求的差异性。针对这些差异,企业应该采取不同的促销方式,制订不同的促销组合。例如,消费品的促销方式的使用频率从高到低是广告、销售促进、公共关系和人员推销,而工业品的促销则正好相反。

（3）促销产品所处的寿命周期

处于不同寿命周期的产品需要不同的促销手段和促销组合（表 9-2）。

表 9-2　不同寿命周期产品的促销方式选择

产品所处寿命周期阶段	促销目标	促销形式	
		消费品	工业品
投入期	使目标顾客了解和认识产品	广告为主,人员推销为辅	人员推销为主,广告为辅
成长期	使目标顾客对产品产生兴趣和爱好	广告为主	人员推销
成熟期	创造和保持竞争优势	广告为主,公共关系、销售促进为辅	人员推销
衰退期	巩固市场,提醒购买	销售促进为主,广告为辅	销售促进及人员推销

（4）市场情况的差别

市场情况不同也要求企业采取不同的促销组合。市场情况大致包括市场范围、市场类型、竞争状况，经济形势等方面。企业在对以上情况进行综合考虑的基础上制订有针对性的促销组合策略。

（5）企业的经济实力

企业的经济实力直接制约着促销组合的选择。企业若规模较小、实力较弱、产品数量不大，则可以不考虑广告宣传这种花销较大的促销方式，而应以人员推销为主。企业若规模大、产品数量多、有足够的经济实力，则可以针对具体情况采用广告宣传并辅以其他促销手段。

3）促销策略的选择

企业在开展促销活动时采用的促销策略，按其作用方向分类，可归纳为两种情况：从企业开始逐级向前的推动作用和企业促使消费者的逐级向后的拉动作用。为此，人们通常称之为推进策略和拉引策略。

（1）推进策略

推进策略是指用人员推销手段，把产品推进到目标市场的一种策略。推进策略是以中间商为主要促销对象，通常通过销售队伍促销、对中间商的销售促进等形式，说服中间商购买企业产品，再层层渗透消费者。

（2）拉引策略

拉引策略是指企业通过广告、销售促进等促销方式引起潜在顾客对该产品的注意，刺激他们产生购买的欲望和行动，当消费者纷纷向中间商指名询购这一商品时，中间商自然会找到生产厂家积极进货。拉引策略以最终消费者为主要促销对象，通常采用大规模广告轰炸和消费者销售促进的方式使顾客产生需求，层层拉动购买。

任何一个企业都不会采用单一的拉式或推式策略，而是两种策略并用，但要根据具体情况突出重点。

任务 9.2 人员推销

9.2.1 人员推销的概念和特点

1）人员推销的概念

人员推销是指推销人员通过自己的声音、形象、动作或拥有的样品、宣传图片来向顾客展示、操作、说明，进行直接交流与宣传，使中间商或消费者采取购买行为的促销方式。它是人类最古老的促销方式，也是现代社会最重要的一种促销形式。

2）人员推销的特点

人员推销的特点主要表现在以下几方面。

（1）人员推销的针对性强

采取广告方式等非人员推销手段，面对的是广泛的社会公众，他们可能是也可能不是该产品的顾客，而人员推销是通过推销人员对顾客事先进行调查研究，选择潜在顾客，而后有针对性地直接对潜在顾客采取不同的解说和介绍，乃至说服顾客购买的一种促销活动。

（2）人员推销具有很大的灵活性

在人员推销过程中，买卖双方直接联系或交流，推销人员和买主可以面对面地看货、议价、交谈等，这样有利于推销人员及时根据消费者对产品的不同欲望、要求、反应，灵活机动地解答消费者的各种问题，及时交换意见，尽可能促成交易。

（3）人员推销有利于加强服务

随着现代科学技术的发展，商品的结构、性能、使用和保养日益复杂化。采用人员推销，可以让推销员在推销商品的同时做好一系列服务工作，从而既方便了消费者，又加强了销售服务，创造出更多的销售机会。

（4）人员推销可以满足多样的需求

人员推销不仅是激发顾客需求、引起顾客购买欲望的引导过程，还是一个了解顾客需求、为顾客提供服务以满足需求的过程。推销人员通过宣传、展示商品来引导顾客，引起顾客的注意和兴趣，激发顾客的需求，从而引起顾客的购买欲望和购买行为；通过销售商品及提供信息服务、技术服务和销售服务（包括售前、售中、售后的服务），来满足顾客的需求。

（5）人员推销有利于信息反馈

人员推销的双向沟通方式，使企业在向顾客介绍商品、提供信息的同时，及时得到消费者的信息反馈，使企业及时掌握市场动态，修正营销计划，并促使商品的更新换代。

（6）人员推销的成本相对较高

由于实施人员推销对推销人员的素质要求较高，也要求比较严格，一般都要经过培训，因此，实施人员推销的成本比其他促销方式的成本要高得多。在发达国家采用人员推销的成本一般是广告费的 1~3 倍。

知识链接 9-1

二八法则

1897 年，意大利经济学家帕列托在对 19 世纪英国社会各阶层的财富和收益统计分析时发现：80%的社会财富集中在 20%的人手里，而 80%的人只拥有社会财富的20%，这就是"二八法则"。"二八法则"反映了一种不平衡性，但它却在社会、经济及生活中无处不在。附：破窗理论在商品营销中的体现是，商家往往会认为所有顾客一样重要；所有生意、每一种产品都必须付出相同的努力，所有机会都必须抓住。而"二八法则"恰恰指出了在原因和结果、投入和产出、努力和报酬之间存在这样一种典型的不平衡现象:80%的成绩归功于20%的努力;市场上80%的产品可能是20%的企业生产的;20%的顾客可能给商家带来80%的利润。遵循"二八法则"的企业在经营和管理中往往能抓住关键的少数顾客,精确定位,加强服务,达到事半功倍的效果。美国的普尔斯马特会员店始终坚持会员制,就是基于这一经营理念。"二八法则"同样适用于生活,如一个人应该选择在几件事上追求卓越,而不必强求在每件事上都有好表现;锁定少数能完成的人生目标,而不必追求所有的机会。

推销人员的队伍流动性非常大,留存率也存在着二八现象,这就要求我们在增员甄选的时候,找对人,然后才能做对事。要想使服务达到优质化、产能提高,必须在一开始的时候就找到优秀人才。留下20%的"对的"人,这将降低你的经营成本,提高你的工作效率。因为优秀的人较少犯错误,他们可以使你的企业有更高的效率即生产力。即使你付出再多的薪资也很值,因为你使自己更有效率了。找对了这20%的人,就有可能使留存率达到80%。

在竞争激烈"供大于求"的经营环境中,必须寻找属于自己的目标客户群,避免重复无效的行销资源浪费,从你做市场一开始,就要争取发现"对的"客户,懂得如何挑选客户并想办法"锁定"他们。用80%的精力找到20%属于自己的顾客,再以80%的服务满足这20%的人群。每一家保险公司或每一个保险展业人员,几乎都面临这样一种问题:80%的业务来自20%的客户。保险公司必须特别重视这20%的大客户、重点客户群,用80%的精力服务、巩固并发展这20%的客户。他们将为我们赢得80%的目标业务。在保有老客户的前提下,公司应遵循"80%的业务收入是由20%的大客户创造的这一定律,成立大客户部,直接服务于这20%的最优客户,并以各种方式提供VIP式的服务,留住他们,提高他们的忠诚度,进而发展自己,提高经济效益。保住了这20%的优质客户群,就等于保住了业务的半壁江山了。

(资料来源:百度百科)

9.2.2　人员推销的工作内容与形式

1)人员推销的形式

(1)上门推销

上门推销是最常见的人员推销形式。它是由推销人员携带产品样品、说明书和订单等走访顾客、推销产品。这种推销形式可以针对顾客的需要提供有效的服务,方便顾客,故被顾客广泛认可和接受。

(2)柜台推销

柜台推销是指企业在适当地点设置固定门市,由营业员接待进入门市的顾客,推销产品。柜台推销是等客上门式的推销方式。由于门市里的产品种类齐全,能满足顾客多方面的购买要求,为顾客提供较多的购买方便,并且可以保证产品完好无损,因此顾客比较乐于接受这种方式。

（3）会议推销

会议推销是指利用各种会议向与会人员宣传和介绍产品，开展推销活动。例如，在订货会、交易会、展览会、物资交流会等会议上推销产品。这种推销形式接触面广、推销集中，可以同时向多个推销对象推销产品，成交额较大，推销效果较好。

2）推销人员的工作步骤

（1）发掘和选择目标顾客

推销人员可以请求现有顾客提供潜在客户名单；可以建立来源信息网；可以加入潜在客户所属的组织；可以在报纸或工商指南上寻找顾客名单，并利用电话等追踪线索；也可以进行拜访。发掘到潜在顾客后，还要进行选择。

（2）接触顾客

首先，准备有关产品知识、顾客知识和竞争者信息；注重礼仪，验证在预备阶段所得的全部情况，为后续的谈话做好准备。在交谈的过程中应关注客户心理，善于启发和引导、激发买主的好奇心和注意力。

（3）介绍和示范

这一阶段是整个推销活动的关键环节，在此阶段要求推销人员更需要具有出色的倾听和解决问题的能力，同时产品货样或演示可以使销售介绍效果更好。

（4）处理顾客异议

推销人员在推销产品或洽谈过程中，顾客会表现出一些抵触情绪或提出一些异议。推销人员要采取积极的方法对此一一予以应付，如请顾客说明他反对的理由，向顾客提一些不得不回答的有关他们的反对意见的问题，否定他们意见的正确性，或者将对方的异议转变成购买的理由。

（5）达成交易

推销人员要善于识别顾客发出的成交信号，包括身体动作、言辞或者意见，适当地给予优惠，促成交易。如特价、免费赠送额外数量或是赠送一件礼物。

（6）事后追踪

如果推销人员想保证顾客感到满意并能继续订购，这最后一步是必不可少的。交易达成之后，推销人员就应着手履约的各项具体工作：交货时间、购买条件及其他事项。推销人员接到第一张订单后，就应制订一个后续工作访问日程表，以保证顾客能适当地安装好，及时提供指导和服务。这种访问还可以发现可能存在的问题，使顾客相信推销人员的关心，并减少可能出现的任何认识上的不一致。推销人员还应该制订一个客户维持计划，以确保客户不会被遗忘或丢失。

9.2.3　推销人员的职业素质

人的素质是在社会实践中逐渐发育和成熟起来的。某些素质的先天不足，可通过学习和实践得到不同程度的补偿。推销人员不是先天就具备优秀的推销素质，而是依靠自身的不断努力去提高、完善的。

1）思想素质

推销事业要求推销人员具有较高思想素质。思想素质包括以下几个方面。

（1）具有强烈的事业心和责任感

推销人员的事业心主要表现为：应充分认识到自己工作的价值，热爱推销工作，要有献身推销事业的精神，对自己的工作充满信心，积极主动，任劳任怨，全心全意地为顾客服务。推销人员的责任感主要表现为：忠实于企业，忠实于顾客。本着对所在企业负责的精神，为树立企业的良好形象和信誉做贡献，不允许发生有损于企业利益的行为。本着对顾客利益负责精神，帮助顾客解决实际困难和问题，满足顾客的需求。

（2）具有良好的职业道德

推销人员单独的业务活动比较多，在工作中，应有较强的自制力，不利用职业之便坑蒙拐骗顾客，不侵吞企业的利益。推销人员必须自觉遵守国家的政策、法律，自觉抵制不正之风，正确处理个人、集体和国家三者之间的利益关系，依照有关法律规范推销产品。

（3）具有正确的推销理念

推销理念是推销人员进行推销活动的指南。正确的推销理念要求推销人员在推销工作中要竭尽全力地为国家、企业着想，全心全意地为顾客服务，把顾客需求的满足程度视为检验推销活动的标准。

2）业务素质

推销人员是否具有良好的业务素质，直接影响其工作业绩。推销人员应具备的业务素质是指其业务知识。一般来说，业务知识主要包括以下几方面。

（1）企业知识

推销人员要熟悉本企业的发展历史、企业规模、经营方针、规章制度；企业在同行业中的地位；企业产品种类和服务项目、定价策略、交货方式、付款条件及付款方式等情况。

（2）产品知识

推销人员要了解产品的性能、用途、价格、使用方法、维修、保养及管理程序等方面的知识；了解市场上竞争产品的优劣情况。

（3）顾客知识

推销人员应善于分析和了解顾客的特点，要知晓有关心理学、社会学、行为科学的知识；了解顾客的购买动机、购买习惯、购买条件、购买决策等情况；能针对不同顾客的不同心理状况，采取不同的推销对策。

（4）市场知识

推销人员要懂得市场营销学的基本理论，掌握市场调查和预测的基本方法；善于发现现实和潜在的顾客需求，了解产品的市场趋势规律和市场行情的动向。

（5）法律知识

推销人员要了解国家规范经济活动的各种法律，特别是与推销活动有关的经济法规。如经济合同法、反不正当竞争法、产品质量法、商标法及专利法等。

3）身体素质

推销人员应精力充沛、头脑清醒、行动灵活。而推销工作比较辛苦，推销人员要起早贪黑、东奔西走，要经常出差，食住常无规律，还要交涉各种推销业务。这样不仅要消耗体力，还需要有旺盛的精力，这些均要求推销人员具有健康的体魄。

知识链接 9-2

推销人员四层次

参照美国推销心理学者罗伯特·P.德格鲁特的观点，推销人员可分为以下 4 个由低到高的层次。

第一，销售办事员。这类人员是订单接受者，他仅具备基本的商贸知识和对公司产品、价格、服务等方面的了解，在顾客要了解情况或要求订货时，能予以介绍或办理手续。在推销工作中，销售办事员几乎是一个全面被动的工作人员。

第二，销售助理。这类人员具备推销工作中所需的一方面或几方面的知识和技能，但尚不全面。他能协助或代替其他人员进行推销中的某一阶段的工作。但还不能完全独立工作，往往缺乏和顾客进行商谈并促使其成交的技巧，在推销工作中，常常处于被动地位。

第三，推销工程师。这类人员在接到公司推销产品的任务后，能够对推销工作进行全面的分析和规划，并能加以实施，具备独立进行推销所需的全部技能，尤其是促使顾客成交的技能。在推销工作中基本处于主动地位，但还往往受到产品和公司规章的局限。

第四，推销大师。这类人员具有娴熟的推销技能，并能创造性地进行工作，能针对不同的产品、顾客，得心应手地进行推销工作，在产品和公司规章与顾客要求的矛盾之间，创造性地解决问题，还能指导他人和利用他人来完成推销工作，在工作中全面主动。

（资料来源：龚荒.商务谈判与推销技巧[M].2 版.北京：清华大学出版社，2010.）

9.2.4　推销人员的职业能力

一个推销员具有良好的素质固然重要，但如果缺乏搞好推销工作的真实本领，素质再好也无意义。本领就是能力，推销人员所需要的能力是由其工作性质及任务决定的。一般来说，推销人员应具备以下能力。

1）观察能力

推销人员的观察能力，主要是指其通过顾客的外部表现去了解顾客的购买心理的能力。人的任何行为表现都与内心活动有关，反映内心活动的一个侧面。顾客也是这样，推销人员可以从顾客的行为中，发现许多反映顾客内心购买活动的信息，观察能力成为揭示顾客购买动机的重要一环。

2）创造能力

推销人员具有很强的创造能力，才能在激烈的市场竞争中出奇制胜。创造过程首先是自我斗争过程，要无所畏惧，相信自己的创造力，不因循守旧，看待问题客观公正，养成独立思考的习惯，不亦步亦趋。在推销活动中，推销人员只有创造性地运用各种促销方式，才能发展新顾客，开拓新市场。

3）社交能力

推销人员应是开放型的，必须具有较强的社交能力。从某种意义上说，推销人员是企业的外交家，需要同各种顾客打交道。这就要求推销人员具备与各种各样顾客交往的能力，即善于与他人建立联系，相互沟通，取得信任，化解和处理各种矛盾，能在各种场合应付自如，圆满周到。

4）语言表达能力

优秀的推销人员应讲究语言艺术，善于启发顾客、说服顾客。良好的语言表达能力的标准是清晰、准确、条理井然、重点突出；富于情感，使顾客听了感到温暖、亲切，起到感染顾客的作用；诚恳、逻辑性强，起到说服顾客、增强信任感的作用；生动形象、风趣幽默，能起到吸引顾客的作用；文明礼貌、热情友善，能引起顾客由衷的好感，起到增进友谊的作用。

5）应变能力

在各种复杂的特别是突如其来的情况下，推销人员仅用一种姿态或模式对待顾客是很难奏效的，这就要求推销人员具有灵活的应变能力，做到在不失原则的前提下，灵活实施应变行为，达到自己的目的。推销人员应思维敏捷、清晰，能够快速地综合分析问题，能够及时察觉顾客需求的变化对推销效果的影响，并针对变化的情况，及时采取必要的推销对策。

营销链接 9-1

销售的技巧

假设你接到这样一个任务，在一家超市推销一瓶红酒，时间是一天，你认为自己有能力做到吗？你可能会说：小菜一碟。那么，再给你一个新任务，推销汽车，一天一辆，你做得到吗？你也许会说：那就不一定了。

如果是连续多年都是每天卖出一辆汽车呢？您肯定会说：不可能，没人做得到。可是，世界上就有人做得到，这个人在12年的汽车推销生涯中总共卖出了13 000辆汽车，平均每天销售6辆，而且全部是一对一销售给个人的。他也因此创造了吉尼斯汽车销售的世界纪录，同时获得了"世界上最伟大推销员"的称号，这个人就是乔·吉拉德先生。那么他是如何做到的呢？让我们来看下面几个细节：

名片满天飞：向每一个人推销

每一个人都使用名片，但乔的做法与众不同：他到处递送名片，在餐馆就餐付账时，他要把名片夹在账单中；在运动场上，他把名片大把大把地抛向空中。名片漫天飞舞，就像雪花一样，飘散在运动场的每一个角落。你可能对这种做法感到奇怪。但乔认为，这种做法帮他做成了一笔笔生意。乔认为，每一位推销员都应设法让更多的人知道他是干什么的、销售的是什么商品。这样，当他们需要他的商品时，就会想到他。乔抛撒名片是一件非同寻常的事，人们不会忘记这种事。当人们买汽车时，自然会想起那个抛撒名片的推销员，想起名片上的名字：乔·吉拉德。同时，要点还在于，有人就有顾客，如果你让他们知道你在哪里，你卖的是什么，你就有可能得到更多生意的机会。

猎犬计划：让顾客帮助你寻找顾客

乔认为，干推销这一行，需要别人的帮助。乔的很多生意都是由"猎犬"（那些会让别人到他那里买东西的顾客）帮助的结果。乔的一句名言就是"买过我汽车的顾客都会帮我推销"。

在生意成交之后，乔总是把一叠名片和猎犬计划的说明书交给顾客。说明书告诉顾客，如果他介绍别人来买车，成交之后，每辆车他会得到25美元的酬劳。

几天之后，乔会寄给顾客感谢卡和一叠名片，以后至少每年顾客会收到乔的一封附有猎犬计划的信件，提醒他乔的承诺仍然有效。如果乔发现顾客是一位领导人物，其他人会听他的话，那么，乔会更加努力促成交易并设法让其成为猎犬。实施猎犬计划的关键是守信用——一定要付给顾客25美元。乔的原则是：宁可错付50个人，也不要漏掉一个该付的人。猎犬计划使乔的收益很大。

1976年，猎犬计划为乔带来了150笔生意，约占总交易额的三分之一。乔付出了1 400美元的猎犬费用，收获了75 000美元的佣金。

思考与分析：

1.从上面的案例你得到最大的启示是什么？

2.想象一下乔·吉拉德在互联网高度发达的今天会如何销售汽车？

（资料来源：百度百科）

任务9.3 广告策略

9.3.1 广告的内涵与作用

1)广告的内涵

广告是可识别的个人或组织为了预期目的，通过各种媒介面向大众进行的有组织、劝服性的信息传播。广告有广义和狭义之分，广义广告包括非经济广告和经济广告。非经济广告指不以营利为目的的广告，又称效应广告，如政府行政部门、社会事业单位乃至个人的各种公告、启事、声明等,主要目的是推广;狭义广告仅指经济广告,又称商业广告,是指以营利为目的的广告,通常是商品生产者、经营者和消费者之间沟通信息的重要手段,或企业占领市场、推销产品、提供劳务的重要形式,主要目的是扩大经济效益。

营销里提到的广告就是指商业广告。

菲利普·科特勒对广告的定义是:"广告是公司用来直接向目标买主和公众传递有说服力的信息的主要工具之一。广告是由明确的主办人通过各种付费媒体所进行的各种非人员的或单方面的沟通形式。"由此可见,广告是一种和买主单方面信息沟通的形式,并且要通过付费的媒介来完成信息的传递。这个含义可以概括为以下几点:

①广告必须有可识别的"广告主"。广告主可能是商业企业、非营利性组织、政府或者个人。广告主在一定程度上控制着广告活动。广告主要为广告的真实性负责。广告主要履行在广告中做出的承诺。

②广告一般指商业广告,大多数是有偿的,但也有免费的,如公益广告。

③广告通过各种媒介进行传播。

④广告是面向大众的信息传播活动。广告是一种有组织的表达文本,截然不同于自发性的口头表达。广告针对的是群体而非个体。

⑤广告是由一系列有组织的活动构成的。

⑥广告是劝服性的信息传播活动。

⑦广告所传播的不单单是关于有形产品的信息,还包括关于服务和观念的信息。

2)广告的作用

(1)展示企业品牌、形象或商品

广告所表现的内容可以是商品或服务,也可以是企业本身的品牌或形象。当一种新商品或服务被推向市场时,广告的目的在于使消费者"知晓"。因此,在这一时期内广告的重点在于出现的频率,使消费者在做购买产品和品牌的决策时,对该企业有更大的倾向性。

(2)影响消费者的意识

很多消费者在潜意识里存在着某种强烈的、多样的需求,但往往没有同具体的商品联系在一起,他们对存在于身边的商品或服务漠不关心。因此,广告要以影响消费者的意识为目的,把消费者的需求同企业的商品或服务联系起来,使他们感到企业向他们提供的商品或服务具有所期望的功能。

(3)转变消费者的消费态度

任何商品或服务,消费者对其态度都可以归纳成三类:①喜欢;②不喜欢;③无所谓喜欢或不喜欢的中立状态。如果一个商品或服务的确有功效,而消费者又对之存在否定需求或无需求状态,广告的目标就应该是转变消费者对商品或服务的态度,从而消除否定情绪,从不喜欢或中立状态转化为喜欢,甚至偏爱。

(4)引导消费者的消费行为

有些商品或服务是消费者所熟悉的,或者曾经是偏爱的,但是因为某种原因,比如广告播放次数少了,新的替代品出现了等,消费者的注意力转移到了其他方面。这时企业就应重新调整广告的手段,或者增加广告出现的频率,或者改变广告的形式,使消费者的记忆重新被唤起,把注意力再次投向企业的商品或服务。

（5）肯定消费者的购买行为

市场营销理论认为,消费者对商品或服务的真正不满意感,大多出现在购买之后,而这种造成否定自己购买行为的原因是多方面的,比如,经过使用商品,认为其功效与自己的期望有差距;看到了更吸引人的同类商品的广告;缺少同类商品的消费体验而怀疑所购商品的质量等。在这些原因中,有相当一部分并不是来自企业所售的商品或服务,而是来源于消费者自身。因此,企业广告的一个目标就是要使已购买的消费者消除不良的买后感受,肯定自己的购买行为。

3）广告的分类

（1）按照广告传播媒介分类

①视听广告。视听广告,多指电视广告,以"视"为主,因此广告词不能太长。视听广告给予受众视听享受时,阐述广告主张,因而其有极强的表现力和感染力,且媒介覆盖面广,自诞生以来发展很快。

②印刷广告。印刷广告是指在纸张上通过文字说明和图案介绍商品知识。

③户外广告。户外广告的种类很多,主要有招贴广告、路牌、壁画广告等。

④交通广告。交通广告是指在交通工具上设置的广告。例如车、船、飞机上的广告。

⑤网络广告。网络广告是指广告主在网上发布有关产品、服务或观念的信息的传播活动。

（2）按照广告目标分类

①通知性广告。这类广告的主要目的在于将有关商品或服务的信息告知顾客,以触发初级需求。这类广告使顾客了解商品的构成、质量、用途、价格等信息,以引起顾客的注意、兴趣或形成较深刻的印象,为购买此商品奠定良好的心理基础。

②说服性广告。这类广告的主要目的在于建立对某一特定品牌的选择性需求。它通过对顾客的说服性宣传,促使顾客尽快采取购买产品的行动,以便迅速扩大企业产品的销售量。其内容常着重反映产品的功能、效果、给顾客带来的利益和价值、产品主要的优越性等。

③提醒性广告。这类广告的主要目的是保持顾客对本企业产品的记忆,提醒顾客想起某产品,也让购买本企业产品的顾客确信他们的购买决定是正确的,以便造就一批忠诚的顾客。这类广告具有强化宣传的功能与效果。

（3）按照广告传播范围分类

①全国性广告,是指选用全国性传播媒体,如全国性报纸、杂志、电台、电视台进行的广告宣传,其覆盖范围与影响都比较大。

②区域性广告,是指选用区域性传播媒体,如地方报纸、杂志、电台、电视台开展的广告宣传,这种广告的传播范围仅限于一定的区域内。

③地方性广告,采用地方性广告的多为商业零售企业、地方性工业、服务性行业等。此类广告所选择的媒体有地方报纸、地方电台、路牌、霓虹灯等,其传播范围较区域性广告的传播范围要窄,广告宣传的重点是促使人们使用地方性产品或认店购买。

9.3.2 广告媒体的选择

广告媒体,也称广告媒介,是介于广告主与目标受众间信息传播的载体和渠道。随着数字技术的发展和新媒体的勃兴,围绕电视、广播、报纸、杂志四大传统媒体形成的广告媒体格局早已被打破,网络、数字终端、手机等新媒体介质的广告价值逐渐被发掘。传统媒体以广泛的受众覆盖面、较高的到达率和接触频次依旧拥有不可替代的广告价值。如电视仍然是家庭娱乐消遣的重要方式,观众规模大;又如私有汽车保有量不断增加和移动设备的普及,广播整体收听率呈现平稳发展的态势。为适应数字化的生存环境,传统的广告媒介开始向数字形态转型,衍生出媒介传播新技术载体,如数字电视、IPTV、网络电视、网络报纸、数字广播等。同时,以数字技术为基础的新兴媒介不断涌现,如微信、微博、短视频、直播平台等。互联网媒体凭借方法多样、传播迅速、反馈及时等优势,在传播广告信息的同时还可以连接广告主的产品和服务,能够产生即时销售的效果;数字化户外媒介的场景性是其天然优势,如电梯空间的封闭性、影院高度的沉浸感均能有效提升广告的传播效果。总之,每一种广告媒介都有自身存在的价值。新旧媒介需协同打造规模化、集约化、资源共享的传播价值链,为企业提供更加优质和高效的广告媒介体系。

1)广告媒介的种类

各主要媒体分析见表 9-3。

表 9-3 各主要媒体分析

媒体	优点	不足
报纸	覆盖面较广,可信度高,较有灵活性,时效性强	保存时间短,印刷质量较差,读者传阅率低
电视	覆盖面广,视听效果好,对受众感官吸引力强	绝对成本高,广告拥挤,播出时间短,受众选择余地小
广播	成本低,受众总量较大,传播速度快,声音的传播具有强制性	只有声音效果,比电视注意程度低,播出时间短,受众选择余地小
邮寄	受众针对性强,广告有效率高,印刷质量好	成本较高,邮寄广告过多会引起受众反感,受众地址不容易获得
杂志	受众选择性强,信誉度高,保存时间长,印刷质量好,读者传阅率高	覆盖面较窄,广告发布时间段较长,时效性差
户外广告	广告展示时间长,反复诉求效果好,成本低,竞争强度低	广告位置固定,宣传区域小,不灵活,效果难以测评
网络广告	不受时空限制,超大信息容量,交互性强,实时可控,易评估,受众范围广,针对性强,制作便捷,广告费用低	受众局限在上网人群,广告有时受到过滤,公信力弱

2）广告媒介选择的影响因素

（1）商品的性质

根据商品的性能、用途、价值、使用者的不同，应分别选用不同的媒体。例如高技术性能的机械产品，技术要求严格，使用者少，只有专业人员才是内行，因此，广告媒体应选择专业性杂志或电视媒体，才有针对性和说服力。

（2）消费者接触媒体的习惯

不同的广告媒体会把广告信息传给不同的消费者，所以企业选择广告媒体时应考虑目标市场消费者接触广告媒体的习惯。如对老年人产品做广告宣传，选择互联网做媒体就不合适。最有效的广告媒体是那些能最准确、最迅速地将广告信息传达到目标市场消费者的媒体。

（3）广告媒体传播的效果

媒体传播的效果是指媒体传播的范围和影响力的大小。不同媒体的传播效果不同，企业选用媒体时，应从广告媒体的传播范围、影响力等多方面进行评估，尽量选取传播效果好、社会声誉高的媒体。

（4）媒体成本和企业支付能力

不同的广告媒体，收费标准不同；同一媒体，经营单位不同或广告登出时间、刊登版面不同，收费标准也不一样。所以企业要根据广告费用和自己的支付能力来选择广告媒体。

9.3.3　广告设计的原则

广告内容设计没有固定的模式，它是一项技术与艺术相结合的工作。然而，内容设计是广告效果的关键因素，所以许多广告公司具有丰富的专业技能，可以为企业设计出效果良好的广告。一般而言，广告设计应该达到以下一些要求。

1）信息表达准确

广告必须把企业需要与顾客沟通的信息内容准确地传递给顾客，因此，必须在文字和使用语言等方面准确无误地表达产品、服务等信息。不可使用含义模糊、使人产生误解的表达方式。如药品与保健食品的概念不能混淆，产品的功能与效果不可随意夸张，对用户的承诺必须能兑现，内容不能违反《中华人民共和国广告法》的有关规定。

2）给顾客深刻的印象

好的广告设计能给视听接受者深刻的印象。在广告语言、文字、图形、显示方式等方面，要独具匠心，富于创意，引起顾客的注意，促使顾客能够清楚地记住广告宣传的产品和服务的内容。

3）能使顾客产生兴趣

广告要做到有可看性、趣味性，能激发起顾客的兴趣，让顾客不仅对广告内容感兴趣,而且对广告本身的表达形式也感兴趣。一份创意的广告设计,能激发起视听者浓厚的兴趣,为顾客关注产品奠定良好的基础。

4)广告信息量必须充分

广告中所传达的信息对顾客日后的购买行动有重要的影响。要把顾客应该知道的主要信息尽量传递给他们,以便促成顾客尽快做出购买决策。虽然有的广告由于画面、时间等各种原因不能把所有的信息都交代清楚,但是采用主题鲜明、重点突出的广告内容设计,可以把产品与服务的特点与差异明确无误地传递给消费者,能给消费者以较为清晰的印象。

5)表现形式要丰富

良好的广告具有较强的吸引力和艺术感染力,使人百看不厌。这需要语言、文字、图形、场景及表达方式的巧妙结合。其中重要的一条是所宣传的商品与服务能与顾客的需求紧密相连。显示商品为顾客带来的利益越充分,吸引力则越大。

营销链接 9-2

宝洁×京东《舒肤佳-舒服家》品牌联合营销

一、营销背景

舒肤佳在京东个人清洁品类销售排行第一,但因整个品类线上渗透率低,市场增长有限,舒肤佳的新客提升遇到了瓶颈。营销团队通过长期实践发现,舒肤佳在京东的市场份额是线上线下所有平台中最高的,在京东个人清洁品类中,舒肤佳市场份额更遥遥领先第二名品牌1.4倍。抢占对手的市场份额的发展方式对舒肤佳的生意增长意义甚微。但同时,数据显示个人清洁品类的线上市场渗透率低于其他品类,同时也只达到线下的1/7,这表明舒肤佳在京东还有极大的发展可能性。于是舒肤佳联合京东,借助京东大数据商业分析能力,锁定与家、健康密切关联的运动、家电、牛奶、食品等品类,与这些品类的知名品牌联合推出《舒肤佳,舒服家》站内联合营销活动,在京东站内塑造全新生活场景。大数据驱动,联合众品牌,探索全新的智能场景营销之路。

二、营销目标

此次营销的主要目标受众是京东站内的用户,他们访问京东往往已经有很直接的购物动机,他们会匆匆来,匆匆去,如何将他们转化为舒肤佳的新客,就需要从他们所关注的事物中寻找机会。作为一个给家带来健康的品牌,舒肤佳目标受众爱家、希望家人得到更多健康保护,他们往往容易受到品牌所塑造的生活情景影响而产生决策,所以需要找到与舒肤佳有同样诉求的强关联品类,找到共同的情景卖点,并借势这些品类知名品牌的知名度,为舒肤佳开拓新领域的关联流量,提升品类销量。营销目标量化如下:①商业目标:累计新客20%,拉动自营店品类市场增长1%~2%;②消费者行为目标:品牌意向覆盖人数提升30%,产品购买提升5倍;③消费者认知/态度目标:建立新的洗护品类生活场景,提升品牌需求。

三、策略与创意

营销策略与创意源于对品牌受众的深刻洞察：消费者希望在生活的方方面面给予家人全面保护，但通常消费需求是需要被提醒的，当品牌为消费者塑造的生活场景，能激发对呵护家人的向往，在传递品牌理念的同时唤起消费欲望，而电商闭环能以最短路径达成购买时，无疑将提升营销活动的转化。因此舒肤佳携手京东，通过大数据分析选定跨界运动、家电、牛奶、食品四大品类，跳出仅以文字/产品堆砌的常规广告框架，推出一系列舒肤佳与这些品类知名品牌的合体广告和情景售卖专场，塑造家和健康的全新生活场景，配合DMP定向精准投放，千人千面，低成本高收益。

四、执行过程/媒体表现

《舒肤佳，舒服家》京东平台内跨界营销活动，旨在塑造舒肤佳和其他品类构成的全新生活场景，为消费者带来健康舒适的家。结合消费者生活习惯，通过大数据找到高度关联品类产品——运动、家电、牛奶、食品，与它跨界组成合体广告和情景化售卖专场：

1.运动×舒肤佳：舒肤佳可以去除运动后的汗味，我们打造了"尽情流汗，不留汗味"的情景售卖。

2.空净家电×舒肤佳：舒肤佳除菌，家电除尘，打造洁净之家，给家人带来健康，于是我们打造了"守护健康，净享生活"的情景售卖。

3.牛奶×舒肤佳：舒肤佳在外守护健康，牛奶在内给予健康活力，打造"内外兼修，守护健康"的情景售卖。

4.食品×舒肤佳：舒肤佳洗手除菌，健康饮食，我们推出了"佳能量护卫队"情景售卖。

当消费者因其他品类需求浏览京东平台时，便会看到该品类产品与舒肤佳的合体广告和情景化售卖专场，从而使舒肤佳从其他品类"拉"到了新客。例如，在与运动品类跨界专场中，舒肤佳从用户场景出发，与运动人群沟通，再现高强度运动时强壮的运动员畅快流汗的场景，一方面唤起消费者对运动装备的购买需求，同时用场景建立起运动和流汗的强关联，强化"尽情流汗，不留汗味"的产品功能，满足消费者运动后沐浴的诉求，成功把自己送进消费者的购物车。

营销活动选择在京东进行的原因主要有：①回避了站外媒体低转化的尴尬局面。从以往经验看，站外投放引流到电商的转化低于0.05%。且个人清洁品类在电商的市场渗透率偏低，转化效果更不理想。所以本次活动主要通过站内拉新的方法增加市场渗透率，而不在于在站外引流到京东，所以80%+以上媒体投放以站内为主。②站内最短购买路径，促进更高的转化。数据调研显示，京东用户信任站内便捷的购买环境，且拥有较清晰和直接的购买目的。而个人清洁品类的参与性和客单价都偏低，鉴于消费者凑单包邮的消费习惯，在京东站内投放更容易促成购买。③DMP（定向首焦投放）具备完善定向投放效果。本次活动以拉动合作品类为主，需要京东以大数据方法选择最合适的投放对象，从而达到触及人数及触及次数的目标。投放资源方面，覆盖了京东站内外广告流量渠道，囊括定向首焦（DMP）、京东超级品类页面资源、SEM等，同时鉴于过往投放经验，选择了投放效果较佳、性价比高的今日头条信息流作为站外引流渠道。

五、营销效果与市场反馈

1.商业目标完成效果:活动覆盖京东站内人群 1.1 亿人次,直接触达 2 260 万京东用户;新用户增长 26%;带动京东个人清洁品类整体增长,由 2017 年 3 月同比倒退 5% 的生意总量,到 2017 年 5 月同比增长 60%;舒肤佳沐浴露产品京东自营店的市场占有率提升 2.3%;舒肤佳全线产品京东自营店市场占有率提升 0.2%。

2.消费者行为目标完成效果:京东舒肤佳品牌意向覆盖人数增加 48%;活动期间舒肤佳产品销售额突破 985 万元;活动爆发当日销售较日常销售平均多出 4 倍,最高达 6.5 倍。

联合活动的实际效果远超出预定的 KPI,结合京东大数据,配合站内精准广告投放,直接触达 2 260 万京东用户,为品牌强势引流,带来访问人数和新用户的大幅度增长。

舒肤佳为消费者打造的健康生活场景,增加了品牌与消费者之间的联系与情感沟通,吸引了大量潜在消费者。26%优质新用户的增长带动了活动期间的销售爆发,进一步增加了舒肤佳在京东市场的占有率,提升个人清洁品类的京东人群渗透率,同时带动整个品类市场增长。

思考与练习:

1.案例中使用了哪些促销方式?

2.促销方式组合是如何协同发挥作用的?

(资料改编自:金鼠标.宝洁×京东《舒肤佳 舒服家》品牌联合营销[EB/OL]. (2018-10-11)[2021-04-01].网赢天下网.)

9.3.4　广告预算

百货业巨子约翰·沃勒梅克曾经说过:"我知道我的广告费有一半是浪费掉的,但我不知道是哪一半。"广告预算不仅是广告计划的重要组成部分,而且是确保广告活动有计划顺利展开的基础。广告预算编制额度过大,就会造成资金的浪费,编制额度过小,又无法实现广告宣传的预期效果。广告预算是企业财务活动的主要内容之一。广告预算支撑着广告计划,它关系着广告计划能否落实和广告活动效果的大小。

1)广告预算的概念

广告预算就是广告公司对广告活动所需费用的计划和匡算,它规定在一定的广告时期内,从事广告活动所需的经费总额、使用范围和使用方法。

2)广告预算的方法

（1）量力而为法

将促销预算定在企业有能力负担的水平上。他们用总收入减去业务和资本费用,然后将剩余资金的一部分投入广告。每年促销预算的不确定使得长期的市场规划困难。

（2）销售百分比法

以目前销售额或预测销售额的一定百分比来制订促销预算,或者以单位售价的百分比来做预算,使用简单,能促使管理者考虑促销费用、售价和单位利润之间的关系。

（3）竞争平衡法

竞争平衡法即根据同行,特别是有竞争关系的企业的平均广告支出来预算本企业的广告费用。这也是普遍被采用的方法。但这种方法很难直接与广告目标挂钩。

（4）目标任务法

企业根据促销所要完成的任务来制订促销预算。①明确促销目标;②明确达到这些目标所要执行的任务;③预计完成这些任务的成本。

（5）经验预算法

企业决策者根据企业上年实际的广告费用支出,结合企业的财力及相关知识与经验,随意确定广告预算费用。优点:简单实用,特别适用一些会计制度不健全的中小型企业。缺点:缺乏科学依据,完全凭经验及主观感觉办事,易出现偏差。当广告主或其领导人缺乏经验时,这种偏差更为明显。

总之,由于各种具体的广告预算的确定方法都有一定的局限性。因此,在进行广告预算时,应综合利用上述几种方法。

9.3.5 广告效果的评估

广告效果是广告活动或广告作品对消费者所产生的影响。狭义的广告效果指的是广告取得的经济效果,即广告达到既定目标的程度,就是通常所包括的传播效果和销售效果。从广义上说,广告效果还包含了心理效果和社会效果。心理效果是广告对受众心理认知、情感和意志的影响程度,是广告的传播功能、经济功能、教育功能、社会功能等的集中体现。广告的社会效果是广告对社会道德、文化教育、伦理、环境的影响。良好的社会效果也能给企业带来良好的经济效益。

广告效果的评估,是指运用科学的方法来评价所做广告的效果。广告效果的评估是完整的广告活动中不可缺少的重要组成部分。重视广告的信息反馈,正确地评价广告效果,有利于降低广告费用,提高广告效益,制订出最佳广告决策。

1)广告促销效果的测定

广告促销效果,是指广告对企业产品销售产生的影响。广告促销的一般效果是难以准确测定的。这是因为销售除了受广告的影响外,还受其他许多因素如产品特色、价格和竞争者行为等的影响。测定广告促销效果的方法主要有:

（1）广告效果比率法

根据广告后销售额增加幅度与广告费用增加幅度之比测定广告效果。其公式如下:

$$广告效果比率 = \frac{销售额增加率}{广告费用增加率} \times 100\%$$

（2）单位广告费收益测定法

根据一定时期内单位广告费用的经济效益来测定广告效果。其公式如下：

$$单位广告收益 = \frac{广告后的平均销售额 - 广告前平均销售额}{广告费用额}$$

2）广告传播效果测定

广告传播效果，也叫"心理效果"，指广告刊播后对受众产生的各种心理效应，如广告对知觉、记忆、理解、情感、欲求及行为等方面的影响。表现为顾客对广告信息的注意、理解、记忆程度。一般称为广告本身效果的测定，测定广告传播效果的方法主要有：

（1）阅读率、视听率、记忆率测定法

阅读率通过报纸杂志阅读广告的人数与报纸杂志发行量的比率，公式为

$$阅读率 = \frac{阅读广告人数}{发行量} \times 100\%$$

视听率，是指通过电视机、收音机，收看、收听广告的人数与电视机、收音机拥有量的比率。

记忆率，是指记住广告重点内容（如产品名称、生产厂家、商标、产品特性等）的人数与阅读视听广告的人数比率。

广告转化率是指受网络广告影响而发生购买、注册或信息需求行为的浏览者占总广告点击人数的比例。具体计算公式为

$$广告转化率 = \frac{发生转化的广告浏览者人数}{点击广告的总人数} \times 100\%$$

（2）回忆测试法

找一些看过或听过电视、广播的人，让他们回忆广告的内容，从而判断其对广告的注意度和记忆率。

（3）理解度测试法

在刊登广告的杂志读者中进行抽样调查，看有多少人阅读过这个广告，有多少人记得广告的中心内容，有多少人记得一半以上广告内容，并分别计算出百分比，从而判定读者的认识和理解程度。

3）广告的心理效果测定

广告的心理效果测定泛指除传播效果、经济效果之外，广告对整个社会的文化、道德、伦理等方面所造成的直接和间接影响。

广告社会效果的测评方法分为两种情况。

一是测量广告的短期社会效果时，可采用事前、事后测量法。通过对接触广告之前和之后的消费者在认知、记忆、理解以及态度反应的差异进行比较，可测定出广告的短期社会效应。

二是测定广告的长期社会效果，这需要运用较为宏观、综合、长期跟踪的调查方法来测定。长期社会效果包含对短期效果的研究，但是还远不止这些，同时要考虑广

告在复杂多变的社会环境中所产生的社会效果。这方面的研究更多属于人文科学范畴。

知识链接 9-3

有关广告效果的数据

一、85%的广告没人看。

二、看广告标题的人数是看正文人数的 5 倍,也就是说标题比内文多 5 倍的阅读力。

三、如果在标题里能畅所欲言你就浪费了 80%的广告费。

四、广告空白增加 1 倍,注目率增加 0.7 倍。

五、数字"100"元比"一百元"更打动人心 25%,因为它接近实际。

六、彩色广告的注意度是黑白广告的 5 倍。

七、广告语 8~12 个字最易记忆。

八、广告正文 20 个字阅读人数为 10,50 个字阅读人数为 5,500 个字阅读人数为 1。

九、看广告图像比看广告标题的人数多 20%。

十、一般人类的心智不能同时与七个以上的事物打交道。

十一、图画比语言的力量强 16 倍。

十二、看报纸广告的顺序是图像-标题-正文。

十三、看报纸广告左边比右边的人数多 12%,看上边比看下边的人数多 60%。

十四、受众对电视广告维持注意状态的时间是 5 秒,而前两秒注意力最强。

十五、看三角形比看正方形的人数多 2 倍。

十六、打破常规的表现广告注目率增倍。

十七、绰号因特色而比名字记忆率高 8 倍。

(资料来源:佚名.第九讲广告效果测评[EB/OL].(2012-12-30)[2021-04-01].道客巴巴.)

知识链接 9-4

为《一个广告人的自白》1991 年中文版序(节选)

我从在普林斯顿随伟大的盖洛普博士做调查工作时开始我的职业生涯。之后我当上了广告文案撰稿人,据我所知我是唯一一个干调查起家的"创意"高手。这个事实使我总是以一个调查人员的眼光来审视创意工作。这些是我学到的最宝贵的经验:

(1)创作成功的广告是一门手艺,一部分靠灵感,但是基本上是靠知识和勤奋。如果你具备一定的天赋,而且知道什么技术对收银机有作用,那你就能长久地干下去。

(2)去逗人乐而不是去销售的诱惑,是一种接触传染疾病。

(3)一个广告和另外一个广告之间的差异是用销售力的尺度来衡量的,它可以是

19∶1。

（4）在你动手写你的广告之前，先研究产品是值得的。

（5）成功的关键在于允诺给消费者好处——诸如更好的味道、清洗得更白、每一加仑可以多跑些路、肤色更好等。

（6）绝大多数广告的职责不是劝说人们来试用你的产品，而是劝说他们在日常生活中比使用其他品牌产品更多地使用你的产品（谢谢你，安德鲁·爱伦堡）。

（7）在一个国家里有效的方法，几乎总在其他国家也有效。

（8）杂志编辑是比干广告的人更好的传播人员。复制他们的技术。

（9）大部分广告方案都太复杂。它们反映了太多目标，而且试图迎合太多客户主管不同的看法。企图涵盖太多的东西，就什么事也成不了。这样的广告看上去就像是一个委员会的会议记录。

（10）不要让男人写妇女们购买的产品的广告。

（11）好广告可以使用多年而不会丧失销售力。我为哈撒威（Hathaway）衬衫做的戴眼罩的男人的广告就使用了 21 年，我为多芬（Dove）香皂做的广告使用了 31 年，而且多芬现在是最畅销的。

一日经商，终生行商。

大卫·奥格威
1988 年

（资料来源：大卫·奥格威.一个广告人的自白[M].林桦，译.北京：中信出版社，2008.）

任务 9.4　公共关系

9.4.1　公共关系的内涵与特点

1）公共关系的内涵

公共关系是指社会组织及其成员为了塑造良好的形象，获得内外公众信任与支持，通过传播和沟通手段与公众建立和维持良好关系的活动。

这一定义包含以下几层含义：

①公共关系的目标是树立良好的形象。

②公共关系的主体是组织。

③公共关系的客体是公众。

④公共关系的形成途径是传播和沟通活动。

2）公共关系的特点

（1）以信誉和形象为目标

信誉是社会公众对一个组织的总认识和总评价，信誉至上的思想是现代企业的灵魂,因此,企业开展公关工作的直接目的就是为了塑造良好的企业形象,以便赢得社会公众的信赖和忠诚。

（2）以诚实和互惠为原则

诚实是公共关系活动的信条,企业向外界传递信息必须真实、客观;另外,企业与公众联系的过程实际上是双方谋求需要满足的过程,因此,一个企业在实现自身利益的同时,必须让公众受益。

（3）以双向传播为手段

一个企业要在公众中树立良好的形象,一方面要及时和全面地了解和搜集信息,为改善企业决策和行动提供依据;另一方面要迅速和有效地把企业各方面的信息传播给相关公众,以争取公众的理解和支持。

（4）以长远为方针

一个企业要与众多公众建立良好的关系,必须经过长期有计划和有目的的持续努力,即开展公关工作不是权宜之计,而是长期战略性任务。

营销链接 9-3

国航灵活处理 0 元机票事件

7月10日晚间,由于官网出现故障,中国国际航空股份有限公司个别国际航线票价显示为“0”元,许多网友以为国航在进行特价促销,纷纷抢购并成功出票。昨日,中国国际航空公司客户服务官方微博称0元机票有效。

动辄数千的机票“0元”出售已是天上掉馅饼,国航居然不赖账,大大方方承认“0元机票”有效,这种事简直比中5亿元彩票的概率还要小。对于见惯“店大欺客”的国内公众来说,这简直像“4月1日新闻”。

同类事件2009年6月发生过,长春一市民在某机票网站购买了一张从长春到上海的机票,票价信息显示也为“0元”,成功“购买”、临近登机之际,机票网站客服打来电话,说“0元机票”是网站故障所致,不算数。这位市民不但没捡到便宜,差点连行程都耽误了。

售票网站故障还是小事,顶多就是空欢喜一场,有些机器故障简直要命——6年前许霆就是因为ATM机故障加个人贪念而招致数年牢狱之灾的。一模一样的事件发生在英国,却是一出情景喜剧。今年5月,英国一台ATM机发生故障,顾客取款吐出双倍现金,很多人闻讯赶来提款,队伍排成长龙。事后银行却称错在银行,顾客可以不用归还多余的钱。

同是机器故障,不同时空出现截然不同的危机处理方式,足见不同的人们对契约精神的理解与认同差异。按照契约精神,消费者一旦购买机票成功就相当于与航空公司达成了一份协议,消费者在正规合法渠道获得机票,则购票合同就生效了。哪怕是机器故障、“0元机票”造成公司的损失,也是你们自己的过错,打碎牙齿只能往肚子里吞。如果一味地将账算到机器头上而要赖,违背契约精神出尔反尔,最终只能使得公司在顾客心目中的形象大打折扣。

在商业活动中,不守信、不履约是不良行为。它不但让商业活动充满难以预料的风险,而且大大提高了商业成本,降低了市场活力,害人最终害己,"劣币驱逐良币"更损害社会诚信,污染社会风气。其实,撇开商业伦理不谈,且以经济利益论,商业活动中遵守契约也不吃亏。就像这次国航"0元机票",承诺机票有效,认真履行合同,经过媒体正面宣传,博得公众高度认同,极大提升公司形象,这岂不比区区机票损失更合算?不得不说,"0元机票"事件,国航作了一个理性、高明、令人赞赏的选择。

思考与分析:

通过案例你学习到的公共关系活动原则有哪些?

(资料来源:刘兰兰.国航承诺因故障产生的0元机票有效[EB/OL].(2012-07-13)[2021-04-01].新京报网.)

9.4.2 企业的主要公共关系

1)与消费者的关系

在市场经济条件下,消费者的需求是企业一切营销的出发点,也是企业生存和发展的前提。因此,企业公关工作要树立一切以消费者为中心的思想,积极主动地争取消费者的支持。

2)与中间商的关系

企业产品通常要依赖中间商保持与最终消费者的良好互动,中间商的参与和配合对于企业营销工作起着很重要的作用。企业要保持和中间商之间的良好关系,实现利益共赢。

3)与供应商的关系

企业要保证正常地生产和流通,必须依靠供应商及时且保质保量的供货。广义地说,向企业提供人才的大中专院校、提供信息的信息咨询机构、提供资金等金融服务的银行、提供会计及审计等商业服务的中间机构等都是供应商。企业必须妥善处理与供应商的关系,以获得高质、高效和低成本的商品和服务。

4)与政府的关系

政府不仅是国家权力的执行机关,而且是社会主义市场经济的宏观调控者。不仅是国有企业,所有其他所有制性质的企业都应重视并努力维系好与各级政府间的关系,以获得政府的扶持和认可。

5)与社区的关系

企业与社区的关系,是指企业与其相邻的周围工厂、机关、医院、学校、公益事业单位和居民的关系。这些社会群体是企业营销环境的重要组成部分,它与其他公众一样,对企业的日常运行甚至生存发展起着重要的作用。因此,企业要处理好和社区的关系。

6）与新闻媒体的关系

报纸、杂志、电台、电视等新闻媒体可以营造社会舆论，影响、引导民意，间接且有力地调控企业行为。因此，它是企业公共关系的重要方面，是争取社会公众支持、实现公益目标的重要对象。企业应同新闻界保持经常且广泛的联系，积极投送稿件，介绍企业的发展状况，举行重大活动时，邀请他们出席并采访。

7）与企业内部公众的关系

企业内部公众包括员工和股东等。企业内部员工之间、员工与企业高层管理人员之间、部门与部门之间的关系是否融洽直接关系到企业的经营方针能否得到彻底贯彻以及正常的生产经营工作能否顺利展开。

9.4.3　公共关系对社会组织的作用和影响

公共关系对社会组织的作用和影响主要表现在以下五个方面。

①帮助社会组织监测社会环境，收集社会对组织的各种反映，向组织决策层和相应部门提供信息和决策咨询。

②沟通信息建立，保持社会组织和社会公众的双向沟通，向公众传播组织信息，争取理解和支持，强化与公众的联系。

③为组织塑造良好形象，扩大组织知名度，提高组织美誉度。

④增强组织凝聚力和吸引力，使组织内外保持一致。

⑤在组织面临危机时，有效地化解矛盾，缓和与消除冲突，变被动为主动，变不利为有利。

营销链接 9-4

罗永浩带货鲜花翻车

5 月 15 日，"带货四哥"罗永浩在直播带货中，向观众推荐了花点时间 520 玫瑰礼盒，但在 520 当天，不少用户反映收到的鲜花存在质量问题，鲜花已不新鲜，花瓣出现打蔫甚至腐烂的情况，无法送人，并@罗永浩本人表示失望。

5 月 20 日下午，罗永浩接连转发了 32 条投诉的博文，向网友表达歉意并表示将助其追责，词条#罗永浩致歉#也登上了热搜。

当晚 20 点，罗永浩发布"关于'花点时间'玫瑰质量事件的致歉和补偿措施"的长文，称除将按照协议内容要求"花点时间"100%退款外，"交个朋友直播间"还将按原价额外赔付一份现金以表歉意。23 点，"花点时间"再发长文道歉，表示也将按原价额外赔付一份现金。

至此，直播间下单了"花点时间"礼盒的顾客共将获得 3 倍的原价赔付，网友戏称："这是买了个理财产品呀！"

公关解读：实际上，在 2020 年"晚上车"的罗主播一开始由于业务不熟练，直播带货出现了不少失误,如把上架品牌的名字念错等,事后罗永浩都是诚恳道歉,及时补救的老罗给不少人留下了"诚信负责、售后有保障"的正面印象。520玫瑰礼盒事件,罗永浩没有去逃避责任或"沉默是金",而是"知错认错、立正挨打",照顾受害人的利益,提出了要向直播间粉丝们额外提供一份赔偿。罗永浩的处理态度让不少网友称赞道:"老罗体面!"甚至有部分顾客表示:"花店的退款我收到了,但老罗的补偿我不要,老罗继续加油!"罗永浩直播翻车的一系列补救,也再次体现了老罗真诚可靠的公众印象,获取了更多粉丝更坚定的支持。

思考与分析:

1. 案例体现了哪些公共关系的作用?

2. 从案例中你学到了哪些处理公共关系的方法?

（资料改编自:周小白.罗永浩带货520鲜花礼盒再翻车:自掏腰包100多万,双倍赔偿［EB/OL］.（2020-05-21）［2021-04-01］.TechWeb.）

9.4.4 公共关系的活动形式

1) 利用新闻宣传

发现或制造对企业或产品有利的新闻,这是企业公共关系人员的一项主要任务。一条具有正面影响力的新闻,对树立企业形象、扩大产品销量具有不可估量的作用。新闻在企业中是经常存在的,企业发生的各种事件,如庆典、展览会等,都可以作为新闻事件来宣传。

2) 举办专题活动

企业通过举办各种专题活动,如知识竞赛、体育比赛、演讲会、研讨会、记者招待会、展览会、订货会等,可扩大企业影响,提高企业知名度。

3) 赞助或开展公益活动

各种社会公益活动为企业开展公关促销创造了良好的机会,企业应恰当利用这种机会,以引起各种传播媒介的注意,并及时进行宣传。各种公益活动,如文体活动、公益宣传活动、教育活动等,往往被万人注目和各种新闻媒介广泛报道,因此,企业如果能投入一定资金和时间用于各种公益活动上,不仅可以树立企业的良好形象,而且能够提高企业知名度。

4) 印制、出版各种资料

企业可以印制各种宣传资料,如年度报告、小册子、企业与产品介绍、企业重大活动信息、视听资料、研究报告等,以起到介绍企业、宣传产品、树立企业形象的作用;企业也可以出版报刊、图书,以引起公众的兴趣;企业还可以通过其他的传播工具,如业务名片、厂徽、厂服、交通工具、建筑物、纪念品等,展示企业的特色。

5)开展公关广告

公关广告是指企业为了提高知名度、树立良好的企业形象和求得社会公众对企业的支持和帮助而进行的广告宣传。公关广告一般有三种形式：一是致意性广告，二是解释性广告，三是倡导性或公益性广告。

6)建立与公众固定联系制度

通过与消费者、政府、社会团体、银行、中间商等建立固定联系制度，加强信息沟通，听取他们的意见，接受他们的批评，取得公众的信赖和支持。

任务 9.5 销售促进

9.5.1 销售促进

销售促进包括各种多数短期性的刺激工具，用以刺激客户迅速和大量地购买某一特定的产品或服务。这里的销售促进是指狭义上的促销。

9.5.2 销售促进的工具

1)销售促进的目标

销售促进的具体目标要根据目标市场的类型来确定。当面向消费者促销时，目标包括鼓励消费者更多地使用该产品和促其大量购买，争取为使用者试用，吸引竞争品牌的使用者；当面向中间商时，目标包括吸引中间商经营新的产品或维持较高水平的存货，鼓励他们购买过季产品，抵消竞争性的促销影响，加强他们对品牌的忠诚度。

2)销售促进的工具

促销工具可分为面向消费者（表9-4）和面向中间商（表9-5）两类。

表9-4　面向消费者的促销工具

工具	描述
折价	指厂商通过降低产品的售价，以优待消费者。这种促销方式可以提高消费者对零售点产品的关注，在促进零售点的销售方面极为有效，它对短期销量的提升具有立竿见影的效果。折价可以说是对消费者最有效的促销"武器"，因为他们都希望以尽可能低的价格买到尽可能好的产品。 为了完成营销目标，公司也常常会借助折价作最后的冲刺，特别是在处理到期产品、减少库存、加速资金周转等时，但这样做只能在短期内增加产品销量，对建立消费者的品牌忠诚度效果不大，并且折价会有损公司的利润

续表

工具	描述
优惠券	优惠券是一种证明,证明持有者在购买某种特定的产品时可凭此优惠券按规定少付一些钱。一般来讲,这种方式会吸引对品牌有一定好感或已试用过产品且感到满意的消费者,公司可以利用此方法推介新产品或拓展新市场。如果公司较长期地采用优惠券促销,可培养消费者的品牌忠诚度,特别是产品的差异化不明显时,要培养消费者购买该产品的习惯
现金退款	现金退款是指厂商在消费者购买产品以后会给予一定金额的退款,该退款可以是售价的百分之几,也可以是全额退还甚至超额退还。它被认为是厂商对消费者的一种回赠。这种促销方式对品牌形象影响较小,投资费用并不算高。同时厂商还可以从消费者寄回的申请卡上收集到客户的资料。"现金退款"对吸引消费者试用效果较好,并且可以刺激消费者多次重复购买
赠品	以较低的代价或免费向消费者提供某一物品,以刺激其购买特定的产品。例如附包装赠品,即将赠品附在产品内,或附在包装上。 好的赠品可以使产品形成差异化,以鼓励消费者重复购买,建立品牌忠诚度。附送赠品是吸引消费者购买的最有效的方法之一,选择与产品相关的赠品,可以增加产品的购买频率
奖品 (竞赛、抽奖、游戏)	奖品是指在消费者购买某种产品后,向他们提供现金、旅游或物品的各种获奖机会。竞赛要求消费者送上一个参赛项目,然后由一个评判小组确定哪些人被选为最佳参赛者;抽奖则要求参加者填写姓名、身份证号码或其他一些个人资料即可;有些在消费者每次购买产品时送给他们某样东西,这些有可能中奖,也有可能一无所获。所有这些都比优惠券或赠品赢得更多人的注意
免费试用	指通过将产品免费赠送给消费者,供其试用的一种促销方法。由于这种方法无须消费者付出任何代价,因此是诱使消费者尝试的有效途径。通过试用使消费者对该产品产生直接的感性认识,并对产品或公司产生好感和信任,使其转化为该产品的潜在客户。"免费赠送"是最有效也是最昂贵的介绍新产品的方式。"免费试用"能提高新产品的入市速度
联合促销	两个或两个以上的品牌或公司在优惠券、付现金退款和竞赛中进行合作,以扩大他们的影响力。各公司统筹资金,以期扩大其知名度,同时也促使一些中间商参与这些促销活动,通过增加陈列和广告面积使它们更好地展示出来。"联合促销"中涉及的各种费用按比例分摊,从而大大降低了各自的促销投资
交叉促销	交叉促销是用一种品牌为另一种非竞争品牌做广告
产品保证	由厂家保证,按照规定产品无明显或隐含的毛病,如果在规定期内出毛病,厂家将会免费维修或退款给客户
售点 陈列示范	售点陈列示范表演常常在购买现场或者销售现场进行。这种方式可直接激发消费者的购买欲望和购买行为
会员	"会员营销"又称"俱乐部营销",是指公司以某项利益或服务为主题将人们组成一个俱乐部形式的团体,开展宣传、促销等营销活动。假如俱乐部的条件是缴纳一笔会费,或购买一定量的产品等,成为会员后便可在一定时期内享受到会员专属的权利。这种方式的最大益处在于能通过俱乐部这种团体形式将消费者集结在公司的周围,与他们直接沟通,使之成为忠实的客户

表 9-5　面向中间商的促销工具

工具	描述
价格折扣	在指定的时间内,每次购货都给予一定比例的直接折扣。这一优待鼓励了经销商去购买一般情况下不愿购买的产品数量或新产品。中间商可将购货折扣用作直接利润、广告费用或零售价减价
推广津贴	企业对中间商积极开展促销活动所给予的一种补助或降价优惠
销售竞赛	销售竞赛是用来激励中间商努力销货的,企业通过它对销售表现优越的中间商提供奖金或奖品
展览或博览会	交易会、贸易洽谈会、展销会、看样订货会等贸易性质的展览,是为产业即制造业、商业等行业举办的,目的是交流信息,促进销售

9.5.3　制订销售促进方案

1)确定促销目标

促销组合目标决定了销售促进的目标,而促销组合目标又源自企业营销的总体目标。具体地说,销售促进目标就是要明确面向什么对象、推广什么内容以及达到什么目的。

针对最终消费者的促销,或是鼓励大量购买,或是争取新产品试用,或是吸引品牌转换者放弃使用其他竞争品牌的产品。

对中间商而言,目标往往是鼓励他们拥有更多的库存或是在淡季购买,抵消竞争者的促销活动,增强品牌忠诚度和争取新的零售商加入。

销售促进的目标对象要明确,推广目的要具体,尽可能多使用数字说明。

2)选择适当的促销方式

销售促进的方式很多,企业在进行方式选择时,应综合考虑企业营销总体目标和促销目标、市场类型及竞争状况、各种推广方案的成本和效果等因素。

3)促销规模的确定

营销人员必须确定使企业达到成本—效益最佳的刺激投入规模。要想获得促销成功,一定的最低水平的刺激是不可或缺的。一般来说,销售反应会随刺激强度的大小而增减,如一张减价 15 元的折价券会比减价 5 元的折价券吸引来更多的消费者试用;但是刺激强度到了一定程度后,销售反应反而呈递减状态。所以,营销人员不仅要了解各种销售促进手段的效率,还要通过考察销售与成本增加的相对比率来确定最佳刺激投入规模。

4）促销对象的确定

通过确定促销对象的条件，企业可以有选择地排除那些不可能成为商品固定使用者的人而减少刺激规模。同时也应该考虑到，如果条件过于严苛，往往导致只有大部分品牌忠诚者或喜好优待的消费者才会参与，从而影响销售促进的覆盖面。

5）促销媒介的确定

借助什么样的媒介物来传递销售促进信息，实施销售促进手段，这对销售促进的效率起着至关重要的作用。

6）销售促进时间的确定

销售促进应持续一段时间，但要恰当。美国一营销学研究者根据自己的调查研究，发现最佳频率为每季度有三周的优待活动，最佳时间长度为平均购买周期。当然，这种情况会随促销目标、消费者习惯、竞争者策略及其他因素的不同而有所差异。

7）销售促进时机的选择

并非任何时候都能采用销售促进。推广时机选择得好，能达到事半功倍的效果；时机选择不当，则适得其反。因此，企业应综合考虑产品寿命周期、顾客收入状况及购买心理、市场竞争状况等，不失时机地安排销售促进。

8）进行销售促进的预算

制定预算的目的是比较推广的成本和效益。成本开支包括：诱因费用，如赠品、奖品、奖金及减价损失等；管理费用，如印刷费、邮寄费和对中间商的促销费用等；广告宣传费用，如各种广告费用、发布会招待费等。

9）销售促进方案的实施和控制

所有的准备工作必须到位，包括最初的计划工作、设计工作，以及包装材料的分发，配合广告的准备工作和销售点材料，通知现场的销售人员为个别区域指定配额、购买或印制特别赠品，预期存货的生产，存放到分销中心准备在特定的日期发放。最后，还包括给零售商的分销工作。

10）销售促进结果的评估

促销结果的评估是极其重要的。公司可以通过促销前后销售数据的对比或者通过消费者调查来衡量促销的效果。一般而言，如果销售活动能将竞争对手的客户拉过来试用较优的产品并使这些客户永久地转换过来，那么这项促销是十分有效的。如果本公司的产品并不比竞争者好多少，那么产品的市场份额可能又回到促销前的水平。如果需要更多的信息，可用消费者调查去了解多少人记得这次促销，他们的看法如何，多少人从中得到好处，以及这次促销对于他们随后选择品牌行为的影响程度。

营销链接 9-5

逛屈臣氏的乐趣

能让都市时尚白领一族以逛屈臣氏商店为乐趣,并在购物后仍然津津乐道,有种"淘宝"后莫名喜悦的感觉,这可谓达到了商家经营的最高境界。经常可以听到"最近比较忙,好久没有去逛屈臣氏了,不知最近又出了什么新玩意……",逛屈臣氏淘宝,竟然在不知不觉中成了时尚消费者一族的必修课。作为城市高收入代表的白领丽人,她们并不吝惜花钱,物质需求向精神享受的过渡,使她们往往陶醉于某种获得小利后成功的喜悦,祈望精神上获得满足。屈臣氏正是捕捉了这个微妙的心理细节,成功地策划了一次又一次的促销活动。

招数 1:超值换购

在每一期的促销活动中,屈臣氏都会推出 3 个以上的超值商品,在顾客一次性购物满 50 元后,多加 10 元即可任意选其中一件商品,这些超值商品通常是屈臣氏的自有品牌,所以能在实现低价位的同时又可以保证利润。

招数 2:独家优惠

这是屈臣氏经常使用的一种促销手段,他们在寻找促销商品时,经常避开其他商家,别开花样,给顾客更多新鲜感,也可以提高顾客忠诚度。

招数 3:买就送

买一送一、买二送一、买四送二、买大送小;送商品、送赠品、送礼品、送购物券、送抽奖券,促销方式非常灵活多变。

招数 4:加量不加价

这一招主要是针对屈臣氏的自有品牌产品,经常会推出加量不加价的包装,用鲜明的标签标示,以加量33%或加量50%为主,面膜、橄榄油、护手霜、洗发水、润发素、化妆棉等是经常使用的,对消费者非常有吸引力。

招数 5:优惠券

屈臣氏经常会在促销宣传手册或者报纸海报上出现剪角优惠券,在购买指定产品时,可以给予一定金额的购买优惠,省五元到几十元都有。

招数 6:套装优惠

屈臣氏经常会向生产厂家定制专供的套装商品,以较优惠的价格向顾客销售,如资生堂、曼秀雷敦、旁氏、玉兰油等都会常做一些带赠品的套装,屈臣氏自有品牌也经常会推出套装优惠。例如,买屈臣氏骨胶原修护精华液一盒69.9元送49.9元的眼部保湿啫喱一支,促销力度很大。

招数 7:震撼低价

屈臣氏经常推出系列震撼低价商品,这些商品以非常优惠的价格销售,并且规定每个店铺必须陈列在店铺最前面、最显眼的位置,以吸引顾客。

招数 8:剪角优惠券

在指定促销期内,一次性购物满 60 元(或者 100 元),剪下促销宣传海报的剪角,可以抵 6 元(或者 10 元)使用,相当于额外再获得九折优惠。

招数 9:购某个系列产品满 88 元送赠品

例如购护肤产品满 88 元的、或购屈臣氏品牌产品满 88 元的、或购食品满 88 元的,送屈臣氏手提袋或纸手帕等活动。

招数 10:购物 2 件,额外 9 折优惠

购指定的同一商品 2 件,额外享受 9 折优惠,例如买营养水一支要 60 元,买 2 支一共收 108 元。

招数 11:赠送礼品

屈臣氏经常也会举行一些赠送礼品的促销活动,一种是供应商本身提供的礼品促销活动,另外一种是屈臣氏自己举行的促销活动,如赠送自有品牌试用装,或者购买某系列产品送礼品装,或者是当天前 30 名顾客赠送礼品一份。

招数 12:VIP 会员卡

屈臣氏在 2006 年 9 月开始推出自己的会员卡,顾客只需去屈臣氏门店填写申请表格,就可立即办理屈臣氏贵宾卡,办卡时仅收取工本费一元,屈臣氏会每两周推出数十件贵宾独享折扣商品,低至额外 8 折,每次消费有积分。

招数 13:感谢日

最近,屈臣氏举行为期 3 天的感谢日小型主题促销活动,推出系列重磅特价商品,单价商品低价幅度在 10 元以上。

招数 14:销售比赛

"销售比赛"也是屈臣氏一项非常成功的促销活动,每期指定一些比赛商品,分各级别店铺(屈臣氏的店铺根据面积、地点等因素分为 A、B、C 三个级别)之间进行推销比赛,销售排名在前三名的店铺都将获得奖励,每次参加销售比赛的指定商品的销售业绩都会有奇迹般的增长速度,供货厂家非常乐意参与这样有助于销售的活动。

思考与分析:

1.屈臣氏促销方法可归纳为哪几类?

2.屈臣氏促销方法满足了消费者的哪些心理?

(资料改编自:佚名.屈臣氏促销手法荟萃[EB/OL].(2011-11-24)[2021-04-01].百度文库.)

营销工具

推销能力自测表

1.假如您的客户询问您有关产品的问题,您不知如何回答,您将(　　　)。

　　A.以您认为对的答案,用好像了解的样子来回答

　　B.承认您缺乏这方面的知识,然后去求正确答案

C.答应将问题转呈给业务经理

D.给他一个听起来很好的答案

2.当客户正在讨论,而且很明显的,他所说的是错误的,您应该(　　　)。

A.打断他的话,并予纠正　　　　　　B.聆听然后改变话题

C.聆听并指出其错误之处　　　　　　D.利用质问以使他自我发觉错误

3.假如您觉得有点泄气时,您应该(　　　)。

A.请一天假不去想公事　　　　　　　B.强迫自己更卖力去做

C.尽量少拜访　　　　　　　　　　　D.请求业务经理和您一道出去

4.当您拜访经常吃闭门羹的客户时,您应该(　　　)。

A.不必经常拜访　　　　　　　　　　B.根本不去拜访他

C.经常拜访并试图维持友善关系　　　D.请求业务经理换个人试一试

5.您碰到对方说"您的价钱太贵了",您应该(　　　)。

A.同意他的说法,然后改变话题

B.先感谢他的看法,然后指出一分价钱一分货

C.不管客户说的话

D.诉说您强而有力的辩解

6.当您回答客户的相反意见之后,您应该(　　　)。

A.保持缄默并等待客户开口　　　　　B.变换主题,并继续推销

C.继续举证,以支持您的论点　　　　D.试行缔结

7.当您进入客户的办公室时,正好他在阅读,他告诉您,他一边阅读,一边听您的话,那么您应该(　　　)。

A.开始您的推销说明　　　　　　　　B.向他说您可以等他阅读完了才开始

C.请求合适的时间再访　　　　　　　D.请求对方全神聆听

8.您正用电话去约一位客户以安排拜访的时间,总机小姐把您的电话转给他的秘书小姐,秘书小姐问您有什么事,您应该(　　　)。

A.告诉她您希望和客户商谈

B.告诉她这是私事

C.向她解释您的拜访将带给客户莫大的好处

D.告诉她您希望同客户讨论您的产品

9.面对一个激进型的客户,您应该(　　　)。

A.客气　　　　　　　　　　　　　　B.过分客气

C.证明他错了　　　　　　　　　　　D.拍他马屁

10.面对一位悲观的客户,您应该(　　　)。

A.说些乐观的事　　　　　　　　　　B.把他的悲观思想一笑置之

C.向他解释他的悲观是错误的　　　　D.引述事实并指出您的论点是完美的

11.在展示印刷的视觉辅助工具时,您应该(　　　)。

A.交予客户推销辅助工具,在他阅读时解释销售重点

B.先推销视觉辅助工具

C.把辅助工具留下来,以待访问之后让他自己阅读

D.答应他把一些印刷物张贴起来

12.客户告诉您,他正在考虑竞争的产品,他征求您对竞争者产品的意见,您应该( )。

A.指出竞争者产品的缺点

B.称赞竞争者产品的特征

C.表示知悉他人的产品然后继续推销您自己的产品

D.开玩笑以引开他的注意力

13.当客户有购买的意图如"什么时候可以送货"您应该( )。

A.说明送货时间,然后继续推销您的产品特点

B.告诉他送货时间,并请求签订单

C.告诉他送货时间,并试做缔结

D.告诉他送货时间,并等候客户的下一步骤

14.当客户有怨言时,您应该( )。

A.打断他的话,并指责其错误之处

B.注意聆听虽然您认为您公司错了,但有责任予以否认

C.同意他的说法,并将错误归咎于您的业务经理

D.注意聆听判断怨言是否正确,适时答应予以纠正

15.假如客户要求打折,您应该( )。

A.答应回去后,向业务经理要求

B.告诉他没有任何折扣了

C.解释本公司的折扣情形,然后热心地推销产品特点

D.不予理会

16.当零售店向您说"这种产品销路不好"时,您应该( )。

A.告诉他零售店成功实例

B.告诉他产品没有照应陈列的方法陈列

C.很有技巧地建议他商品计划的方法

D.向他询问销路不好的原因,必要时将货取回

17.在获得订单之后,您应该( )。

A.谢谢他然后离去

B.略微交谈他的嗜好

C.很有技巧地建议他商品计划的方法

D.请他到附近去喝一杯

18.在开始做推销说明时,您应该( )。

A.试图发觉对方的嗜好并交换意见

B.谈谈气候

C.谈谈今早的新闻

D.尽快地谈些您拜访他的理由,并说明他可获得的好处

19.下列的情况,哪一种是推销员充分利用时间的做法?(   )

    A.将客户资料更新   B.当他和客户面对面的时候

    C.在销售会议讨论更好的推销方法   D.和推销员同仁讨论时

20.当您的客户被第三者打岔时,您应该(   )。

    A.继续推销不予理会   B.停止推销并等候有利时刻

    C.建议他在其他时间再来拜访   D.请客户去喝一杯咖啡

答题评分:

题目	答案分数(A)	答案分数(B)	答案分数(C)	答案分数(D)	得分
1	2	5	3	1	
2	1	3	1	5	
3	1	5	1	3	
4	1	1	5	3	
5	1	5	3	2	
6	2	1	2	5	
7	1	5	3	2	
8	1	1	5	2	
9	5	1	1	1	
10	3	2	1	5	
11	1	5	1	1	
12	1	3	5	1	
13	1	3	5	1	
14	1	2	1	5	
15	2	3	5	1	
16	1	1	5	2	
17	3	1	5	1	
18	3	1	1	5	
19	3	5	2	1	
20	1	2	5	3	
总分					

评价结果说明:

90~100分,优秀;80~89分,良好;70~79分,一般;60~69分,待训练;59分以下,需要更加努力。你的得分很高代表你很好地掌握了推销知识,但要想取得更好的成绩则需要不断地实践。

广告效果综合评价表

编号： 　　　　　　　　　　　　　　　填写日期： 　　年 　　月 　　日

广告项目名称					
广告预算			实际投入金额		
预计效果					
广告效果测试	广告投放前	订单数量			
		客户访问量	柜台	电话	网站
		销售数量			
	广告投放后	订单数量			
		客户访问量	柜台	电话	网站
		销售数量			
	广告投放效果评价	订单数量			
		客户访问量			
		销售数量			
综合效果评定					
营销总监确认					

销售促进物资准备进度样表

物资名称	计划到位时间	负责人	到位情况	备注
宣传品				
奖品				
媒体宣传				
抽奖台				
…				

促销费用预算样表

	项目	规格数量	费用(元)	相关部门
现场材料	条幅			
	背景板			
	拱形门			
	海报			
	…			

续表

	项目	规格数量	费用(元)	相关部门
礼品	奖品 A			
	奖品 B			
	…			
产品	促销产品			
	…			
媒介宣传	网站			
	电视			
	广播			
	广告牌			
	…			
人员费用	临时人员			
	在职人员			

重要概念

促销　促销组合　人员推销　广告　公共关系　销售促进

同步训练

单项选择题：

1.下面不属于促销作用的是(　　)。
　A.使消费者了解和注意企业的产品　B.激发消费者的购买欲望
　C.根据企业战略制订合适的价格　D.促使消费者实现最终的购买行为
2.处于成长期的产品的促销目标主要是(　　)。
　A.使目标顾客了解和认识产品　B.使目标顾客对产品产生兴趣和爱好
　C.创造和保持竞争优势　D.巩固市场,提醒购买
3.下面关于人员推销的特点表述不对的是(　　)。
　A.人员推销的针对性强　B.人员推销可以满足多样需求
　C.人员推销有利于信息反馈　D.人员推销的成本不高
4.下面不属于广告作用的是(　　)。
　A.展示企业品牌、形象或商品　B.实现销售目标
　C.引导消费者的消费行为　D.肯定消费者的购买行为
5.下面不属于面向中间商的销售促进的工具是(　　)。

A.价格折扣　　　B.推广津贴　　　C.优惠券　　　D.销售竞赛

判断题：

1.人员推销和非人员推销是促销的两种基本方式。　　　　　　（　　）
2.公共关系就是和购买决策者搞好关系。　　　　　　　　　　（　　）
3.促销的方式有人员推销、销售促进、广告、公共关系。　　　（　　）
4.促销的策略包括推进策略和拉引策略。　　　　　　　　　　（　　）
5.企业内部员工不属于公共关系的范围。　　　　　　　　　　（　　）

简答题：

1.如何制订促销策略？
2.推销人员应具备哪些素质？应掌握哪些推销要领？
3.常用的广告媒体有哪些？广告媒体的选择需要考虑哪些因素？
4.广告设计应遵循哪些原则？
5.公共关系活动方式有哪几种？
6.销售促进有何特点？针对消费者促销的主要工具有哪些？

案例分析

海尔"圆梦"滚筒洗衣机品牌规划及东北地区上市推广策略
第一部分品牌规划

一、市场竞争的变化——从价格竞争到品牌竞争

近几年，家电行业的竞争日益激烈，尤以"价格大战"最引人注目，从彩电到微波炉到 VCD，各厂商不时祭起"价格战"的法宝。与此形成鲜明对照的是：消费者的热情日渐消退。1999 年上半年，彩电业再次展开"超平""纯平"激战，消费者却大多持币观望，更多的只是厂家的一厢情愿和一些媒体的刻意炒作。这说明，消费者的选择已逐渐趋于理智和成熟，对于企业来说，不能再简单地靠低价格来抢占市场，而要致力于品牌的经营。今年市场消费有两个重要的变化趋势：

1.转向享受型和发展型的消费模式

由全球著名的 AC 尼尔森市场调查公司主持的一项名为"中国新世纪调查报告"于 1999 年 6 月份公布了最新调查结果：与改革开放之初相比，中国人的消费习惯和生活方式已发生质的变化，各类新潮高档的消费品飞入寻常百姓家，温饱型的消费模式已被享受型和发展型的消费模式所取代。

2.消费信贷亮相登场

自 1999 年 3 月 4H 中国人民银行推出了《关于开展个人消费信贷指导意见》后，各商家和银行纷纷推出了"分期付款"和"消费信贷"服务，广州的新大新百货甚至推出"免息贷款消费业务"。虽然目前还有不少环节限制着它的进一步推广普及，但这一先进的消费形式终究离我们不远了。

总之，消费趋势变化对海尔有利。一方面，消费者在消费需求上已倾向于购买高

质量的商品;另一方面,消费信贷的普及又将刺激消费者的购买欲望,从而实现"一步到位"的选择,这对一贯实行"优质优价"的海尔集团来说,是十分有利的消费趋势。

二、洗衣机市场趋势

1.总体需求稳中趋旺

1999年洗衣机市场需求仍保持平稳发展或稳中趋旺的态势,总需求量为1 300万台左右,比上年增长7%~8%。(来源:国家信息中心经济预测部)

2.洗衣机市场需求以新增为主

从总体需求结构来讲,1999年洗衣机需求以新增为主,但更新需求也占有相当大的比重,消费者意向调查显示,1999年城镇洗衣机新增需求和更新需求的比重分别为75%和25%。(来源:国家信息中心经济预测部)

3.滚筒洗衣机逐渐成为市场主流

从产品结构来讲,高档洗衣机是城乡市场的主体,且购买比重上升。全国600家商场统计数据显示,滚筒洗衣机市场份额日益提高,很多商家滚筒式洗衣机已占其销售额的60%以上。这说明滚筒洗衣机已为消费者所认同,并逐渐成为洗衣机市场的主流。(来源:国家信息中心经济预测部)

4.洗衣机竞争呈现"概念行销"的特点

与其他行业的价格混战相比,洗衣机的竞争相对要良性得多,各品牌致力于科技的领先、创新。在高新技术的支持下,明显体现出"概念行销"的特征,从波轮洗衣机的"水流之争"到滚筒洗衣机的"超静""超薄""健康"潮流。

5.海尔品牌占有优势

在一片降价声中,海尔集团一直坚持"优质优价"的原则,集中精力于产品的技术创新和服务的完善,响亮地提出"不打折,不降价",此举不但得到商界的佩服,也让消费者感到其产品质量可靠,更重要的是树立了"海尔"很好的品牌形象。海尔一直是"概念营销"的领导者,以前诉求"静音""超薄",引起主要竞争对手西门子、小鸭、小天鹅的纷纷追捧。海尔再次率先提出"健康"之后,更刮起一阵"健康之风"。

三、海尔圆梦洗衣机产品品牌规划

品牌名:圆梦。

品牌的市场目的:带来主销量和利润;带动其他分品牌产品的销量;继续保持海尔科技领先的地位和形象。

竞争对手:

三大竞争对手:小鸭、小天鹅、西门子。

品牌与竞争对手相同之处:都有健康型及静音、超薄设计。

品牌与竞争对手不同之处:可以洗羊绒织物,比干洗效果还好(消费者所需要且很重要的点),支持洗羊绒的数字变频技术,是今后洗衣机的发展方向。由于"可以洗羊绒"目前是海尔独有的利益诉求,竞争对手一段时间内无法模仿,在一片类似的诉求中极易凸显个性。

品牌定位:对中高收入的城市家庭(目标市场)来说,海尔圆梦(品牌名称)是高科技、引领潮流、高品位的(品牌个性)全自动滚筒洗衣机(竞争架构/产品类别)。它可以洗羊绒织物,而且比干洗效果还好,洗后无油污、无异味(品牌消费者利益点),因为采用数字变频控制系统,实现在中水位状况下织物与内筒壁的同步运转,通过过水和浸泡两种方式实现洗涤（满足该利益强有力的支持点）。

品牌的三个核心联想：高档、健康、无菌。

销管意念：可以洗羊绒，比干洗更健康。

品牌前景（成长/扩张/消亡/转化）：视竞争品牌的跟进情况考虑是否继续主推该品牌。

目前/产品线范围：XQF50-RC800TXBS、XQG50-RC60QTXBS。

目前的主力产品：XQG50-RC600TXBS。

产品主要特征/属性：采用数字变频控制系统，可以洗羊绒，比干洗效果还好。

产品线前景：进一步开发顶开式，并考虑家电透明化、彩色化的趋势。

价格：高。

第二部分 上市策略

地点：东北地区 时间：9—10月

一、东北市场的特点

1.利："可以洗羊绒"直接成为购买理由

一方面，东北的气候寒冷，羊绒织物较为普及，消费者对于我们"可以洗羊绒"的利益诉求可以有更为直观的认同和感受，可以直接成为购买理由。

2.弊：购买力相对较弱

另一方面，与沿海大中城市相比，东北地区总体的消费水平较低，购买力较弱。但在目前大力推行"消费信贷"的背景下，对购买的刺激作用必定会有所体现。

二、推广主要信息

1.干洗店老板形象

原有电视广告"干洗店老板篇"中干洗店老板夸张、幽默的表演给观众留下很深的印象，在这次推广活动中，我们继续把这一形象用在电视广告、报纸广告和POP上，进一步强化原有电视广告的效果，并保持传播的整合一致性。

2.国际羊毛局纯羊毛标志

由于圆梦是国际羊毛局唯一获许使用此标志的洗衣机，而此标志既有独特性，又与产品的功能利益点紧密相关，因此我们围绕这个纯羊毛标志来设计活动，配上"买衣服要看它，买洗衣机也要看它"的广告语，制作成台牌。

三、推广手段

1.电视广告

干洗店老板"老婆篇"。第一条电视广告"干洗店老板顾客篇"播出后，反响很好。为此我们在第一条的基础上继续创作了"干洗店老板娘报信篇"和"干洗店老板娘洗衣篇"，沿用干洗店老板的形象，诉求主题不变，只是角度上有所变化，具有相对独立性。拍摄后可与第一条广告片穿插播出，体现策略的统一性和灵活性。

2.报纸广告（两幅）

截取电视广告中干洗店老板的形象作为主诉求，与电视广告相呼应，强化记忆。

3.非常通路——扩大产品推介渠道

羊绒织物、高档衣物售点的利用。

说明：由于"圆梦"具有"可以洗羊绒"的独特卖点，我们利用两者的相关性，在正常家电商场的售点之外，结合羊绒织物、高档衣物的售点进行宣传（而且9月、10月份东北地区天气逐渐转冷,正好契合人们到商场购置羊绒织物的时机)。此举可令人耳目一新,起到出奇制胜的效果。

地点:东北地区大中城市各大商场销售羊绒织物、高档衣物专柜。

时间:9 月 20 日至 10 月 30 日。

方案简述:在专柜上放置宣传台牌,旁边放置《如何养护高档衣物》的折页(内容为羊绒等衣物洗涤、保养知识的介绍,后面几页为圆梦洗衣机产品介绍),供前来购买衣物的顾客自行取用。

具体实施:与各大商场达成友好协议,在专柜上摆放台牌和手册,平时由柜台营业员负责维护(可视各地区情况给予适当补贴)。

台牌的内容:"买衣服要看它,买洗衣机也要看它——海尔,圆梦。"

4.家电商场的现场展示

(1)POP、台牌、跳跳卡

采用干洗店老板的形象,用于布置现场。

(2)各色气球

气球上印有"海尔·圆梦"字样,既可在现场布置中使用,渲染国庆前后的欢庆气氛,又可作为现场活动的奖品。顾客拿着气球在商场内外走动,起到很好的宣传效果。

(3)现场活动方案

"买衣服要看它,买洗衣机也要看它"视力测验。

方案简述:因为圆梦是目前唯一获许使用纯羊绒标志的洗衣机,围绕这一标志,我们设计了这一独特的现场活动:在普通视力表的每一行中替换一个相应大小的纯羊毛标志,进行简单、有趣的视力测试,既活跃现场气氛,又加深消费者对圆梦独特利益点的认识,而且可以与羊绒织物专柜的宣传相呼应。

时间:9 月 20 日至 10 月 30 日。

具体实施:在现场悬挂"买衣服要看它,买洗衣机也要看它"的小横幅,横幅下用架子支起一张视力表,在距离 5 米处画一白线,过往的有兴趣的消费者均可站在白线外测试双眼裸眼视力,营销人员手持小木棒,指向某一行,如果消费者能准确地说出所指"E"字形的方向和纯羊毛标志在该行的位置,证明他(她)达到此视力水平。如果其视力水平达到 1.2 以上,即可获得现场的气球作为奖品。

5.促销活动

"缘定一生,圆梦一生"海尔贺新婚购机抽奖活动。

活动目的:1999 年既是世纪之交,又是国庆 50 周年庆典,结婚的人数特别多,而新婚夫妇又是具有很强消费意识和购买力的目标消费群,因此有必要专门针对这部分消费者开展促销,促进他们的购买选择。

特别建议:新婚夫妇购买欲很强,但因要添置的东西较多,资金紧张,考虑到今后消费信贷的大趋势,如果能和当地银行合作宣传促进,相信会有很好的效果。

活动区域:东北地区各大中城市。

活动时间:8 月 15—30 日。

参加抽奖对象:在活动期间购买圆梦洗衣机的 1999 年结婚的新婚家庭。

奖项设置：

一等奖,情侣羊绒衫,价值1 500元。

二等奖,情侣羊绒围巾,价值1 000元。

三等奖,情侣羊绒手套,价值500元。

具体抽奖比例根据各地实际情况而定。

广告配合：

活动前,报纸刊登促销活动告知广告。

活动后,报纸公布获奖名单。

四、上市策略时间安排

9月1—2日:各项活动所需的广告、宣传品、道具等全部设计制作完毕。

9月17—30日:报纸、电视广告发布。

9月20—10月30日:售点、现场活动展开。

10月15—30日:"缘定一生,圆梦一生"促销活动。

思考与分析：

1.上面促销方案案例中包含了哪些内容?

2.你认为促销方案策划的重点是什么?

（资料来源:冯帼英,朱海松.海尔背后[M].广州:广东经济出版社,2004.）

营销实训

以小组为单位,为某一品牌产品撰写一份促销方案,准备通过一系列促销方式的组合来扩大销售。方案要结合该类产品市场状况、品牌定位与目标受众特点,设计有效的沟通信息,选择恰当的沟通渠道、促销组合,预算合理。

活动1:明确促销策略的背景、品牌定位

● 背景分析：

_____

_____

_____

_____

_____

_____

● 品牌定位：

目标市场:_____

品牌名称:_____

品牌个性:_____

产品类别:_____

关键利益点:_____

关键利益的支持点：＿＿＿＿＿＿＿＿＿＿＿＿＿＿＿＿＿＿＿＿＿＿＿＿＿＿

＿＿＿＿＿＿＿＿＿＿＿＿＿＿＿＿＿＿＿＿＿＿＿＿＿＿＿＿＿＿＿＿＿＿＿＿

活动 2：设立明确的促销目标

＿＿＿＿＿＿＿＿＿＿＿＿＿＿＿＿＿＿＿＿＿＿＿＿＿＿＿＿＿＿＿＿＿＿＿＿

＿＿＿＿＿＿＿＿＿＿＿＿＿＿＿＿＿＿＿＿＿＿＿＿＿＿＿＿＿＿＿＿＿＿＿＿

＿＿＿＿＿＿＿＿＿＿＿＿＿＿＿＿＿＿＿＿＿＿＿＿＿＿＿＿＿＿＿＿＿＿＿＿

活动 3：根据目标受众的特点设计有效的沟通信息，并选择恰当的沟通渠道
● 沟通信息：

＿＿＿＿＿＿＿＿＿＿＿＿＿＿＿＿＿＿＿＿＿＿＿＿＿＿＿＿＿＿＿＿＿＿＿＿

＿＿＿＿＿＿＿＿＿＿＿＿＿＿＿＿＿＿＿＿＿＿＿＿＿＿＿＿＿＿＿＿＿＿＿＿

● 沟通渠道：

＿＿＿＿＿＿＿＿＿＿＿＿＿＿＿＿＿＿＿＿＿＿＿＿＿＿＿＿＿＿＿＿＿＿＿＿

＿＿＿＿＿＿＿＿＿＿＿＿＿＿＿＿＿＿＿＿＿＿＿＿＿＿＿＿＿＿＿＿＿＿＿＿

活动 4：为促销沟通活动编制总体预算

	项 目	规格数量	费用(元)	相关部门
现场材料				
礼品				
产品				
媒介宣传				
人员费用				

活动 5：设计促销组合的元素

促销方式	方式说明	期间	估计费用	成本收益分析	评语

活动 6：促销评估

事前评估方案：

_____

_____

事中评估方案：

_____

_____

事后评估方案：

_____

_____

模块五

能力提升

项目 10
综合能力训练

【项目目标】

任务 1　创建一家虚拟公司，制订公司市场营销理念
任务 2　掌握公司成立的流程
任务 3　针对虚拟公司进行市场调研与分析
任务 4　针对虚拟公司进行 STP 策略分析
任务 5　针对虚拟公司进行 4P 组合策略分析
任务 6　虚拟公司开业

任务 10.1   创建一家虚拟公司

情景创建	以 5~8 人的小组为单位,创建各自的虚拟公司
任务分解	1.以 5~8 人的小组为单位组建公司,选择公司的形式 2.为公司命名,到工商局网站下载"企业(字号)名称预先核准申请表",并确定其名称,完成名称寓意,企业标志等内容 3.完成租赁房屋合同制作 4.编写"公司章程" 5.明确公司组织机构与岗位设定 6.制订公司市场营销理念
完成工作任务所需知识与技能	1.树立正确的市场营销观念 2.公司法相关知识 3.团队合作与创新思维
具体要求	1.以小组为单位,组长负责制 2.留有小组讨论记录
实施步骤	1.收集整理新公司法中公司成立条件与要求 2.收集市场营销企业岗位要求及相关信息 3.小组讨论虚拟公司相关信息 4.成果提交 5.成果展示
考核评价	1.学生互评 2.教师评定
教学条件	实训室
教学方法	任务教学法

任务 10.2   开展市场调研活动

公司名称	
情景创建	1.根据各自的虚拟公司进行市场调研与分析 2.掌握调查问卷的设计、数据整理与分析 3.进行 SWOT 分析 4.撰写调研报告

续表

任务分解	1.针对公司进行市场调查问卷的设计与数据整理 2.根据调查问卷数据分析市场环境 3.进行企业 SWOT 分析,并得出企业营销实施建议或方案 4.完成调研报告
完成工作任务所需 知识与技能	1.项目 2 任务 4 中市场调查相关知识 2.市场营销环境与顾客购买行为分析 3.团队合作与沟通能力
具体要求	1.以小组为单位,组长负责制 2.留有小组讨论记录
实施步骤	1.明确市场调研需要收集的主要内容并进行二手收集 2.设计调查问卷并进行简单调查 3.整理和分析调查数据,撰写调查报告 4.成果提交 5.成果展示(PPT)
考核评价	1.学生互评 2.教师评定
教学条件	实训室
教学方法	任务教学法

任务 10.3　进行 STP 战略分析

公司名称	
情景创建	1.根据各自的虚拟公司进行 STP 分析 2.学会针对市场进行细分,绘制市场细分表 3.领会市场细分在市场决策中的意义 4.学会选择目标市场 5.运用市场定位方法
任务分解	1.根据环境分析进行市场细分 2.为企业选择理想的目标市场并明确其特征 3.制订覆盖目标市场策略 4.进行市场定位

项目 10　综合能力训练

完成工作任务所需知识与技能	1.掌握市场细分的方法和依据 2.覆盖目标市场的三种策略 3.市场定位的方法和核心思想 4.团队合作与创新思维
具体要求	1.以小组为单位,组长负责制 2.留有小组讨论记录
实施步骤	1.小组集中讨论,围绕公司经营范围进行市场细分,绘制市场细分表 2.根据市场细分表选择公司目标市场,并确定其特征和覆盖方式 3.根据目标市场竞争状况选择市场定位 4.成果提交 5.成果展示
考核评价	1.学生互评 2.教师评定
教学条件	实训室
教学方法	任务教学法

任务 10.4　完成 4P 组合策略

公司名称	
情景创建	1.根据各自虚拟公司进行 4P 分析 2.学会为企业制订产品策略 3.学会为企业制订价格策略 4.学会为企业制订渠道策略 5.学会为企业制订促销策略
任务分解	1.明确企业产品组合内容,并确定品牌、包装等策略 2.根据产品生命周期选择营销策略 3.初步拟定企业产品定价的方法和价格 4.拟定企业产品渠道选择的依据和类型 5.拟定企业产品促销方案

续表

完成工作任务所需知识与技能	1.理解产品整体概念与新产品开发的关系 2.掌握产品组合策略 3.理解产品生命周期与产品品牌包装等知识 4.熟悉企业定价影响的因素和流程 5.掌握价格确定的三种方法和价格调整技巧 6.熟悉渠道设计影响因素和类型 7.理解促销组合选择的依据 8.具备一定表达能力和创新思维
具体要求	1.以小组为单位,组长负责制 2.留有小组讨论记录
实施步骤	1.小组集中讨论,围绕公司经营范围进行4P组合确定 2.成果提交 3.成果展示
考核评价	1.学生互评 2.教师评定
教学条件	实训室
教学方法	任务教学法

任务 10.5　开业策划

公司名称	
情景创建	1.根据各自的虚拟公司进行公司开业策划 2.加强与社会各界联系,展现企业经营宗旨 3.展现企业产品或服务
任务分解	1.确定开业庆典形式 2.拟订出席庆典宾客名单并发出邀请 3.明确庆典过程相关事宜
完成工作任务所需知识与技能	1.理解开业庆典的意义和作用 2.掌握开业庆典的表现形式 3.熟练掌握请柬的制作 4.熟悉庆典过程安排与组织 5.具备一定的表达沟通能力和创新思维
具体要求	1.以小组为单位,组长负责制 2.留有小组讨论记录

续表

实施步骤	1.明确企业开业庆典的形式 2.拟订出席庆典宾客名单并制作请柬和发出邀请 3.拟订庆典程序和接待事宜 4.确定剪彩和致词人员名单 5.确定助兴节目并组织参观企业 6.成果提交 7.成果展示
考核评价	1.学生互评 2.教师评定
教学条件	实训室
教学方法	任务教学法

附件：

公司名称	
本项实训预达到目标 （200 字）	
本项实训进行分析的 依据或理由（300 字）	
本项实训具体内容 （400 字）	

续表

小组成员与分工	组长：	
	组员1：	
	组员2：	
	组员3：	
	组员4：	
	组员5：	
	组员6：	
心得体会(300字)		

项目评价	虚拟公司介绍(15%)	市场调查与STP分析(30%)	4P组合运用(30%)	团队合作(20%)	开业策划与汇报(15%)
任课教师					

参考文献

[1] 菲利普·科特勒.营销管理[M].梅清豪,译.上海:上海人民出版社,2003.

[2] 吴健安,聂元昆.市场营销学[M].6版.北京:高等教育出版社,2017.

[3] 李小勇,陈凯.市场营销学[M].北京:机械工业出版社,2020.

[4] 秋叶,刘勇.新媒体营销概论[M].北京:人民邮电出版社,2017.

[5] 周文根.市场营销学[M].3版.北京:中国人民大学出版社,2020.

[6] 高凤荣.市场营销基础与实务[M].3版.北京:机械工业出版社,2021.

[7] 彭石普.市场营销原理与实训[M].4版.北京:高等教育出版社,2018.

[8] 菲利普·科特勒,加里·阿姆斯特朗.市场营销:原理与实践[M].楼尊,译.17版.北京:中国人民大学出版社,2020.

[9] 戴维·L.马瑟斯博,德尔·I.霍金斯.消费者行为学[M].陈荣,许销冰,译.北京:机械工业出版社,2018.

[10] 张青辉.市场营销实务[M].2版.北京:北京理工大学出版社,2018.

[11] 杜明汉,刘巧兰.市场调查与预测[M].3版.大连:东北财经大学出版社,2017.

[12] 庄贵军.市场调查与预测[M].2版.北京:北京大学出版社,2014.

[13] 徐国兴.问卷设计[M].上海:华东师范大学出版社,2020.

[14] 徐阳.市场调查与市场预测[M].3版.北京:高等教育出版社,2016.

[15] 简明,金勇进,蒋妍,等.市场调查方法与技术[M].4版.北京:中国人民大学出版社,2018.

[16] 马尔科姆·麦克唐纳,伊恩·邓巴.市场细分:如何发掘商业机会并从中获益[M].李九翔,曾斐,张鹏,译.北京:化学工业出版社,2020.

[17] 格雷厄姆·胡利,奈杰尔·皮尔西,布里吉特·尼库洛.营销战略与竞争定位[M].楼尊,译.5版.北京:中国人民大学出版社,2014.

[18] 杰克·特劳特,史蒂夫·里夫金.重新定位[M].邓德隆,火华强,译.北京:机械工业出版社,2017.

[19] 菲利普·科特勒.营销革命4.0:从传统到数字[M].王赛,译.北京:机械工业出版社,2018.

[20] 官税冬.品牌营销:新零售时代品牌运营[M].北京:化学工业出版社,2019.

[21] 陈劲,郑刚,蒋石梅.《创新管理:赢得持续竞争优势》案例集[M].北京:北京大学出版社,2017.

[22] 赵涛,赵彦锋.小公司竞争术[M].南昌:江西美术出版社,2020.

[23] 青十五.策略产品经理:模型与方法论[M].北京:机械工业出版社,2020.

［24］郭国庆,陈凯.市场营销学［M］.6 版.北京:中国人民大学出版社,2019.

［25］钟旭东.市场营销学:现代的观点［M］.2 版.上海:格致出版社,2019.

［26］胡超.极简市场营销［M］.北京:北京联合出版有限公司,2020.

［27］刘鹏,王超.计算广告［M］.北京:人民邮电出版社,2015.

［28］威廉·阿伦斯,大卫·夏尔菲.阿伦斯广告学［M］.丁俊杰,程坪,沈乐,等,译.北京:中国人民大学出版社,2008.

［29］大卫·奥格威.一个广告人的自白［M］.林桦,译.北京:中信出版社,2008.

［30］山姆·沃尔顿,约翰·休伊.促销的本质［M］.杨蓓,译.南京:江苏文艺出版社,2012.

［31］乔·吉拉德,斯坦利·H.布朗.将任何东西卖给任何人［M］.闫鲜宁,张存平,译.成都:天地出版社,2005.